ギリシア文明

LA CIVILISATION GRECQUE

◎François Chamoux フランソワ・シャムー 著
◎桐村泰次 訳

論創社

LA CIVILISATION GRECQUE

à l'époque archaïque et classique

(1963)

by François Chamoux

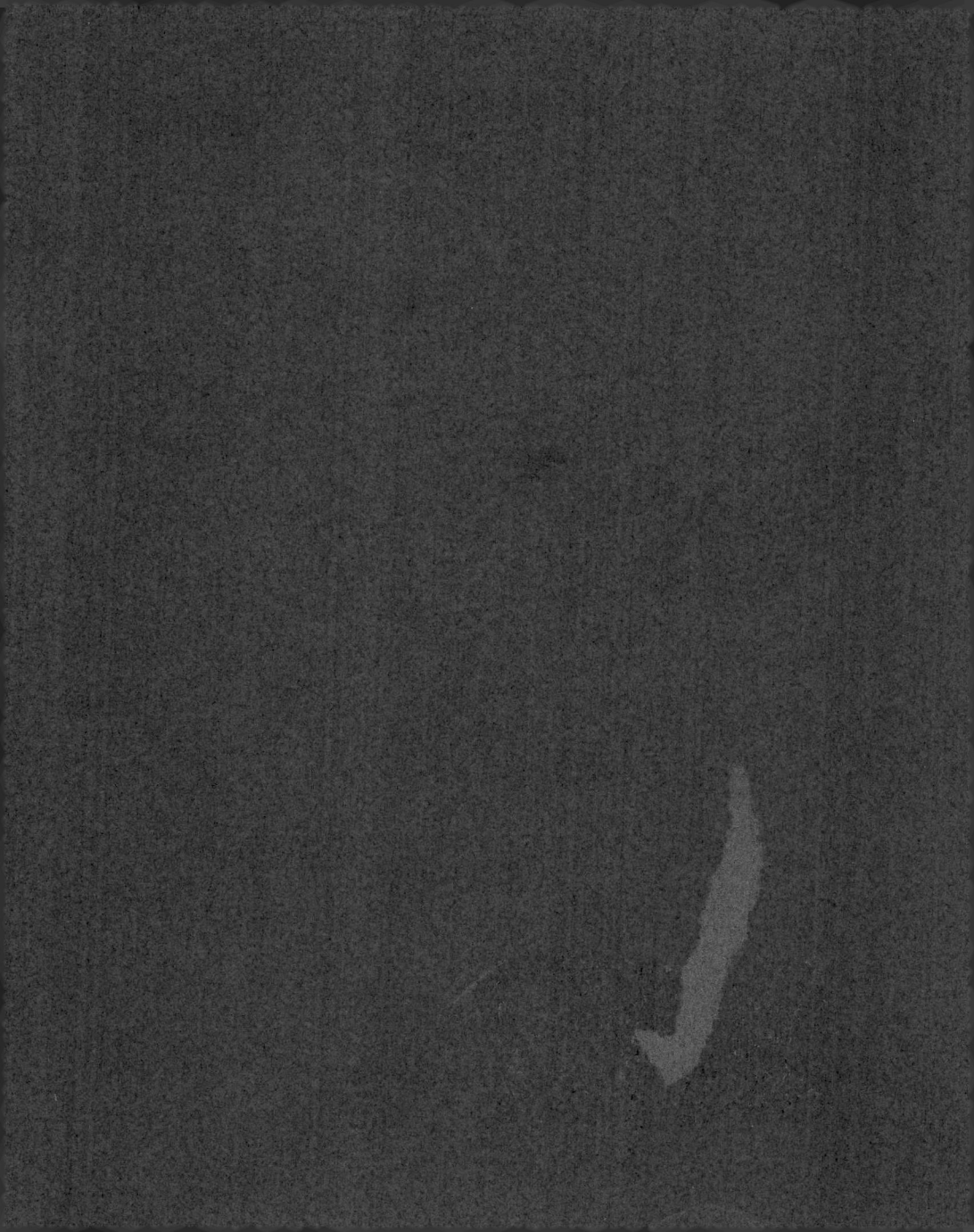

凡例

一、本書はレイモン・ブロック監修のもとフランスのアルトー社から出版された《大文明　Grandes Civilisations》シリーズのなかの François CHAMOUX "LA CIVILISATION GRECQUE : à l'époque archaïque et classique" (1963) を訳したものである。

一、扱われているのは原著のタイトルに示されているように、ミュケナイ時代からアレクサンドロス大王即位前までのアルカイックおよび古典時代のギリシア文明で、その前のクレタ文明は含まれず、このあとのヘレニズム文明は別の巻になっている。

一、翻訳にあたっては、地名と人名の表記は、岩波全書『古代ギリシア文学史』（高津春繁著）や原書房『ギリシア・ローマ歴史地図』などを参照し、当時のギリシアでの発音に従うよう努めたが、たとえば「アテーナイ」「ホメーロス」などの長音は省いて「アテナイ」「ホメロス」とした。ただし、現在のアテネ市をさす場合は「アテネ」とした。また、南イタリアのギリシア都市「タラス」は、ローマ時代の呼称「タレントゥム」と使い分けた。

一、図版は、原著所載のなかから、本文の記述内容を理解するのに必要と思われるものを選んだ。

一、参考文献も、原著に掲げられているもののなかからとくに重要と思われるものを選んで掲載するとともに、訳者の判断でギリシア文明を知るうえで参考になると思われる本も挙げておいた。

ギリシア文明　【目次】

ギリシア文明

はじめに

近代世界がギリシア人に負っているものは、きわめて大きい。いまも私たちが用いている思考のカテゴリーをはじめて確立したのが、ギリシア人たちであった。私たちは、そうした知的道具の本質的なものだけでなく、道徳的原理もギリシア人に負っている。

西洋文明全体に息吹きを吹き込んでいるキリスト教も、ギリシア思想を介し、その素材をギリシア思想によって磨かれ体系化されて、私たちのもとに届けられた。キリスト教に普遍的性格を付して全ての人に受容されうるものにし、また、その伝播を迅速かつ効果的にしたのが、ギリシア思想であった。

私たちは、たとえば初期教会の言葉がギリシア語であったことを忘れないようにしよう。この点で（そのほかの点でも）、ローマは二次的役割しか果たさなかった。少なくともローマ人たちが、その固有の天分のおかげで、最終的に西洋世界の主人になり先導者になる以前は、そうであった。

ここ一五〇〇年このかた、西洋の思想家と芸術家が、さまざまな幸運に恵まれて結実させてきた共通遺産のなかで第一義的位置を占めるのがギリシア文明であることに異議を挟む人はいない。

このように、私たちはギリシアの民族と文明に対して深い恩義を感じているうえ、寄せる関心も高まっているが、それに応えてくれるものも、いまでは充分にある。というのは、古代ギリシアについての私たちの知識の源泉は、ほかに例がないほど豊富で多様だからである。

ギリシア語は前八世紀から今日にいたるまで、途絶えることなく文学上のテキストに用いられてきている。最近、前一五世紀のミュケナイ時代の書字板が解読されたことにより、これまで「前八世紀」とされてきた最古のギリシア語の源泉はさらに七百年以上遡るようになった。一つの言葉が、約三千五百年という長期間にわたる豊かな文学を研究させてくれる例は、ほかにはない。

ギリシアは、文字で書かれた資料のほかに、考古学の発展にともなって、きわめて多量の、しかも、全体的によく整理された資料を提供してくれている。考古学的調査によって掘り出された古代ギリシアの建造物は、ギリシア文明についてさまざまなことを教えてくれるだけでなく、多くの場合、時間の経過を超えて今日の私たちの感性を捉える美的価値を保っている。

最後に、そしてこれはありがたさの点で決して小さくないが、ギリシア人が生活し、その世界観と倫理学を作り上げた土地は、私たちフランス人にとってかんたんに行けるところにある。とくに現代では、ギリシア旅行はきわめて容易であり、少し時間をかければ、僅かな費用で、ホメロスやソフォクレス、プラトンが目にしていたのと同じ風景を、実物そのままで見られるという特権を私たちはもっている。

これは、ギリシア固有の思想の遙かな淵源を、もっとよく知りたいと思っている現代人にとって、願ったり叶ったりである。たしかに、その素材の豊富さは、素人を驚かせる一方、自分の学問の不確かさと、この広範な素材に釣り合うだけの力量をもっていないと自覚している専門のギリシア学者を後込みさせるかもしれない。しかも、これが、緊急の課題でありながら困難至極である《総合化》の試みを絶えず遅らせている理由である。

しかし、フランスのどれほどの人が、自分をフランスの歴史に明晰に結びつける必要性を感じているだろうか？　危機が襲ってきたときには、いま生きている自分をもたらした一つの文明の持続性と力強さを確認したい欲求に駆られるが、私たちは、あまりにもしばしば、自分の文明について「普遍的価値」

と「独自性」とを誤解して捉えがちである。

著者が本書の執筆を引き受けた理由の一つは、これが現代において必要とされているとの強い気持ちがあったがゆえである。

また著者がめざしているのは、ギリシア学者や考古学者、文献学者、歴史家といった人々が苦心惨憺して人々に知らせようとしてきたことを全てこの一巻の本にまとめようなどということではない。そのような企図を抱くこと自体、滑稽ですらあり、一生をかけて努力しても及ばないし、そうした考えは私には微塵もない。そのような企図のもとに書かれた本は、どれほど細心の注意を払っても、必ず重大な欠落あるいはアンバランスを含んだものになるだろう。

むしろ大事なのは、アルカイック期および古典期のギリシア文明の基本的様相を、この研究を二五年来つづけてきた一人の人間の眼に今映っているままに、ゆったりした形で示すことである。もとより、そこに織り込まれる思索の素材、採用される広がりと方向性は、大部分が、著者の経歴の偶然性がもたらした研究テーマによって左右されざるをえない。そのため、読者のなかには、本書の展開の仕方は、ある主題を大きく扱い、もっと重要な主題を無視しているとお感じになるかもしれない。しかしながら、わざとらしい偽りの均衡を無理に導入するよりは、最初から、リスクを率直に認めておくほうがずっと有意義だろうと考える。

親愛なる読者よ、かりに、人間のなす業はなにごとも不完全さを免れないとしても、少なくとも本書の望みは、「善意の書」たらんとの一点にあることは申し上げておきたい。

序論——ギリシアの自然的環境

私たちはもはや、イッポリト・テーヌのように、すべてが（あるいは、ほとんどすべてが）自然環境と気候の影響で説明できるなどとは考えていない。歴史を作るのは人間であり、人間は地理的条件を忍耐強さと創意工夫の度合いに応じて利用する。だが、その人間の仕事の難易度も、自然のもつ条件によって左右されるし、自然的条件が人々の性格を形作るうえで寄与することも事実である。

ところで、ギリシアとその周辺を訪れたことのある人なら誰でも、この地中海地域が、住む人々により影響ばかり及ぼしてきたわけではないことを認めざるを得ない。エーゲ海世界の魅惑は、種々の手段によって堅固に武装し、土壌の気むずかしさと気候の気紛れから身を守っている現代人にとっては確かに大きいが、今日よりずっと自然条件に束縛され依存していた時代にあっては、そうではなかったのではなかろうか？

そこで、この地域の特殊性を概括的に見ることとしよう。

本来のギリシアは、バルカン半島の南部を形成している地域で、規模は慎ましいもので、北限であるテッサリアのオリュンポスの山塊から、南端であるペロポネソス半島（その桑の葉の形から「モレア半島」の別称がある）の端のタイナロン岬（別称は「マタパン岬」）まで約四百キロしかない。

しかも、この小さな国土は、山だらけの自然と出入りの激しい海岸線のために、極度に細かく仕切られている。今日なお、この国を旅する人は、地図上の大きさから想像するのよりずっと大きいという印象を受けることも事実である。その風景には、ほとんどつねに聳える山々の垂直方向の要素と、海の眺望がもたらす水平面とが結合した多様性があり、見る人に量感と豊かさの感覚を強めさせ興奮させる。

大陸部分のギリシアは、コリントス湾を越えてペロポネソス半島にまで及んでおり、そのほとんどが、さほど高くはない（標高二〇〇〇メートルを超えない）が、少なくともかなり険しい山々に覆われている。いくらか大きな平野が開けているのは、ボイオティアとテッサリアだけで、前者は古代にはコパイス湖（いまは干上がっている）がその大部分を占めていた。後者は、山岳によって視界を遮られることなく地平線が見られる唯一の平野である。

それ以外は、いたるところ山々や丘陵に囲まれた小さな盆地か、または斜面の中腹に開かれた台地で、その規模は最も大きなものでも、直径二〇キロを超えない。これらの盆地と盆地の間は、大地の起伏によって細分化されているため、通常、丘陵の中腹を走る道や、険しい谷間に刻まれた、狭く曲がりくねった通路を利用しなければならない。山と山との間に深く入り込んできている海が交通の便を提供していることもある。固有の意味でのギリシアは、どこをとってみても、長さ九〇キロを超える海岸線をもつ土地はない。

こうした大陸部分のギリシアを補完しているのが、島嶼部分のギリシアである。重要なのは、地中海中央部の広漠たる広がりの縁をなしているイオニア海〔訳注・ギリシアの西側〕の孤立した島ではなく、エーゲ海〔訳注・ギリシアと小アジアに挟まれた狭い海域〕の島々である。南は標高二五〇〇メートルを超えるイダ山が聳えるクレタ島の細長い障壁に塞がれ、北はマケドニアとトラキアの海岸に囲まれたこのエーゲ海には、無数の島々が散らばり、船で航行していても視界から陸地が消えることは滅多にないほどである。

エウボイア島からロードス島まで、キュクラデス諸島とスポラデス諸島〔訳注・いまのドデカネソス〕が、ギリシアと小アジアの間を、水面に浮かぶ陸地を数珠のように繋いでいる。これらの起伏に富んだ島々は船乗りにとっては格好の避難所になり、そのおかげで、エーゲ海盆全体がギリシアの属領となってきた。

島のほとんどは岩石から成っていて、真水の流れはなく、植物の生育には向いていない。やや良好な条件を備えているのは、アンドロス島、ティノス島、ナクソス島、パロス島、ミロ島といった、キュクラデス諸島でも大きな島々だけである。火山島であるテラ〔訳注・現在のサントリーニ〕島は、軽石から成る土壌のため、特殊な肥沃さをもっているが、自然の良港に欠けるため発展を妨げられてきた。

もっと豊かなのが、レスボス島、キオス島、サモス島といった、小アジア沿岸の比較的大きな島々である。これらの島は大陸とごく狭い水道を隔てているのみで、当然、アナトリアの生活圏に属している。それに対しロードス島は、少し南にあって、独特の位置を占めている。

エーゲ海北部では、サモトラケ島、タソス島、そしてカルキディケ半島の《三本指》がトラキアとマケドニアの前線を成している。これらとキュクラデス諸島との間には、レムノス島、スキュロス島、そしてスポラデス諸島があって、エーゲ海北半分を航海する上での有効な目印となっている。

このように多様な各地の間には際立った相異がある。ピンドス山脈〔訳注・テッサリアの西〕の峰々が山岳性の森に覆われているのに対し、デロス島やキュテラ島は、剝き出しの岩石から成る島である。同じ夏でも、地平線の彼方まで緑に覆われるエリス〔訳注・イーリアともいう。ペロポネソス半島の北西部〕の楽しげな田園は、焼けつくような太陽のもと埃にまみれるテッサリアの平野とは烈しい対照をみせる。

しかし、これらの多様性は、あくまで地中海性気候が深い統一性を与えている一つの全体のなかに表れたものにすぎない。古代以来、この地中海性気候は、ほかには見られない快適さを見せていた。ヘロドトスは「最も穏やかな四季を天から授かった」(3-106) と言っている。

長い夏を凌ぎやすくしているのが、海と山、そして、キュクラデス諸島で「メルテム」と呼ばれている夏の北風である。冬は全般的に温和で、雨の季節であるが、美しく晴れる日もある。たしかにアッティカ地方でさえも、凍結したり、霧氷に包まれたり、ときには雪の降ることがある。だが、厳しい気候は夕立のように一時的なもので、別の面からいうと、それだけ印象的だということでもある。

要するに、ギリシアの気候は人を健全に刺激し、野外での生活を快適にしてくれる。空気の明澄さは有名で、エウリピデスはアッティカの空気を「世に最も光に満つる」(『メディア』829-830) と謳っている。

正真正銘の川は稀で、アカルナニアとエピルスを流れるアケローオス川、アラクトス川、テッサリアのペネウス〔訳注・現在のピニオス〕川、アルカディアとエリスを流れるアルフィオス川ぐらいだが、清水が湧いている泉もないわけではない。キュクラデス諸島では、雨水を貯めるやり方が普通である。

土壌は、大麦・小麦などの穀物、ぶどう、オリーヴ、イチジクなど、さまざまな作物に適している。大型の獣が飼育されているのは山地やテッサリアの平野だけで、テッサリアの馬は古来有名であった。反対に羊や山羊、豚などは、灌木が密生する林のなかでも易々と生育する。

古代には狩猟の獲物がたくさんいた。兎、野兎、野鳥、猪、鹿などだけでなく、熊や狼、さらにはライオンなどの猛獣もいた。北部の山地では、古典期になってもライオンが出没していた。

湖は漁師にとって重要な漁場であった。ボイオティアのコパイス湖のウナギは、アテナイに輸出されていた。海の魚についていては、アンチョピや鰯などの小型魚からマグロなどの大型魚にいたるまで、活発な漁の対象であった。

ギリシア人は、ずっと早くから蜜蜂の養殖を知っていた。

また、さまざまな地下資源も採掘されていた。シキオニアの「ポーロス」と呼ばれた切石やパルナソスの灰青色の石灰岩、キュクラデス、タソス、アッティカなどの各地で産出した大理石、といった素晴らしい建築用の石材、焼き煉瓦の素材になった粘土（なかでもアッティカのそれのように、良質の粘土は陶器の素材になった）などである。

さらに、実用性があり高価な金属としては、エウボイアの銅、タソス島やキュクラデス諸島のシフノス島、とりわけアッティカの端のラウレイオンの丘の銀、また、タソス島とトラキアに隣接する地域で産出された黄金などがある。鉄鉱石は、質的には高くないが、少なくとも広く各地で得られた。ガラスのように硬くてよく切れるので新石器時代に珍重され稀少であった黒曜石でさえ、ミロ島では大量に見つかっている。

このようにギリシアの国土は、人間が住むのに好適な条件を具えていたが、重要なのは、人間がそれらを利用するために、ふさわしい努力をしたこと、である。なぜなら、この自然には、利点とともに、幾つかの難点もあるからである。

まず、地震の脅威は、想像を絶するものがある。コリントス、サントリーニ、ケファリニーア島は今日も地震災害に苦しめられている。耕作可能な土地はすばらしいが、そうした土地は全体の一八%にすぎず、農民は絶えず浸食作用から畑を守り、旱魃に対しては潅漑で防備しなければならない。

山地が多いことによる国土の細分化は、人間的規模の行政単位の誕生と発展を促したが、大きな国家の形成には支障となった。いたるところに侵入している海は、外部とのコミュニケーションを容易にしたが、そうした交流が実現するかどうかは、人間の労苦と天分によった。

ギリシアが輸出できるのはワイン、オリーヴ油、香水、陶器、金属製品といった複雑な技術を要する製品で、他方、第一次産品、とりわけ小麦は輸入に頼らざるを得ない。穀物生産の貧弱さは、ギリシアの上に絶え間ない飢饉の脅威を与えた。人口が少しでも増えると、たちまち土地不足に陥った。この《空間の狭さ》こそ、古来ギリシア人が外国へ流出してきた主たる原因であった。

したがって、ギリシア人は、衰滅の坂を転がり落ちたくなければ、活動性と知性を奮い立たせ、拡大をめざさなければならない。歴史は、ギリシア人が、この刺激的な条件を快活に活用する術を知っていたことを示している。

第一章　ミュケナイ文明

1　ミュケナイ人は《ギリシア人》だった

ここ何十年かに、「ギリシア史」に重大な結果をもたらす一つの事件が起きた。《線文字B》と呼ばれ、それまで謎のままであった文字が、一九五三年、イギリス人のヴェントリスとチャドウィックによって解読され、それ以後の進展により、この二人が予想していたように、そこに書かれていた言葉がギリシア語であることが確認されたのである。

この発見は根本的な重要性をもっている。それは、解読できるようになったその文書の中身によってよりも、それがギリシア文明の起源について開いてくれた新しい視野によって、である。歴史あるいは神話の記述者であるホメロスの詩に受け継がれている伝説的伝承によって、英雄時代のギリシア人に先行し、彼らと緊密につながっているインド・ヨーロッパ人たちがこの半島に入ってきたのは、西暦前二〇〇〇年紀であったことは、すでに知られていた。彼らは、ホメロスに倣って「アカイア人」と呼ばれた。この名称はエジプトやヒッタイトの幾つかの文書のなかでも使われているし、大陸ギリシアや地中海盆地の多くの地点で発掘された遺物によって明らかになっている《ミュケナイ文明》の発展に決定的役割を演じたのが彼らであったと考えられた。

しかし、二〇世紀初めにアーサー・エヴァンズ卿らがクレタ島のクノッソスの遺跡を発掘したことから、ともすれば、この《クレタ文明》との親近性が強調され、前十四—十三世紀の《ミュケナイ文明》の開花と前八世紀のアルカイック期のギリシアのデビューとの間には根本的な断絶があるとされてきた。つまり《クレタおよびミュケナイ文明》の世界といわゆる《ギリシア文明》の世界との間には、実態は不明だが深い混乱を伴った「ギリシアの中世」と呼ぶべき暗黒時代があり、前二〇〇〇年紀以来の先史時代の世界はドリス人の侵入によって前一二世紀に消滅し、固有の意味での《ギリシア世界》はホメロスとともに始まったと考えられていた。

たしかに、一九三〇年代以降、とくにアッティカの墳墓から発掘されたたくさんの壺のおかげで、こうした見方はやわらげられ、《ミュケナイ芸術》と《幾何学様式の芸術》との間、すなわち前十二世紀と前八世紀との間にはなんらかの連続性があることが明らかになっていた。そして、この移行に幾つかの段階があることを示すため、「亜ミュケナイ期」と「原・幾何学様式期」といった呼称が案出され、陶器に関して一つの年代学が徐々に形成されていた。だが、そこから、歴史学上の確たる結論を引き出すにはまだ躊躇があり、その後もミュケナイ人は《ギリシア人以前の人々》とされていた。広く認められてきたこの考えが、いまや捨てられなければならなくなったのである。

ヴェントリスとチャドウィックは、《線文字B》の文書を初めて解読して、ミュケナイ人はギリシア人であるか、少なくともギリシア語を話していたことを明らかにした。このことは私たちにとって重要である。というのは、ギリシア世界に属していたことを何よりも明確に表しているのが、使われていた言葉だからである。このことから、私たちは、《ギリシア文明》の歴史は、前八世紀に始まったのではなく、解読された最古の文書が書かれた時期、つまり前二〇〇〇年紀の半ば、前一五世紀終わりごろに始まっていたことを認めなければならない。

したがって、《ミュケナイ文明》全体が《ギリシア文明》に属しており、それはギリシア史の《序章》ではなく《第一章》として位置づけられる。こうして、ギリシア文明史は、従来信じられてきたよりも少なくとも六百年早くスタートしていたことになる。そこから、私たちにとってギリシア語は、前一五世紀から現代まで三千五百年近い広がりをもつ文書によって馴染みの言語であることになる。これは、言語学者にとって他に例のないことであり、最大の関心を呼び起こす現象である。

他方、《アルカイック期ギリシア》の登場は、いまや、一つの始まりでなく、延長線上にあるもの、あるいは再生されたものとして、私たちの前にあらわれてくる。この新しい視野のもとにあっては、《断絶》でなく《継続》に力点を置くことが正しい。ミュケナイ時代は、「ギリシア以前」の時代ではなく、「ギリシア史」のなかに入り、叙事詩の英雄たちは《人間》としての姿を表してくる。

2　線文字Bとミュケナイ文字板

では、その解読がこのような結果をもたらした《線文字B》とは、どのようなものだろうか？

一九〇〇年から一九〇四年にかけ、アーサー・エヴァンズ卿は、クノッソスの墳墓からさまざまな驚くべき遺物に混じって、明らかにアルファベットではない文字が書かれた粘土板を掘り出した。まず最初の観察によって、どちらも単純化して描かれたシンボルによる、かなり似ているが互いに異なる二つの文字体系が区別され、《線文字A》と《線文字B》と命名された。このときの《線文字B》のクノッ

線文字Ｂの文字板（アテネ国立博物館蔵）

ソスの文書の数は、約三千枚に達した。

第二次世界大戦直前の一九三九年、メッセニアのピュロスにあるミュケナイ王宮の遺跡を発掘していたアメリカ人、カール・ブレーゲンが《線文字Ｂ》で書かれた文字板六百枚を発見し、戦後再開された発掘により、さらに数は増え、今日では約千枚に達している。

さらに一九五〇年からは、イギリス人考古学者、ウェースとその協力者たちがミュケナイの発掘調査を再開。城塞に隣接した建物の廃墟で、新しく五〇枚ほどの文字板を発見した。この研究材料は、毎年つづいた新しい発見のおかげで、ますます価値を高めている。

学者たちは、当初から、これらの文書の解読のために大変な努力を注いできた。彼らは、それらを注意深く比較し、区分けしたが、中身を理解できるにはいたらなかった。というのは、そこには、シャンポリオンにとっての「ロゼッタ・ストーン」の役割を果たせる二言語併記の文書はなかったからである。

そのため、イギリスの若き建築家、マイケル・ヴェントリスは、この《線文字Ｂ》で書かれた言葉はギリシア語ではないかという仮説から出発し、同国人のジョン・チャドウィックの助けを借りて、満足できるギリシア語との同等性と首尾一貫した文字の書き方を明確にするため試行錯誤を繰り返した。

こうして得られた最初の成果が、一九五三年、『ギリシア学報 Journal of Hellenic Studies』に論文として発表され、大きな反響を呼んだ。このなかで、彼らは《線文字B》によって知られる約九〇のシンボルのうち六五について解釈を施している。その後、ヴェントリスの不慮の死（一九五六年）にもかかわらず、この文字の解読は情熱と忍耐をもって続けられ、この早逝した若き学者の洞察が基本的に正しかったことが裏付けられていった。

それによると、《線文字B》は、大部分が音節を表す文字システムであるが、それに加えて、たとえば男、女、小麦、杯、青銅などの語彙を表す表意文字が混じっているし、数字や数量を表す記号もある。粘土板は、ノートのページのような長方形のプレートで、文字は粘土がまだ柔らかいうちに細身のナイフのようなもので刻み込まれ、各行は水平方向に引かれた線で仕切られ、左から右へ書かれている。なかには、一行か二行しか書かれていない狭い横長の粘土板もある。表意文字は、かなり明確に、一つの具象的イメージを示している。数字は十進法で、分数を表す特別な記号もある。

この筆記システムは、ギリシア人がクレタ人の筆記システム（《線文字A》がそれだと考えられる）から借用して案出したものであること、したがって、もともとギリシア語のために考案されたものではなく、きわめてアルカイックなタイプのギリシア語方言を筆記するために、本来は別の音節を表した記号をあてはめたものであることが明らかである。

そのため、二重母音のほとんどは、そのとおりに記されず、長母音と短母音の区別もされず、さらには、無声子音、有声子音、帯気音の区別、《l》と《r》の区別もない。たとえば、同じ記号で《pe》とも《phe》とも読めるし、また場合により《lo》と読んだり《ro》と読んだりしなければならないことになる。

他方、各音節の末尾の子音は、あっても普通は書かれない。その結果、たとえば「象牙製の」の与格

（間接目的）であるギリシア語の「elephantei」は《線文字B》では「e-re-pa-te」と書かれ、「奴隷」の主格である「doulos」は「do-e-ro」と書かれる。

　このように掻い摘んで述べただけでも、この文書の解読がいかに厄介であったかが理解していただけよう。しかし、いまも謎に包まれている幾つかの記号は別にして、また、確定不可能な幾つかの記述は除いて、一九五三年以来、事態は着々と進展し、ヴェントリスによって発見された解読の原理は、論議の余地はなくなった。すでに、すぐれた言語学者たちは、これらの文書を基盤に《ミュケナイ文献学》の独自の特徴を確定することに取り組んでいる。

　たしかに、保存されている全文書の完璧な解読には、まだ何年もかかるだろう。しかし今や、それらが私たちにもたらしてくれている情報のいくつかを明らかにすることが可能である。

　ミュケナイの文字板からは、文学的な文献も契約書も、君主同士の書簡とか協定書も、まだ発見されていない。これまでのところ私たちがもっているのは、クノッソスやピュロス、ミュケナイ王宮の財政管理業務に関わる記録の断片でしかない。そこに私たちが読むことのできるのは、財産や貯蔵食糧、家畜、家具などの目録、役人や職人、兵士などの名簿、君主への貢租や神々への供物のリストであり、明らかに、これらは、恒久的に遺すために書かれたものではなく、王宮の会計報告のためという純粋に実用的な目的で書かれ、使われたものである。

　だが、まさにそのゆえに、歴史の上で私たちが出会う最初のギリシア人について、その日常生活のなかに、もろに入り込ませてくれるのだ。私たちは、彼らが話していた言葉がどのような言葉であったかを知ることができるだけでなく、その社会生活の仕組も垣間見ることができる。

　君主は、日々、帳簿をつける役目を担った役人の助けを得て、家臣と領地・領民を治めている。君主の倉庫は、現物税として収められた小麦や油、ワイン、蜂蜜といった品々で満たされ、また、香草、香辛料、ハッカ、ウイキョウ、ゴマ、コエンドロ〔訳注・その果実が薬品や香味料になるセリ科植物〕、クミン〔訳注・香辛料として用いられるセリ科植物〕なども収められていた。文字板には、王宮から離れた所で飼育されている家畜の群の数も記されている。

職人には、自由身分の人もいれば奴隷もいたが、彼らが仕事をするのは主人のためで、鍛冶屋には、材料となる青銅がインゴットの形で支給される。陶工は、さまざまな形の甕や壺を作り、指物師や車大工は家具・調度品・戦車や車輪を製作した。そのほか、軍隊の動員や海上貿易を想像させる文書もあれば、供物を捧げた神々の名前を記した文書も見つかっている。

3　ミュケナイ文明の誕生と隆盛

こうして、歴史上最初のギリシアが、政治的事件の些事においてでなく、少なくとも宗教的・社会的組織の幾つかの様相のもとに私たちの眼前に姿を現してきたのである。この文明は、少なくとも文字板を通じて捉えられる時代には、すでにエーゲ海盆地に確立されてから何世紀も経っていた。

最初のギリシア人たちが、北方からやってきて、固有の意味でのギリシアの土地にひろがったのは、西暦前二〇〇〇年紀初めである。北部のマケドニアやテッサリアといった地域には、それ以前にすでに浸透していたようである。彼らは、そこで前三〇〇〇年紀半ばまでの新石器時代から定住していた人々と混合し、ついで《古青銅器時代》（前二五〇〇―同一九〇〇年ごろ）には、この新来の人々は、インド・ヨーロッパ語である自分たちの言葉を、旧住民に押しつけ、これがミュケナイ時代のギリシア語となっていく。

その後、前一六〇〇年ごろまでのいわゆる《中期青銅器時代》の文明は、これらの侵入者と先住民との融合によって生まれたもので、新しいタイプのメガロン式住居や、ろくろで作り、金属製のそれに様式を似せた壺、ミニュアイ式（訳注・ミニュアイはボイオティアに住んだ先住民）と呼ばれる陶器が、伝統的なくすんだ色の陶器と並んで現れる。

ほぼ前一六〇〇年から前一一〇〇年にいたる《後期青銅器時代》までは、大陸のギリシア人たちは、エーゲ海北東部やキュクラデス諸島と関係を保っていたが、これ以後はクレタ島のミノア人と頻繁に接触するようになる。このクレタとの接触は、戦士的なギリシア人たちが高度に洗練された古代文明と関わるようになったことを意味し、重大な意義をもっている。

この時代のクレタは、豊かで強力な王が貴族たちに囲まれて君臨する中央集権国家で、人口五万以上とみられる首都クノッソスの宮殿はフレスコ画で飾られ、貴族たちの邸も快適で、人々はさまざまな祭と遊戯に明け暮れていた。商工業は栄え、独創的でデリケートな芸術性を湛えた工芸製品は、海運の発展によってはるか遠い外国にまで輸出されていた。

ギリシア人たちは、たちまち、この隣人から影響を受け、つぎには、このような富を生み出した国を間近に見たいとの誘惑に駆られて航海に情熱を傾け、それにつれて技術的にも熟練していった。

考古学的遺物に対する、エヴァンズ以来の伝統的な解釈（もっとも、最近では、エヴァンズの解釈は疑問視されるようになっているが）を信じるとすれば、彼らは前一四五〇年ごろクレタ島に上陸し、ミノア人の国家を滅ぼし、自分たちが支配者となった。こうして、前一五世紀半ば頃から前一二世紀まで、エーゲ海一帯はミュケナイ人の支配下に置かれ、彼らの作った製品がシリア、エジプトから南イタリアやシチリアにまで広まった。

国際情勢も彼らに味方した。エジプトとヒッタイトという二大国が勢力均衡の状態にあり、パレスチナやシリアの諸都市は、名目上は二大国のどちらかに依存しながら、その経済関係においては、一つの大幅な自由を享受していた。ギリシア人たちも、それに乗じて、これら中間地帯で商売を発展させることができたからである。

彼らは、当時すでにキプロスに定住地を設けていたが、シリア海岸のウガリト〔訳注・現在のラス・シャムラ〕や、シリアからパレスチナにかけての内陸部を舞台に活躍した。トロイ戦争は、アメリカの考古学者たちの発掘によって明らかにされているように、前一三世紀終わりか前一二世紀初めに実際に行われた戦争である。これは、ミュケナイ人たちの勢力拡大の最後の出来事で、彼らは前一二世紀には、深刻で持続的な凋落の運命に見舞われることとなる。

4　ミュケナイの宮殿と墓

したがって、この最初のギリシア文明が絶頂期を迎えたのは、西暦前一五世紀末から同一三世紀末までの、特に恵まれた時代であったと考えなければならない。「ミュケナイ文明」という名称は、ドイツ人のシュリーマンが一八七六年に探掘して、思いがけず素晴らしい結果を得たことで広く知られているアルゴス地方のミュケナイの遺跡に由来している。

運命の女神は、この大胆な発掘者のアガメムノン王の墓を見つけたいとの熱望は叶えさせてくれなかったが、それを遙かに上回るものを手に入れさせてくれた。なぜなら、このミュケナイの土地から出て

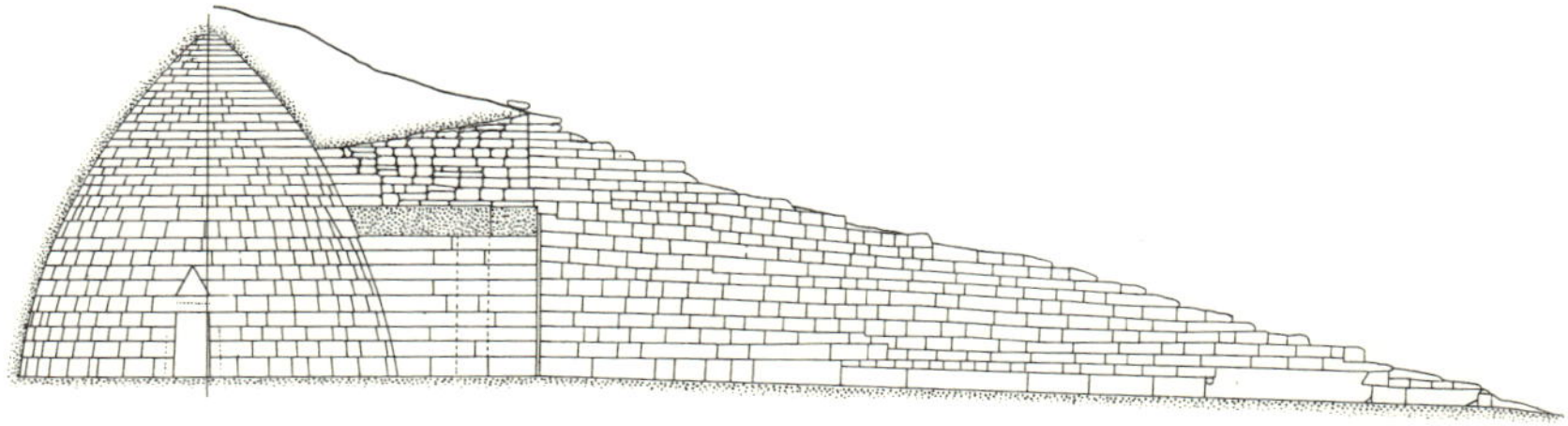

アトレウスの宝庫の外観

アトレウスの宝庫（内部）

獅子門

きたのは、それまで全く忘れ去られていた前二〇〇〇年紀のギリシア文明そのものだったからである。

豪華に彫刻を施した墓碑を伴った王の地下墳墓からは、たくさんの副葬品が発掘された。王の遺骸のまわりには、武器とともに、王冠、首飾り、指輪、腕輪、衣装に縫いつけられた黄金板、黄金製のベルトと肩帯、死者の顔をかたどった黄金のマスク、貴金属製の杯と壺、黄金のボタンで飾った鞘に収められ象嵌を施された剣と短剣などが納められていた。

これらは全て、いまは、アテネの国立博物館の「ミュケナイ・ホール」に集められている。発掘された陶器や象牙製品、金属製品などの考古学的調査によって、この地下墳墓の年代は、まさに前十六世紀であることが認められていて、この時期にアルゴス地方を治めたギリシア人王朝の繁栄ぶりが偲ばれる。

次の世紀のこの王朝の後継者が葬られている墓は、全く形態が変わり、古代の造形物のなかでも最も風変わりなものとされる。その円形の平面図をもつ建物は、ギリシア人たちがつけた呼び名によって「トロス」と称されている〔訳注・「トロス」は円錐形ないしアーチ形の天井をもつ円形の神殿建築のこと〕。事実それらは、円形に掘り下げた地面に、石のブロックを《持ち送り積み方式》で積み重ねて築いた円錐形の丸天井で覆われている。この円形の部屋には「ドロモス」と呼ばれる天井のない掘り割り式の通路を通り、その奥にある豪華な入り口をくぐって入るようになっている。

前一四世紀後半に建造されたこの方式の墓でも最も際立っているのが、伝統的に「アトレウスの宝庫」と名づけられているもので、この建造物はミュケナイのアクロポリスに面した丘の中腹にあり、入り口に施された装飾は消滅してしまっているが、円錐形の天井は無傷で残っている。内部は、高さ一三メートル、直径一四・五メートルというかなりの空間をもち、入り口の上の庇石は一〇〇トン以上という驚くべき重さで、とりわけ、その高度な石積みの技法は、訪れる人に強い印象を与える。

同じような質の高さは、ここから少し離れたアクロポリスに巡らされた城壁の石積みにも見られる。有名な「獅子門」とその両側の防塁がそれで、これらは巨大な石のブロックで出来ていて、前一四世紀半ばに建造されて以来、地震にも人間の破壊の試みにも耐えて、今も堂々たる姿を保っている。

この「獅子門」の名称は、門の庇石の上に、向かい合って台座に前脚をかけて立ち上がっている二頭のライオンを浮き彫りした灰色の巨石がのせられていることから付けられた。このレリーフは、おそらく王家の紋章をあらわしているのであろう。その造形学的テーマは、クレタの図像伝統から借用したものだが、その彫刻技術は、クレタには例がなく、おそらく大陸ギリシアに固有のものに違いない。

ミュケナイ人たちは、呪いによる親殺しや不義密通、近親相姦といった陰惨な事件で有名なアトレウス王家をモデルにした多くのギリシア悲劇を想起させる、殺伐たる山岳地帯の近くに居住していた。そこから一五キロほど南、海から約二キロ、アルゴス平野にある孤立した一つの丘の上に、《キュクロプス式》〔訳注・巨石をモルタルなど用いないで積み上げた建築方式〕建造物の遺跡がある。これがティリンス王宮の廃墟で、城壁の力強さ、それを形成している石の巨大さ（一つの石の長さが三メートルに達する）は、ミュケナイのそれを上回る凄味を湛えている。ティリンスもミュケナイと同様、宮殿は城塞のなかにあるが、全体の様子の保存状態は、ティリンスのほうがよい。

このティリンスには、その後もずっとギリシア人が好むことになる《プロピュライア》〔訳注・神殿風に列柱で飾った門〕が初めて現れている。この様式は王宮においても採用され、つながった二つの庭の奥のほうは三方を列柱で囲まれ、一方が別のポーチになっていて、そこから控えの間を通って大ホールに入るようになっている。この大ホール（つまり《メガロン》）は、約一二メートルと一〇メートルという美しい比率から成り、中央には炉があり玉座が設けられて、王が会議を主宰したり宴会を催す場所になっていた。

縦方向に走る左右の壁の端（antes）の間に列柱式のポーチが設けられ、前室と大ホールを仕切っているこの建築タイプは、ギリシア神殿の平面図にほぼそのまま引き継がれる。「王の住まい」が「神の住まい」となるのである。

これまでに発掘されたミュケナイ王宮で最もよく保存されているのが、有名な「ナヴァリノの停泊地」からさほど遠くないメッセニアのピュロスのそれである。これは、アメリカから派遣された調査団によって一九五二年に発掘が開始され、ホメロスが『イリアス』で讃えている「賢明なネストル王」の宮殿と考えられている。

その主要部分は、壁の基礎がはっきりと遺っていて、縦五五メートル、横三〇メートルの長方形をしている。中央には炉が設けられ、四本の柱で支えられた《メガロン》がある。その前方には前室があり、玄関は小さな内庭に面している。この一続きになった中心部分を取り囲むようにして、より小さな部屋がたくさんある。

それらには、寝室や浴室、事務室、備蓄食糧を保管する倉などがある。これらの倉は、床が盛り土になっていて幾つも窪みがつけられている。これは、穀物や油を入れた壺の尖った底がぴったりとはまり、安定するようになっていたのである。この遺跡を有名にした《線文字B》の文字板が発見されたのは、入り口の左側の小部屋であった。宮殿の火災により粘土板が焼け、そのため、奇跡的に遺ったのだった。

ティリンスでもミュケナイでも、宮殿には洗練された装飾が施されていた。床は石膏のタイルで舗装され、壁はフレスコ画で覆われていた。壁のフレスコ画は、綿密な研究によって、かなり確実に再現されている。中央の玉座の両側にはグリフォンが向かい合い、それぞれにライオンが添えられていた。少し離れて、リラ（七絃琴）の奏者が岩の上に坐り、その前から大きな白い鳥が飛び立っている図である。他の部屋では、狩りの様子が描かれていた。ミュケナイの宮殿では、《メガロン》は戦争のシーンで飾られていた。

たしかに、このミュケナイの宮殿の石造りの壁の基礎と、生煉瓦の廃墟によって知ることができるその建築技法、庭を中心にしてたくさんの部屋を配置した平面図の基本線、さらに装飾の主要なモチーフは、クノッソス、マッリア、フェストスといったクレタのミノア王宮の影響を窺わせる。しかし、そうした親子関係の明白さにもかかわらず、ミュケナイの王宮は独自性をあらわしている。最も顕著なのが《メガロン》で、前室と玄関を備えたこの中心の大部屋は、ミノアの建築には見ることができない様式を示している。

ミュケナイ人たちは、これを小アジアのアナトリアから借用したか、あるいは、自分たちで考案するかして、それをクレタ宮殿の複雑な平面図のなかに組み込むと同時に、クレタの建築家が全く知らなかった中心軸というものに関心を注ぎ、対称性を追求したのであった。

同様に彼らは、フレスコ画の技術をクレタから借りながら、クレタ人を喜ばせたのとは異なる主題、たとえば戦争シーンのような主題で描くのに、これを活用した。こうして、この最初のギリシア人たちは、城塞や墓においてと同じく、王宮についても、周辺諸民族から受容した文化に、自分たち独自の特性を強く刻み込んだのである。

5　ミュケナイの陶器

同じことは、陶器の分野についてもいえる。

陶器の問題は、ミュケナイ文明の広がりと年代学的進展を見分ける上で非常に重要である。長い間、後期青銅器時代終わりごろのミュケナイの壺は、クレタから受け継いだままの技術や様式をあらわしているにすぎないと思われていた。しかし、今日では、ミュケナイの陶器製造は、その量的豊かさでも、その独創性でも、それ自体として研究されるに充分な価値があると考えられている。

いまでは専門家たちによって、形態と装飾モチーフの目録が作られており、そのおかげで、甕などを年代学的に識別することもできるようになっているし、アルゴスやロードス、キプロス、アッティカなど、陶器製造の中心となった土地が幾つかあり、素材の粘土の粒の細かさや技術の熟練度などによって、そこならではの名品が生み出されていたことも分かってきている。

ミュケナイの陶工たちは、熟練した技術で、よく整った形の容器を製作した。肩のところに取っ手が三つ付いた甕、明らかに金属製のそれを模倣した、長くて格好良い注ぎ口と葉脈型の取っ手のついたワイン差し、大きく膨らんだ腹と、非常に広い口、優美に狭まった一本の脚をもつ、水とワインを混ぜる容器（クラテル）、細い足と取っ手が二つついた杯、さらに、クレタ式そのままの無数の小さな壷などである。

しかし、最も特徴的なのは、クリーム色の艶のある釉薬の上に黒または赤（この色の違いは焼き具合で決まる）のワニスで装飾を施した、腹が球形にふくらんだ小型の壺である。多くの場合、この装飾で本質的なのは、太さの異なる水平方向の線であるが、それが、壺の形を強調するのに程良い位置に集められているところに、優雅さとリズムに対する素晴らしいセンスが見られる。

肩のところには、鱗形や網状、同心円状の曲線などで単純なモチーフが表されている。大型の甕には、

ミュケナイのアンフォラ（上）　ミュケナイのクラテル（下）（ともにキプロス博物館）

クレタの陶器から採り入れたモチーフが見事な確かさとセンスのよさをもって使われているが、その様式化のやり方は、手本とした自然主義的なクレタ人の原型とは見違えるほど変えられている。

たとえば、水差しの腹のところに渦巻き型の三本のしなやかな線が描かれたものがあるが、これなどは、三本の脚を殻から出して翼のように伸ばしている貝蛸の絵から由来していることを、クレタの手本を介さないで、誰が理解できるだろうか？　これは、自然の驚異に探求心を燃やした大プリニウスが書いているところであり、また、カリマコスが、ある短詩のなかで

かつて私は、翼に西風を受け
海原の波の上を突き進んでいた……

と謳っているのと同じ光景を表している。

ミュケナイの絵描きは、この優美な情景を、優雅な線と甕の曲面とが融合した一つの簡潔な図案に変容させたのである。同様の装飾的簡略化は、蛸や骨貝、あるいは、植物をモチーフにしたものにも見られ、そこには、同じようにクレタから引き継がれ、ミュケナイ人の力強い簡略化の才能によって変形されたプロセスが看取される。

しかし、そのうえに、ミュケナイ人は、先輩であるクレタ人が無視していたものにもインスピレーションの源泉を求める。大型の甕の装飾のために、鳥や四足獣をテーマに取り上げ、また、それまではフレスコ画にしか描かれなかった人間の姿を描くようになったのである。とりわけ、一羽の鳥が牡牛の首のところをつついているシーンや、二頭立ての戦車にふたりの男が乗って疾駆している場面を描いたク

二人の女性と子供の姿を刻んだ象牙板
（アテネ国立博物館蔵）

ラテルが有名である。

　たしかに、これらの斬新な作品のデッサンには、しばしばぎこちなさが見られる。しかし、それらは、ほかのどんなものにもまして、ミュケナイの戦士を描いた有名な甕のように当時の歴史的世界のなかに直接に入らせてくれるし、あるいは、キプロスのエンコミのクラテルのように神話的世界が残響を残している『イリアス』の叙事詩的世界のなかに飛び込ませてくれる。

　ミュケナイ文明を研究するうえで貴重な文書記録を提供してくれるもう一つの分野が象牙板である。《線文字B》で書かれた目録にも、人間や動物をレリーフで描いた象牙板で飾られた家具が幾つか挙げられているし、発掘調査によっても、家具の一部であった可能性のある象牙板が幾つか出土している。

　このギリシア世界の伝統は、ビザンティン時代にまで残っていった。デロス島で発見された戦士の彫刻や、動物の群を刻んだものは、前一三世紀の特徴的な作品である。また、たくさんの象牙製の化粧小箱やケースが出ており、オリエント起源のこの技法が、ミュケナイの職人たちに受け継がれていたことを示している。ミュケナイでは、ふたりの女性が坐って肩を抱き合い、傍らに少年がいる丸彫りの小像も作られている。

これらは、神なのだろうか？ それとも人間なのか？ 正直なところ、私たちには分からない。そこには、私たちをためらわせる多義性がある。これらの作品にあらわれている力強い写実性には、ミュケナイの城塞のライオンのレリーフや、壺を装飾している絵が呼び覚ますのと似たものがある。ギリシア芸術は、その黎明期からすでに、怪獣グリフォンのようにオリエント的な伝統を借用しているときでさえ、人間的経験の尺度に引き寄せ、独特の鋭さをもって表現しているのである。

6 ミュケナイ社会

《線文字B》の書字板、墓、城塞と王宮、陶器、さらに象牙製品――これらは、まだきわめて暫定的ではあるが、ミュケナイ文明の一覧表を粗描させてくれる資料である。ミュケナイ人は、独立した公国に強く結びつけられ、組織化された戦闘的国民として私たちの眼に映る。

その君主は、ホメロスの詩にある「アナクス」（主君の意）の称号をもち、豊かで堅固な住居に住み、自分がその長である社会集団のあらゆる活動を、専門化された機能をもつ配下を仲介にして、コントロールする。彼は領地を管理し、職人たちに仕事を与え、祭儀を執り行う。

彼が意のままに動かす軍勢は、青銅製の槍や剣、ときには猪の牙で飾った兜、さまざまな色の鳥の羽根飾りを付け、青銅の薄板で補強した革製の鎧などで武装している。騎馬はまだ知られていないが、軍の高官は二頭立ての戦車で移動した。

海軍ももっていて、商船の護衛や、外国の土地の侵略に使われた。この小さな国は、当時は高貴な仕事と見なされた海賊行為と通商により、キュクラデス諸島やアナトリア沿岸経由で、トロイからクレタ島にいたるエーゲ海全域と結びついていた。すでに見たように、オリエント世界に向けて強力な通商路が開かれており、その中継地となったロードス島とキプロス島には、ミュケナイ人植民地があった。

ギリシアの産物は、シリア、パレスチナ、エジプトの岸に荷揚げされ、それと引き換えに、これらのオリエント都市からは、織物や黄金、象牙、香辛料が船積みされた。ミュケナイの商業活動は、西方に向かっても、シチリアやその北のリパリ諸島、イスキア〔訳注・南イタリアの西側にある島々〕、とりわけイタリア半島南端のターラントにまで達していた。

古代にタラス、またタレントゥムと呼ばれたターラントには、前一四〇〇年ごろには、ロードス島から来たギリシア人たちによって植民地のいわば支店が開設されていたようである。こうして、ペロポネソスと本来のギリシアから始まったギリシア人最初の膨張運動の痕跡は、前一四、一三世紀には、すでに東地中海盆全域をカバーし、今の西欧の港々でも、その余波が感じられるようになっていた。

このように商業と剣とによって活動したこれらのギリシア人たちは、芸術に関しても一種独特の好みを示している。ミュケナイ人たちは、手本と伝統的技術を提供してくれたクレタから豊かで生き生きした遺産を受け取り、それに独特の特徴を付して作り変え、結実させた。すなわち、壮大さと力強さ、そして、ギリシア芸術をその起源からずっと特徴づけている写実的観察と抽象能力という、明らかに矛盾する二重の資質をそこに付したのである。

そこから出てくるのが、城塞や墓の建築学的高貴さ、壺の完成度とレリーフの生き生きしたデッサン性であって、そこでは、未熟さのために自然の形を充分に抑制できなかった失敗さえも、生来の天真爛漫さによって、生命の基本的な力を表すものとなっている。その最も優れた作品は、今日なお私たちを感動させるほどの内的緊張を湛えている。

それと同じものが、ギリシア芸術の連鎖のもう一方の端にあるビザンティン芸術の傑作のなかにも見出されるのは驚くに当たらない。この原初時代のギリシア人たちは、その遠く離れた子孫たちが崇めるのと同じ神々をすでに崇拝していた。ミュケナイ人たちが供物を捧げていた神々の名は、《線文字B》の解読によって確認されており、古典期のパンテオンに祀られたオリュンピアの神々のほとんどが、前二〇〇〇年紀にすでに祭儀の対象であったことが明らかになっている。

ピュロスやクノッソス、あるいはミュケナイの人々のギリシア的性格を何よりもよく表わしているのが、ゼウスとヘラ、ポセイドン、アテナ、ヘルメス、アルテミス、アレスなど、彼らが遺した文字板に見られる名前、さらには、ギリシアの神々のサークルに入ったのはずっとあとのことと思われているディオニュソスらの名前である。

これは、ミュケナイ人の社会がすでに複雑な構成をもつギリシア的多神教の世界であったこと、それが、はるか後に神殿が築かれるのと同じ場所にすでに定着していたことを窺わせる。少なくとも私たちが考えている主要な神々と、のちに、より重要な神によって吸収されて姿を消してしまうそれ以外の神々（たとえば《戦いの神》エニュアリオス、《医薬の神》パイエオン、《繁殖の女神》エイレイテュイア、さらにはポセイドンに愛される女神、イピメディアなど）とを、同じ一つの宗教のなかに包摂する『万神』への献辞も見られる。〔訳注・エニュアリオスはアレスの形容辞の一つになり、パイエオンはアポロンの別称となり、エイレイテュイアはゼウスとヘラの娘で、ヘラと緊密に結びついている。〕

これらの多様な神々には男性の祭司と女性の巫女とが仕えたが、古典期のギリシア人たちは、この両者をたとえば「鍵を管理する人」といった意味の同じ呼称で呼ぶようになる。わたしたちにとってはすでに馴染みの個性を付されたこれらの神々が、すでにミュケナイ人によって神人同型的視点で捉えられていたかどうかは明らかではないが、その可能性は大いにある。

《ミノア》の記憶と《ミュケナイ》の情景とが混じり合っている前一四世紀の有名な『アギア・トリアダの石棺』〔訳注・クレタ島中部、メッサラ平野を望む丘の中腹にある遺跡から発掘されたもので、この棺に描かれた供犠の絵は、エーゲ海文明の宗教を解明するうえで重要な手がかりとされている〕には、人間の姿をした神の像に人々が供え物をしている光景が描かれている。

ミュケナイの象牙板のふたりの女性と子供の群像は宗教的表象ではないことが確かだとしても、少なくとも、キプロスのエンコミの一つの大きな住居に付随した神殿で発見された長い角のついている兜をかぶったブロンズの奇妙な立像は、アラーシア〔訳注・キプロスの古代名〕のアポロ像として宗教性が認められており、そこには、のちのギリシアのあらゆる彫像の原型が表れている。

7　ドリス人の侵入とミュケナイ国家の消滅

このように生き生きした文明、このように積極的な民族、このように堅固にその基盤の上に打ち立てられた社会が、前一二世紀の間に、急速に破壊されてしまったのは、どうしてだろうか？

少し前までは、このミュケナイ世界の滅亡と「ギリシアの中世」と呼ばれる前一二世紀から同一〇世紀までを特徴づける深刻な衰退は、ドリス人の侵入ということで説明されてきた。

ドリス人は、遅れてやってきたギリシア人で、半島西北部の山岳地帯から出てきて、前一一世紀から

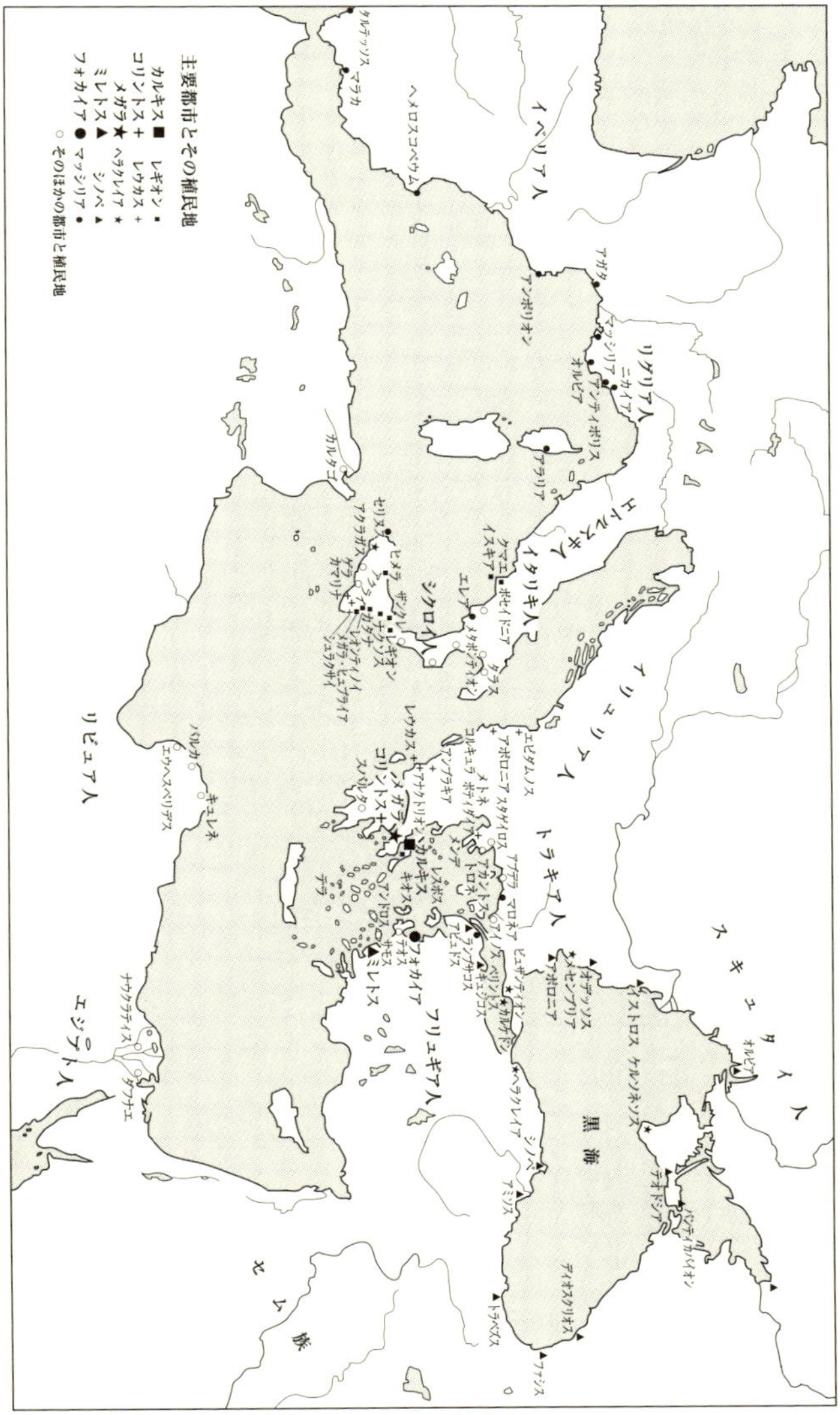
主要都市とその植民地
カルキス■ レギオン■
コリントス＋ レウカス＋
メガラ★ ヘラクレイア★
ミレトス▲ シノペ▲
フォカイア● マッシリア●
○ そのほかの都市と植民地
イベリア人
リグリア人
エトルスキ人
イタリキ人
シクロイ人
イリュリア人
トラキア人
スキュタイ人
フリュギア人
リビュア人
エジプト人
セム族
黒海

ギリシアの植民地

同一〇世紀初めにかけて少しずつ、ゆっくりと中央ギリシア、ペロポネソス半島の大部分を、そして最後には、エーゲ海南部の島々やクレタ島そのものまで占領していった。この侵入は、鉄器の使用に由来する習俗の大きな変化を伴ったので、こうした、より荒々しい、武力に優れた北方の侵略者の到来が大きな混乱を生じ、ミュケナイ文明の崩壊を招いたと考えられたのも無理はなかった。しかし、長い間認められてきたこの見方は、今日では大いに論議の的になっている。

ミュケナイ人の遺跡の調査で、当初見出されたと思われた過去との全面的な断絶や大規模で激しい破壊の痕跡は、丹念に調べてみると実際には、ほとんど出ていない。衰亡は、幾つかの段階を経ており、防備のよくないところから次第に放棄されていったことにより、少しずつ不安が募っていったように見える。

鉄器の出現と、土葬に代わって火葬という新しい葬儀方式が現れたこととは、おそらくドリス人の到来より以前に起きている。したがって、ドリス人の到来を、それより早く起きていたはずの現象の直接原因とすることは無理となり、これとは全く別の説明が必要になる。

すなわち、前一三、一二世紀を通じて、東地中海を取り巻く近東全域で、非常に複雑な民族移動が起きており、そのことは、エジプトの資料に、「海の民」と呼ばれる混成民族による襲撃事件が繰り返し述べられていることによって裏付けられる。これには、ギリシア人が加わっていたことも確かである。

これらの襲撃は、はじめは撃退されたが、次第に侵略者のほうが優勢になり、近東の政治的均衡に重大な影響を与えるようになる。ヒッタイト帝国は消滅し、エジプトも、アジアにおける領地を放棄し後退して、ナイル・デルタに縮小する。地中海東部の海盆で商業に有利に働いていた諸条件は、海賊行為の横行のまえに姿を消した。

とりわけミュケナイ人は、交易によって直接に利益を得ていただけに、この変化から大きな苦しみを受けた。オリエントにおける交易のパートナーから切り離され、自分の土地の資源だけに依存しなければならなくなったが、これらの土地はけっして豊かではなく、裕福な生活に慣れた多くの人々を満足させるだけの資源は提供してくれない。

ミュケナイ人たちは、互いに争い合うようになり、仲間同士の争いのなかで、次々と部分的破壊をこうむり、彼らの公国は大部分が瓦解していった。そこから、文化も急速に衰退し、ついには《線文字B》の筆記慣習も含めて、先祖たちのインスピレーションと豊かさの源泉は忘れられ、不毛化して再生能力の全てを失ったのである。

このころドリス人たちはギリシア世界の大部分に広がっていったのであるが、彼らが見出したのは、輝きに満ちた文明などではなく、滅びゆく社会の瀕死の文明でしかなかった。たしかに彼らの到来は、ギリシアの全般的貧困化を加速した。それが、より豊かなアナトリア海岸の土地に向かっての移動を引き起こし、ギリシア文明は、そこで力と輝きを取り戻すこととなる。しかし、外部世界との交易が復活し、オリエントとの接触によって、本来のギリシアが豊かになり、少しずつ息を吹き返すのは、前九世紀以後のことである。

第二章　幾何学様式の文明――ホメロスの時代

1　イオニアの植民地化

長い暗黒と悲惨の時代のあと、前九世紀にギリシア世界がそのヴァイタリティーを取り戻したとき、ミュケナイ時代におけるのとは異なる様相のもとに姿を現してくる。アカイア人国家の凋落とドリス人の侵入は、約三〇〇年間にわたって人々のさまざまな移動を引き起こし、そのため、エーゲ海盆でのギリシア人の分布も、すっかり変わってしまっていた。〔訳注・アカイア人という呼称は、多義的に用いられるが、ここでは、ドリス人に逐われたアイオリス系住民を総称している。〕

新しくやってきた人々が大陸ギリシアの大部分とペロポネソス半島を次第に占めていったのに対し、先住の人々は、このドリス人の支配を逃れたいと思うなら、これまで住んだ土地を去って、もっと愛想よく迎えてくれる土地をどこかに求めなければならなかった。こうした移動が、どのように行われたかは詳細には分かっていない。その思い出を伝えているのは叙事詩であるが、そこに秘められた歴史の真実を明確に知ることはきわめて困難である。

確かなことは、この移動が、東方のキュクラデス諸島やアナトリアの海岸へ向かい、とくに小アジア半島の周縁部全域に、人口稠密で繁栄した一連のギリシア人植民地として恒常的に定着するにいたったことである。これらの植民地の大部分では、イオニア方言が話されたので、この設立をもたらした歴史的現象は普通、「イオニア人の移住」と呼ばれている。

この呼称は「ドリス人の侵入」と、二つ折りの書板のように《対》になるものとされてきた。しかし、「ドリス人の侵入」と同じく「イオニア人の移住」も、単一の動きとして考えられるべきではない。むしろ、万巻の書をもってしても明らかにしきれないほどの複雑な移動の一環でしかないのである。この複雑な移動の詳細を辿ろうというのは、時期尚早でもあろう。ギリシア人の植民者がアジアの各地に、いつ、どのように到来したかを明らかにしてくれるのは、叙事詩伝承の検討よりは、その有望性がスミュルナやフォカイアで実証されているように、考古学的調査である。が、こうした調査は、まだ緒についたばかりだからである。

現在のところ、アナトリアの大陸部へのギリシア人の最初の定住は、ミュケナイ時代の終わりよりも前のことと考えられている。ミレトスとクラロスにギリシア人たちがやってきたのは、前十四世紀ごろで、多分、すでに定住していたクレタ人の跡を追ってきたのであった。

その後、出身地も規模もさまざまに異なる植民が、つぎつぎ押し寄せる波のように到来する。これは、ドリス人の侵入によってギリシアの故地を追われたアカイア人の動きを反映している。こうしてやってきたアカイア人たちが、土着の人々を駆逐してその地を確保したり、すでに存在していた植民地を強化したりし、ドリス人自身も、そのあとを追って移住し、南エーゲ海の島々やクレタ島、ロードス島、また小アジアの各地を征服していった。

この一連の移動は、前九世紀には、ほぼ終了する。アナトリアの中心にリュディア王国という新しい強国が出現し、ギリシア人の小アジア内部への拡大に終止符を打った。これ以後、エーゲ海は、周辺の大部分がギリシア人たちによって配分され、いわば《ギリシアの湖》となる。ただ、北部は別で、この方面がギリシア人によって占拠されるのは、もっとあとのことである。

2　ギリシア語方言の分布

古代人は、ギリシア人を方言による違いで区別し、それは民族的な違いに対応していると考えていた。現代では、そうした厳密な対応関係は否定されているが、言葉がある特定地域の支配的要素を特徴づけ、しばしば国家システムと一致していたことは、いまも認められている。《ギリシアの中世》を特徴づけた大移動により、エーゲ海世界がギリシア人によって占拠されるにしたがって、つぎのような状況があらわれてきた。

ギリシア人によって植民地化されたアナトリア沿岸の北部一帯、すなわちスミュルナの北、ヘルモス川の渓谷からレスボス島とその小アジア側の対岸までの一帯では、《アイオリス方言》が話された。アイオリスの植民者たちはテッサリアとボイオティアからやってきた人々で、これらの地域では、半島の北西部から強い影響を受けたアイオリス（アカイア）方言が使われていたからである。

これに対して、アッティカ、エウボイア、キュクラデス諸島、そして小アジアではスミュルナ以南からハリカルナッソスの北まで、またその沖合のキオス島やサモス島では、《イオニア方言》が使われていた。

他方、ドリス族は、ギリシア本土ではメガラ、コリントス、アルゴス、ラコニア、エーゲ海では南キュクラデス（とりわけミロ島とテラ島）、クレタ、ロードス、ドデカニソスの島々、小アジアではハリカ

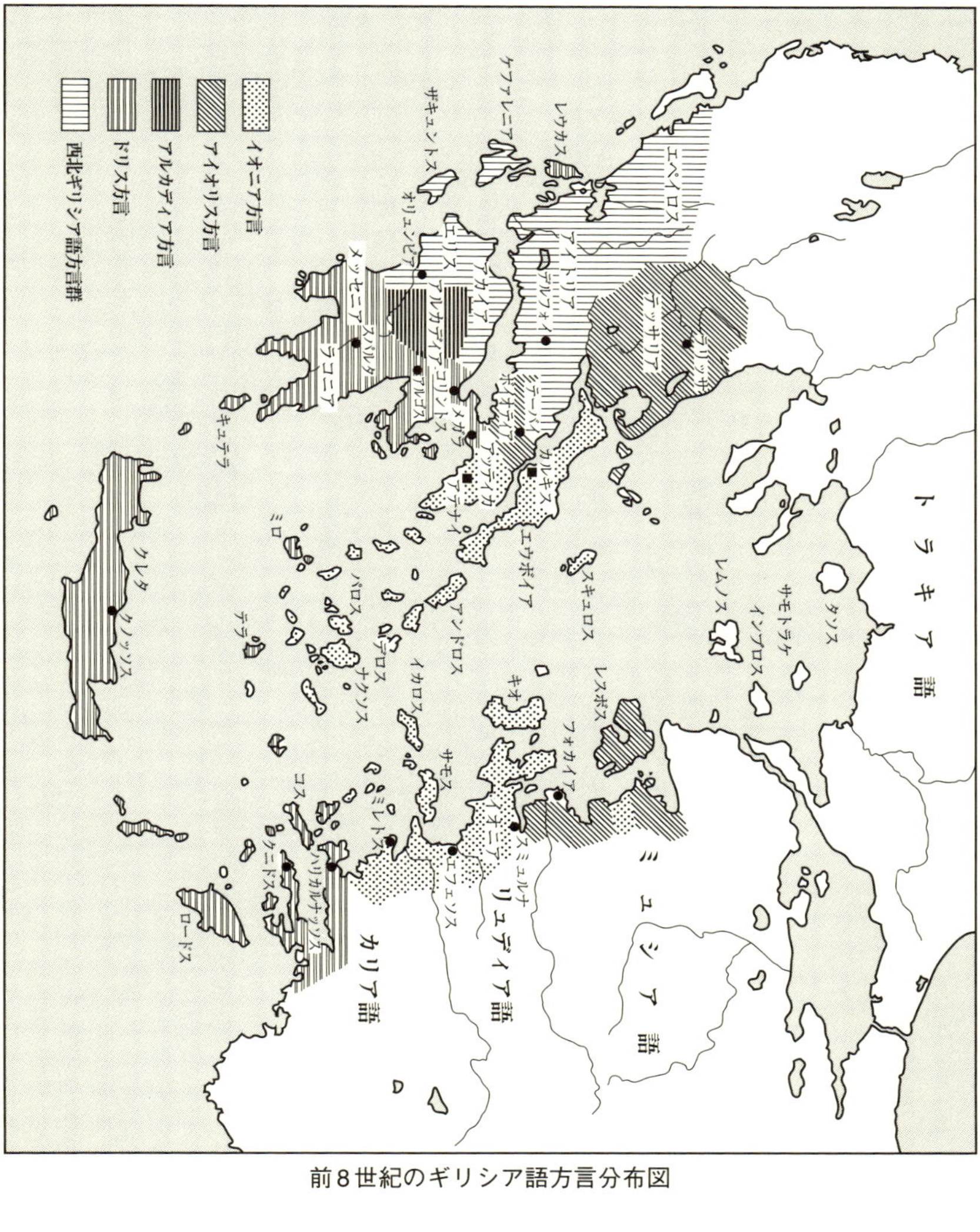

前8世紀のギリシア語方言分布図

ルナッソスとカリアのクニドスまで服属させ、自分たちの言葉を押しつけた。

大陸部ギリシアの西北地域とペロポネソス半島のアカイアとエリスでは、人々は《西北ギリシア語方言群》と呼ばれる言葉を話した。これはドリス語にきわめて近く、これらの言葉はテッサリアとボイオティアの言葉にも顕著な影響を与えた。

最後に、ペロポネソス半島中心部のアルカディアとキプロス島という、ひどく離れた二つの地域で「アルカド・キプリオット」と呼ばれる同じ一つの方言が今も話されている。これは、古代ミュケナイ時代のギリシアとの親近性を保持している例証といえる。

以上の方言分布は、長期にわたって続き、文明の歴史にも政治史にも、さまざまな影響を及ぼしてきた。方言を共有していること、あるいは、言葉に類縁性のあることが、ともすれば幾多の内輪争いによって簡単に引き裂かれたギリシア世界にあって、統一性あるいは、少なくとも国同士の連帯を取り戻す要因の一つとなったのである。

このことは、アテナイとスパルタが敵対し、イオニア都市やドリス都市を自分の陣営に引き込んで争い合った前五世紀の戦争の際にも観察されるし、さらにそれより以前、前一〇世紀から同九世紀にかけて、アジアのイオニア諸都市が一つの軍事同盟を作って結束したときにも見られた。

イオニア人にとってもドリス人にとっても、この「言葉の共有」に加えて「宗教の共有」が互いの近縁性を維持するうえで大きな役割を果たしたことも無視できない。イオニア人にあっては、市民団は伝統的呼称によって四つの氏族に分けられ、人々は市民の仲間入りをする新成人を《アパテュリアの祭》で祝った。ドリス人にあっては、同様の分類が普通、三つの氏族に分けられ、たとえば《アポロン・カルネイオスの祭》のように、それぞれに共通の神への崇拝が行われていた。

たしかに、こうした類似点があるからといって、都市間の深い相違点が消滅するわけではないし、同じ集団内部の敵対関係がなくなったわけでもない。しかも、人々は複雑に混交し合っていて、ドリス人とイオニア人という違いも民族的に截然とはしていない。したがって、ギリシア史を説明するのに、ドリス人とイオニア人の間の区別に絶対的重要性を付するのは間違いであろう。

とはいえ、この区別がスパルタとアテナイとを対抗させ、この双方が他のギリシア人をも自分たちの陣営に吸収し、対立の図式を作り上げるうえで無視できない心理的役割を果たしたことは事実である。

方言の多様性は、文明の次元では、長い間、ギリシア文明の本質的特徴の一つとなった。ギリシア人は自分たちの親近性が言葉の共通性に基づいているとの深い感情を抱いていた。ギリシア語を話していることは、彼らを非ギリシア人の《バルバロイ》から区別し、世界のあらゆる他の部分に対応するうえで彼らの連帯性を打ち立ててくれた。しかも、種々の方言を話していることは、このギリシア総体のなかでポリス的自治主義を発達させる基礎となるとともに、彼らの文化的豊かさの源泉となり、芸術家的意識をもった著作家や詩人は、そこから多くの果実を引き出すことができた。

こうして、たくさんの文学的言葉がかなり早い時期から形成された。それらは、いずれかの方言から借用し、それぞれの色合いと響きを採り入れながら組み合わせて、教養あるギリシア人なら誰でも理解できるようにしたものであった。その最古であるとともに最もすばらしいのが、叙事詩に用いられている言葉で、そこでは、洗練された韻律を生み出すために、イオニア的要素とアイオリス的要素とが複雑に結合され、しかも一つの調和的な綜合体を作り上げている。

この人工的な言葉は、現実にはどこでも話されなかったが、六脚律の叙事詩的言葉遣いとして厳格に守られ、古代末期までだけでなく、さらにはビザンティンでも学者のサークルで用いられ続けた。まさに、言語として異例の長寿を保ったわけである。

このように、ある著作家の天分が際立たせるジャンルに応じ、その文学的創造に左右されつつ、そこで用いられた方言が、同じスタイルの文章作成に好んで使われ、さまざまな模倣を生じていったのであるが、だからといって、別の方言に移し替えることが妨げられたわけではない。

むしろ、さまざまな方言の混合的使用も珍しくなかった。アッティカの悲劇のなかでも、合唱はドリス方言で、しかも、その合唱がもつ抒情性にマッチするように単純化されたりしている。そうかと思うと、アリストファネスの喜劇のなかには、よその地方の方言をしゃべらせることによって、精彩のある効果を引き出しているのもある。

《ドリス》と《イオニア》という区別で忘れるわけにいかないのが、建築における柱の基本的様式の二つのタイプ、すなわち《ドリス式》と《イオニア式》で、これも古代人自身がつけていた名称である。事実、これらの様式が確定されたのは前六世紀で、それ以後、ギリシア世界では、このどちらが採用されているかが、地域的に重要となる。

主として大陸部のギリシアでは《ドリス式》が採用されたのに対し、小アジアのギリシア植民都市では《イオニア式》が用いられた。しかし、この区別は、それほど厳密ではなく、やがて、アテナイのアクロポリスにおけるように、同じ記念建造物群のなかで両者が入り交じり、しかも、ムネシクレースのプロピュライアにおけるように、同じ一つの建造物のなかで、特殊効果を狙って、この二つの様式の結合を考える建築家も出てくる。〔訳注・ムネシクレースはアテナイのアクロポリスのプロピュライアすなわち列柱門を建てた前五世紀の建築家。〕その場合も、文学においてギリシア語の多様な支脈の伝統と人々の嗜好とがギリシア文学を豊かにしているように、建築様式の多様性が文化を豊かにすることに貢献し、それがギリシア人の共通の財産となっていく。

3 幾何学様式期の陶器とアテナイの優位

前九世紀と同八世紀は《幾何学様式期》と呼ばれる。これは、この時代の陶器の独特の文様に由来している。事実、この時期にギリシア人が住んだ地域では、本質的に直線とシンプルな幾何学的モチーフによって構成された装飾の壺や甕、少なくともそうした陶器の破片が発見されている。

このスタイルの出現は、長い間、ドリス人の侵入と関係づけられてきた。北方からの侵入者が持ち込んだ新しい精神の影響が、そこに現れていると考えられたのである。しかし、今日では、この解釈は、ほとんど用いられなくなっている。発掘が進むにつれて、幾何学様式は、そうした民族的環境の変化に由来する嗜好の変革ではなく、ミュケナイの伝統のなかにあったものが、ゆっくりと出てきたものであることが明らかになっている。

とりわけ顕著なのは、ドリス人の要素がほとんど入らなかったアッティカにおいて、この推移が見られること、しかも、幾何学様式の陶器はこのアッティカにおいて比類のない完成度に達していることである。

しかし、ゆっくりとではあるが、同じ進展は、ほかの地域でも現れている。そこで起きた進展の段階を表すのに、考古学者たちは「亜ミュケナイ期」および「原幾何学様式期」という術語を創り出した。これによって、明確な歴史的資料がそろっていなくとも、「暗黒時代」の少なくとも相対的な年代学が打ち立てられることとなった。「亜ミュケナイ期」は、およそ前一二世紀末から前一一世紀半ばまでで、

幾何学様式後期（前８世紀）の壺
（ドイツ・ミュンヘン古代美術博物館蔵）

純幾何学様式のアンフォラ（前９世紀）
（アテネ陶器博物館蔵）

「原幾何学様式期」は、そのあと前九世紀初めまでである。

さらに、陶器研究学者たちは、本来の意味の「幾何学様式期」を、前九〇〇年から前八世紀前半までの「純（あるいは古式）幾何学様式期」と、幾何学的モチーフのなかに様式化した人物像を配した傑作が生み出された「幾何学様式の円熟期」（前八世紀中頃）、そして、幾何学文様が解体して図像表現がますます大きい比重を占める「幾何学様式後期」の三つに分けている。

この区分は、その知名度で他を圧倒しているアッティカ陶器の研究を基盤に幾何学様式の推移を明確化したものである。ギリシア世界でも他の部分では、アッティカより少し遅れて、ほぼ同じ推移を辿っている。これは、コミュニケーションの悪さのため、辺鄙なところほど《ギリシア中世》の時代的進展が遅れたことによる。

ギリシア史のこの時代の年代学措定のために陶器が重視されるのは、驚くにあたらない。「暗黒時代」に起きた政治的事件は、わたしたちには知りようがなく、直接に情報をもたらしてくれる唯一のルートである考古学的研究は、発掘作業で見つかった資料、つまり陶器あるいはその破片に基礎を置かざるを得ないからである。

こうした陶器は日常的に使われた品であるため、どこにでもあること、その装飾のために描き込まれた絵と、陶器自体のスタイルのおかげで、分類し整理することが容易であること、さらに、色づけして焼いた粘土の容器は壊れやすいが、少なくともその断片は、腐食による損傷を受けないで残る、といった利点をもっている。まさに、詩人の言葉をもじっていえば、「陶器のみは永遠なり」なのである。

「幾何学文様の陶器」は、コリントス、アルゴス、ボイオティア、キュクラデス諸島、そして特にテラ島、ロードス島、キプロス島、さらにはイタリアなど、ギリシア世界の多くの地で見つかっている。しかし、「亜ミュケナイ期」以後の発展を最もよく辿れるのはアッティカで、アテナイ近郊のケラメイコスの墓地が発掘されたことによってであった。

ケラメイコスは、アテナイ市街の西北にあるディピュロン門の外にある墓地で、古典期になっても埋葬が行われていた。ここにたくさんの陶工が住み着いて仕事をしたことから「陶器 céramique」という語が生まれたのであった。

二つの世界大戦の間の時期に行われた発掘により、「亜ミュケナイ期」以後に現れて前十世紀に一般化した火葬による埋葬の特殊な仕組が明らかにされた。このやり方は、もっと安上がりな土葬が再び行われるようになっていったにもかかわらず、その後も何世紀かにわたって続いた。

そこでは、地面を掘っただけの穴に骨壺と、死者への供物として幾つかの容器が納められた。この穴は、土を入れて埋められ、地面には墓碑の役をする石が立てられ、ときには、葬儀に欠かせない要素である酒を受けるための大型の甕が置かれた。ケラメイコスの墓や、同じアッティカ地方のエレウシスにある墓地に、とりわけたくさんの陶器が発掘されている理由が、ここにある。

容器にも、アンフォラ〔訳注・二つの取っ手が付いた壺〕やクラテル（深鉢）、水差し、杯、コップ、「宝石箱」の意の《ピクシド》と呼ばれる蓋付きの箱など種々あるが、その形態には、ある方向への発展が認められる。たとえばアンフォラでいうと、膨らんだ腹と細い首といった各部分が、ミュケナイの陶器の場合は、なだらかな曲面で移行させるやり方が好まれたが、次第に、はっきり区別されたものになっていく。そこには、容器を明確に別個の要素の集まりとして組み立てる、一種の建築学的センスが強くなっていることが観察される。

同時に、陶工たちの名人芸的な創意工夫が見られるようになる。ディピュロンの墓からは、人間の背丈ほどの大きさと並外れた技能を示す、まさに「テラコットの記念碑」といってもよいようなアンフォラやクラテルが発掘されている。

はじめは粘土の地色の上に黒いワニスで装飾文様が描かれていたが、「原幾何学様式期」以後は、容器のほぼ全面を黒色ワニスで覆い、首と肩のところに幾何学的な文様が施されるようになる。描かれている文様は、同心円や円弧、波形の線、三角形あるいは菱形の線の帯、碁盤縞あるいは格子縞の長方形などで、その造形美は、私たちの眼にも印象的な、黒と明色との強いコントラストと、簡潔な優美さとにある。

《メアンダー紋》〔訳注・雷紋あるいは卍紋ともいう〕のモチーフが現れるのも、このころである。この文様は、すでにエジプトやクレタでも知られていたが、ギリシア美術で盛んに用いられたことから「ギ

ディピュロンのアンフォラ（細部）。前8世紀に作られたもので
高さが1.5メートルを越える（アテネ国立博物館蔵）

リシア雷紋」と呼ばれている。

装飾レパートリーは、ますます豊かになり、生き物の世界へも向かう。しかし、そのインスピレーションの引き出し方は、一つの厳密な抽象的解釈に従っている。黒いシルエットによって図式的に描かれた動物たちは、純粋に幾何学的モチーフのそれと同様、いわば《フリーズ》〔訳注・建物の場合の壁の上部などの帯状装飾〕を構成しているだけである。描かれている鳥や獣たちは、生きた姿というよりは、タペストリーの題材の一つのように倦むことなく繰り返し再生されていく「印」でしかない。とはいえ、こうしてレパートリーが拡大したことによって、陶工たちは、装飾のためにより大きい表面を割り当てるようになり、ついには、容器のほとんど全表面が装飾文様で埋められるまでになっていく。

「幾何学様式時代のモニュメント」とも

いうべきディピュロンのアンフォラやクラテルを前にすると、装飾帯の配分を司っている洗練された感覚に圧倒される。選ばれたモチーフは、その割り当てられた場所にぴったりと合っており、そのうえ、それぞれがもっている順応性と訴えかける力とは、細部にいたるまで調律された一つの秩序のなかで巧みに処理されている。

人物像の導入は、大きな意義をもつ一つの刷新の結果である。その様式化の手法は、動物の場合と同じであるが、人間を表現するようになると、今度は、一つの場面を構成したいとの気持ちが強くなっていく。ディピュロンのアンフォラには、死の床に横たわる人を囲んで嘆き悲しむ人々の様子が描かれている。

たしかに、その描き方には様式化の傾向がまだ強く、みんな同じようで、衣装も区別できなければ性別さえも定かではない。しかし、坐っている人もいれば、立ちすくんでいる人もあり、両腕を頭にあてて悲嘆を表している様子は、いかにも人間的で、この人間的要素が、純粋に抽象的な全体のなかに差し込まれることによって、分解酵素の働きをしているだけでなく、それは、やがて、個性化へと進む萌芽にもなっている。人物が登場するシーンの発展は、アッティカの幾何学様式に固有の特徴であり、すでに早くから、彼らが、ほかのギリシア人に較べてもぬきんでた芸術的天分の持ち主であることを示している。

4　アルファベット文字の採用

アテナイ人が幾何学様式の陶器において示した優越性の前では、これ以外の物質的側面での文明の表れは光を失ってしまう。建築は、少数の神殿や住居が、わずかに遺っている土台によって、その平面図が知られるだけである。前八世紀にまで遡るブロンズの像もかなり遺されているが、それらは様式化された動物や人間のそれで、幾何学様式時代最後の陶器に描かれたシルエットの絵とよく似ている。

ブロンズ像のなかには、印璽として使われていたと思われる台付きのや、三脚台に載っているものもある。壊れた脚台もたくさん発見されている。神殿で供え物に使われていたものも見つかっている。幾何学文様が施された青銅の《フィブラ》〔訳注・衣装の留め金〕も発掘されている。布地を身体に巻き付けるドリス式の衣装には欠かせないアクセサリーだったのである。

陶製の小さな像もある。ボイオティアでは、ブロンズの像を単純化したものであるが、脚は塡め込み式になっていて、身体には幾何学文様が描かれた、風変りな《鐘型人形》も発掘されている。しかしながら、これらは、いずれも、アッティカの大きな甕にくらべれば大したものではない。

ところがギリシアは、もう一つ別のものによって、この幾何学様式の陶器が成したよりもはるかに大きな人類文明への貢献をしている。それは、アルファベットとホメロスを生み出し、遺したことである。

ギリシア人がフェニキアのアルファベットを採用したのは、おそらく前九世紀から同八世紀初めのころである。現在に遺っている最古のアルファベット文字の文書は前八世紀後半のものである。

ギリシア人は、セム系のフェニキア人によって発案された音声表記体系を自分たちの言葉に適合させるため、母音表記法という重要な新機軸を導入した。おそらく、古えのミュケナイの音節文字の記憶が、このアルファベット文字体系を豊かなものにすることに寄与したのであろうが、それが一つの普遍的価値をこれに付与することとなった。この新しい文字の記述法は急速に発展し、細部では幾つかの変異を伴いつつ、ギリシア世界全体に広がり、さらにくだると、そこからラテン語のアルファベットが作られ、近代の各種言語のアルファベットの大部分の母体となる。

『イリアス』と『オデュッセイア』という最初の長編文学が、今では大多数の学者によって、前九世紀（より一般的には前八世紀）、つまりギリシア人たちがアルファベット文字を使い始めたころに出来たと推定されているのは、おそらく偶然ではないだろう。

ホメロスをめぐる問題の極度の複雑さにもかかわらず、今日の多くの読者は、この二つの詩が相互間にもっている構成上の厳格さに気づいている。このことは、少なくとも先入観に囚われないで研究する人には明白である。私たちよりずっとホメロスの作品に親しんでいた古代ギリシア人たちは、この二つの叙事詩がもっている根本的な統一性について疑っていなかったし、『イリアス』と『オデュッセイア』は作者が別だなどという仮説をまともに取り上げる人は僅かしかいなかった。

しかも、伝統的なテキストに後世に加えられた改竄を見破る熟達の人、アリスタルコス〔訳注・前二世紀前半の文献学者〕のような、古代でも最も優れた文学批評家は、これらの《分離主義者》〔当時の呼び名では「コリゾンテス」〕に対し、きわめて激しい攻撃を加えている。

私としては、権威を認められている一つの見解にしたがって、二つの叙事詩の各部分を当時の学者たちの分析によって辿りながら、そこには、同じ一つの創造精神によって意識的に秩序づけられた一つの建築を思わせる対応関係があることを示したいと思う。

叙事詩の朗誦を専門としていた当時の詩人たちが、いかに記憶力を鍛えられていたとしても、文字の助けをまったく借りないで、その仕事が全うできたとは考えにくい。たしかに、これらの叙事詩の示している書式集的性格は口承スタイルの特徴を残しているし、『イリアス』と『オデュッセイア』の作者は盲人であったとする後世の伝説もある。だが、この作品の大きな構成からすると、はじめから文字によって書かれたと考えるべきである。

今日参照できる最古のギリシア語文書――たとえば最優秀の踊り手に、当人の肖像を描いたアッティカの甕を賞として与える旨が書かれている文書とか、イスキアで発見され最近解読された『ネストル王の盃』に書かれた文字（これも前八世紀後半）によって、アテナイでも、はるか遠い西地中海の植民地でも、ギリシア語の使用と叙事詩の作成がこのころから普遍的に行われていたことが証明されている。

この二大叙事詩の完成が長期にわたった伝承の結果であったことは確かで、このことは古代の人々も意識していた。アリストテレスは『詩学』のなかで、こう書いている。

「ホメロスの先輩たちによって作られた同様の詩を私たちは知らない。しかし、そうした先達がいたことは、あらゆる点から明白である。」

おそらく、ホメロス以前の文学作品が消滅してしまったのは、文字に記す適切な手段がなかったためである。ミュケナイの音節文字は、まだ使われ続けていたとしても、不完全だったし、読むのに何日もかかるような長い作品を永続させるための手段としては役立たなかった。アルファベットが使われるようになったことで、ホメロスは助けられたに違いないし、逆に、彼の作品が現れたことによって、それより以前にあった作品は、すべて忘却の彼方に投げ捨てられたのだった。

多くの町が、彼を生んだ栄誉を争い合った。しかし、彼の生まれた所がキオス、スミュルナ、コロフォン、イオス、キュメのいずれであったにせよ、彼がその作品を生み出したのは、小アジアのイオニア都市の世界であったことが確かである。これらの都市が、それぞれに困難を伴ったデビューのあと、繁栄を謳歌するにいたったのが前八世紀であった。

これらの都市群は、共通の言葉と、ミカレ岬の聖域でポセイドンに捧げられた汎イオニア的崇拝に見られるような信仰の共有によって《一二都市同盟》を結成し、アテナイとも歴史的・感情的絆で結びついていた。しかも、そこでは、王の存否は別にして権力の実質を把握していた大土地所有貴族を核とした堅固な社会組織が形成されていた。『イリアス』と『オデュッセイア』は、これらのイオニア貴族の宮殿で朗誦されたのであろう。

一方の『イリアス』が時の隔たりを超えて呼び起こしたものは、このアジアの地に住み着いたギリシア人たちにとって貴重な思い出である名高い遠征行であった。彼らが、トロイに対するアカイア人の挑戦のなかに見たのは、アナトリアに対するイオニア人の植民運動の予示だったであろう。そして、この物語のなかの目覚ましい戦功の逸話は、狩りと戦さの熱烈な愛好者であったこれら貴族の聴衆の血をたぎらせたに違いない。

もう一つの『オデュッセイア』は、その数々の冒険物語によって、エウボイアやギリシア本土の船乗りたちがフェニキア人の跡を追って復活させはじめていた西方地中海への夢を掻き立てた。まさに戦争と旅行という二つの活動が、この叙事詩に素材を提供したのであったが、逆に、ホメロス作品が提示した詩的構図のおかげで、《暗黒の世紀》を通じてアカイア世界の思い出が保存されたのだった。

ミュケナイの考古学的発見と《線文字B》の解読以来、現代の注解者たちは、ホメロスの詩のなかにミュケナイの伝統に関係するものがあることを好んで強調する。事実、前二〇〇〇年紀が遺贈したものは大きい。しかし、ホメロスが生きたのは幾何学様式の時代であり、その時代からも多くのものを負っていることを軽視することは間違いであろう。

とりわけ、その詩の本質的要素である《直喩》がそれで、彼は、そのなかで、しばしば英雄的事件と日常生活の事実とを結びつけて発展させ、日常的生活経験に助けを求めることによって聴衆に叙事詩の世界を理解させようとしている。作中人物の感情に直ちに近づけ、また、彼らの冒険が繰り広げられた舞台を復元するために駆使されている、自然と人間についての直接的で個人的な知識は、彼自身が生きた時代に負っているのである。私たちがこれらの詩を読んだときに感じる《文体の魔力》とともに、この作品に《永遠の若さ》を付しているのは純粋な真理だという印象は、まさにここから出てくるのであろう。

ここ数年来、幾何学様式の甕のもつ美とホメロスの詩の表現との親近性が強調されているのも、理由のないことではない。一つの全体を組み立てる構想力、細部にいたるまで仕上げる繊細な感覚、宗教的・社会的領域とともに、美学的領域におけるヒエラルキーの明確な観念、世界を人間とのかかわりによって解釈し、作品を精神的要求とのかかわりによって組み立てる明敏な知性——これら全てが、前八世紀のイオニアの偉大な叙事詩とアッティカの甕の傑作とに同じように見出されるのだ。

だが、もっとはっきりしていることがある。アテナイの甕の絵描きたちは、前八世紀後半、甕の表面をより大きく空けて人物像を描くようになる。そこでよく用いられているモチーフが戦さの情景で、なかでも、大きなクラテルに描かれている地上戦と海上戦の光景が、『イリアス』に描写されているそれと共通していることは、多くの研究者が指摘しているとおりである。

これらの陶器は、しばしば断片でしか残っていないが、だからといって重要性が減少するわけではない。陶工たちは人物を様式化して小さく描く伝統を踏まえながら、それぞれに特異な姿態や行動の真実を示す正当な表示法によって、彼らを生き生きしたものにしている。

同じやり方は、ホメロスもその詩作において厳密に実践している。複雑な現実のなかから幾つかの欠かせない細部や特徴点を選び出し、私たちの記憶のなかに決定的に留まるようにしている。これは、彼だけがなし得たことであり、注目に値することではないだろうか？

詩人の技巧も、絵描きの技能も、多くの先人たちによって練り上げられてきた定型的表現を完璧に把握することに依っている。しかし彼らは、その世界観の正当さと鋭さに助けられつつ、個人個人の創造的天分を発揮して、それらの伝統的要素に一つの新しい生命を吹き込んだ。作品が私たちに満足感と充実感をもたらすのは、芸術家が意識的に受け入れた過去からの遺贈と、直ちに本質に立ち向かう独創的知性の提供するものとが均衡を保っている場合である。

この二つの芸術は、属している領域は異なっていても、同じ一つの精神からインスピレーションを得ており、この両者の出会いは啓示的文明が生み出したものである。

5　ヘシオドス時代のギリシア

ホメロスとアッティカの幾何学様式の陶器が表しているのが前八世紀のギリシア文化の最も華々しい側面であるのに対し、もう一人の詩人、ヘシオドスが示しているのは、同じギリシアでも、より厳しく魅惑的でない側面である。ヘシオドスが生きた時代は、ホメロスと同じ前八世紀の後半か、あるいは少しあとである。というのは、彼はホメロスの作品を知っていて、折に触れて簡略化したやり方で模倣し、それより少し後にもてはやされていた伝承と較べ合わせているからである。

ヘシオドスは、かのイオニアの詩人とは違い、権力者の宮殿で生活することはなかった。彼は、ヘリコン山のふもと、ミューズ神の谷〔訳注・ヘリコン山とパルナソス山の間にある〕から程遠くない寒村、アスクラの近くに小さな農地を持つボイオティアの農民であった。

彼の詩は二篇が残されており、いずれも叙事詩調の言葉で書かれている。一つは神々の系譜をまとめた『神統記』、もう一つは教訓的な農民詩『仕事と日』である。とくに後者では、しばしば自身について考えたことや心配事について語っている。

ホメロスの場合、彼自身の人間性は作品の背後に全く隠れているのに対し、ヘシオドスの作品は、不器用で公式集のようなスタイルにもかかわらず、非常に個人的な響きを奏でており、幾何学様式時代のギリシアの小農民の身の上についてさまざまなことを教えてくれる。

たしかに、その境遇は、けっして羨まれるようなものではない。季節の移り変わりごとに次々と起きてくる試練にさらされながら、彼は猫の額ほどの小さな土地であくせくと働いている。労働が彼の法律である。うまくいった場合はゆとりが出る。彼の頭を占めているのは、それだけである。

しかし、家族や隣人との争いが原因で裁判となる。こうした裁判では、王たち、つまり身分の高い連中は、賄賂によって心を動かされ、ねじ曲がった判決を下すことがあまりにも多い。ヘシオドスは《正義の神》に熱心に祈り、《至高の神》ゼウスの公正を信じる旨を断言している。だが、それによって彼は、少なくとも彼の目から見て、いかにこの正義が滅多に尊重されていないかを示しているのである。《正義》という抽象概念を神格化した神に向かって絶えず訴えかけている事実自体、自分の貧しい境遇に満足できず、もっと別の境遇がふさわしいと意識している多くの市民たちの道徳的欲求の噴出をあらわしている。そこに、ギリシア都市における社会的抗争の源泉があったのであり、次の世紀には、この社会的抗争が、遠い異国の地への大規模な植民の企てと、深刻な政治的動乱へと発展していく。

第三章　アルカイック期（前八―前六世紀）

幾何学様式時代の文明が西洋史において決定的に重要な意義をもっている所以である基本事項は、これまでの説明で明らかになったので、いまや、《暗黒時代》のあと再び私たちに明らかになりはじめた前八世紀から、ギリシア世界の運命が問われた前六世紀の《ペルシア戦争》までの時期の、ギリシア人の発展を画した重要な事件を、大きな流れのなかで想起することとしよう。

しかし、この時代に関して跡づけることのできる資料は、ごく稀で、とくに初期のころについては、伝説的要素が濃厚に混じっているが、先の「ギリシアの中世」の時代と違って、この「アルカイック期」は、まったく闇のなかに消えてしまっているわけではない。

アルファベット文字が採用されたおかげで、これ以後は、古文書の資料（行政官リスト、競技の勝者の名前、神託のお告げ、さらに、時代が下ると法典のテキスト、行政命令、条約文書など）が残されている。とくに全ギリシア的祭典として西暦前七七六年に始まったオリンピック競技の優勝者の名前を記した文書は、ずっとのちには、世界の編年史にも役立っていく。

ほんとうのことをいうと叙事詩の伝統から明確には分離されないままだが、《歴史記述》の一つの形が姿を現してくるのが前八世紀末、コリントスの詩人、エウメロスによってである。ヘロドトスやトゥキュディデスといった前五世紀の偉大な歴史家は、このころに書かれた資料を、限定的に、その叙述の必要性に応じて利用しており、私たちが、考古学による補塡や裏付けに依存しながら、古典期のギリシア世界が徐々に形成されていったこの複雑な時代の歴史について、その本質的な部分を幾らかでも描き出すことができるのは、これらの古文書のおかげである。

その場合、細部にこだわると、視野は各都市の枠内に限定されてしまうし、正直なところ、記述は不確定で脱漏も少なくない。したがって、望ましいのは、複雑すぎて分析意欲を殺ぐような地方的問題は飛び越えて、幾つかの全体的視点を抽出することによって、このアルカイック期のギリシア世界の進展の全般的意味を捉えることであろう。そこで看取される本質的な現象は、次の諸点である。

土地資産の配分法に起因する社会的危機が全般的に広がり、それが大規模な移民を呼び起こす。これにより、ギリシア人植民地が、エーゲ海世界の境界を超えて、東は黒海から、西はイベリア半島にいたる広い範囲に展開される。しかし、この移住は問題の解決には不充分で、都市内部におけるさまざまな発展に結びついて、しばしば暴力的動乱と、僭主政治のような新しい制度が現れる。そして最後に、これらの政治的事象と相まって、オリエントとの緊密な接触の復活という一つの文明的事象が現れて、この時代全体を特徴づける。これらの諸点を順次、明らかにしていくこととしよう。

1　社会的危機と植民活動

「社会的危機」という言葉が、その結果によっても、ヘシオドスの証言によっても、当てはまるのは、ボイオティアという一つの地域の、前八世紀末という一つの時代に関してである。エーゲ海の両岸にひろがっていたギリシア世界の一方の端に作られた《都市》という枠の内で、何千かの人々が、その小規模な領土の資源を分け合いながら、それぞれの隅で生活していた。

それぞれの政治的単位を構成していたのは、分散した小集落または一つの町を核とする集落群であったが、いずれにしても、ホメロスの詩が示しているような君主制組織をもっていて、世襲の王が有力家族の首長たちによって補佐されながら、この小国家の運命を司っていた。

その結合力の源泉となっていたのは、血または宗教の絆によって結ばれた《ゲネア》と呼ばれる「氏族」と、そうした氏族が共通の神への崇拝によって結合した《フラトリー》つまり「部族」であった。そして、都市の権力は、富の源である土地を所有し、戦車に欠かせない馬を飼い、高価な重い武器や武具を入手できる唯一の階層である貴族たちに握られていた。

この土地所有貴族たちは、しばしば君主を同輩の一人という立場に後退させる。王とは、とりわけ宗教的性格をもった司法官の称号にほかならなかった。しかし、この社会的秩序の経済的基盤も、時代とともに、避けがたい進展によって変化する。なぜなら、一般に相続制度は、直系の相続人たちで財産を分け合うやり方が採られたが、土地所有者の息子が二人以上いる場合、遺産は、彼の死とともに分割されたから、世代を重ねるごとに細分化されていき、土地所有者の状況は惨めなものとなり貧弱化していく。

その結果、借金をしたり、大きな資産家に雇ってもらったりせざるをえなくなり、細分化された土地は、より豊かな人間のもとに吸収される。そこから、全般的傾向として、土地は幾人かの特権的な人々の手に集中し、他方、ますます多くの大衆が、厳しい状況に陥って経済的自由を失ったり、嵩んだ借金の返済のために自由そのものを失っていく。

端的に図式化していうと、このような現象がアルカイック期初めのギリシア世界のほとんど至るところに見られ、人口の絶え間ない増加とあいまって、ギリシア人たちを植民運動へ駆り立てる動因となったのであった。当時の人々自身、移住しなければならない本質的原因を《ステノコーリア》すなわち「土地不足」と定義していた。

もとより、実際に人々が異国をめざして出かけていった事情は、きわめて多様である。政治的首長と対立して祖国にいられなくなったとか、冒険を求めてとか、集団的に追放処分に遭ったためとか、もっと時代がくだると、政治的または商業的帝国主義に鼓舞された企業精神から、というのもある。だが、ほとんどつねに、その基盤にあったのは人口過剰問題であり、土地不足から来る危機を解決するために植民が行われたのであった。

植民地創設をめぐる状況は、当時の人々、とりわけ植民者とその後継者たちの想像力を刺激したから、おそらく他のどの分野でよりも、この領域でたくさんの叙事詩が生み出された。私たちは、多くの植民地について、簡潔ながら創設の物語を知ることができるし、それらは、そこに起きた結末を、かなりよく想像させてくれる。

例を前七世紀の半ばを少し過ぎたころ、キュクラデス諸島の一つで、現在はサントリニ島と呼ばれている小さな火山島、テラ島からアフリカへ向けて出発していった遠征隊にとってみよう。事態のおおまかな経緯はヘロドトスによって語られている（『歴史』4-150）が、この話は、ヘロドトスが拠り所とした資料とは明らかに別の、もっと古い伝承を反映した前四世紀のキュレネのある文書によっても裏付けられている。この二つの資料が一致していることは、さらに意味深いものを含んでいるのだが、これら二つのテキストから、次のことが明らかである。

前七世紀半ばのテラ島は、相次ぐ凶作の結果生じた一つの混乱期にあった。島を治めていた王はデルフォイの神託に伺いを立て、リビュアへ遠征隊を送って植民地を作るようにとの助言を得た。テラの人々は冷静にそれを実行した。王によって市民会議が召集され、決議によりバットス一族に遠征の命令が与えられた。そして、植民の参加者として、一家族につき若者一人を募った。指名された人々は、死を覚悟して船に乗り込んだ。この事業の参加者は、五年間にわたる忍耐強い努力を重ねたのちでなければ、テラ島に帰還することはできないことになっていたからである。

このようにして編成された徴募兵は、二隻の《ペンテコントーレス》〔訳注・五〇人の漕ぎ手による船〕に詰め込まれた。ということは、人員はほぼ二〇〇人だった、ということである。船は、まずクレタ島へ行き、イタノスでクレタ人の水先案内人を雇い、リビュアすなわちアフリカ大陸へ向かった。

遠征隊がエジプトの西方にあるキュレナイカの海岸に近づいたとき、まず沖合にあった一つの小島に上陸して、これを大陸探検の足がかりとすることにした。こうして、この前哨地から出かけては、危険を冒して内陸部を踏査し、土着民とも接触した。さいわい土着の人々が快く迎えてくれたので、東キュレナイカにおける六年間の仮住まいのあと最終的に、この国の中心部をなす高原のへりの、豊かな泉が湧き、降水量も多く、農業開発に好適な土地に身を落ち着けた。

この年代記によると、キュレネの町が創設されたのは前六三一年のことであるから、西暦六四二年にアラブ人たちが押し寄せてくるまで、約一三〇〇年間にわたって繁栄を誇ることとなる。

この町の歴史は、たまたま、創設の事情が分かっている代表例であるが、そこには、大部分の植民都市の創設物語に繰り返し現れる幾つかの本質的要素が見出される。

——すなわち、経済的・社会的危機が人々に移住を決断させたこと。デルフォイの神託の助言があり、それが植民の企てに論議の余地のない宗教的権威を付すとともに、多くの植民が神託に従って行われたことから、他の植民活動とぶつかり合わない移住先を選ぶのに役立ったに違いないこと。市民会議の命令という形で国家権力が介入して遠征隊が組織され、指導者が指名されて参加者が決められ、従わなければ厳罰を課すという条件で強制的に送られたこと。出発したのは少人数だったこと、なぜなら、ギリシアの都市は狭かったので、深刻な社会的危機を解決するために移住させるといっても、数百人単位にすぎなかったからである。さらに、未知の大陸の内陸部に入る前に、まず沿岸の島に拠点を作り、そこを避難所として確保したこと。そして最後に、耕作に適した土壌と水とに恵まれた土地をよく見極めて農業植民地が設立されたこと――である。

こうしたこと全ては、同様の必要性に迫られて同じような事態へ進んだ他の多くの植民地でも、その条件によって多少の違いはあるものの、どこでも見られる。こうして、キュレネでも、他の植民地でも、ギリシア人たちは少なくとも始めのころは、原住民の敵意にぶつかることはなかった。異国の人間が近くに来たからといって不安がらない部族と交渉したからである。

しかし、どこでも平和的入植に成功したわけではない。南イタリアのような幾つかの地域では、土着民たちの抵抗に逢ったため、長期にわたる厳しい戦いが必要であった。そうした最も顕著な例は、おそらくタレントゥムのそれで、これについては、ギリシア人旅行家、パウサニアスが伝えている。彼が書いたのは西暦二世紀のことであるが、内容は古い資料によって伝えられていたものである。

「タレントゥムに植民したのはラケダイモン人たちで、この都市の創設者はスパルタ人、ファラントスであった。植民のために遠征を命じられたファラントスはデルフォイから神託を受けた。その内容は、晴れた空から雨が降ったときに、彼はふさわしい土地と町を手に入れるだろう、というものであった。

そのときは、彼は、神託の意味を自分で考えようとも、神託の解釈を仕事にしている神官から説明を求めようともしなかった。こうして、船隊を率いてイタリアに着き、抵抗する原住民に対して勝利を重ねたが、町一つ手に入れることもできなければ、土地を確保することもできなかった。

そのとき彼の脳裏に甦ったのが、あの神託であった。そして彼は、この事業は不可能だという神のお告げだったのだと思った。晴れ渡った空から雨が降るなどということは、いまだかつてないことだからである。すっかり落胆している彼を、この遠征についてきていた妻が慰めようとして、彼の頭を膝の上に抱え、髪の毛を掻き分け、シラミを取り始めた。

彼女は、そうしながら、状況がよくならない夫の立場を思ったとき、心優しい彼女の眼から涙が溢れた。そのこぼれ落ちた涙がファラントスの頭を濡らしたとき、彼は突如、お告げの意味を理解したのだった。というのは、彼の妻の名はアイトラ、つまり『晴れた空』だったからである。

その夜、彼は、この沿岸一帯で最大にして最も栄えた町、タレントゥムを襲撃し、蛮族たちから奪い取ることに成功したのであった。」

この物語は、逸話的・伝説的な性格にもかかわらず、前八世紀末の植民地創設時代以来、イタリア半島のプーリア地方にギリシア人たちが定住できるまでに、いかにメッサピ人の強い抵抗と脅威にぶつかったかを示している。

それはまた、あらゆる植民地の創設において、事業遂行のために指名された「長」が果たした役割の重要性についても示してくれている。彼は、《オイキステース（創設者）》との称号をもち、神の庇護のもとに、移住者たちに試練を乗り越えさせなければならなかった。そこで分かることは、並外れた責任を背負わされたこれらの人物には、並外れた名誉が与えられたということであり、死後は、英雄として讃えられ、その墓のまわりで祭儀が行われるのが普通であった。

2　エーゲ海北部と黒海周辺への植民活動

ギリシア民族のこの驚くべき領土拡大について、できれば詳細に記述したいところであるが、初期の時代に遡るほど、多くの場合、確実な資料がなく、他方、設立された植民地の数は全てを列挙するには余りにも多いので、どうしても選択せざるをえない。

そのうえ、幾つかの植民地は、ひとたびしっかり確立されると、今度は、近隣の土地へ植民者を送って増殖していった。結局、三〇〇年近い間に、さまざまな方面へ継続的に展開されていったこの運動を、明確に段階的に区別することは至難の業である。

かろうじて言えることは、前七世紀半ばごろまでに行われたのが、すでに指摘したような社会的危機によって引き起こされた農業移民が主であったのに対し、時代が下るほど、商業的関心が大きい比重を占めていったことであろう。

だが、この進展は、真実ではあるが、厳密にいえることではなく、植民運動全体に当てはめられる年代学的枠組とはほとんどなりえない。したがって私たちは、普通なされているように、おおまかに地理的に分類して、これを明らかにするに止めよう。

東地中海盆で前八世紀の初めごろのギリシア人に開かれていた自由な領域は、北方だけであった。しかし、アナトリアの内部は山岳地であるため近づくことがむずかしく、海から離れることを好まないギリシア人からは敬遠された。もっと東方のキリキアやシリアは、アッシリア人とフェニキア人によって完全に侵入を阻まれていた。南方のエジプトは、このころは弱体化し分裂までしていたが、余りにも人口が稠密で、これを征服することは容易でなかった。

そのようなわけで、組織化された多数の住人によってまだ占められていなかった唯一の地域がエーゲ海の北方一帯で、ここに目を付け、前八世紀前半から植民を始めたのがエウボイアの人々であった。この植民運動の先駆を切ったのが、カルキスとエレトリアという隣り合った二つの町である。

詳しい年代は不明であるが、こうして植民地の設立が相次いで行われ、とくにカルキスの植民地が約三〇というかなりの数にのぼったことから、この地域は「カルキディケ半島」の名で呼ばれるようになったのだった。そこに突き出ている三つの半島、パッレネ〔訳注・現在のカサンドラ〕、シトニア、アクテ〔訳注・アトス山はここにある〕はたくさんの植民都市で占められた。

なかでも重要な都市が、パッレネ岬ではメンデ、シトニア岬ではトロネで、テレマイコス湾の奥とオリュンポスの中間のマケドニア沿岸にメトネが設立されるのは、少しあとのことである。これらの町のほとんどはごく小さな都市で、ワインのすばらしさ以外ではあまり語られることはなかった。前八世紀の末にカサンドラ岬の地峡部にポティダイアを建設したのは、エウボイアではなくコリントスから来た植民者たちである。

東のほうでは、トラキア沿岸部（そこには、好戦的な部族が住んでいた）がキュクラデス諸島のイオニア人たちを惹きつけた。前七世紀前半には、パロスから来た植民者が、ネストス川の河口とパンゲイオン山塊から遠くないタソス島に一つの都市を建設する。この植民都市は、タソス島だけでなく大陸部でも金鉱を開発し、これによって財を成すこととなる。

詩人のアルキロコス〔訳注・前六五〇年ごろのパロス島の人〕も加わったこの植民地設立の事業は、トラキア人たちの激しい抵抗に遭遇したが、結局、東はネストスの河口から、西はストリュモンの河口までの間の最良の地をタソス人が占めることになり、これが彼らの未来の繁栄の基礎を確かなものにした。ストリュモン川を越えたカルキディケ半島の東側の沿岸部では、前七世紀中頃に、アンドロス島のギリシア人たちがアカントスとスタゲイロスを創設した。スタゲイロスは、のちにアリストテレスの出身地として有名になる。

同じ時代に、ネストス川の東では、キオス島のギリシア人たちがマロネイアに住み着き、その少し西側では、クラゾメナイから来た人々がアブデラの町を作ろうと努力したが、近隣のトラキア人と戦いになり、失敗している。アブデラが植民地として建設されるのは、それより一世紀後、ペルシア軍によってテオスを逐われた別のイオニア人たちの手によってである。

最後に、もっと東のヘブロス川の河口では、アイオリス人によってアイノスが設立されている。アイオリス人たちは他にも、前七世紀初めにサモトラケ島を占拠している。

このようにしてギリシア人は、オリュンポスからケルソネソス半島にいたるまでのトラキア沿岸と北エーゲ海の島々を支配するようになったが、それとともに、ヘレスポントス（ダーダネルス）とボスポロスの二つの海峡と、その間にあるプロポンティス海（マルモラ海）を経て黒海にまで侵入するのも、おそらく前八世紀末以後である。

しかし、この海峡部での初期の植民地建設はキンメリア人などの原住民たちの抵抗によって挫折し、定住が始まるのはその半世紀ほどあとのことである。ミレトス人は、少なくとも前八世紀には、プロポンティス海の南岸（アジア側）にキュジコスを建設して住み始めていたが、キンメリア人の急襲を受け、再建されたのは六七六年である。

その後は、アビュドスなど多くの植民都市がミレトス人によって建設されたが、ただし、アビュドスとキュジコスの間のランプサコスは、フォカイア人の町である。

同じプロポンティス海のヨーロッパ側の岸でも、かなり早くから入植が行われ、セストスには、レスボス島のアイオリス人が移り住んだ。くだって前六〇〇年ごろには、サモス島出身のイオニア人たちがペリントスを建設している。

その後、ギリシア本土の都市、メガラの人々がこの地域に進出してきて、アジアのギリシア人たちと張り合うようになる。メガラは前六七六年にボスポロス海峡のアジア側の岸にカルケドンを作り、一六年後の六六〇年、その対岸にビュザンティオンを建設する。この町がのちに示す繁栄は、よく知られているとおりである。

メガラ人たちがビュザンティオンの地に拠点を築くのに一六年間待ったことは、ヘロドトスの言うところによると、ダレイオス時代のペルシアの将軍の驚きを惹き起こしたが、少なくとも、これ以後は、ボスポロス海峡におけるメガラ人のこの植民都市が黒海へのアクセスをコントロールするようになる。

ギリシア人たちは黒海を《ポントス・エウクセイノス》すなわち「易しく迎えてくれる海」と名付けたが、これは、反語的に使ったものである。この海は、たえず嵐が起きるのに避難する島がなく、霧や靄が立ちこめて海流は激しく、航海には危険な海だったからである。

彼らは、ボスポロス海峡から、東方ではコーカサスやコルキス、いわゆる《金羊毛の国》へ、北方に向かっては、ダニューブ川の河口を越えてクリミア半島にまで探検を行ったが、いずれも、沿岸航海によってであり、そこで最も主役を演じたのは、プロポンティス海におけるのと同様、ミレトス人であり、それに次いではメガラ人であった。

ミレトス人はアナトリアの北岸の中心、シノペに前六三〇年ごろに定住し、その約百年後、少し先にアミソスを設立している。その後、さらに東にトレビゾンド〔訳注・古代の名は、トラペズス〕をシノペの人々自身が建設している。

このトラペズスの繁栄を支えたのは、牧畜・漁業・農業に加えて、海上交易の寄港地としての有利さであった。というのは、幾つかの商品は、シノペまたはアミソスから、小アジア半島の地中海岸、キプロス島に向かい合ったキリキアへ、アナトリア高原を越える陸路で運ばれたからである。

ミレトス人たちは、きわめて早い時期から黒海のヨーロッパ側の岸に沿って、ダニューブの河口にまで進出していた。ダニューブ川河口の少し南にイストロスが創設されたのは前七世紀半ばで、そのほぼ一〇年後には、ブグ川〔訳注・古代の名はヒュパニス川〕とドニエプル川〔訳注・古代の名はボリュステネス川〕の河口にオルビアが建設されている。彼らは、この町をボリュステネスと呼んだ。

前七世紀以前から、寄港地として、トラキアの黒海沿岸にアポロニアが、ついで、その少し北にオデッソス〔訳注・現在のヴァルナ〕が創設されていた。彼らは、ケルソネソス・タウリカ〔訳注・現在のクリミア半島〕に到着し、そこにパンティカパエウム（ケルチ）とテオドシアを建設したあと、その世紀の終わりには、アゾフ海の奥まで達し、ドン川〔訳注・古代の名はタナイス〕の河口にタナイスの町を建設している。コーカサス側の岸には、よりつつましい、いわば「支店」が作られた。ファシスあるいはディオスキュリアスがそれである。

メガラ人は、これより活力が劣るが、五六〇年ごろ、ボスポロスとシノペの間にヘラクレイア・ポンティカを、ついで五一〇年にはアポロニアとオデッソスの間にメセンブリアを設立した。ヘラクレイア・ポンティカの人々がクリミア半島の中心地、ケルソネソスに住み着くのは前四二二年以後である。

これらメガラ人とミレトス人の黒海での植民活動は、特殊な性格をもっている。彼らがこの広大な地域に点々と都市を設けたのは、その大部分は、なによりも通商上の拠点としてであり、蛮族世界のなかで孤立していたので、蛮族王たちに貢ぎ物を収めることを条件にする必要があった。しかし、この遠隔地からもたらされた種々の資源の取引は膨大な利益を生み、ギリシアの本国を潤した。

トラキアの鉱山から運ばれた鉄、錫、銅、バルカンの木材、各河川の河口付近で捕れた魚の干物や燻製、トラキア人やスキュタイ人の奴隷、最後に、南ロシアの黒土地帯の小麦などが、黒海の「支店」を経てギリシア人の船によって運ばれた商品であった。

これと引き替えに、ギリシア人が彼らにもたらしたのは、宝石と金銀で細工を施した容器、陶器など、ギリシアの職人たちが作った製品、ワイン、香水、油などで、蛮族たちは、そうした品物をひどく好んだ。トラキアや南ロシアの土着民の墓からは、こうした品がたくさん出土しており、この取引がいかに盛んに行われていたかを証明している。

とくに前四世紀のアッティカの、ある様式の甕は、クリミア〔訳注・古代の名はケルチ〕の柩に多く見られることから、その地名をとって《ケルチ様式》という呼称がつけられているほどである。

3　イタリアとシチリアにおける植民活動

イタリアとシチリアにおける植民活動は、かなり様相が異なる。ここでは、植民都市はたんなる通商上の「支店」ではなく、独立した一つの国として繁栄し、ギリシア文明の輝きに寄与した強力な居住地であり、この西方ギリシア文明の冒険は、ギリシア史の華々しい一ページを構成している。それは、前七五七年という非常に早い時期のカンパニアのクマエ〔訳注・ナポリ湾の北側の突端にある〕の創設で始まる。このことは伝統的な年代記にも記されているし、考古学的調査によっても裏付けられている。エウボイア人たちは、その約二〇年前にすでにピテクサイ〔訳注・イスキア島〕を占拠し、そこから大陸部へ移ったのだった。

こうして、このカルキス〔訳注・エウボイア島の都市〕の植民地、クマエは、当初からイタリアにおけるギリシア人都市の最北端に位置し、豊かなカンパニア平原の周辺部にあって、イタリア半島の北半分を支配していたエトルリア人と交易関係を打ち立てることができた。

同じ頃、カルキスの別の人々は、シチリアのタウロメニオン〔訳注・現在のタオルミナ〕に近いナクソスに定住し、ついで、そこから、もっと南のカタネとレオンティノイへと分封した。

前七四〇年ないし七三〇年ごろ、シチリアでもイタリア半島の爪先に最も近い地にザンクレ〔メッサナ〕、そして、その対岸のカラブリアにレギオンを建設したのもカルキスの人々であった。こうして、ボスポロス海峡をメガラの人々が押さえたように、イタリア半島とシチリアから北側の海への道をカルキス人が押さえたのである。しかし、メガラ人は、黒海方面だけでなく、このころには西方へも活動を展開し、レオンティノイの南にメガラ・ヒュブライアを建設している。

最後に七三三年、一人のコリントス人、アルキアスが、その地の利からシュラクサイを選び、原住のシチリア人を追い払って、拠点を作った。ここは、シチリアで最も繁栄したギリシア人都市となる。シュラクサイの人々は、勢力を内陸部へ拡大してアクライを建設、そこから島の南端まで支配下に収め、さらに南岸を西へ進み、前六世紀初めにはカマリナを植民地化している。

しかし、この西方への前進は、すでに、他のギリシア人たちが先取りしていた。ロードス人とクレタ人の合同遠征隊によって、前七世紀の初め（前六九〇年ごろ）には、シチリアの中南部、まわりに肥沃な平野が広がるゲラ〔訳注・現在のジェーラ〕に拠点が作られていた。このゲラの人々によって、百年後の前五八〇年には、アクラガス〔訳注・現在のアグリジェント〕が建設されている。さらに、メガラ・ヒュブライアの人々は、前七世紀中頃、アクラガスの西にセリノンテを設立している。

シチリアでも北側の海岸に目を向けてみると、ここで唯一の重要なギリシア人都市はヒメラで、これは、セリノンテとほぼ同じころに、ザンクレの人々によって建設された。

だが、シチリアの最も西側は、原住民のエリュモス人（シチリアには、この小アジア系の人々のほかにイベリア系のシカノス人、イタリア系のシケロス人などがいた）とフェニキア人の手中にあった。フェニキア人はカルタゴからやってきて、この地にしっかり根を下ろしていた。ギリシア人たちは幾度も彼らと戦って張り合ったが、彼らを追い払うことができないばかりでなく、前五世紀末にはセリノンテという大事な拠点を失ってさえいる。

シチリアへの進出と平行して、南イタリアでも植民地建設が進められていた。前七二〇年ごろ、ペロポネソス半島のアカイアから来た人々がタレントゥム湾の西側のシュバリスに上陸し、ここの平野は、まもなく重要な価値をもつようになる。カラブリアの山地を越える陸路が開かれ、メッサナを経由しないでティレニア海へ出られるようになったからである。

もっと南では、別のアカイア人たちがクロトンを設立した。この都市はシュバリスと対抗し合うようになり、前五一〇年ごろには、これを滅ぼしている。しかし、それまでの間に、シュバリスの人々は、タレントゥム湾の奥にメタポンティオン、ティレニア海側ではルカニア地方〔訳注・カンパニアの南〕

にポセイドニアといった植民都市を建設していた。ポセイドニアはローマ時代にはパエストゥムと呼ばれている。

しかしながら、この方面で最も有力な都市は、すでに述べたように前八世紀末にラケダイモン人によって建設されたタラス（タレントゥム）であった。ここは、港としても優れ、肥沃な後背地に恵まれて、急速に繁栄への道を歩んだ。

最後に、イタリア半島の長靴の先端では、前七世紀初めにロクロイ人がロクロイ・エピゼフュリオイを設立。こうして南イタリアは、人口も多く活動的なギリシア人都市に縁取られて「マグナ・グレキア（大ギリシア）」の名にふさわしい世界となっていった。

ギリシア本土から、この「マグナ・グレキア」への道は、アカルナニア（ギリシア西部）とエペイロス（訳注・アカルナニアの北）の岸に沿っていったあと、オトラント海峡を渡った。この道筋に沿って、ギリシア人植民地が点々と配置されていたことはいうまでもない。

その最も古いのがコルキュラ（ケルキュラともいう）島で、もともとエレトリア人が入植したが、前七三三年ごろ、コリントス人に奪われてしまった。このとき、コリントス人たちはシチリアにシュラクサイを建設している。コリントスは、コリントス湾の出入り口を押さえるために、西方と北方へ勢力を拡大し、レウカス島、アンブラキア、アナクトリオン、さらに北ではイリュリアのアポロニアに、つぎつぎ植民都市を創設していった。

コルキュラの人々も、この動きを進めて、アドリア海沿岸にエピダムノス（訳注・現在のアルバニア西部の町で、別名をドゥラッツォという）を設立している。前六世紀末に、その美しい甕を運んでポー川の河口にまでやってきた（それらはスピーナのエトルリア人墳墓から見つかっている）アテナイ人たちは、オトラント海峡を越えたティレニア海の側でも、ギリシア人都市の港々でゆっくり英気を養うことができたはずである。

4　ヒスパニアと南仏での植民活動

地中海の極西へ向かって最も遠くへ冒険したのはイオニア人たちである。ヘロドトスは、前六三九年にエジプトへ渡ろうとして、キュレナイカの岸に流され、そこから次には嵐のために《ヘラクレスの柱》〔訳注・ジブラルタル海峡〕まで運ばれたサモス島の商人のエピソードを伝えている。それまで船はヒスパニアのグアダルキヴィル川の河口のカディス近くに接岸したのだったが、ここは、それまでギリシア人にとって未知の土地で、彼らはタルテッソスという名前をつけたのであった。このサモス人が無事に国へ帰ることができたとき、幸運を感謝して、サモス島のヘラ神殿に捧げた巨大なブロンズ製の甕をヘロドトスは自分の目で見たことを記している。

人々がヒスパニアの地で手に入れたものとして、とりわけ銀と銅がある。フォカイアのイオニア人船乗りたちは、この取引を専門とし、土着民たちも、前七世紀末から同六世紀半ばまで、喜んで、この取引に応じたようである。

西地中海では、カルタゴ人がすでにヒスパニアやシチリア、サルデニア、バレアス諸島に幾つかの「支店」を設け各地の沿岸を頻繁に行き来しており、後発のギリシア人にとっては手強い競争相手であった。それでも、フォカイア人たちは北側ルートによって、ヒスパニアの拠点を確保しようとした。

こうして、前六〇〇年ごろ彼らはマッシリア（のちのマルセイユ）に腰を落ち着け、彼らの一人、プロティスは、土地の王の娘、ジプティスと結婚している。この町は、もともと農業入植地というよりは、後背地との交易の拠点としての性格をもっていた。

このマッシリアの人々が、今度は自分たちで、フランスの海岸に沿って、西のほうではアガタ〔訳注・現在のアグド〕、東のほうではオルビア〔訳注・現在のイエール〕、アンティポリス〔訳注・現在のアンティブ〕、ニカイア〔訳注・現在のニース〕などに「支店」を設けていった。

フォカイア人たちは、ヒスパニアの地中海岸にエンポリオン（アンプーリア）、ヘメロスコピオン〔訳注・ラナオ岬の近く〕、さらにマイナケ（マラガ）といった寄港地を作った。前五四五年、本国のフォカイアがペルシア人によって占領されたとき、住民の一部はマッシリアに移住し、ついで、コルシカ島の東海岸にあるアラーリアに定住地を求めている。

西地中海へのこうしたギリシア人の進出は、カルタゴ人とエトルリア人の共同の敵意に遭遇した。前五四〇年、彼らの連合艦隊がサルデニア沖でアラーリアのフォカイア人の船団と遭遇し、本格的な海戦になった。戦いの結末ははっきりしないが、ギリシア人たちは約三分の二に達する多くの船を失い、コルシカを放棄して南イタリアへ撤退せざるをえなくなった。こうして、ルカニアのパエストゥムの南方に建設されたのがエレア〔訳注・現在のヴェリア〕である。フォカイア人たちは、ヒスパニアにおいても、カルタゴの勢力に押されてマイナケを放棄したが、ガリアとカタロニアの拠点は辛うじて固守した。

5　アフリカにおける植民活動

地中海のアフリカ海岸のうち西半分のいわゆるマグレブは、ポエニ人〔訳注・フェニキア人のことで、カルタゴの意）が確固たる勢力を確立していたから、とうていギリシア人は入り込めなかった。ギリシア人が入植したのは、東のエジプトと西のマグレブとに挟まれ、周囲を砂漠にかこまれた緑豊かな高地地帯のキュレナイカであった。

ここにバットス一族に率いられたテラ島の人々が前六三一年に植民地を設立した事情は、すでに述べた。この植民都市は、ペロポネソス半島やキュクラデス諸島、ロードス島などから移住してきた人々のおかげで、豊かな農業植民地として発展し繁栄した。エジプトのファラオ、アプリエス（B. C. 589-570）に後押しされて近隣のリビュア人たちが幾度か襲撃してきたが、無事、撃退したばかりか、近辺に幾つかの植民都市を増やすことにさえ成功している。

たとえばキュレネの約一〇〇キロ西方のバルケ、また、さらに西方、大シルチス砂漠に面した地に築いたエウヘスペリデス（現在のベンガジ）などがそれである。いずれも、港を持っているが、このリビュアに住み着いたギリシア人の根本的な目的は、内陸部へ進み、耕作できる土地を手に入れて農作物を作ることであった。事実、彼らは、見事な成功を収め、キュレナイカは、古代地中海世界の重要な穀倉地帯となっている。

これより東のエジプトは豊かで人口も多く、古くから文明が栄えた地で、植民地を建設するには適さなかった。ミュケナイ時代のギリシア人はエジプトと緊密な関係を結んでいたが、《暗黒時代》には、この関係は、完全に断ち切れはしなかったものの疎遠になり、アッシリアがエジプトを征服した時期にも回復はしなかった。

ギリシア人が再びエジプトに接近するのは、前六六三年にプサメティコス一世が、この外国の軛からエジプトを解放し、統一国家を再建してからである。このサイス朝（第二六王朝）のファラオとその後継者たちは、イオニア人やカリア人〔小アジア西部〕の傭兵に助けを求めた。彼らの名前は、アブ＝シンベルの壁に残っている掻き文字に今も見ることができる。

これら兵士としてファラオに仕えたギリシア人たちのあと、商人たちがやってきて、エーゲ海世界とエジプトとの間の商業活動は、ふたたび盛んになった。とはいえ、ギリシア人の思うように常設の「支店」が設置できたわけではない。

兵士たちが、ナイルのペルシウム河口〔訳注・デルタによって分岐している最も東側の河口〕の東境にあるダフナエに野営していたのに対し、商取引に関して、その活動と商品集積の場として指定されたのは、ナイル川のカノポス河口の近く、つまり西側デルタのナウクラティスであった。ここが前七世紀の終わり頃にギリシア人を受け入れる地とされていたことは、考古学的調査によって裏付けられている。

しかも、このナウクラティスでの活動が公的に認められていたのは、親ギリシア的なファラオ、アマシス（B. C. 568-526）の治世だけだった。この時は、ギリシア人たちは自治権を享受し、宗教的な祭も自由に行うことができた。

この特別待遇を得た「支店」では、ミレトス、フォカイア、クニドス、ハリカルナソスなど一二の小アジアのギリシア都市と、サモス、キオス、ロードスなどの島々が責任を分担した。この《コンサート》に参画した本来のギリシアはアイギナ島だけであった。

このナウクラティスのギリシア人植民地は、前五二五年のペルシア帝国のカンビュセスによるエジプト征服まで、驚くべき繁栄を示した。ギリシアの船は、シフノスやトラキアの鉱山から産出した銀を運んできて、帰りにはナイル・デルタの穀物を積み込み、その両方で大きな利益を得た。

シリアのオロンテ川河口付近のポセデイオン〔訳注・現在のアル＝ミナ〕でも多分、これと似た試みが行われた。ここでは、最近の発掘によって、ミュケナイの陶器が見つかっている。しかし、アルカイック期のギリシア陶器のかけらも見つかっており、これは前八世紀半ばから同七世紀終わりにかけても、ギリシア製品の輸入が行われていたことを物語っている。

ただし、ギリシア人が、フェニキア人やアッシリア人によって組織的にシリアやパレスティナの沿岸から排除されていたことは明らかで、そこに、はたして常設のギリシア人の拠点があったかどうかは明確ではない。

キプロスでは、ギリシア人とセム人とが住み分けていた。ギリシア人たちはサラミス、ソロイ、パフォスを拠点に島の大半を押さえ、セム人たちはアマトスとキティオンによって東南部を占拠していた。キプロスにおけるギリシア文明の活力を証明しているのが、ホメロス叙事詩の伝統を継いだスタシノスの『キュプリアの歌』であろう。

だが、それ以外では、オリエントの影響のほうが強かった。この島で発見されているアルカイック期の彫刻が非常に特殊な興趣を湛えているのは、このためである。

6 アルカイック期の文明

ギリシア人がヒスパニアからコーカサスにいたる各地に移住し分封している間に、ギリシア本国やイオニアでは、何が起きていたか?

こうした植民活動自体、エーゲ世界に広がっていた社会的危機の結果であったことは、すでに指摘したとおりである。ギリシア文明がオリエントとの接触のおかげで発展し豊かになった一方で、この危機が別の側面に現れたのが、各都市における政治的進展と都市同士の抗争であった。

都市が表している独創的な政治の仕組、すなわち人口集中の中心と共同体的機構と市民的祭儀の中枢とをもった適度の規模の国家がギリシア世界に姿を現したのは前八世紀から同七世紀のことである。

幾つかの町が連合したり、《シネキズム》といって一つの大きな町の傘下に入って《都市》が形成されたところではどこでも、この種の人間的規模をもった政治的統一体が誕生し、それが古典期文明の発達の枠組となっていった。

ギリシア都市の増殖は、植民地の拡張と同じくらい驚くべき現象である。何百というそれらの都市は、その来歴は今も大部分が不明であるが、一つの持続的なヴァイタリティーを示している。それぞれが占めていた土地は、ごくささやかなもので、たとえばフォキスの場合、総面積は一六五〇平方キロで、そのなかに二二の独立都市があった。クレタの面積は八五〇〇平方キロであるが、百あまりの小国家に分かれていた。ホメロスは、クレタを「百の町をもつ島」と謳っている。

面積八八〇〇平方キロのコリントス、同じく一四〇〇平方キロのアルゴスは、《大国》と見なされていた。とくに二五〇〇平方キロのアテナイや八四〇〇平方キロのスパルタ（メッセニアを含めて）にいたっては、並外れた《超大国》であった。

すでに見たように植民都市は、内陸部へ領地を広げたとしても、これらの規模を超えることはほとんどなかった。最も強大であったキュレネやシュラクサイも、その支配した土地はフランスの一つの県より狭かった。こうした極度の政治的細分化を考慮せずしては、ギリシア史は理解できない。これらの都市にあっては、連盟や同盟を作ることは、一時的な応急策として行われただけである。前七七六年に始まったオリンピック競技がその表れであるとともに象徴でもあった《ギリシア人としての共通意識》も、互いの敵対関係や戦争を消滅させはしなかった。

詩人たちによって高揚された地方的愛郷心は、そうした抗争を支え、深刻化する。武器をとっての争いから、兵士の数を増やさざるをえなくなり、武装と用兵術に変化がもたらされ、結局は社会的均衡まで も、その影響を受けた。内的危機と外国との戦争――アルカイック期のギリシアが私たちに提示するイメージがこれであり、時間の経過につれて、事態は単純化され、大袈裟になる。

細部ではきわめて複雑なこの進展のなかから、幾つかの基本的事実が明らかになる。内政面では、多くの都市が規模を増大し、それにつれて、政治的・社会的に、より貧しい市民にますます大きい位置を与える方向へ変化を蒙る。都市同士の関係の面では、幾つかの都市国家が主役を演じるようになる。エウボイアやとくにコリントスのように、商業活動で際立った繁栄を示すものもあるし、アルゴスやとりわけスパルタのように、軍事力で頭角を現すものもある。

前六世紀以後、なかでも重要性をもってくるのがアテナイである。同時に、エーゲ海を挟んで反対側の岸では、かつてはあれほど繁栄したアナトリアのギリシア人都市が、まずリュディアの圧力に屈し、ついで進出してきたペルシアのもとに屈服する。こうして、外敵の脅威は、ギリシア本土にも強まり、やがて『ペルシア戦争』となる。

これらのアルカイック期ギリシア史のさまざまな局面について、順に見ていこう。

7　社会的進展

前八世紀のギリシア都市の大部分は、大土地所有者が優位を占める貴族制度によって成り立っていた。

世襲的王制はまだ存続していたが、実質的権力は大貴族が握っていた。彼らは、大土地所有者であるとともに、戦車に欠かせない馬を所有し、ディピュロンの大甕にも描かれているように、重い武具を身につけてこれに乗った。戦車と武具は戦士にとって不可欠で、これらの装備の如何が、戦いの勝敗を左右した。ここから、彼らは《馬を飼う人》という意味の「ヒッポボタイ」と呼ばれ、とくにエウボイアのカルキスの貴族は、この呼称を誇りとした。

すでに述べたように、相続の仕組や借金のために中小規模の農民が没落し奴隷化したことによって、土地資産はますます少数の人々に集まっていったのであるが、そうしたなかで、用兵術の変化のおかげで、貧しい農民たちに有利な事態が思いがけず進展していった。すなわち、戦場を戦車で駆けめぐる貴族同士の個人的戦闘に代わって、歩兵の密集部隊、いわゆる《ファランクス》が戦いの主役となるのである。

この変革は、重大な結果をもたらした。大きな円い楯と兜、鎧、脛当てで身体を守り、槍と剣を手にして、仲間同士がびっしりと密集して行動する重装歩兵、《ホプリテス》に対しては、戦車上の孤立した戦士は、為す術を知らなかった。たちまち、あらゆる軍隊が、こうした、よく装備された歩兵による戦闘部隊を有するようになる。重装歩兵は、装備の運搬を手伝ってくれる従卒が一人いればよく、戦車などは不要である。したがって、重装歩兵に応募したのは、馬は買えないが武具と武器を手に入れ、従卒一人を雇うことぐらいはできる、中小規模の土地資産家の人々であった。彼らは、自分たちが戦争に欠かせない存在であることが明らかになるや、政治的責任についても自分たちの分け前を要求するようになり、このことが、その後の幾多の改革の突破口を開くこととなる。

それに加えて、海上での戦法の発達により多数の漕ぎ手が艦隊に必要とされるようになるが、ここでも、同じ原因が同じ結果を生じていく現象が見られる。すなわち、こうした船の漕ぎ手は、自分の腕以外はなんの資産も持たない下層民であったが、彼らも自分の都市で一つの役割を演じることを望み、それが、多くの海洋国家に同じ政治的進展を加速させることとなる。

貴族の政治的・法律的・土地資産的特権に対するこの抗争は、しばしば、一人の人間の手に権力を集中させる結果を招いた。社会集団同士の争いから一人の仲裁者を選ぶ必要が生じたとき、この男は特例的な権限を与えられ、市民全体が守るべき法律を定め、党派は、それを尊重することを誓った。こうして、アルカイック期のギリシアは、立法家の黄金期となった。

そうした人物は、賢人としての名声によって選ばれ、不偏不党であることが条件とされたため、全くの外国人であることもしばしばあった。たとえば前六世紀半ば、キュレネ人たちは、国の機構改革のために、ギリシア中部のマンティネイアから一人の賢人を招いている。エフェソス人はあるアテナイ人を招聘し、テーバイ人はコリントスから立法家を招いている。

もとより、秩序と法の回復を、自分の国の誰かに委任した例も少なくない。前七世紀前半のロクロイ・エピゼフィリアのザレウコスは、半ば伝説的なこれらの人物たちの最古の人である。また、前六二五年から同六二〇年ごろにアテナイで活躍したドラコンも、前六世紀のソロンも、同じくアッティカの貴族である。

レスボス島のミュティレネは、立法家のピッタコスに約十年間にわたり最高権力を委ねることによって、市民の和合を回復している。彼は、詩人のアルカイオスとサッフォを追放処分にした人物と考えられているが、その堅実さと公正さ、節度によって《七賢人》の一人に数えられている。

〔訳注・古代ギリシアの《七賢人》については、種々の立て方があるが、最も一般的なのはプリエネのビアス、スパルタのキロン、リンドスのクレオブロス、コリントスのペリアンドロス、そして、ミュティレネのピッタコスとアテナイのソロン、イオニアのターレスの七人である。」

これらの立法家のほとんどが、同じ本質的な問題、すなわち、まず第一に、所有権、とりわけ土地資産の所有権を法的に体系化することに専心した。なぜなら、参政能力は、一定の財産を所有していることと結びついており、それは、本質的には土地の所有に表れていたからである。彼らが、土地の極度の細分化と過度の集中化を避けるため、相続を規制する条項を承認した重要な意味がそこにある。贅沢を禁止する規定も、これと結びついている。そこで問題にされたのは、女性たちの衣装や葬式の豪華さであるが、その意図するところは、相続財産を使い果たす重要な原因の一つをなくすことにあった。

関心事の第二は、裁判に関して、より公正な規範を樹立し、ヘシオドスが糾弾した上流階級の人間による力の濫用や「ねじ曲がった判決」を改めることにあった。彼らは、ドラコンの場合のように、ときには非常に苛酷な法律（しかし、それは全ての人に適用された）を定めることによって、小市民の人々の基本的要求を満足させようと努力した。

最後に、彼らは殺人の問題に取り組んだ。それまでは、殺人の場合、家族同士、氏族同士で《報復》が繰り返されるのが常であったが、そうした私的報復の習慣に代えて、《国家による正義》を明確化しようとした。それは、極度の厳格さにもかかわらず、個人を氏族すなわち《ゲノス》への従属から、ある程度解放することとなった。

これらの改革は、《革命》を意図して行われたわけではなかった。それどころか、これらの法律を制定した人々が望んだのは、彼らの眼に《美徳》と映っていた伝統的社会の均衡を維持することであった。

しかし、そうした保守的傾向性のために、大衆の筋の通った願望を受け入れる必要性が見失われることはなかった。立法家たちがそのような見識に達したところでは（ということは、大多数のギリシア都市においては、ということであるが）内政面の進展は平和的に行われた。つまり、貴族制的・納税有権者が、機会あらば勢力を拡大できる可能性を残している範囲内で進展が行われたのである。

反対に、人々がこの立法家を活用しようとせず、改革が挫折したときは、力に頼ることが必要となり、その主役は特定の個人が演じた。こうして、ギリシアの《アルカイック期》は、最初の僭主（暴君）たちの時代となる。

「僭主（テュランノス）」という語は、その起源は外国語で、いまも確定されていないが、まず何よりも《至上の権力を身につけた人物》を指す。本来は「テュラン tyran」と「バシレウス basileus」（王）との間には違いはなかったのであるが、その後、「tyran」は権力を力ずくで手に入れ、力によって守る簒奪者の意で使われるようになったことから、一種の軽蔑的なニュアンスがこの語に付着したのである。このことは、すでにヘロドトスにおいても感じられるし、プラトンや前四世紀の哲学者たちによって、そのニュアンスはますます強められていった。

しかし、この《僭主制》の現象が私たちの関心を惹くのは、著述家や道徳家に表れている道徳的考察によってではなく、それがアルカイック期のギリシア都市で果たした役割によってである。トゥキュディデスはいつもの明晰さでこのことに気づき、「一般に僭主制は、都市で収入が増大したときに樹立される」と述べている。彼がここで言っているのは、手工業と商業によって豊かになると、国家のなかでの社会的不均衡の新しい原因が作り出され、それが、政治的混乱を助長する。そして、大衆は自分たちの要求が土地所有貴族階級によって拒絶されると、暴力や策略で権力を掌握して貴族の抵抗を打ち砕いてくれる、エネルギッシュで遠慮会釈のない一人の男に全権を委任し、ここに「僭主」が生まれるということである。

ときには、この男自身は、すでに国家の重要な役職を占めている貴族であることもある。コリントスの最初の僭主、キュプセロスは、この都市を支配してきた家族に属しており、多分、彼は、軍事的指揮権を行使して僭主政治を始めたのであった。キュレネのアルケシラオス三世は、廃位された君主であったが、僭主と同じやり方で王国を再度掌握し、その後も僭主的手段によって権力を維持している。

その逆に、卑しい身分の出である僭主も少なくない。シキュオンの最初の僭主、オルタゴラスは屠殺業者の息子である。しかし、彼らは皆、その地方的条件を巧みに利用し、貧しい群衆である不満分子を動かし、その先頭に立って、果敢に目的を達したのであった。

たとえばメガラのテアゲネスがそうで、彼は富裕階級の家畜を屠殺して貧しい人々の支持を勝ち取っている。また、アテナイのペイシストラトスのように、不平を抱く農村の小地主たちによって僭主に担ぎ上げられた例もあれば、シキュオンのクレイステネスのように、この都市の支配者であったドーリス人に対し敵対的態度を取ることによって、抑圧された民衆の支持を得た例もある。

僭主は、自分の身を守らせ尊敬させるために《ドリュフォロイ》つまり「槍持ち兵」を身辺に配した。これらの兵士は、当時すでにギリシア世界にかなりいた傭兵、いいかえると謝礼をもらって奉仕するプロの戦士のなかから募られた。僭主たちは、自分に服従しようとしない貴族たちを倒すために、後腐れのないこのプロ集団を利用したのである。

ペイシストラトスはアテナイの名門貴族であるアルクマイオン家一族を追放し、アルケシラオス三世はキュレネの貴族たちの土地を没収して自分の配下に分配している。また、ミレトスのトラシュブロスは、コリントスのペリアンドロスに（もしこれが逆でなければ。というのは、このエピソードには、両者の立場を逆とするヴァージョンも伝えられているからである）、定めた基準を超える背丈の人間の首を斬るよう助言したという。

これと平行して、僭主は中流以下の民衆に対しては、種々の物を与えることによって歓心を買っている。ペイシストラトスは、ソロンが着手した農民の借金と土地の問題に決着をつけた。彼は、自分の威信を高めるためとともに、職人たちに仕事を与え、市民生活を潤わせるために、盛んに大規模な土木工事を起こしている。

サモス島では、ポリュクラテスがメガラから建築技師エウパリノスを招いて地下送水路を造らせ（一世紀後、ヘロドトスはこれを見て感嘆している）、また海中深く防波堤を築かせている。女神ヘラのために巨大な神殿を建設させたのも彼で、ヘロドトスは「これまでに目にした最も壮大な神殿」と評している。

ペイシストラトスとその息子たちも、同じようにイミトス山地からアテナイ中心部の《エンネアクルノス》（「九つの口をもつ泉」の意。しかし、その位置はまだ確定されていない）まで水路を建設したり、オリュンピアのゼウス神殿の建設（ただし、完成させるだけの時間は彼にはなかった）を企てている。アルケシラオス三世の後継者、バットス四世はキュレネにゼウス神殿を建てたが、これはアフリカにおける最大のギリシア神殿として今も遺っている。

僭主たちはまた、自らの嗜好を満足させるためと、民衆の想像力を刺激するため、造形美術や文学を奨励したり、全ギリシア的意義をもつ聖域に数々の豪奢な品を寄進をしている。たとえばコリントスのキュプセロスはデルフォイに宝物庫を寄進し、オリュンピアのヘラ神殿《ヘライオン》には象牙製の小箱を寄進している。この小箱については、西暦二世紀になっても、パウサニアスがその素晴らしさを詳細に記述しているほどである。

シキュオンのクレイステネスはデルフォイに一つの記念建造物を建てたが、幸いにも、そのメトープ〔訳注・支柱に挟まれた壁面〕が発掘されており、そこには、彼自身で念入りに選んだ叙事詩の場面の彫刻が施されている。

ペリアンドロスはレスボス島の抒情詩人、アリオンをコリントスに迎え、栄誉を授けている。アリオンは、残忍な海賊によって海中に放り込まれたが、イルカによって救われたという伝説（この話は、ヘロドトスが伝えている）の主である。

サモス島のポリュクラテスは、レギオン（南イタリア）の詩人、イビュコスとテオス島のアナクレオンを自分の宮殿に招くとともに、この時代の最も傑出した芸術家、サモス島のテオドロスに自分の指輪を彫刻させている。

ペイシストラトスとその息子たちは芸術家たちを支援して、前六世紀後半のアッティカ芸術のめざましい開花をもたらした。彼らは、ケオス島の抒情詩人、シモニデスと、ポリュクラテス失脚後のサモス島のアナクレオンをアテナイに招き、また、ホメロスの詩の最初の入念な校訂版を作成させている。

前五世紀後半、ギリシア本土で僭主政が姿を消したあとも、シュラクサイのゲロンやヒエロンといった植民都市の僭主たちは、ケオス島のシモニデスとかバッキュリデス、ピンダロスなどの詩人たちを宮殿に招いて支援している。ピンダロスは、そのあと、キュレネへ行き、アルケシラオス四世に仕えている。

ギリシア人と異邦人とを問わず、外国に対して僭主たちが採った政策は、かんたんには定義できない。ある僭主は掠奪と征服を仕掛けている。キュプセロスはレウカス島やアンブラキアなど西北ギリシアにコリントス人の植民地を建設させている。ペリアンドロスはコルキュラをコリントスの支配下に取り戻し、カサンドラ半島にポティダイアを建設している。この都市はたちまちカルキディケのギリシア人植民地で最も重要な拠点となる。

ポリュクラテスはミレトスと戦い、キュクラデス諸島のレナイア島を征服し、これをアポロン神の聖地、デロス島の属領としている。アルケシラオス三世はバルカやエウヘスペリデスといったキュレナイカのギリシア人植民都市を自分の勢力下に併合した。

しかし、全体としては、僭主たちは自国の外に冒険を求めることはあまりしなかった。彼らは自らの権力を確立し、できれば、その王朝を永続化しようとして軍事力を強化したが、それは、内外の脅威から身を守るためであって、帝国主義的政治に乗り出すためではなかった。

キュレネのバットス四世は前六世紀末、カルタゴ人の勢力圏に植民地を作るために協力を要請してきたスパルタ人、ドリエウスを増長させないよう警戒している。ドリエウスが候補地として提示し、のちに建設されたのがレプティス・マグナであるが、このときはバットスが拒絶したため、企ては挫折した。

ペイシストラトスは対外的に野心を抱きはしたが、対象としては小アジア沿岸、ダーダネルス海峡に望むシゲイオンの征服に限定し、それ以外については、ナクソスのリュグダミスとかポリュクラテスのような他の僭主たちとの間に友好関係を結び、巧みな平和外交を展開している。

サモスのポリュクラテス自身、幾度か軍事的冒険の誘惑に負けたが、東方の強力な君主たちには慎重に気を配った。エジプトのファラオ、アマシスと同盟を結ぶ一方で、ペルシア王のカンビュセスがエジプトを攻撃したときには、軍船をペルシアに提供している。にもかかわらず、彼は、このあと、ペルシア人たちが仕掛けた罠にかかって暗殺されたのだった。

イオニア諸都市の僭主たちは、ペルシアの支配を甘受し、ペルシア帝国の地方長官《サトラペス》の役割すら演じた。この点では、キュレナイカのバットス家の人々も同じである。

その反対に、前五世紀初め、シチリアのギリシア人たちは、エトルリア人とカルタゴ人に対抗するため、シュラクサイの僭主、ゲロン、ついでヒエロンを盟主として同盟を結んでいる。

ともあれ、僭主政の論理は、キュレネに見られるように世襲的王制というフィクションの仮面をかぶっていたとしても、僭主が力強さと明晰さを失うや、たちまち、国内のライバルである貴族階級の党派の脅威に晒された。それぞれに永続的王朝の樹立を願望したにもかかわらず、成功したのは、ごくわずかであり、樹立された王朝も、せいぜい三代しかもたなかった。

コリントスでは、キュプセロスとペリアンドロスが前六五七年から同五八六年まで権力を維持した（伝統的年代記では、このとおりだが、最近の研究によると、その年数は半減する）が、その後継者は暗殺されている。

アテナイでは、ペイシストラトスの息子のヒッパルコス、ヒッピアスのうち、前者は短剣で刺し殺され、後者は追放されている。ヒッパルコス殺害の首謀者であるハルモディオスとアリストゲイトンの二人は、その後長く《僭主殺し Tyrannoctones》の称号をもって讃えられた。

シュラクサイでは、ゲロンとヒエロンの兄弟によって前四八五年から同四六六年まで僭主政が布かれたが、ヒエロンが死ぬと同時に廃止された。キュレネでは、アルケシラオス三世の孫のアルケシラオス四世がバットス王朝四代目の僭主になったが、革命が起きて追放され、前四四〇年ごろにエウヘスペリデスで殺されている。

したがって、僭主政は、ギリシア世界全体では、前七世紀半ばから同五世紀半ばまでかなり広く見られるものの、それぞれの都市では、けっして長続きしていない。しかし、この束の間の体制も、全般的には僭主たちが採用した粗雑なやり方のために苦い思い出を残したにせよ、必ずしも不幸な結果ばかりをもたらしたわけではなかった。幾つかの場合は、僭主政は民主政へ続く道程の不可欠な一段階であったことを示した。

とりわけ、それがはっきりしているのがアテナイの場合であるが、コリントスやキュレネ、また、シュラクサイやゲラのようなシチリアの諸都市についても、それはいえる。そこでは、僭主政のあと、修正された貴族政が続いている。

少なくとも経済的・文化的分野では、僭主たちは、しばしば、自分が統治する都市に特筆すべき力強い衝撃を与え、古い社会的枠組を壊したり、頑迷さを和らげたりすることに寄与した。

さらに、アルカイック期の僭主たちのなかには、眉を顰めさせるのや称賛すべきものや、いろいろあるが、最も傑出した僭主たちは、その並外れた人間性によって、人々の好奇心を刺激した。ヘロドトスは『歴史』のなかで、僭主たちのポートレートを豊かな彩りをもって描写している。このハリカルナソス出身の謙虚な歴史家は、彼らの理性を失った野心と節度を欠いた行動に対しては厳しく非難を加えつつも、これらのモデルとなっている人物たちに対する人間的関心はけっして隠そうとしていない。

ギリシア人たちの想像力は、生来の資質、エネルギーあるいは悪徳が凡人とは違っている例外的な人間の思い出に向けられた。そして、歴史を作るのは人間であり、大衆は、歴史に参画するやり方を知ったときには、進んで個人の威信に譲歩するものだという、彼らによって与えられた実地教育を忘れることはなかった。

8　スパルタとアテナイ

アルカイック期のギリシア本土の都市のなかで最大にして最強の存在であったスパルタが、僭主を持たず、トゥキュディデスの言葉に従えば「アテュランネウトス」（非僭主政）を貫いたのは、要するに、個人に対する不信によるのではないだろうか？

いずれにせよ、スパルタの政治は僭主政治に対する敵意を基盤とした。事実、スパルタはポリュクラテスやペイシストラトスのやり方に介入したし、ナクソスのリュグダミスについては、これを打ち倒している。スパルタがコリントスとシキュオンを同盟のなかに引き入れたのは、これらの都市が僭主政から脱却してのちのことで、これは、僭主たちにつきもののデマゴギーが、厳格なヒエラルキーの上に建てられたスパルタの政治的・社会的機構とは相容れないことを、よく弁えていたからである。

しばしば言われてきたように、スパルタのこの制度は、あらゆる他のギリシア都市と同じように、内的危機に立ち向かうために「僭主政に代わるもの」として樹立されたにちがいない。古来の伝承は、これらの改革を一人の傑出した立法家、リュクルゴスに帰してきた。（彼は前九世紀末の人とされるが、その人物像は私たちにとっては、まったく伝説的である。）

実際のところ、ラケダイモン〔訳注・スパルタの別名〕の制度と慣習は、前六世紀半ばごろまでかけて次第に整えられたようであり、その後は、古典時代の終わりまで変わらなかった。この進展の本質的要因は、アルカイック初期のスパルタ国家が行った領土拡張政策にあり、偉大さと同時に欠陥を含んだスパルタの独自性は、ここから生じた。

エウロタス川の肥沃な谷に住居を選んだこのドリス人侵入者は、東西に平行して走るタユゲトスとパルノンという二つの山地に挟まれたラコニアの地を占拠するだけでは満足しなかった。彼らはすぐに、東のほうではパルノン山脈を越えてエーゲ海に達したが、このため、先に沿岸部全体とキュテラ島にまで支配権を確立していたアルゴスと衝突した。言語面でも制度面でも、同じようにドリス的であったにもかかわらず、この隣り合った二つの都市は長い年月、戦いに明け暮れ、最終的にはスパルタが勝利したものの、両者の間には根深い敵意が残ることとなった。

他方、北のほうでは、アルカディアを侵略し、その領土の縁をなす山岳地帯にある多くの集落を奪い取った。しかし、とくに深刻な結果を招いたのは、西方のタユゲトス山地を越えて進められたメッセニアへの侵略であった。メッセニア人たちは自由を守るため頑強に抵抗したので、ラケダイモン人たちは、この地域を征圧するため、前七四〇年から同七二〇年まで、二〇年にもわたって戦争をしなければならなかった。

こうしたメッセニア人の頑強な抵抗に対して、スパルタは苛酷な処置で臨み、国全体を隷属させるとともに、住民全員を奴隷とほぼ同じ《ヘイロタイ》とした。タユゲトス山地とイトメ山の間の肥沃な平野は、その後、この《ヘイロタイ》たちのおかげで、スパルタ人に必須の食糧供給源となる。

スパルタは、このメッセニア征服に味を占めて、植民地建設に力を注ぐ。例外はタラスの場合で、これはメッセニア戦争の直接の結果から生じた。というのは、ファラントスが連れていった入植者たちはすべて、ラケダイモン装甲歩兵たちの長い留守中に生まれた私生児たちばかりだったからである。

メッセニア併合によってスパルタは、ペロポネソスで最も重要な国になった。しかし、メッセニア人たちは、ひどい扱いを受けたので、鎖を外すことしか考えなかった。前七世紀半ばごろの《ヘイロタイの蜂起》は、ラケダイモンを破滅寸前にまで追いつめた。この《第二次メッセニア戦争》は前六五〇年から同六二〇年まで三〇年間に及び、かろうじてスパルタの勝利に終わった。

ラケダイモン人は、《エレゲイオン詩》と呼ばれるテュルタイオスの詩によって兵士の心に勇気を鼓舞し勝利への士気を鍛え上げるとともに、《ファランクス》（重装歩兵）の戦い方を練り、訓練した。スパルタがメッセニア反乱軍とそのアルゴスやアルカディアの同盟軍に打ち勝つことができたのは、そのおかげであった。

しかし、その後は、メッセニアを保持しつづけることがスパルタの運命に重くのしかかることとなる。ラケダイモン人は、自分たちを脅かす危機に常に備えるため、生活の全てを軍事的必要性に合わせて規制する。命令への服従、厳格な共同生活、不断の訓練、そして命令権の少数者への集中……。

この厳しいやり方のため、当然の道理として、耐乏生活は、ますます、その度合いを強める。スパルタの文明は、第二次メッセニア戦争直後の輝きの時代のあと、前六世紀半ば以後は、急速に光を失う。サモス島やキュレネ、タラス、エトルリアに輸出されてコリントスのそれと競い合った美しい陶器は、まったく姿を消す。

アミュクライに有名な《アポロンの玉座》を築いたマグネシアのバテュクレスのようなイオニアの芸術家をこの町が迎え入れることもなくなるし、前七世紀にはサルディスのアルクマンやレスボス島のテルパンドロスが訪れたように、異国の詩人たちがラケダイモンの祭儀に花を添えるためにやってくることも、もはやなくなる。

たしかにラケダイモンは恐るべき強国であり、全ギリシアにおけるその優位は、ほとんど議論の余地はない。アルゴスとアカイアを除いて、ペロポネソス半島全体がスパルタ主導の同盟システムのなかに入った。このことは、それ以後、「ラケダイモン人およびその盟友たち」が決まり文句として使われるようになった事実にあらわれている。しかし、この力は大きな政策に使われることはない。スパルタは、植民地への野心はそれ以上は起こさず、すでに得たものを自らが生きるために維持すること、ギリシア都市のなかで際立った軍事的能力と倫理的厳格さで名声を轟かせることで満足する。

武力抗争は、ペロポネソス以外の地でも少なくなかった。

エウボイアでも、当初の植民活動で最も大きな役割を演じたカルキスとエレトリアは前八世紀末、両者の間に広がるレランティオン平野の領有をめぐって争い合った。この《レランティオン戦争》は、エレトリアの敗北に終わったが、トゥキュディデスのいうところによると、ギリシアの大部分の都市が参戦した。私たちには、それ以上のことは分からないが、この記述は、ギリシアという小宇宙にあっては、ごく小さな紛争がいかに重大な事態になる危険性を秘めていたかを示している。

前六世紀初めには、メガラとアテナイとがサラミス島の領有権をめぐって戦い、ソロンと、そのあとのペイシストラトスによってアテナイの勝利が確定した。

また、フォキスの二つの小都市、デルフォイとクリサの間で起きた地方的な紛争は、重大な結果を引き起こした。これは、デルフォイがアポロン神の聖所であるとともに、北東ギリシア一二都市が加わる《アンフィクティオニア》〔訳注・「隣保同盟」と訳されアポロン神殿を中心に発生した近隣都市国家同盟〕の中枢でもあったからで、この一二都市がクリサに宣戦を布告した。これが、いわゆる《神聖戦争》(B. C. 600-590)で、敗北したクリサの町は破壊され、領土はアポロンの神殿に捧げられた。

前五八二年には第一回の《ピュティア競技》〔訳注・デルフォイで行われた大祭〕が開催されているが、これはデルフォイの威信の大きさを反映しており、対クリサ戦で主導権をとったテッサリア人たちは、その後長く《アンフィクティオニア》で主役を演じた。

このように、アルカイック期のギリシアでは、都市同士の戦争が頻繁に起きており、都市にとって戦争は恒常的に重要な関心事であった。しかしながら、状況がよくなったときには、戦争のために経済的発展が妨げられることはなかった。次のコリントスの例は、その意味で興味深い。

コリントスは地峡部に位置し、二つの港をもっている。西側のそれは町にすぐ近く、東側のそれはサロニカ湾に面している。このため、東のエーゲ海と西のイオニア海の間の商品流通のうえで特権的立場を占め、はじめはバッキアス家の支配下で、ついでは、キュプセロス、ペリアンドロスと相次いだ僭主のもとで巨大な利益を得た。

コリントスの人々が、エーゲ海北部のカルキディケ地方に植民都市ポティダイアを設置するとともに、西方でも市場を広げていったことは、すでに見たとおりである。本国では、二つの海をつなぐため地峡を掘削しようとしたが、これは成功せず、結局、舗装した通路、いわゆる《ディオルコス》を建設し、地峡の一方から他方へ船を引っ張って運ぶようにしたのであった。

しかし、コリントスは単なる通過点ではなく、手工業の重要な中心でもあった。その陶器は幾何学様式時代に始まるが、量的にきわめて豊富で、全ギリシア世界、とくに西方へ広がっている。様式面でも、前七世紀末までの《原コリント式》と、前六世紀終わりまでの《コリント様式》というように、特色ある発展を示し、考古学者たちにとって発掘物の年代確定の重要な目安になっている。

周知のように、幾つかの種類の容器は、香水瓶の場合のように、コリントスで生産された物資を輸送するために作られ、使われたから、二重に利益を生み出した。もう一つ、利益をもたらしたものに武器や鏡などのブロンズ製品があり、コリントスは金属製品を大量に産出する工業の中心でもあった。

初期の時代の貨幣　アテナイ（左上）　アイギナ（左下）　コリントス（右）

コリントスが海軍力を強化したのも、自国の商業活動を保護するためであった。トゥキュディデスは《三段櫂船》を発明したのはコリントス人であったとしている。これは、漕ぎ手を上中下三段に配置した船で、五〇人漕ぎの船、《ペンテコントーレス》よりずっと性能が優れていた。このようにコリントスは、手工業と船、商業によって前六世紀前半のギリシア本土の諸都市のなかで最も繁栄した都市になった。

その場合、商業の進展を容易にしたのが《通貨》という、現代世界にもつながっている一つの発明である。しかし、これは小アジアのリュディアから伝わったもので、リュディアは地下に金と銀の合金である「エレクトルム」の鉱脈があり、このことから貨幣作りの草分けになった、とされる。

ギリシア本土の場合、この役を務めることのできた唯一の金属は銀であった。銀貨を初めて鋳造するとともに度量衡の制度を導入したのは、前七世紀のアルゴス王、フェイドンである。これ以後、ギリシア人は、それまで通貨の役割をしていた「オボロス」と呼ばれる鉄の針に代わって銀貨を使用するようになったのであった。〔訳注・ただし「オボロス」は「ドラクマ」の六分の一の価値を持つ通貨単位として残る。〕

その後、主要な諸都市は、相次いで独自の通貨をもつようになる。そして、他と区別するためと保証の印として独自の紋章を刻印した。アイギナは《亀》、コリントスは《天馬ペガスス》、アテナイは《ふくろう》という具合である。

度量衡の制度については、《アイギナ式》と呼ばれたフェイドンのそれ以外にも、コリントスやアテナイが採用した《エウボイア式》など種々あって複雑を極めたが、ギリシア人たちはこれを完全には統一化できなかった。とはいえ、通貨の流通による商業の隆盛が、そのために妨げられることはなかった。

アテナイが経済活動に活発に参加しはじめるのは、前六世紀の初め、貨幣鋳造を開始してからである。

アッティカは、ミュケナイ時代と幾何学様式時代から、輝かしい文明の発展が見られた地域である。前七世紀に入って、奇妙にも一種の衰退を示すが、それが住民たちの創造的才能が涸渇したためでないことは、この時期の《原アッティカ陶器》が、今日も高い評価を受けている事実から明白である。事実は、この時期、外部への輝きの放射が、ごく近い近隣地域に限られたということであり、これは、歴史的証拠物件によってかなりはっきりと裏付けられている。

このころ、ほかの諸都市と同じくアテナイも、有力な家族（あるいは氏族）への権力の過度の集中、負債に苦しむ農民たち、貴族の特権による裁判制度の欠陥、私的報復の横行などで、政治的・社会的危機に陥っていた。幾つかの改革が試みられたが、あまりにも臆病なやり方だったため、いずれも失敗した。

そこで、キュロンという一人の若い野心家が出て、僭主政治を樹立しようとしたが、これも、アルクマイオン家のメガクレスに率いられた貴族たちの反攻によって打倒された。このときのキュロン派に対する弾圧は苛酷を極め、聖域に逃げ込んだ残党まで、この聖域の不可侵権を無視して虐殺してしまった。

この瀆聖行為のため、アルクマイオン家はアテナイから一時追放されてしまう。しかも、二世代あとになっても、ペリクレスは、母がアルクマイオン家の出であることから、祖先の汚点を引き継いでいるとして非難されているほどである。この罪でアテナイ市自体に染みついた穢れは、クレタ人、エピメニデスによってはじめて浄められたとされる。〔訳注・エピメニデスは、アテナイ市がキュロン派殺害の穢れのため疫病に苦しめられたとき、これを救ったとされ、また、ペルシア戦争の前の約一〇年間、アテナイに滞在したとされるが、この二つの事件の間には百年以上の隔たりがあり、辻褄合わせに、彼は二〇〇歳まで寿命

を保ったとされる。〕

いずれにせよ、キュロンの挫折のあと、立法家のドラコンが裁判の改革に取り組んだ。彼の名を冠した法典は、アッティカ古来の法律を引き継ぎつつ、私的報復の代わりに国家の裁判官の前で厳格に法に則って裁かれるようにしたものである。それに加え、意図的殺人と意図せざる殺人を区別することによって、個人の責任という概念を明らかにしている。これにより、氏族社会の恣意や専断は厳しく弾劾された。

だが、だからといって社会的危機が解決されたわけではなく、それを引き受けたのが、賢人ソロンであった。彼は、要請されて前五九四年から五九三年にかけて《筆頭アルコン》という職に就き、法制化の全権を委託された。

そこで彼はまず、人々が借金のために奴隷身分に落とされるといった人格および財産にかかわる結果を受けることがないよう、負債を帳消しする施策を行い、人を負債のゆえに奴隷身分に落とすことを禁止した。また、さまざまな法的措置によって《氏族》内の拘束力を弱めたり、奢侈に関する法律を定め、有力氏族にとって富と力を誇示するチャンスであった葬儀などの際の豪勢ぶりを禁じている。さらに、農業と商業の振興のため、種々の細かい経済的措置も行っている。

度量衡の改革を実施し、通貨に関しては《エウボイア・システム》を採用した。これによってアテナイは、当時アイギナが実行しアテナイに対しても適用してくる恐れのあった《フェイドン・システム》の影響力を免れることができたのだった。ソロンは、アッティカ南端のラウレイオンの鉱山開発に力を注いだが、ここから採れた銀で鋳造されたアテナイの貨幣は、国際市場で高い価値をもつにいたる。

そのほかにも、政治的秩序に関する種々の変革を行った。そもそもアテナイ市民は、一方では生まれによって伝統的な四つのイオニア氏族に分けられ、他方では年収で決まる納税額によって四階級に区分されていた。ソロンは、この二重の区分を変えることまではしなかったが、公的責任職への参画を納税額で決めることにより、豊かにさえなれば誰でも社会的に出世できるようにした。

それとともに、氏族ごとに百人ずつ、計四百人による年次評議会を設置し、民会の仕事の準備をさせるようにしたり、《ヘリアイ》と呼ばれる民衆裁判所を設置している。この《ヘリアイ》のメンバーは市民全体から選ばれ、のちのアテナイ民主政治において重要な役割を演じることとなる。アリストテレスが言っているように、「人民は裁判で投じる票の如何により、同時に政府を左右する」ようになるのである。

ソロンの改革は、これ以外の多くの点でも、のちにアテナイ民主政治の基礎となるものを含んでいた。しかし、貴族と平民のいずれもが、より多くの利益を期待したため、この明晰で中庸的な立法家の改革は、市民同士の平和をもたらすものにはなりえなかった。

それから三〇余年経った前五六一ないし五六〇年、ブラウロンの貴族、ペイシストラトスがクーデタを起こし、アクロポリスを占拠して僭主政治を樹立し、しかも、二度も権力の座を追われながら、そのたびに返り咲き、前五二八ないし五二七年のその死に際しては、息子のヒッパルコスとヒッピアスに僭主の座を譲り渡すことに成功した。

兄弟は平和裡にアテナイを治めたが、前五一四年、弟のヒッパルコスが政治とはおよそ無関係な個人的問題で《僭主殺し》のハルモニディオスとアリストゲイトンにより殺される。兄のヒッピアスのほうは、ラケダイモンを動かしデルフォイの神託を盾にした政敵のアルクマイオン家によって前五一〇年に追放されている。

〔訳注・ヒッパルコスが暗殺されたのは、美青年であったハルモニディオスを強引に愛人にしようとしたため、ハルモニディオスとその愛人、アリストゲイトンに襲われたのである。このあと二人はヒッピアスによって捕らえられ殺されたが、民衆から《僭主殺し》という名誉ある称号を贈られている。〕

こうして僭主政治は、アテナイ人の記憶のなかに憎悪を遺したが、アテナイ市に対してはかなり有益な結果をもたらした。ペイシストラトスは、広大な土地を有して富を築いていた名門貴族たちに対抗して、田舎の小土地所有者たちに同情を寄せ、土地を自らの手で耕す農民階級が独立的で安定した生活を営むことができるよう、さまざまな手段を駆使して助けることにより、ソロンが解決できないまま遺した土地問題を解決したのである。

他方でペイシストラトスは、ラウレイオンの銀によって貨幣の鋳造を盛んに行い、それまでの名門貴族の種々の紋章が刻まれた貨幣を、アテナイ国家のシンボルであるアテナ神とふくろうを打刻した新しいタイプの貨幣に取り替えた。この新しいアテナイの貨幣は、遠く海外でも流通し、南はエジプトから北はカルキディケ、東はキオス島やコス島、西はイタリア半島のタレントゥムなどでも発見されている。《黒絵》のアッティカ陶器が現れたのは前五五〇年ごろ以後であるが、エトルリアでもエジプトでも、キュレネでも黒海でも、到るところで、コリントスの陶器を凌ぐにいたる。また、アテナイの威信を誇示し芸術を振興するためにアクロポリスをはじめ市内に建造された建物も、この都市がその繁栄の多くを僭主たちの分別ある政治に負っている事実を物語っている。

ヒッピアスが失脚したあと、二つの党派ができた。一つは、貴族政治とラケダイモン同盟に与する党派、もう一つはアルクマイオン家のクレイステネスに率いられた民衆的党派である。クレイステネスは一旦はスパルタの介入によって追放されたが、巻き返して権力を掌握し、新しい重要な政治改革を断行、アテナイ民主政治への道を開いていった。

コリントス、カルキス、ボイオティア人などがスパルタに味方して作った奇妙な同盟は、成功を収めないまま崩壊した。ボイオティア人とカルキディケの人々は孤立して、前五〇六年に完全に打倒され、この勝利によってアテナイはエウボイアの土地を手に入れ、そこに《クレルコイ》〔訳注・「分配地所有者」と訳され、征服された国の土地所有権を割り当てられたアテナイ人をさす〕と呼ばれる半ば兵士・半ば農民の入植者を移住させた。

これ以後、「パラスの都市」〔訳注・「パラス」はアテナ女神の別称〕は、新しい政治機構とともに、その価値を華々しく証明することになる軍隊を備えることによって、ギリシア世界とアケメネス王朝のアジア的超大国（ペルシア）が対決した歴史的事件において、決定的役割を演じることとなる。

9　イオニア諸都市

小アジア沿岸部に定住したギリシア人たちは、内陸部の原住民の国とも交流したことはいうまでもない。当時のフリュギアの都、ゴルディオン〔訳注・現在のトルコの首都アンカラにあり、前八世紀にはフリュギアの都だった〕の発掘によって、信じられないほどの富を有していたとされるミダス王のこの王国の文明が少しずつ明らかにされつつある。〔訳注・ミダス王は、手で触れるものがすべて黄金に変じたという有名な伝説の主人公。〕

ゴルディオンは前七世紀の初めにキンメリア人の襲撃を受けて破壊され、代わってアナトリアの覇者となったリュディアはサルディスを都とした。前七世紀前半、このリュディアにギュゲスがメルムナス朝を建てるが、この王朝で最も傑出した王が前六世紀初めのアリュアッテスとその息子のクロイソスである。

〔訳注・クロイソスについては、アテナイのソロンが来訪したとき、ソロンが彼を世界で最も幸福な人と呼ばなかったことに不興を示した。それに対し、ソロンは、死に臨まないうちは、そのような評価はできない、と答えた。のちにクロイソスは、ペルシア王、キュロスに敗れ、焚刑に処されようとしたとき、この言葉を思い出して、思わずソロンの名を口にした。訝ったキュロスに訊かれ、この話をしたところ、キュロスは刑の執行を中止させ、信頼できる助言者として側に仕えさせた、というエピソードがある。〕

ともあれ、リュディアは積極的な君主によってイオニア諸都市との関係を広げ、それらに対して《宗主》としての力を振るうまでになる。アリュアッテスは、ミレトスとの長い敵対関係を解消して友好条約を締結し、ギリシア商人たちに対して門戸を開いた。こうして、イオニア諸都市の港にはギリシア本土はいうまでもなく、エジプトや西地中海、黒海などから運ばれてきたさまざまな物資が荷揚げされ、それらが内陸のリュディアに運ばれたので、サルディスの市場は豪華な享楽の品々が溢れていることで広く名を轟かせるようになった。

ギリシアの文明に敬意を示してくるリュディアの洗練された王侯たちに対しては、ギリシア人たちも、それほど重々しくはないが臣従の礼をそれなりに表した。アリュアッテスはギリシア女性と結婚し、クロイソスは、ソロンを宮殿に迎え、話を交わしている。また、父子とも、デルフォイの聖域を豪華な贈り物で満たし、デルフォイの人々は、そのお返しとしてクロイソスに市民権を与えている。

イオニアのギリシア人諸都市が前六世紀前半に見せた繁栄は、こうしたリュディアとの心のこもった友好のおかげであった。それを雄弁に物語っているのが、イオニア諸都市で作られた壺や甕である。これらは交易物資の容器として使われたもので、エジプトのナイル・デルタとか黒海の植民都市、さらには、イタリアのエトルリアや南仏のプロヴァンス、イスパニアなどでも見つかっている。

こうした経済的発展と平行して、イオニアは文化的にも輝かしい発展を示す。エフェソスには、これに匹敵できるのはサモス島のヘラ大神殿だけといわれる巨大なアルテミスの神殿が建造された。そして、周知のように、ミレトスからは、前五八五年の日食を予言し的中させたターレスとか、知りうるかぎり最初の散文ギリシア語の著作により科学と哲学に最初の合理的形態を与えたアナクシマンドロスなどが出ている。

しかし、オリエントの思想、とくに芸術は、それより以前から、ギリシア文明全体に影響を及ぼしていた。このため、考古学上の区分では、前七世紀から六世紀前半の時期を「東方化時代」と名づけている。オリエント市場との通商は、最初はフェニキア人を介し、のちには直接に、海上交通やアナトリアの陸路によって行われ、金銀細工品や布、彫刻を施した象牙製品、ブロンズの家庭用器具などアジアの手工業製品がギリシア世界に広まった。

すでにミュケナイ時代について見た現象が、このとき再び現れる。慣習や思想、芸術のうえにアジアの影響が強く表れるのである。華やかな長いドレスを身にまとい、香水をふりかけ、高価なアクセサリーをつけて、華美で享楽的な日常生活を営むオリエンタル・モードが、イオニア諸都市だけでなく西方の豊かなギリシア人植民都市にも浸透する。これら西方植民都市は一方でオリエントと交流し、他方でエトルリア人たちとも交易したため、アナトリアの伝統はエトルリア人にまで色濃く伝播していった。

宗教の信仰や神話も、オリエント的伝統を模倣したものが生み出された。エフェソスのアルテミス神、パフォスのアフロディテ、ミレトスの傍のディデュマイオンのアポロン神の像などは、アジア的な神々の特徴を少なからず採り入れている。タソス島のヘラクレス像はフェニキア起源と見なされている。ギリシア神話に好んで登場するスフィンクス、グリフォン、ゴルゴン、キマイラ、ペガスス、シレヌスなどといった怪獣たちは、アジアの民間伝承に由来するものか、または、そこからインスピレーションを得たものである。

金銀細工や陶器の装飾にも、オリエント芸術の伝統的モチーフが繰り返し現れる。そうしたオリエント的な図柄は、とりわけ織物によってギリシア全土に知られていた。近東の芸術家たちが彫った円筒型印章によって刻印したかのように際限なく反復される《フリーズ》（帯状装飾）は、コリントスでもロードス島でも見られる《東方様式》の美しい壺の装飾の基本的要素をなしている。

音楽においてさえ、アナトリアに由来するものが、かなり大きい比重を占めた。ギリシア人たちは、その基本的旋法の二つをアナトリアに負っており、それぞれ《フリュギア旋法》、《リュディア旋法》と名付けられている。

しかし、ギリシア人たちは、かつてクレタ文明がもたらしたものに直面したミュケナイ時代の場合と同じく、今度も、アジアから来たものに自分たちの固有の独創性を埋没させられることはなかった。イオニアにおいてすら、たとえば建築を見ると、本質的部分はギリシア的なままであるし、クラゾメナイの柩でも、カエレの水甕でも、つねに明確に秩序づけないではいられないギリシア精神、事物を如実に観察するギリシア的態度、月並な実用的日常品以外は、その作品のなかに個性的な何かを反映させたがる芸術家的センスといったものが介入してくるのが看取される。

ギリシア的アルカイズムは、オリエントとの接触のなかから大いに吸収し、自らの豊かな才能を見出したのであって、そのために自らを偽ってオリエント化しようとはしなかった。このことは、なによりも前六世紀後半のアッティカにはっきりと表れている。

アクロポリスの優美な《コレ》（少女像）の一群は、その衣装の優雅さはイオニア的だが、その表情と物腰にはギリシア女性の理想と合致した慎み深さと羞じらいとが保たれている。大理石のその顔に微かに浮かんでいる微笑は、単純に型にはめたものではない。そのことが、この彫像を一個の女性たらしめる内面的生命を伝えており、そこに、オリエントの非個性的な像との相異が見られる。

ところが、このように、ギリシアの芸術と文明がアジアのもたらしたものに支配されることなく、そこから恩恵を引き出していたまさにそのとき、それまでは豊かさと美点の源泉であったこのオリエントが、突如、一つの恐るべき脅威として姿を現し、ギリシア文明、ギリシア芸術にとって致命的な危機を及ぼす。前六世紀半ば、アケメネス家のキュロスによりイラン中心部に打ち建てられた強力なペルシア帝国が、勢力を西方へ伸ばしてきたのである。

強力な征服者であり、天才的政治家であった彼は、いまのイラクにあったメディア王国を手に入れ、前五四六年にはクロイソスを倒してアナトリアを制圧、小アジア沿岸とエーゲ海の多くの島々のギリシア人都市を支配下に収める。ついで、バビロンを服属させ、地中海からメソポタミアにいたる古来のアジア全土を平定した。

彼のあと、前五二五年、息子のカンビュセスがエジプトを征服、五二二年からはダレイオスが更なる領土の拡大をめざす。彼は、その征服戦途上で、さまざまな機会にギリシアの本土人を目にしていた。スパルタはクロイソスを支援してペルシア帝国に敵対的態度をとっていたし、アテナイは、追放されてペルシア人たちのもとに身を寄せていたヒッピアスの帰還を拒絶した。

前四九九年、ペルシアはキュクラデス諸島のナクソス島に軍を派遣したが、この征服は失敗しただけでなく、イオニア人たちを抵抗へ駆り立てた。彼らは、アテナイから二〇隻、エレトリアから五隻、軍船を増援してもらって防衛力を増強する一方、内陸のヘルモスの谷へ軍隊を派遣し、リュディア人が崇拝していたキュベレ〔大地の女神〕の聖域を蹂躙したうえ、サルディスを攻撃し放火した。アテナイ人たちは国へ帰っていったが、アジアの全ギリシア都市がこれに加わった。

それに対するダレイオスの報復は苛烈であり効果的であった。前四九四年には、ラデ〔訳注・ミレトスの沖にある島の名〕の海戦でイオニア艦隊は敗北、ミレトスも陥落した。ミレトス人たちは集団で追放され、ディデュマイオンのアポロン神殿は掠奪され、神に奉納されていた品々は戦利品としてスーサへ運ばれた。このときの品の一つが、今日も見つかっている。

前四九二年、マルドニオスに率いられたペルシア軍がダーダネルス海峡を越えてやってきて、イオニアの反乱の前まではペルシアに服属していたトラキアとマケドニア、さらには、この地域のギリシア人都市に、ダレイオスの権威を受け入れさせた。

ついで前四九〇年、ペルシア軍がダティスとアルタフェルネスに率いられてキリキアを出発する。その直接の目的は、イオニアの蜂起に加担したアテナイとエレトリアの二都市に懲罰を加えることであった。しかし、そこには、もっと政治的な野望があったことは確かである。それは、全ギリシアを大王の膝下に組み入れることで、このあとの《ペルシア戦争》の展開が示しているように、そこで問われたのは、独立したギリシア文明の未来であった。アテナイの栄光は、このことを直ちに看破し、臆することなく危機に立ち向かったことにあった。

第四章　古典期（ペルシア戦争からアレクサンドロスの即位まで）

1　第一次ペルシア戦争

ダティスとアルタフェルネスに率いられたペルシアの遠征軍は、歩兵と騎兵あわせて、おそらく二万五〇〇〇の兵力で、海軍によって海上を輸送された。これには、アテナイのかつての僭主でペイシストラトスの息子、ヒッピアスが同行していた。彼は、アテナイから追放されたものの、市民のなかには、ペイシストラトス時代を「よき時代」として覚えていて手助けしてくれる人々がいると期待し、ペルシア軍の力を借りてアッティカにおける権力奪還を目論んでいたのである。

艦隊は、途中、ナクソスを焼き払い、キュクラデス諸島を服従させ、エウボイアのカリュストスの土地を荒廃させながら、エレトリアに到達した。六日間にわたる攻囲ののち、エレトリアは味方の裏切りによって降伏を余儀なくされた。ついでペルシア軍はアッティカに接岸し、エウボイアに面したマラトン湾に上陸した。このペルシア軍の作戦は、ヒッピアスの助言による。

眼前に迫った危機に対し、アテナイは飛脚をスパルタに送り援軍を要請した。しかし、ラケダイモン人たちは宗教上の問題から行動をためらい、ようやく動き出したのは六日後の新月のあとで、彼らが到着したときには、すべては終わっていた。

アテナイの民会は、城壁の背後で敵軍の襲撃を待つよりも、平坦な野原で迎撃することを決議した。選ばれた六人の司令官の一人、ミルティアデスは、以前にトラキアのケルソネソスの植民事業に際しペルシア人と関わったことがあり、この決議の音頭をとった。彼は戦場でも、最高司令官、カリマコスに、時機を逸することなく軍隊の運命を試すよう勧め、決定的な役割を演じている。

前四九〇年九月のある日の朝、両軍は激突した。アテナイ重装歩兵部隊（ホプリテス）は、忠実な同盟国であるプラタイアから来ていた一〇〇〇人の兵士によって少しは強化されたものの、自分たちより少なくとも二倍は優勢なペルシア歩兵軍団と戦わなければならなかった。しかし、激しい白兵戦ののち、ペルシア軍部隊は殲滅され、六五〇〇人以上が死に、わずかな敗残兵がペルシア艦隊に拾われただけであった。この戦闘でアテナイ側が出した死者は、カリマコスはじめ二〇〇人弱で、彼らは今も、オリーヴ畑がひろがるマラトンの斜面を見渡す土墳に合葬されている。

ミルティアデスと司令官たちはその日のうちにギリシア軍をアテナイ方面に移動させ、ペルシア軍のファレロン〔訳注・アテナイに近い沿岸の町〕上陸を阻止することができた。ペルシア軍の司令官、ダティスとアルタフェルネスは、沿岸がすでに防備されているのを見て上陸をあきらめ、エウボイアとキュクラデス諸島で手に入れた戦利品と捕虜を伴ってアジアへ帰っていった。

この作戦はダレイオスの目には半分は成功であった。たしかにアテナイは大王の報復を免れたが、イオニア人の反乱を助けたもう一つの憎むべき敵、エレトリアには厳しい処罰を加えることができたからである。エレトリア人捕虜たちは、スーサの北の、すでに油田が開発されていたアルデリッカへ連れて行かれた。その子孫は、五〇年後、ヘロドトスが訪れたときも、故国の風習と言葉を守っていた。

しかし、エウボイアやナクソス島の諸都市からさまざまな物を持ち帰り、大勢の捕虜を連れ帰ったということでは成果があったものの、アッティカ上陸に失敗したことも、忘れることはできなかった。いずれは、アテナイを懲らしめなければならなかった。ギリシアを大王のもとに服従させるには、軍隊を艦船で送って上陸させる方法だけでは不充分であることが、いまや明らかであった。

ダレイオスは、さらに大規模な攻略計画を立てた。しかし、その実行は、エジプトで反乱が起きたために遅らせざるを得なかった。そうこうしているうちに、ダレイオスは前四八六年に死去。あとを継いだクセルクセスも、ヨーロッパへの遠征のまえに、まずエジプトの秩序回復を仕上げる必要があった。

他方、ペルシア人にとっては小さな失敗でしかなかったことも、ギリシア側にとっては、大いなる成功であり、偉大な結果につながる輝かしい勝利として人々の心のなかに残った。それまでは無敵と思われていた恐るべきペルシア軍に、はじめてギリシアの《ホプリテス》が、しかも平地戦で潰滅的敗北を味あわせたのである。しかも、アテナイ人だけで、この快挙を成し遂げたのだ！

ケクロプス〔訳注・人間と大蛇の混合的な身体をもつ大地の子で、アッティカ初代の王。その娘が有名なパンドラ〕に始まる古い伝統をもち、しかも、いまも繁栄を誇る都市、アテナイが、これ以後は、前五〇六年のカルキスでの成功ももたらしえなかった軍事的栄光に輝くこととなる。それまで軍事的分野で無敵を誇っていたのはスパルタであったが、そこにアテナイがもう一つの威信を獲得し、それが野望の増長を助けることとなっていく。

しかし、もっと重要なのは、このダレイオスの企てを機に、ギリシア人全般が、アジアの強大な帝国と対決していくところにギリシア的精神があることを強く意識するようになったことである。それは、たんに一つの民族の生命と独立を守ったというだけでなく、一つの文明の未来に関わる問題を含んでいた。

ペイシストラトスの治世がどのような恩恵をアッティカにもたらしたにせよ、その息子のヒッピアスがペルシア軍の有蓋車のなかにいたこと自体、一つの象徴的な意味をもっていた。生まれたばかりのアテナイ民主主義は、外敵には堂々と立ち向かうことを選択したのだったが、このことを通して、全ギリシアの人民が《隷従を拒絶する道》を選ぶにいたったのであった。

たしかに、ギリシア人同士の間でも、支配と隷従の関係が存在していたし、その後も、そうした状態は続く。しかし、今度の事件は、かのヘラクレイトスが「戦い、そは万物の母なり」と言ったような、人間存在と貪欲とを対置していわれる通常の戦いではなかった。

ダティスとアルタフェルネスにしてみれば慎ましい入植のための遠征であったが、ギリシア人にとっては、外国による支配の押しつけというだけでなく、ギリシア人をして自立した市民としてでなく、神権をもつオリエント的君主のもとに無名で隷属的臣下として生きることを余儀なくし、個人を埋没させてしまう大国の政治哲学を押しつけようとする試みと映った。

マラトンで戦った人々、いわゆる《マラトノマコス》(マラトンの勇者)は、自身のため、兄弟たちのため、子孫のために、そのような運命を受け入れることを断固として拒絶したのだった。一人の絶対君主の気まぐれのもとに大量の人間を服従させることで成り立っている《アジア》を前にして、彼らは、その力の強大さ、富の膨大さを知りつつも、自由な人間によって構成され法律によって秩序を保つ都市の理想というものを、武器を執って守ったのである。

ミルティアデスの兵士たちが、夏の朝の新鮮な光のなか、円形の楯と長い槍を手に、光る海の波を背景に暗い塊のように浮かんでいるペルシアの軍団に向かって攻めかかっていったとき、彼らが戦ったのは、たんに自分のためだけでなく、のちに西洋の共有財産となる一つの世界観のためでもあったのだ。

2　第二次ペルシア戦争

第二次ペルシア戦争は、まったく別の性質をもっていた。

クセルクセスが前四八三年から準備を始めていたことは、周知の事実であった。海陸両方の大兵力を集結するだけでなく、大規模工事も行っていた。たとえばペルシア艦隊がカルキディケでアトス山のあるアクテ半島の危険な岬を通らないで済むよう、地峡部分に運河を掘削している。これは、十年前の前四九二年のエーゲ海北部での作戦の際に、ダレイオスの艦隊が、ここで大きな損傷を被ったからであった。

こうした動きから、侵略が近いこと、今度は全ギリシアが大王の目標であることは明白であった。アテナイでは、ミルティアデスがパロス島に対する遠征の失敗のあと、不幸な死を遂げていた。〔訳注・パロス島遠征に失敗した彼は、帰還後、裁判にかけられて五〇タラントンの罰金を課せられ、しかも、受けた傷がもとで死んだ。〕しかし幸いなことに当時最も尊敬を集めていた政治指導者、テミストクレスがこのペルシア軍襲来の危険性を予見し、いかに防衛すべきかを考えていた。彼の助言でアテナイ市民は、ラウレイオンの鉱山から得られた銀による収入を注ぎ込んで、漕ぎ手二〇〇〇人という三段櫂船の艦隊を整備していた。

こうして自由のために力を合わせて戦うことを決意したギリシア諸都市の先頭に立ったのは、古くからの軍事的栄光に輝き同盟国の信頼厚いスパルタであった。コリントスの地峡部にあるイストミアでの作戦会議には、各国とも争いをやめて代表を送り、作戦が練られるとともに、ギリシア全軍の指揮権がラケダイモンに委託された。

ただし、アルゴス、アカイア、アイトリア、クレタは中立にとどまり、シュラクサイの僭主、ゲロンは、自分が同盟軍の長として認められなかったので、協力を断っている。このシチリアの僭主がギリシア諸都市との共同行動を思いとどまったのは、すぐ近くのカルタゴがペルシアと協定を結んでおり、自分の本国がフェニキアの脅威に晒される恐れがあったからでもあった。

さて、小アジアの北西部に集結したクセルクセスの軍勢は、ギリシア人技師ハルパロスの指導のもとペルシア工兵隊がアビュドスとセストスの間に架けた船の浮き橋を使って、前四八〇年六月初めには、ヘレスポントス海峡を渡り始める。この何十万という地上軍の行動を、一二〇〇隻から成る艦隊が援護し、食料などの補給を分担した。

兵士たちは広大なペルシア帝国のあらゆる州から徴集されてきた人々で、ヘロドトスは、この風変わりで混然たる様子を詳細に描写している。海軍もまた、フェニキア、エジプト、キリキア、キプロスなどのさまざまな艦隊から成り、そのうえ、ペルシア王に屈従したイオニア諸都市や島嶼の人々による約三〇〇隻のギリシア船も含まれていた。

海峡を越えた地上軍は、すでにペルシア帝国の太守領となっていたトラキアと、そのギリシア人植民地を通過し、ついで、アケメネス王朝と同盟関係を結んでいたマケドニアを経て、オリュンポス一帯を呑み込みながら、テッサリアに侵入した。この勢いにギリシア側は、前線を南へ移した。プラタイアとテスペイアを除いて、テッサリアとボイオティアは、クセルクセス王のもとに降った。

最初の局地戦はテルモピュライで行われた。ここは、一方は海、他方は、軍勢を越えさせるのは不可能と思われるカリドロモスの山岳が迫っている隘路であった。四八〇年八月の初め、ペルシア軍はギリシア軍が山道を守っている防衛陣地を数日間にわたって攻めた。ギリシア軍は、レオニダス王と約三〇〇人のスパルタ兵、若干のテスペイア人だけを殿軍として残してコリントス地峡へ後退した。友軍を無事撤退させるために、レオニダス王以下、最後の一人までこの戦場で討ち死にしたエピソードはあまりにも有名である。彼らの犠牲は、ギリシア人の戦意を昂揚させ、のちに、この地には勇士たちを頌えるシモニデスの短詩を刻んだ共同墓碑が建てられた。

旅人よ、スパルタ人に伝えてよ、
ここに彼らが掟のままに果てし我らの
眠りてあることを。

これと平行してギリシア艦隊は、エウボイア島の北端のアルテミシオン岬に集結していたが、テルメから南下してきた大王の艦隊と初めて相まみえた。テルメはマケドニアにあり、将来テッサロニカとなる地に築かれていた町である。

大王軍のうちエジプトとアジアの艦隊は、マグネシアの岩だらけの海域で嵐に遭遇し、四〇〇隻が壊れるという大きな被害を受けていたにもかかわらず、この二日間にわたった海戦では見事な働きを示し、決着はつかなかった。テルモピュライの防衛線が放棄されたとの報せを受けたギリシア艦隊は、南へ後退し、サラミス島近くでイストミアの要塞の側面的防御に当たらなければならなかった。

ペルシア陸上軍はフォキスを攻略し、ボイオティアを自陣営に組み入れながらアッティカに到着した。アテナイ市民たちは、デルフォイの神託により、町を捨てて船に乗ってサラミスとトロイゼンに避難した。アテナイのアクロポリスに残留した少数の部隊は、最後まで勇敢に戦ったが、結局は全員が殺され、アテナイは掠奪されたうえ、焼き払われた。こうして、クセルクセスは、ダレイオスが願ったとおりに、イオニア人によるサルディスの聖域焼き払いに対する報復を果たしたのであった。

イストミアの防衛陣地への攻撃開始に先立ち、クセルクセスは、まずサラミス湾に集結しているギリシア艦隊を壊滅させなければならなかった。密使たちは、スパルタ人エウリュビアデスはじめ、ギリシア連合軍の指揮官たちの不和と優柔不断ぶりを報告してきた。

アテナイ軍の指揮官、テミストクレスは、ペルシア方艦隊がその数の優位を活かすことができないように、狭いサラミス湾で交戦すべきだと考え、同時に艦船を送って、イストミア方面への退路を遮った。ペルシア側も、ギリシア軍の退路を絶つべくエレウシス湾西方の水路を塞いだ。どうしても一戦交える以外なくなった。

四八〇年九月末のある朝、ペルシア軍艦隊は、フェニキアの軍船を先頭に、サラミス島とアッティカ海岸の間の幅一キロにも満たない水路に進入した。クセルクセスは、自軍艦隊の大勝利を観戦しようと、アイガレオス山のふもとの斜面に玉座を設えさせた。

ギリシアの艦船は戦闘準備を調えていた。彼らは、テミストクレスが立てた作戦どおりに、操船技術を存分に発揮し、狭い水路に殺到したため自由に動けなくなったペルシアの艦船を、舳先に付けた船嘴で次々と突き破り、あるいは敵船に乗り移って攻めた。ギリシア艦隊に乗っていた重装歩兵《ホプリテス》は、敵方のアジアやエジプトの兵より装備がしっかりしており、白兵戦になると有利であった。

ギリシア軍で最大多数を占めたのはアテナイとアイギナの召集兵で、彼らは武勇と技量において互いによきライバルであった。激しい混戦ののち、大王の艦隊は、船首をめぐらし、ファレロンのほうへ逃げ出した。他方、ギリシア人たちは身動きできなくなった敵方の船に片っ端から襲いかかり、アイスキュロスが「まぐろの如く」と言っているように、片っ端から虐殺した。四〇〇隻のギリシア艦隊が、三倍も優勢なペルシア艦隊をさんざんに打ちのめしたのだった。

こうして、ペルシア艦隊はひどい損傷を蒙り弱体化したものの、ペルシア陸軍は無傷であり、ギリシア側にとって脅威がなくなったわけではなかった。しかし、クセルクセスは、海戦の惨めな敗北を眼前にし、季節も冬に向かっていたことから、撤退を決意し、艦隊を直接ヘレスポントスへ向かわせる一方、自らは軍とともに、陸路、来た道を引き返し、つらい四五日間にわたる行軍ののち、アジアに帰還したのであった。

彼は、将軍の一人、マルドニオスにかなりの軍勢をつけてテッサリアに残し、春の再度の作戦行動に備えて越冬させる。そして翌四七九年七月初め、麦の収穫が終わるや、このマルドニオスがアッティカに侵入。住民たちは再びサラミス島に避難した。

マルドニオスはギリシア連合軍がペロポネソスを出発したことを知ると、破壊された町と荒廃した田園をあとに、ボイオティアへ退き、アソポス川のほとり、キタイロンの隘路の出口のところでギリシア軍を待ち受けた。

彼の軍勢は数も多く、質も優れていた。ペルシアおよびアジアの歩兵隊に加えて、ボイオティアとフォキスの装甲歩兵部隊をもって補充されていた。とりわけ騎兵隊は、テッサリア、ボイオティア、マケドニアの騎馬軍団によって強化されていた。

スパルタ人のパウサニアス（レオニダスの甥）が指揮するギリシア軍も、ラケダイモン人一万、アテナイ人八〇〇〇を含む約四万の重装歩兵を擁し、そのほかに、軽装備の遊撃隊を加えた強力な軍隊であった。

ギリシア軍は、キタイロンの隘路を通過して、プラタイアの町の傍らで待ち受けるペルシア軍に向かい合って陣取った。両者のにらみ合いは約三週間つづいた。その間にギリシア側は、敵の騎兵隊による執拗な攻撃にひどく苦しめられた。パウサニアスが出した後退命令で一つの動きがあらわれた。しかし、この命令は正しく守られなかったので、マルドニオスは、混乱しているギリシア軍に攻撃を加えようと、歩兵隊を率いアソポス川を渡った。

だが、ギリシア軍は、この攻撃を断固たる態度で迎えた。とりわけラケダイモン人たちは彼らの伝統的な長所を発揮して、攻撃してきたペルシア軍を粉砕したので形勢は逆転。マルドニオスは戦死し、ペルシア軍は敗走した。左翼では、アテナイ軍がボイオティア勢を押し戻し、ペルシア軍の陣地になだれ込んで将兵をさんざんに虐殺した。

侵入軍のうち生き延びたのは、騎兵隊に守られながら北方へ退却した僅かな残兵だけであった。ペルシア軍によって占領されていたテーバイは、二〇日ぶりに解放された。ギリシア軍は、デルフォイの有名な蛇紋岩の円柱をはじめ各地の聖域に奉納物を捧げて、勝利を祝うことができた。

これでギリシアは完全に救われた。サラミス海戦から一年経ったこのプラタイアの戦いをもって、一五年間の長きにわたってギリシア世界のうえにのしかかってきた脅威に、ほぼ完全に終止符が打たれたのである。

といっても、ペルシア戦争そのものが終わったわけではなかった。パウサニアスがマルドニオスをボイオティアの野に打ち倒した同じ日、スパルタの一人の将軍に率いられたギリシア艦隊が、もう一つの偉大な勝利をもたらしていた。この艦隊は、アケメネス王朝の軛からの解放を望んだイオニア人たちに求められて攻撃を仕掛けたのであった。

ペルシアの艦隊は戦いを避けて、サモス島に面したアジアの海岸、ミュカレ岬の近くに接岸し、その乗員たちは、この地に要塞を築くために駐在していた部隊と合流した。だが、ペルシア軍側では、無理矢理徴集されていたイオニア人召集兵が次々脱走している間に、ギリシア軍は上陸して陣地を攻め落とした。

このミュカレ岬の勝利で、エーゲ海の制海権はギリシア人に帰した。ほとんどいたるところで、ペルシア人駐留部隊と大王の代官たちは、イオニア人たちによって駆逐された。

さらにギリシア艦隊は、クセルクセスによって架けられた船の橋を破壊するためにヘレスポントス海峡へ向かった。しかし、橋はすでに嵐のために壊れてしまっていたので、艦隊はギリシアへ引き返したが、アテナイの召集兵は海峡に残り、セストスの町を包囲して、その冬のうちに陥落させた。

前四八七年春、アテナイ軍の司令官クサンティッポス（ペリクレスの父）が、クセルクセスの架橋で船同士をつないでいた太綱を重要な戦利品としてアテナイに持ち帰った。これは、戦勝記念の品として、重要な二つの聖域の神々に捧げられ、アジアに対する作戦において軍事的・政治的主導権を執ったアテナイに栄光を添えるものとなった。

3　第一次デロス同盟

トゥキュディデスは、こう述べている。

「ペルシア戦争からペロポネソス戦争にいたるまで、ラケダイモン人とアテナイ人とは、あるいは互いに戦い、あるいは相手方に従う同盟国に攻撃を加え、あるいは休戦協定を結びつつ、絶え間なく軍事力を強化し、それらの機会を通じて戦闘経験を重ねていった。」

こうして、この約五〇年間（いわゆる《ペンテコンタエテース》）は、歴史家の眼には、アテナイとスパルタというギリシアの両雄が運命的に到達せざるをえなかった決戦への準備期間として映る。これまで軍事面で異論の余地のない権威を保持してきたスパルタは、アテナイが次第に力を増大し、膝元のペロポネソス半島においてすらスパルタと拮抗するようになるのを不安を抱きながら見守ることとなる。

このアテナイの隆盛は、ギリシア史にとってのみでなく、全西洋にとっても重要な事実である。なぜなら、アテナイは、政治と戦争の舞台で主役を演じることを通じて、思想・文学・芸術の分野でその才能を開花させることができたからで、前四八〇年から四三〇年までの半世紀は、《ペリクレスの世紀》として、人類の記憶のなかに残っていく。ペリクレスこそ、ギリシア文明に、肯定的飛躍、人をして驚嘆させてやまない輝きを与えた人である。

前四七八年（または四七七年）の冬から、アテナイは小アジアとその沿岸諸島のイオニア諸都市に対ペルシア戦争を継続させるべく、同盟関係を組織した。直接ペルシアに脅かされていた小アジアと海峡部、そしてエーゲ海の諸都市は、海軍力を基盤とする恒久的庇護を必要としていたが、それを提供できたのは、ひとりアテナイのみであった。

おそらく、この結合を容易にした背景にあったのは、アッティカとイオニアとの古くからの伝統の共有であったが、第一の要因は、いうまでもなく、相互の利益であった。アテナイは、同盟諸都市のために艦隊を提供し、また、同盟軍の指揮権を引き受けた。そして、この共同行動に海軍力を提供することによって貢献できない都市には、毎年、財政的に貢献することが義務づけられた。いわゆる《トリビュ》（貢租金）がそれで、その負担額はアリステイデス〔訳注・ペルシア戦争で活躍したあと、デロス同盟の金庫番となり四六七年に亡くなっている〕によって査定され、配分された。このように同盟の基金はアテナイ人が管理したが、金庫そのものは、キュクラデス諸島の中心にあって古くからイオニア人共通の崇拝の対象であったデロス島のアポロン神殿の保護下に置かれた。

ヘレスポントス海峡は、アテナイの将軍たちの指揮のもとで行われた度々の戦闘でデロス同盟の管轄下に置かれていた。トラキアでは、ペルシア人の代官が追放されたあと、アテナイの基地がストリュモンの河口とスキュロス島とに建設されていた。このため、ナクソス島が同盟から脱退しようとしたとき、アテナイは、これを押さえ込むため、これらの基地から軍隊を派遣している。

前四六七年ごろ、ミルティアデスの息子、キモンが、大規模な艦隊を率いて、小アジアの南岸でペルシア艦隊と戦い、エウリュメドン川の河口、パンフュリアで陸海にわたり最終的勝利を勝ち取った。ミュカレ岬の海戦の勝利を念押ししたようなこの大勝利によって、エーゲ海のギリシア人諸都市の安全は確固たるものとなった。

この間に、第二次ペルシア戦争の立て役者たちは、次々と不面目な事情のなかで姿を消していった。プラタイア戦争の勝者、パウサニアスは、軍の指揮権を失ったあと、ラケダイモン的伝統とは相容れない個人的野心から、ペルシアと秘密の関係を結んだ。策謀は露見し、彼は、聖域に逃げ込んだが、そこで餓死してしまう。

サラミス海戦を勝利に導いたテミストクレスも、不運を味わった。彼は、ペルシア軍によって破壊されたアテナイの城壁を、スパルタの反対を押し切って再建し、ペイライエウス〔訳注・アテナイの外港〕を要塞化するなど、祖国のために再度尽くした。しかし、幾つかの政治上の偶発事のためにアテナイ市民の信頼を失って、《オストラキスモス》いわゆる『陶片追放』に遭い、しかも、パウサニアスとペルシアの密謀に巻き込まれて、スパルタとアテナイの密使によって告訴され、結局、ペルシアへ逃亡する以外になくなった。

彼は、逃亡先のペルシアで、クセルクセスの息子のアルタクセルクセスによって好意的に迎えられ、アナトリアに土地を与えられて、そこで四六〇年ごろ亡くなっている。

アテナイでは、テミストクレスがいなくなっても、キモンのリーダーシップのもと大胆で有効な政策が次々と実行されていったのに対し、スパルタは深刻な困難に直面していた。スパルタは、その隣人であり古くからのライバルであるアルゴスの敵意に、一再ならず立ち向かわなければならなかった。《ヘイロタイ》の反乱が何度も起き、第三次メッセニア戦争（B.C. 469-460）も、このために生じた。

しかも、前四六四年には大地震に見舞われ、スパルタの町はほとんど壊滅した。この復興のためにアルキダモス王は全精力を費やし、スパルタ国民はその伝統的な訓練の成果の全てを傾注しなければならなかった。その間、ライバルのアテナイも幾多の障碍に阻まれたにもかかわらず、それをスパルタが有効に活かしてアテナイの野望を挫くことはできなかった。

たとえば、前四六五年から四六四年にかけ、トラキア沿岸のタソス島がアテナイとの同盟関係を破棄しようとしてスパルタに支援を求めたが、スパルタは、タソスを援助するどころか、足元のメッセニア人の反抗を鎮圧するために、却ってアテナイに支援を懇請しなければならなかった。

結局、タソス島は、キモン率いるアテナイ軍によって二年間包囲されたのち、鎮圧される。他方、メッセニアの反乱軍が逃げ込んだイトメ山の砦を攻めたアテナイ軍を、ラケダイモン人たちがぞんざいに扱い、目的を成就させないまま撤退させたことが、アテナイとスパルタの間に深い亀裂を生じる機縁となる。両国は、その後、約二〇年間、冷たい対立を続けた末に、武力による抗争へとエスカレートしていった。

加えて、アテナイ内部における政治的進展も、アテナイ人のスパルタに対する敵意を助長した。ラケダイモンの保守的伝統に変わらぬ共感を示したキモンは、数々の戦いでアテナイに勝利をもたらしたにもかかわらず、エフィアルテスと若きペリクレスに率いられた《民主派》が『アレオパゴス評議会』〔訳注・職務を終えた執政官によって構成されていた〕の政治的影響力を排除してその裁判権を殺人と瀆聖事件に限定するという改革を断行するのを阻止することができなかったばかりか、彼自身、四六一年、陶片追放に遭ってしまう。

それまでアレオパゴス評議会が行使していたそれ以外の権力は、より民主的なメンバーで作られている『五百人会議』および『民衆裁判法廷』に引き継がれた。

エフィアルテスは、その後まもなくして暗殺されたが、彼の改革の成果は維持された。アイスキュロスが『慈しみの女神たち』（前四五八年）で述べている「節度を知らぬ生活も、また圧政の下の暮らしも好ましくはない！」（525-526　呉茂一訳）との警告は、ここから来ている。

アテナイは、外港のペイライエウスとの間を繋ぐ長城を築いて防備を強化する一方で、ペルシアとラケダイモンおよびその同盟諸都市に対して同時に攻撃を仕掛け、さらに、ペルシアに反旗を掲げて立ち上がったメンフィス近くのリビュア人首長を支援するためにエジプトへも艦隊を派遣した。この派兵は、緒戦では成功を収めたものの、前四五四年には、ほとんど全軍が失われ、完全に失敗した。

しかし、ギリシア本土では、アテナイは、それまでスパルタと同盟してきたメガラの支援を得てコリントスと戦い、アイギナの力を挫き（四五七年）、サロニカ湾での完全な行動の自由を確保した。ボイオティア地方のタナグラでは、四五七年、ラケダイモン軍に敗北を喫したが、スパルタが軍をペロポネソスに引き揚げたので、そのあと、中央ギリシアにおける支配権を確立することができた。

海上では、アテナイ艦隊は、ペロポネソス半島沿岸地域に執拗な攻撃を加える一方、西ロクロイ〔訳注・コリントス湾の西部〕では、スパルタによって迫害されていたメッセニア人に委嘱して、ナウパクトスに堅固な防衛拠点を建設した。これによってアテナイは、サロニカ湾とともにコリントス湾をも支配下に収めるにいたる。

前四六〇年から四五〇年までの一〇年間は、アテナイにとって特に重要な意味をもっている。アルクマイオン家につながる貴族の家に四九五年ごろに生まれたペリクレスが、アテナイ政治において最高指揮権を振るったのが、この時期だからである。

魅力的な美男子で、教養があって雄弁、しかも、すぐれた戦術家でもあった彼は、民衆派の人々の全幅の信頼を得てその優れた資質を存分に発揮し、反対派を贔屓する喜劇作家たちの攻撃にもかかわらず、政治面でも財政面でもその才能を振るって、最後まで民衆の期待に応えた。

彼は、祖国のために壮大な展望を描き、それを達成するためには、慎重でありつつもあらゆる手段を駆使して断固として取り組んだ。彼は、アテナイ人が傑出した才能をもっていることを信じ、アテナイこそ覇者たるべき権利をもっているし、かつ、その権利を行使する義務を負っていると考えた。その結果、彼がアテナイを導いて実現したものは、まさに帝国主義的理想であり、アテナイ人も、この信条と理想に合わせて、《連合体》というよりも《帝国》の指導的メンバーとなることによって、同盟の金庫から助成金を引き出すなど、大いに利益を享受した。

アリストテレスのいうところによると、民衆裁判法廷の判事たちの日当、役人や軍人の俸給や手当な

ペリクレスの像（大英博物館蔵）

どが同盟の金庫からまかなわれ、それによってアテナイ市民のうち二万人以上が生活を支えられていた。加えて、ペリクレスはアクロポリスを壮麗にするため、さまざまな建設計画を立てたが、これらの事業は、何百人もの労働者（職人）に、二〇年以上にわたって仕事を提供した。ペリクレスの政治が、いかに物質面で市民の生活を潤すとともに、祖国を愛する心に満足感を与えたかが、よく分かる。

前四五四年ないし三年、デロス同盟の金庫がデロス島からアテナイへ、いわば、アポロン神の庇護からアテナ神の庇護のもとに移された。この措置は、エジプトにおけるアテナイ人の災厄につづいてキュクラデス諸島がペルシアの艦隊によって脅かされるようになったためと説明されるが、より根本的には、デロス同盟の仕事をアテナイが独占支配しようという意図でなされたことであった。これによって《同盟》は《帝国》に変質し、同盟諸都市は、事実上、アテナイに服属することとなった。

ペリクレスは、追放先から召還されたかつての政敵、キモンの協力を得て、さらに力強く決然と行動する。エジプトでの災厄と、アテナイの帝国主義化によって、多くの同盟諸都市がアテナイから離れてペルシア側につこうという動きを見せていた。アテナイは、手を自由にするためにスパルタと平和条約を結び、同盟諸都市の離脱阻止に力を注いだ。

こうして、足元を固めたのちに、ペルシアに対する戦争を再開したのである。キモンは艦隊を率いてキプロス島海域での戦いに臨み、勝利の知らせを祖国にもたらしたが、自身は、作戦行動中に病死した。前四四九年から四四八年にかけて和平交渉が行われ、アテナイ側の交渉者の名前をとって「カリアスの和約」と呼ばれる条約が締結された。

この条約により、アジアにおけるギリシア都市の自治権が確保され、大王の戦艦はパンフュリアとボスポロスとの間の海には入らないことが決められた。それとともに、アテナイもまた、大王の領土には敬意を払うべきことが義務づけられた。

こうして、デロス同盟が当初から目指した目的であるイオニア諸都市の安全は確保され、海上交易がふたたび自由に行われるようになったのであるが、それとともに、アテナイは《同盟都市》に対する支配権をますます強化し、各地に軍事的植民地を作って、半農半兵の《クレルコイ》を駐屯させていった。アテナイは、各都市の内政に対しては、民衆派の人々に有利なように計らいながらコントロールした。また、アッティカの貨幣と度量衡システムを使用させるなど、政治・経済両面にわたる帝国主義的支配を並行的に進めていった。

しかしながら、スパルタも、じっとしていたわけではない。デルフォイの自治権を保護するためという名目で、アテナイの同盟都市であるフォキスに対して第二次神聖戦争を起こした。アテナイは、反撃に出たが、中央ギリシアでは、ボイオティアの多くの都市が反アテナイ的だったため、重大な困難に直面した。

前四四六年、アテナイの軍隊はコロネイアでひどい敗北を喫し、ボイオティアから全面的に撤退せざるをえなくなる。メガラも反逆し、全エウボイアがこれに倣った。ラケダイモン軍は、ついにエレウシ

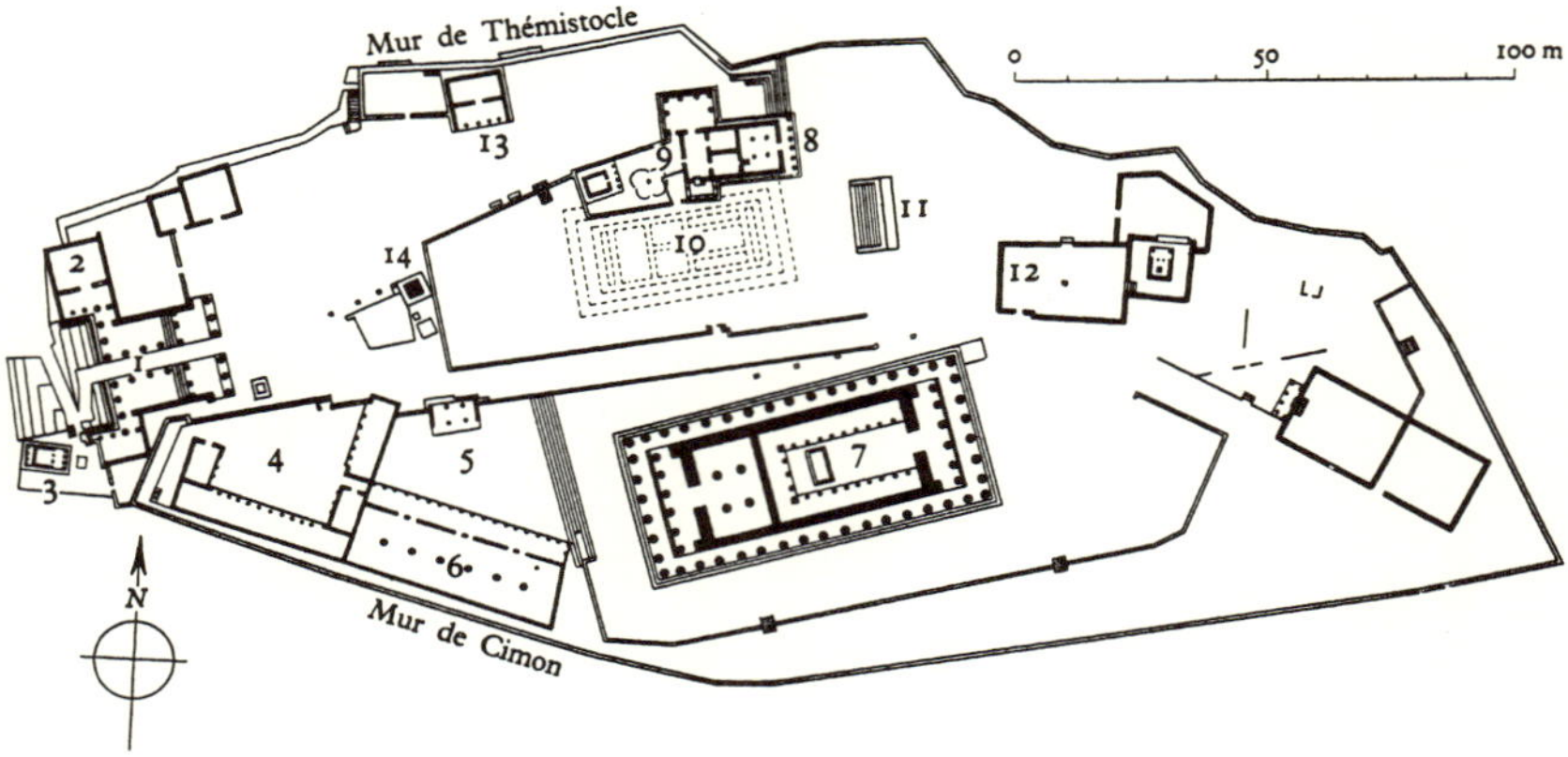

アテナイのアクロポリス　配置図

1. プロピュライア（前門）　2. ピナコテーケー（絵画館）　3. ニケ・アプテロスの神殿　4. アルテミス・ブラウロニアの神殿　5. カルコテケ（青銅祭器庫）の庭　6. カルコテケ　7. パルテノン　8. エレクテイオン　9. パンドロスの聖域　10. 古いアテナ神殿の跡　11. アテナの大祭壇　12. ゼウス・ポリエウスの神殿　13. アレフォレス（聖秘物運び）の家　14. アテナ・プロマコスの土台

ス〔訳注・アテナイのすぐ西方〕にまで進んできた。このとき、スパルタ軍の司令官が、進軍を中止し撤退していったことは、アテナイにとって、まさに幸運であった。ペリクレスは、この幸運に助けられて、反乱を起こしたエウボイア人たちをきびしく罰するとともに、四四六年から四四五年にかけ、スパルタとの間に三〇年間にわたる平和条約を結び、アテナイ帝国と、スパルタを盟主とする《ペロポネソス・ブロック》との間にある種の力の均衡を樹立した。

この結果、メガラとボイオティアも《ペロポネソス・ブロック》に参加することとなり、アテナイ帝国はプラタイアとナウパクトス以外の大陸における同盟諸都市の大部分を失ったが、エーゲ海の覇権は保持した。こうして、両者とも、相手方の同盟都市に手を出すことはできなくなったが、どちらの陣営にも属さない国に対しては、自由に働きかけることができた。また、海上におけるアテナイの通商権は、東方でも西方でも保証された。

こうしてアテナイの勢力は、ギリシア本土では後退したにもかかわらず、経済力と軍事力では絶頂期を迎える。しかも、ペリクレスの助言で、同盟都市の貢租金による基金の一部を転用して、アクロポリスの建設と彫刻などの装飾を次々と進めていった。パルテノン神殿が、四四七年から四三八年まで九年をかけて完成されたのをはじめ、この聖なる丘は、四三二年まで絶え間ない大規模建設の作業場となる。彫刻家フェイディアスによる『アテナ・パルテノスの像』だけで、同盟諸都市が納入した貢租金総額一年分の二倍にあたる七〇〇タラントンがかけられた。〔訳注・パルテノン神殿に祀られたこの像は、高さが一一メートルあり、黄金と象牙で作られていた。五世紀にコンスタンティノポリスに持ち去られて姿を消してしまった。〕

同時にアテナイは、保有する海軍を使って、一年のうち八か月、常時、六十隻の三段櫂船に各地を巡回させて警戒態勢を布き、事あれば介入させた。また、前四四三年には、ギリシア各地から募った移住者をもって南イタリアの古代のシュバリスに近いトゥリオイに植民都市を建設している。ハリカルナソスのヘロドトスも、この最初の市民の一人であった。

前四四〇年から四三九年にかけて、ペリクレスはサモス島で起きた反乱とビュザンティオンの反抗を苦労の末に押さえ込んだが、このときサモス人に加えられた弾圧のきびしさは、誰の目にも《同盟》がもはや《暴圧的な帝国》に変質してしまったことを明白にした。しかし、アテナイは、こうして権威を強化することによって、黒海のシノペやアミソスといった、入植者と原住民とが混在しているような辺境の地にまで遠征軍を送ることができたのであった。

前四三六年、アテナイはストリュモン川下流域に植民都市アンフィポリスを建設した。これは、トラキアとカルキディケに対するアテナイの影響力の強化を目的としたものであったが、その後、この地域で重要な植民都市となる。

最後にイオニア海に面したギリシア西部では、アテナイはアカルナニアと同盟を結んでいる。この地域では、カルキディケの場合と同じく、アテナイの利益追求は《ペロポネソス・ブロック》の一員であるコリントスのそれとぶつかり合った。このコリントスと、その古くからの植民都市コルキュラ（ケルキュラともいう）の間で抗争が生じ、コルキュラはアテナイの同盟に援けを求めた。コルキュラ人たちは、四三三年にコルフ島周辺で行われた海上戦でアテナイの援軍が来るまで持ちこたえ、コリントスの艦隊を押し返した。このことで、一つの抗争がさまざまなところに波及することが明らかとなったが、ペリクレスは、これも避けられないことだと考え、スパルタの同盟国に対し頻りに挑発を行った。

前四三二年、ペリクレスは、メガラの商人たちをアッティカおよびアテナイ帝国の港湾と市場から締め出す命令を発している。これは、メガラがアテナイからの逃亡奴隷を受け入れる事件が起きたことから、経済的封鎖に追い込もうとしたのであった。同時に、コリントスの植民都市で今も母国と緊密な関係を保っているカルキディケ最大の都市、ポティダイアに軍を差し向けた。

こうしたコルキュラへの干渉、ポティダイア包囲、メガラ締め出し命令に、ついに堪忍袋の緒を切ったスパルタは、同盟諸都市、とくにコリントスの後押しを得て、少なくともメガラ締め出し令だけでも撤回するよう求める通牒をアテナイへ送った。アテナイは、ペリクレスの助言で、これを拒絶。これにより、相対立する二つの都市の断絶は決定的となり、力で勝負を決する以外になくなる。前四三一年に始まった戦争は、二七年間続き、四〇四年のアテナイの敗北をもって終結することとなる。

4　ペロポネソス戦争

ペリクレスは当初から、アテナイ人たちに、犠牲は伴うがアテナイに成功の機会をもたらしうる唯一の戦略を授けていた。それは、スパルタ側が、数においてだけでなく、その《重装歩兵》の勇猛さでも、圧倒的に優勢であることを見抜いていたので、スパルタ軍との陸上での会戦はなんとしても避け、アッティカの住民を《ペイライエウスの長城》の背後に避難させて田園は敵の蹂躙するにまかせ、あくまでアテナイが得意とする海軍力を活かして、ペイライエウスを窓口とする商業の自由を保持しながら、ペロポネソス半島の沿岸を執拗に攻撃し、兵を上陸させては各地を襲わせる戦略であった。

——アテナイは、すでに有している三〇〇隻の三段櫂船を、キオス、レスボス、コルキュラからの増援によって強化し、乗組員の質を高め、ナウパクトスとアカルナニアの基地を維持してコリントス湾、エーゲ海の制海権をしっかり守り、さらに同盟諸都市からの貢租によって定期的に補充されている財政の豊かさを活用すれば、海に不慣れで財政も貧しい敵に対し、必ず優勢を保てるはずである。こうして、アテナイが海上戦での優位を守っていけば、ペロポネソス同盟の諸都市はやがて疲れ果てて崩壊し、スパルタは孤立して敗北にいたるだろう。したがって、これは消耗戦であり、アテナイ人は、自分の土地をあえて敵の侵略に委ねても、戦いの最終的勝利を信じて、忍耐力と精神力とを発揮しなければならない。——

だが、この見通しがアテナイ人たちによって受け入れられるには、ペリクレスの揺るがない威信が必要であった。アッティカの住民の半分（農民全員と農地を保有する市民）は、その資産と生き方とを犠牲にしてでも、長期にわたる戦いの成功を期さなければならないからである。

戦争の第一幕は、前四三一年から四二一年まで一〇年間続き、「アルキダモスの戦争」と呼ばれている。これは、緒戦を指揮して四二七年に死んだスパルタ王の名前をとったものである。

ラケダイモン軍は、アテナイの同盟国プラタイアに対するテーバイ人の攻撃を支援し、プラタイアを陥落させることには失敗したが、軍隊をアッティカに侵入させて平野部を掠奪してまわった。他方、アテナイの艦隊はペロポネソス半島の沿岸部に襲撃を加えた。

ラケダイモン人たちは、明くる年の四三〇年もアッティカに侵入した。このとき、アテナイは《ペスト》という思いがけない災厄に見舞われる。住民のすべてが都市地域に集まり、とくに農村部の人々は、非常に悪い衛生状態のなかで空き地などに野宿していたことが、この伝染病の蔓延を助長した。

災厄は一年以上にわたって猛威を振るい、いったんは収まるが、四二七年に再び勢いを盛り返し、住民の三分の一が死んだ。この惨状については、トゥキュディデスが印象深い描写を遺している。アテナイ人たちはこの恐ろしい苦難のなかで、一時、ペリクレスを忘れたものの、四二九年には再び彼を《ストラテゴス》（軍事長官）に選出する。しかし、この偉大な指導者も疲れ切って、秋には死去する。

彼の死によってアテナイ人は、スパルタとのこの戦争を巧く終わらせることのできる唯一の政治家を失った。彼に比肩できるほどの信頼を寄せられる指導者も、彼と同等の明敏さをもった政治家も出てはこない。

度重なる軍事行動によって、さまざまな運命がもたらされた。カルキディケでは、アテナイ人たちは二年間にわたる大変な努力ののち、四二九年、ポティダイアを手に入れた。ナウパクトスの海戦で、アテナイ軍の司令官、フォルミオンは、数においてずっと優勢なペロポネソス艦隊と戦い、輝かしい勝利を得た。アテナイ市民は、この勝利を記念して、デルフォイの聖域に《ポルチコ》（柱廊）を建造するを決議した。しかし、レスボス島の最も重要な都市、ミュティレネがデロス同盟からの離脱を表明したため、これを懲らしめなければならなくなり、その軍事予算のために、この事業は規模を縮小される。そして、貴族出身のペリクレスに対抗して民衆派出身のデマゴーグ、クレオンの提案により、ミュティレネの反逆への報復として大量処刑が行われた。同じ四二七年、アテナイの同盟都市プラタイアが、テーバイ軍による二年来の包囲で、ついに降伏し、プラタイア人とアテナイ人によって構成されていた駐屯部隊は、全員が処刑される。戦争は、残忍で贖いがたい性格を帯びてきた。

アテナイが、運の巡り合わせで、勝利を目前にしたことがある。アテナイは、シュラクサイなどスパルタ同盟方の諸都市を懲らしめるためにシチリアへ軍勢を送っていたが、この軍勢に物資を補給する艦隊が、悪天候のためにメッセニア西方のピュロスに停泊した。その少し前にアカルナニアで戦功を挙げていたアテナイの将軍、デモステネスもピュロスに留まっていたが、彼は、この軍勢をもってメッセニア全体を抑えようと決意した。

スパルタ人たちは、この脅威に対し、アテナイ方の陣地を奪取しようとして、ピュロスの停泊地を封じ込めるためスファクテリアの小島を占拠。ところが、この四〇〇人ほどの軍が、逆にアテナイ艦隊によって封じこめられてしまったのである。もともとラケダイモンでは、本来の意味でのスパルタ人は数が少なかったので、四〇〇人の命は貴重で、アテナイに有利な条件であっても、スパルタとしては呑む用意があった。しかし、アテナイ民会は、さんざん討議した末に、極論に踊らされて、このスパルタ兵の措置をクレオンに任せることにしてしまった。

クレオンは出発から二〇日後、一二〇のスパルタ人を含む三〇〇人の捕虜を連れてアテナイに帰国した（四二五年）。和平を願ったアリストファネスの熱心な弁護にもかかわらず、大多数のアテナイ市民は、この偶発的勝利に酔って、全面的勝利を得るまでは妥協しないという頑迷さに囚われることとなる。だが、運命の輪は回る。翌四二四年、ボイオティア侵略を企てたアテナイ軍が、タナグラに近いデリオンの戦いで、ボイオティア軍に大敗を喫する。まさにアテナイ人は、ペリクレスがかつて与えた助言に背くという間違いを犯したのである。

他方、北部ギリシアでは、アテナイ植民都市、アンフィポリスがラケダイモンの将軍、ブラシダスによって奪取される。このときアテナイ方で防戦に当たったのは、タソス島に停泊していた艦隊で、その指揮官が歴史家のトゥキュディデスであった。彼はベストを尽くしたにもかかわらず敗北を喫し、その責任を追及されて追放処分になる。その追放先で暇にまかせて、この戦争の歴史を執筆したのであった。

ブラシダスは、カルキディケで他にも幾つかのアテナイ同盟都市を奪取した。クレオンは、自ら指揮を執ってアンフィポリス奪還に向かったが、四二二年夏、この都市の城壁の下でブラシダス軍に敗れて死ぬ。ブラシダス自身も、このとき戦死している。

こうして、スパルタの最もすぐれた将軍とアテナイの徹底交戦論者が同時に亡くなったことは、両国の話し合いを可能にした。その結果、四二一年に実現したのが、アテナイ方の交渉者の名をとって呼ばれる「ニキアスの和平」である。しかし、この和平は、スパルタとアテナイの優位争いの決着がつかないまま、ただ双方の疲労困憊から已むを得ず締結されたものだったから、長続きするものではなかった。条約の条項を見ても、最初から死文でしかなかったことが明らかである。アテナイはアンフィポリスとカルキディケの支配権は取り戻せなかったが、ピュロスとキュテラを保持し、そこからスパルタに脅威を与えた。〔訳注・ピュロスもキュテラも、スパルタの玄関先のような位置にある。〕スパルタとテーバイ、アテナイとアルゴスの間で複雑な外交ゲームが展開され、それに、エリスとアルカディアとが加わった。

アテナイの政治は、ラケダイモンとの和平を支持するニキアスと、クレオンの後継者で民衆派の首領であるヒュペルボロス、それと、アルキビアデスという三人の間で揺れ動いた。アルキビアデスはペリクレスの甥で、若くて魅力的であったが厚顔無恥な人物で、貴族の生まれなのに野望を満たすためにソクラテスの弟子となり、民衆派を標榜した策謀家である。ヒュペルボロスは前四一七年になって、最後に適用された陶片追放の手続きによって放逐され、アルキビアデスとニキアスとが、互いに仲間であると同時に敵として残った。

この前年、スパルタは、アルカディア人とアテナイ人召集兵から成るアルゴス軍をマンティネイア近くの平野で破って、その軍事的威信を回復していた。アテナイは、エーゲ海における制海権を完璧なものにすることを願っていたが、メロス島がアテナイへの追従を拒んだので、軍を派遣し力づくで占領したうえ、成人男子全員を虐殺した。この蛮行は全ギリシアの憤りを誘ったが、アテナイ市民は気にかけようともせず、さらにシチリアへ遠征軍を送ることを決めた。

シチリアでは、長い間シュラクサイが首位を占めていた。シュラクサイは前五世紀初めから、ゲロン、ついでその弟のヒエロンという有能な僭主が続き、権力と領土を拡大してきた。地中海西方ではアクラガス（アグリジェンテ）のテロンとかレギオンのアナクシラスといった僭主がいるが、彼らも、シュラクサイの僭主の前には光を失った。

ゲロンはカルタゴのフェニキア人たちに対するヒメラでの勝利（前四八〇年）により、ヒエロンはエトルリア人に対するクマエの海戦での勝利（前四七四年）によって、ギリシア文明を見事に防衛した。オリュンピアでは、ヒエロンが勝利を記念して寄進したエトルリア兵のたくさんの兜を今も、見ることができる。

ヒエロンが亡くなって僭主制が崩壊したあとも、シチリアにおけるシュラクサイの最強の地位は変わらなかった。シュラクサイは、その起源の思い出に忠実で、母国のコリントスと親密な関係を維持し、ペロポネソス戦争の初めから、シチリア島のギリシア人都市の大部分をコリントスおよびスパルタの陣営につけていた。

このためアテナイは、前四二七年から同四二四年にかけて、同じシチリアの都市、レオンティノイとカマリナがレギオンの支援のもとにシュラクサイとその同盟国に仕掛けた戦争を支持した。しかし、この介入は効果をもたらさなかった。アテナイとしては、この西方での行動をさらに有効に展開するには、ギリシア本土での戦闘を休止し、総力をこれに振り向ける必要があった。

そんなとき、アテナイの同盟都市、セゲステがスパルタの同盟都市であるセリヌス（マリネッラ・セリノンテ）と戦争状態になり、助けを求めてきた。慎重なニキアスはこの派兵に反対したが、アルキビアデスは介入に積極的であった。民衆は俸給と略奪による物質的利益をこの遠征に期待し、アルキビアデスを支持した。結局、ニキアスは譲歩し、作戦の指揮はふたりが共同で執ることになり、遠征軍は準備を調えて四一五年の晩春に出発した。

その直前、アテナイ人の憤りを掻き立てる冒瀆事件が起きていた。ペイシストラトスの時代以来、民衆の信仰心からアゴラの広場や街路に立てられていたヘルメス神の像が、夜の間に何者かによって頭部を切断されたのである。捜査が進むうちに、かつて《エレウシスの秘儀》に関わっていたアルキビアデスが関係しているのではないか、ということになった。

一隻の船が彼を連れ戻しにシチリアへやってきたが、彼はスパルタへ逃れたばかりでなく、祖国アテナイが抱いている野心について喧伝し、スパルタ人の不安を煽った。ラケダイモン人たちは彼の助言を容れて、アテナイ軍のシチリア侵略に応戦させるためにギュリッポスを指揮官とする一軍を現地に派遣するとともに、ギリシア本土でもアテナイと軍事的勝敗を決することを決議した。

これらの措置はシュラクサイに見事な成功をもたらした。アテナイ随一の将軍、デモステネスが援軍を率いていったにもかかわらず、シュラクサイを力づくで奪取しようというアテナイ遠征軍の試みは、二年間の空しい戦いののち、失敗し、逆に、ギュリッポスが指揮するシュラクサイ軍に敗北を喫して、四一三年夏、降伏のやむなきにいたった。ニキアスとデモステネスは勝者によって死刑に処され、生き残ったアテナイ兵たちはシュラクサイの石切場で働かされたあと、奴隷として各地へ売られた。

同じ四一三年、ギリシア本土でも、ラケダイモン人たちは、アルキビアデスの助言にしたがってアッティカに侵入し、パルネス山のふもとにデケレイアの城塞を築き、そこからアテナイ人の住む地域を支配した。この城塞は、その後ずっと維持され、アッティカの田園地帯の産物を奪い、アテナイを苦しめることができた。とりわけラウレイオンの鉱山では、働かされていた奴隷たちが逃亡し、銀の産出はストップしてしまった。

前四一二年から四〇四年にかけてのアテナイの歴史は、外敵の圧迫から逃れようとする絶望的な努力と、シチリアでの失敗の責任をめぐって繰り返される政界の混乱のため、極度に複雑な様相を示す。軍事的行動においても、個人的野心が幅を利かせ、しばしば、予期しない結果をもたらした。悲劇的で容赦ない争いのなかで、各人が自分の首と同時に共和国の運命を賭ける。戦士としての勲功欲、外交上の駆け引き、策謀による怪しげな結合、煽動家に踊らされた民衆の暴動、《ヘタイロイ》〔訳注・とくにマケドニアなど外国の王と結びついた人々〕と呼ばれる秘密結社の暗躍、政治的暗殺、死刑宣告、捕虜の虐殺——歴史家は、この激動の時代にあっては、こういったことが日常茶飯事であったことを伝えている。

こうした事件で主役を演じたのが、軍事的指導者であると同時に政治家でもある特異な人物たちである。その筆頭に挙げられるのがアルキビアデスであり、それについで、アテナイ人では、中道派の代表、テラメネス、民衆派のトラシュブロス、《ストラテゴス（将軍）》のコノンであり、ラケダイモン人では、大胆で狡猾な交渉者であると同時に精力的で熟達した将軍、リュサンドロス、ペルシア人では、フリュギアの太守、ファルナバゾス、リュディアの太守、ティッサフェルネス、そしてダレイオス二世の庶子でアルタクセルクセスの王位を狙った小キュロスといった人々である。

小キュロスは、ギリシア人も含めた諸民族から傭兵を募り、《一万人部隊》を組織した。以後、ペルシア人とギリシア人が入り乱れての抗争が当たり前となる。アジアからの脅威に全ギリシア人が結束して立ち向かった時代は、遠い昔のこととなった！　逆にギリシア人は、アケメネス朝の君主や、そのアナトリアにおける代理人たちと競って同盟関係を結び、互いに争い合った。

とくに、戦費をまかなうためや、他陣営の傭兵たちを引き抜くため、少しでも多くのカネをペルシア王から引き出すことが重要であった。この点が、スパルタに最終的勝利を得させる決定的要因となった。勝敗の帰趨を決めたのは、本質的には海上戦であった。海での戦いは費用もかかるし、人命の犠牲も多い。

アテナイは、あらゆるところに綻びを生じているその帝国を維持しようとし、そのために不可欠な物資補給の兵站線を確保しようと、絶望的努力を続けた。ロードス島のデロス同盟離脱によって、穀物の二大供給地の一つ、エジプトからのルートが切断されたことから、もう一つの南ロシアからの小麦の輸送船を守るため、ボスポロスとダーダネルスの両海峡確保に全力を注いだ。

イオニアでは反乱が頻発する。アテナイ船団に拠点を提供してくれるのは、アテナイ人が民主的体制を樹立していたサモス島だけとなる。しかし、そのアテナイで、アンティフォンに唆された貴族たちの《ヘタイロイ》がテラメネス率いる中道派と結びついて寡頭政治の革命が起き、サモス島に駐屯するアテナイ人の兵士や水夫の憤りを誘う。

とはいえ、アテナイで民主政治が排除され、『四百人会』と呼ばれる寡頭政治体制に取って替わられたのは、四一一年の数ヶ月だけであった。この体制は、テラメネスがサモス艦隊を率いるトラシュブロスの了承を得て一時的に実現できたものでしかなかったからである。

アルキビアデスはスパルタと仲違いしてアテナイ人の間で人気を回復していた。アテナイがキュジコスとの海戦で勝利を得ることができたのは、彼の仲介のもとにトラシュブロスとテラメネスが協力したからであった。このとき、スパルタは和平案を提示したが、アテナイ民会は、愚かにもこれを拒絶した。

アテナイ海軍は、四〇八年までは、トラキアでも両海峡部でも、ふたたび成功をもたらした。しかし、リュサンドロスがペロポネソス艦隊の提督となり、ペルシアの小キュロスから財政的援助を受けて、それをもとに高給を餌にアテナイ艦隊の三段櫂船の漕ぎ手を次々と引き抜くなどして、自分の艦隊の強化に努めた結果、形勢は逆転し、アテナイ軍は緒戦で敗北を喫する。

アルキビアデスは責任をとって指揮権をコノンに譲り、ケルソネソスに隠退した。コノンの努力でアテナイ軍艦隊は見違えるように強化され、前四〇六年、レスボス島のアジア側沿岸にあるアルギヌサイ諸島でペロポネソス艦隊と会戦し、これを打ち破る。だが、これは、運命の女神がアテナイ軍に投げかけた最後の笑みであった。

アテナイ人は、この勝利を有効に活用することができなかった。それどころか、不合理な怒りに囚われて、勝利をもたらしてくれた将軍たちを死刑に処した。理由は、戦闘中に沈没した自軍の乗員を救わなかったから、というのである。この不当な告訴で犠牲になった将軍たちのなかには、ペリクレスの息子も入っていた。

翌年、リュサンドロスはケルソネソスの沿岸、アイゴスポタモイの河口付近に停泊していたアテナイ艦隊に奇襲攻撃を加え、捕らえた艦船を残らず破壊し、兵員と乗員を捕虜にした。災難を免れたのは、コノンの命令で艦隊を離れていた一隻の小さな船だけであった。

この敗北は、アテナイにとって致命的であった。前四〇五年一一月からペイライエウスは封鎖され、アテナイ市民は多数の餓死者を出しながらも四か月間抵抗したのち、四〇四年四月に無条件降伏した。戦後、アテナイはすべての戦艦を取り上げられ、長城は破壊されて、以後は、対外政策についてはスパルタの命令に従わなければならなくなる。

これでも、ラケダイモン人にしてみれば、同盟国のテーバイやコリントスの要求を拒絶して、アテナイに対して寛大さを示したのだった。これらの同盟諸国の人々は、かつてアテナイがメロス島やミュティレネその他の都市に課した残虐な措置をアテナイに適用するよう主張したのであった。

長城がフルートの音に合わせて壊されたとき、それは、ギリシア世界が自由の時代に入ることを象徴するものと思われた。

5 戦後社会

アテナイ帝国の消滅が上記のような希望を生じさせたとしても、そんな希望は長くは続かなかった。戦勝国側の「首長」であるスパルタは、その後のギリシア世界の再編において指導的役割を果たすには無力であることをたちまち露呈した。

ラケダイモン人の国家は、《大陸における覇権》という伝統的政策に囚われ、ペルシア同盟によって妨害され、しかも、本来のスパルタ人は、下層民や《ヘイロタイ》に対比して、ますます少なくなっていたうえ、政治的・社会的システムのうえに現れる様々な影響に対応するための充分な権威もなければ、自治権に執着して争い合うギリシア諸都市を鎮めるために充分な広がりをもった政治観ももってはいなかった。

戦勝に関してリュサンドロスに与えられた栄誉は並外れたものがあり、彼は、その個人的威信をもって、ラケダイモン人の駐屯部隊を動かし、旧アテナイ同盟都市に対してはスパルタ人を《ハルモスト》(総督)として配置し、そのもとで寡頭制を布かせて治めることができた。

しかし、特別な人間というものに常に警戒的なスパルタは、四〇三年末、この「無冠の王」から全ての権力を剝奪する一方、独立の意志を表明したエリス人を抑圧して、ペロポネソス半島における覇権は何としても守ろうという旧来の政策に立ち戻る。

アテナイでは、暴力的で反民主的な反動政治が数か月間つづいた。この主役となったのが《三十人僭主》であるが、そのなかには、テラメネスや、ソクラテスの弟子でありプラトンの甥である、聡明だが臆面もなく野心的な貴族、クリティアスなどがいた。彼らが行ったのは、ラケダイモン人駐留軍を後ろ盾にしての恐怖政治で、このわずか数か月で市民一五〇〇人と多数の居留外国人を死刑に処したうえ、そのようにして有罪を宣告されたり亡命した人々の財産を好き勝手に没収した。

テラメネスは、そのなかでは中庸的で、こうした暴力的なやり方に異論を唱えたが、効き目はなかった。恐怖政治の主役はクリティアスで、彼が自分の追従者たちに暴力的なやり方を唆したのであるが、みんな恐怖に囚われ、これを敢えて阻止しようとする者はなかった。そのうちに、亡命していた人々は、ボイオティアに避難していたトラシュブロスのもとに結束し、アッティカに帰ってきて、ヒュレの城塞を占拠、ついでペイライエウスを奪取した。

アテナイとペイライエウス両市民の骨肉相いはむ戦いののち、《三十人僭主》は追放された。クリティアスは戦いのさなかに死んだ。両者の和解調停は、アッティカに戻ってきたラケダイモン軍の威圧のもとで行われた。前四〇三年から同四〇二年にかけて、執政官エウクレイデスのもとで特赦が行われたが、三十人僭主と何人かの執政官とは、この対象から除外され、アテナイに伝統的な民主政治が復活した。

アテナイの人々は特赦の協約を守って、この戦争でラケダイモンに負った負債の返済を引き受けた。しかしながら、寡頭政治の当事者たちによって行われた残虐行為の記憶は、簡単には消えなかった。その憎しみがソクラテスの裁判でも表われる。

メレトスが民主派のアニュトスの支持を得てソクラテスを告発したのは、この事件でアテナイの精神的基盤を揺るがすような奇抜な思弁によって破廉恥で破壊的な行動に走ったアルキビアデスやカルミニデス、とりわけクリティアスといった不遜で懐疑的な貴族の子弟たちの背後にいるのがソクラテスだと考えたからであった。したがって、こうした青年たちに不敬罪と堕落をもたらした張本人はソクラテスであるという彼の訴えでソクラテスに有罪判決が下されたとしても、驚くにはあたらない。むしろ驚くべきは、ソクラテスを有罪とした票数が半数を辛うじて上回ったにすぎなかったことであろう。

死を前にしてソクラテスが示した態度、あくまで都市の法を尊重し、刑を免れるために逃亡を勧められても、それを毅然と拒絶した英雄的諦観は、友人たちに強い感銘を与え、とくにプラトンとクセノフォンが、それを人々に伝えようとしたことは周知の通りで、その劇的な最期は、彼の教えを広めることに大きく貢献した。

ともあれ、アテナイは内部の亀裂の修復に精一杯で、ペルシアとの関わりについては、スパルタが立役者となるに任せた。当時、ペルシアは重大な危機に遭遇しており、ギリシア人たちも、これに巻き込まれた。ダレイオス二世が死去し、その第二子でペロポネソス戦争の末期に重要な役割を演じた小キュロスが、アルタクセルクセス二世となった兄に対し反乱を起こしたのである。

小キュロスは、アナトリアで多くのギリシア人を傭兵に採用して軍隊を強化し、バビロンへ向けて進発した。しかし、彼は、前四〇一年、メソポタミアのクナクサでの王軍との戦闘のさなかに殺されてしまう。約一万三〇〇〇人のギリシア人傭兵は行き場を失い、ティグリス川に沿って北へ進み、翌年春、黒海沿岸のトラペズス（トレビゾンド）に辿り着いて、ヨーロッパの故国に帰ることができたのであった。

この遠征行で生き残った人の概数から呼ばれている「一万人の叙事詩」は、当時の人々の想像力を駆り立てるとともに、このアケメネスの大帝国が、これほどの小部隊を、長路の退却の途上で止めることすらできなかった事実は、この帝国の根本的な脆さをも暴露し、逆にギリシア人は、オリエント人に対するギリシア人の軍事的能力の優越性を確信したのであった。クセノフォンがこの冒険の俳優であり観察者として執筆した『アナバシス』は、そのきわめて生彩に富んだ叙述によって、のちに、アレクサンドロスの企てに刺激を与えることとなる。

同じ前四〇〇年、スパルタは、ペルシア王の太守、ティッサフェルネスがイオニアのギリシア人都市に対する支配権を回復しようとしたことから、ペルシアに対して断交を宣言している。だが、ラケダイモン人の作戦行動は支離滅裂の連続であった。彼らは、この小アジアの地で、自分の木箱を掠奪品で満たすことしか考えなかったので、軍としての効果的な戦略も立てられず、統制のとれた行動もできなかった。

そのなかで、行動力とエネルギーとで際立っていたのがスパルタ王、アゲシラオスである。

キプロスでは、アイゴスポタモイでの敗北のあとエウアゴラス王のもとに身を寄せていたアテナイ人のコノンが、ペルシアのために艦隊を編成する一方、大王の密使たちは、ギリシア本土を回って、ラケダイモンの覇権に反感を抱く都市にたっぷり黄金をばらまいて、決起を唆した。その結果、前三九五年には、テーバイとアテナイ、アルゴス、コリントスによって同盟が結成された。

これを知ったスパルタは、テーバイを攻めるが、ボイオティアでの戦いのなかでリュサンドロスは殺される。そこで、小アジアに侵入していたアゲシラオスがアナトリアから取って返し、コロネイアで《同盟軍》と戦い、勝利を勝ち取る（三九四年）。

だが、他方では、アテナイが長城を再建し、艦隊も再編しており、ペロポネソス艦隊はコノン率いるアテナイ艦隊とクニドスで会戦して破れ、ペロポネソス半島の東南部、ラコニア沿岸は、またも、アテナイ側の艦船によって脅かされることとなる。

これと平行してコリントス地峡周辺で繰り広げられた、いわゆる「コリントス戦争」では、はじめて、《ペルタ歩兵》が戦法の新しい要素として、アテナイ人のイフィクラテスによって導入されている。〔訳注・これは、軽装楯兵の散開戦法と重装歩兵の密集戦法を折衷したものである。〕

エーゲ海では、再建されたアテナイ艦隊が、トラシュブロスの指揮のもとに勝利を収めるが、スパルタは、アテナイへの食糧の補給線であるヘレスポントス海峡を封鎖したり、アイギナから軍を繰り出してペイライエウスに攻撃を加えるなど反撃したので、反ラケダイモン軍にも、ようやく疲労の色が見えてきた。

スパルタの司令官、アンタルキダスはアジアにあるギリシア人都市の帰趨をめぐってペルシアと交渉し、アルタクセルクセス二世の了承のもと、前三八六年に締結されたのが『大王の和約』である。この結果、ギリシア諸国家は小アジアとキプロスにあるギリシア人都市についてはアケメネス王家の領有権を認める代わりに、それ以外のギリシア人都市については、大小にかかわらず自治権を保障されることとなった。

アテナイは、レムノス、インブロス、スキュロスを保有し、《クレルコイ》を再び駐屯させてよいことになる。しかも、それはペルシア大王が保障しているのである。ただし、このことに関しては、ペルシア王も受益者であった。というのは、これによって大王は、アナトリアに住むギリシア人に対する影響力を回復することができただけでなく、ヨーロッパ側のギリシア諸都市もそれぞれが自治権をもち互いに分裂したため、大団結して事を起こす懸念がなくなったからで、これは、大王にしてみれば、ペルシア戦争に対する報酬となった。

西方では、ギリシア世界はカルタゴの手強い攻勢に遭わなければならなかった。シチリアでのギリシア人都市同士の抗争は、前四八〇年のヒメラにおけるゲロンの勝利以来拡大を抑えられていたカルタゴにとって、勢力挽回の好機であった。四〇八年、フェニキア軍はセリノンテとヒメラを急襲、ゲラを陥れてこれを破壊し、さらにシュラクサイを脅かした。

この戦争のなかで、シュラクサイは一人のエネルギッシュな若い将軍、ディニュシオス（B.C. 405-367）に指揮権を託した。彼は《ストラテゴス・アウトクラトル（全権将軍）》に選ばれると、敵対する者たちを虐殺して僭主政を確立した。和平交渉のチャンスは、フェニキア陣営にペストが流行したことによって到来した。四〇四年、ディオニュシオスは、シチリアの大部分についてカルタゴの支配権を認める一方で自軍の建て直しに専念し、シュラクサイの城壁を拡大してギリシア世界最大の町にした。また、ギリシア人と蛮族とを問わず、多くの人員を集めて大傭兵部隊を作り上げた。兵器の保有総数も増やし、三段櫂船だけでなく、四列、五列の漕ぎ手で進む船を含めて、三〇〇隻から成る艦隊を編成した。

こうして強力な軍備をととのえると、三九七年、カルタゴに戦いを挑んだ。輝かしい成功と幾つかの失敗が交々する長い戦争ののち、三九二年、新しい協定を結び、フェニキア人の勢力圏をかなり縮小させることに成功する。

次にディオニュシオスは、南イタリアへ矛先を向けた。ここでは、ルカニアの原住民たちの力を借りてロクロイ、クロトン、レギオンなどのギリシア人都市を含めて、ブルッティウム〔訳注・長靴型のイタリア半島の爪先の部分〕全域を制圧し、海峡を挟む両岸を支配下に収めることに成功した（三八七年）。同時に、彼の艦隊の支配圏はイオニア海全域に及び、シュラクサイの商人たちはアドリア海の奥にまで入っていくことができるようになった。彼らはイリュリアのリッソスやポー川デルタ地帯のアドリア、さらには、イタリアの海岸で最もすばらしい港であるアンコナに商館を設置した。ローマの近くにあったエトルリア人の町、アギュラ〔訳注・カエーレともいう。今のチェルヴェテリ〕に攻撃を加えた。この軍事行動は、シュラクサイ軍の脅威を全ティレニア海に轟かせた。

しかしながら、ディオニュシオスは、シチリアからフェニキア人を追い出すことには成功しなかった。結局、ディニュシオスのシチリアにおける敵たちが受け入れたのは、北はヒメラから南はハリュコス川にいたる境界線を尊重することで、セリノンテとセゲステを含む西側三分の一は、これ以後も彼らが保有しつづけた。とはいえ、それ以外はシュラクサイの支配下に置かれ、ギリシア人のものになったのであるから、この成功によって、ディニュシオスは大きな威信を得た。前三六七年に亡くなったとき、彼は文句なく、当時のギリシア人のなかで最も傑出した人物の一人であった。彼が拠り所としたのは《力》であったが、それは、具体的にいうと、高い給料で雇われ、すぐれた武装を調えた、そして、良心の咎めなど微塵もない傭兵隊であった。

彼の独創性は、あらゆる出自のギリシア人だけでなく、シチリアやイタリアの原住民をも組み込んで一つの大国家を作り上げたことである。そのほとんどは臨時雇いの兵士や商人たちで、彼らは《市民》というよりはあくまで《臣下》であった。したがって彼は、これらの雑多な要素を一つの本物の政治的統一体にまで融合させるにはいたらなかったが、古くからの「都市」の枠組を根底から揺さぶったことは事実である。

他方では、彼は経済生活に強い衝撃を与え、シュラクサイを西地中海における巨大市場にした。その宮廷の輝き、文学への関心（彼自身、幾つかの悲劇を創作したことを自慢している）、並外れた人柄のもつ魅力は、哲学者たちの好奇心を掻き立てた。

プラトンとアリスティッポスが彼を訪ねたことは、よく知られている。もっとも、二人とも満足できるものは得られなかったが――。全ギリシア人が結束してペルシアに立ち向かうことを夢見ていたイソクラテスも、一時は、ディオニュシオスがこの大きな計画を実現してくれるのではないか、と期待した。

最後に、アテナイ人たちも、このシュラクサイの僭主に市民権を贈呈し、前三六七年のディオニュソス祭〔訳注・レナイア祭〕の演劇コンクールでは優等賞を授けている。この文学上の栄誉は、彼にとっては、軍事的勝利のすべてを合わせたより以上に虚栄心を満たしたにちがいない。

しかし、なにより忘れられてならないのは、彼がシチリアに樹立した独裁政治の手本であろう。なぜなら、その後、彼を模倣する者は一人にとどまらなかったからである。

6 第二次海上同盟

この間、ギリシア本土は、スパルタとの共謀で結ばれた「大王の和約」が生み出した無秩序のなかで四苦八苦する。スパルタは、マンティネイアやアルカディア、フリオントス、コリンティアなど同盟都市に芽生えた独立の機運を次々と押しつぶして傀儡政府を立てるために躍起になって干渉した。

カルキディケでは、この地域最大の都市であるオリュントスを中心に反スパルタ連盟が組織されていたが、ラケダイモンは、この連盟への加入を拒絶した二都市の求めに応じて軍を派遣し、「大王の和約」に定められた《自治権》を尊重させるという名目でこの連盟を解体させようとした。

この遠征の途上、スパルタ軍は、テーバイを通過したが、このとき、権力を争い合っている党派の一つに要請されて、テーバイのカドメイア要塞を占拠した。この占領は何年間も続いたが、前三七九年冬のある夜、ペロピダスに率いられたテーバイ人愛国者たちが親スパルタ派の行政官たちを殺し、ラケダイモン人駐留軍を追放して町を解放した。そこでスパルタは、軍をボイオティアへ送ったが、テーバイに和平交渉を求めさせるだけの力はなかった。

アテナイは、昔から、このテーバイという北方の隣人を警戒してきたが、このときばかりは、迅速にテーバイに味方しスパルタに対抗した。アテナイの運命を左右する立場にあった、雄弁家のカリストラトス、将軍カブリアス、イフィクラテス、コノンの息子のティモテオスといった人々は、この状況を祖国の威信回復のために利用しようと考えたのだった。

彼らの努力によって、前三七七年、アテナイを中心とする第二次海上同盟が、第一次のそれ（デロス同盟）からちょうど一世紀後に結成された。これには、エーゲ海の島々の大部分の都市とトラキア沿岸のギリシア人都市のほとんどが参加した。この新しい組織の前提になったのは、前三八四ないし三年から結ばれてきた、アテナイとその同盟国全体を全く対等の立場で結合する一連の双務条約であった。

同盟国全体で一つの評議会を形成するが、アテナイは、これには参画しない。評議会の決定は、各都市がもっている一票を投じることにより、多数決でなされ、これがアテナイ独自で出した結論と一致した場合にのみ、アテナイの指揮のもと、同盟としての行動が起こされることになっていた。

同盟としての出費に関しては、同盟諸都市は《貢租金》ではなく、評議会で定められた分担金を納めた。アテナイはアテナイで、その軍事力を自らの責任で維持した。このようにアテナイは、相当の努力を払ってキュクラデス諸島だけでなくイオニア海でも、ペロポネソス艦隊に対抗し、海上戦で勝利を勝ち取ることができたのだった。

イオニア海では、ティモテオスがコルキュラ島とアカルナニア方面へ艦隊を率いて出動している。しかし、三七四年には、アテナイは、出費の問題とテーバイの台頭への心配、そしてすでに海上でのアテナイの優位は回復されていたことから、現状を維持することでスパルタと和平条約を結んでいる。

この間にテーバイは、ボイオティア諸都市の連盟を立て直していた。他方、テッサリアでは、フェライの精力的な僭主、イアソンが近隣を統合し君臨していた。この人物は、ソフィストのゴルギアスの弟子で、テッサリアの優秀な騎兵隊を基軸に、強力な傭兵隊を編成し、その存在は中央ギリシアに新しい要素を持ち込んだ。

このため、アテナイとスパルタは、コルキュラの事件に関して対立し合っていたにもかかわらず、接近せざるを得なくなる。平和会議は前三七一年、スパルタで行われた。これには、シュラクサイのディオニュシオスを含めた主要なギリシア都市の代表と、ペルシア大王の代理人が出席し、「大王の和約」の諸原則が全会一致で再確認された。

しかし、ボイオティアをめぐって一つの紛争が生じた。テーバイの全権使節、エパメイノンダスが、自分はテーバイだけの名においてでなく全ボイオティア人の名で条約に署名すると主張し、これに、スパルタ王、アゲシラオスが断固として反対したので、エパメイノンダスは署名しないでスパルタを去ったのである。スパルタはただちに、フォキス駐屯のラケダイモン軍に対し、ボイオティア諸都市の自治権を認めないテーバイに対し懲罰行動を起こすよう命じた。

衝突は、テーバイの南西、レウクトラの城塞近くで起きた（前三七一年）。テーバイ軍を指揮していたエパメイノンダスが採用した新しい戦術は大きな成果をあげた。彼は、伝統的戦法とは逆に、最良の部隊を左翼の奥深くに隠しておいて、ラケダイモン軍の右翼に集中的に攻めかかって突き崩させたのである。スパルタのクレオンブロトス王と四〇〇人の兵士は、この戦場で無惨な最期を遂げた。

この勝利により平地戦におけるスパルタの軍事的優位は終わりを告げ、テーバイがギリシア本土での覇権への新しい有力候補となった。しかし、このテーバイの成功は、あくまでエパメイノンダスの個人的力量に緊密に結びついていた。彼の廉潔な人柄と愛国心、とりわけ軍事的才能が、その祖国を第一級の地位にもちあげたのであった。

前三七〇年にフェライのイアソンが暗殺される。これは、テーバイにとっては気がかりな隣人の一人が消えたことを意味した。テーバイは、テッサリアでの影響力を拡大すると同時に、アルカディア人たちがスパルタへの抵抗のために支援を求めたので、エパメイノンダスはペロポネソスにも軍を進めた。

前三七〇年から翌三六九年にかけ、彼はそれまでいかなる敵にも攻め込まれたことのないラコニアへ侵入した。すでに老いたアゲシラオス王は、スパルタの町を守ることしかできず、田園はテーバイ軍によって蹂躙されるに委ねられた。これに乗じてメッセニアも再度蜂起し、ついにラケダイモン人の軛からの解放を勝ち取ることに成功。その中心としてイトメア山の斜面に新しくメッセネの町が造られた。その頑丈な城壁は、今も厳然と屹立している。

こうして、スパルタは、重要な資源を失い、その後の凋落は必至となった。アルカディアでは、幾つかの都市が集まって一つの連合体を形成し、「メガロポリス」という並外れた規模の新しい町を造って首都とした。この町がラコニアとの国境線に出来たことで、ラケダイモンは以後のあらゆる企図を妨げられることとなる。ペロポネソスにおけるスパルタの覇権は、完全に崩壊したのである。

この輝かしいテーバイの成功に対して、スパルタとアテナイとは協調してペルシアの援助を確保しようとした。しかし、テーバイは一足先にペロピダスを使者としてペルシアの都、スーサへ送り、大王から、メッセニアの独立の承認とともに、アテナイに対しては艦隊の武装解除を要求してもらうことに成功した（前三六七年）。

各地で戦争が再発し、テーバイはアッティカとの境界線上にオロポスの駐屯地を設けた。アテナイは、ティモテオスのおかげでサモス島を占領してペルシア人を追い出し、《クレルコイ》を駐留させる一方、カルキディケでも、ポティダイアに対し同様の対処をし、この地域の多くの町を従える。

テーバイもおとなしくはしていない。エパメイノンダスは、エウボイアの海峡に面したロクロイの港を基地とする艦隊を創設し、ビュザンティオンと海峡諸都市をアテナイに抗して立ち上がらせた。この事態に、アテナイ海軍の威信は大きく揺らいだ。

だが、ペロポネソスでは、エリス人とアルカディア人のいがみ合いが続き、情勢は相変わらず混沌としていた。それに加えてさらに、アルカディア同盟の内側でも、マンティネイアとテゲアの間で紛争が勃発した。テーバイはテゲアに味方し、三六二年、エパメイノンダスが支援に赴いた。

このテーバイ軍を、アテナイ人とマンティネイア人の徴集兵によって増強されたラケダイモン軍がマンティネイア近郊で待ち受けた。レウクトラの戦いのときと同じく、エパメイノンダスは左翼を舳先の形に組み立て、スパルタ軍の抵抗を砕いた。しかし、エパメイノンダス自身は、重装歩兵の先頭に立って奮戦するなかで討ち死にする。

この天才的人物の死とともに、テーバイがギリシア世界の覇者となるチャンスも消え失せた。指揮官を失ったテーバイ軍は、この勝利から利益を引き出すことができず、ギリシア全体が、かつてない無秩序のなかに沈む。

7　ギリシア古典期の終焉

西方においても、シュラクサイが、大ディオニュシオスの死とともに輝きを失う。跡を継いだ小ディオニュシオスは、父親のような資質をもっていなかった。大ディオニュシオスの義弟のディオンは、この若き君主を助けるために再びプラトンを招いたが、哲学者にとって、この二度目のシチリア旅行は、前回ほど幸せなものではなかった。ディオニュシオス二世とディオンの仲も悪化し、後者は追放されてコリントスに隠棲した。彼は数年後、カルタゴの支援を得てシュラクサイに戻り、今度はディオニュシオスのほうがロクロイへ逃れたが、ここでも暴力的な独裁を行ったため、三五四年、暗殺者に狙われる羽目になる。

これは、シュラクサイにとってまだ衰退の始まりにすぎなかった。小ディオニュシオスは三四七年に復帰したが、帝国を建て直す力はなく、カタネやタオルメニオン、メッサナやレオンティノイなどシチリアの各都市に地方的僭主が出現していった。

シュラクサイの人々は、母国のコリントスに支援を求めた。三四四年、コリントスは調停役としてティモレオンを派遣した。彼はタオルメニオンの僭主に好意的に迎えられ、小ディオニュシオスを僭主の座から退かせることに成功するものの、敵対者たちがカルタゴに助けを求めたので、このカルタゴの脅威に立ち向かわなければならなくなる。三四一年、ティモレオンはクリミソス川で勝利を勝ち取り、シチリアにおけるギリシア人の領域を、かつて大ディオニュシオスが定めた、ヒメラ川とハリュコス川の線にまで回復したあと、三三九年、和平条約を結んだ。

その後、彼は、当初から助けてくれたタオルメニオンのアンドロマコス以外の全ての僭主を排除してギリシア人世界内部の秩序を再建し、シュラクサイを筆頭とする一つの連合体にまとめた。シュラクサイ自体に関しては、民会と並んで六〇〇人のメンバーから成る評議会に指導的役割をもたせる混淆的制度を樹立した。

こうしてティモレオンは、二〇年間にわたる無秩序のために疲弊していたシチリアに平和を回復し自分の為すべきことを成し遂げると、三三七年、《全権をそなえたストラテゴス》という最高官職を辞任。このシュラクサイの地で一介の私人として平和に晩年を過ごし、このような乱世にあっては珍しい節度と公徳心の手本を遺したのであった。

他方、ギリシア本土においては、新しい秩序の構築は、ギリシア都市自身ではできず、外国、すなわち新興の大国、マケドニアからの干渉によってなされる。マケドニア人が民族的にギリシア人であったかどうかは、今も、議論が分かれるところであるが、少なくとも、テルマイコス湾周辺やその近くの山地、ピンドス山脈とストリュモンの谷の低地の間に定着した農民や山岳民族が、古くからギリシア世界の周辺にいた人々であったことは確かである。

彼らの世襲君主であるアルガエオス家の人々は、前五世紀初め以来、ギリシア的生活を積極的に受容していた。たとえば前五世紀末には、アルケラオス王は文学に対する造詣が深く、ペラにあるその宮廷に、詩人のエウリピデスやアガトン、音楽家のミレトスのティモテオス、画家のゼウクシスといった人々を招いている。

また、マケドニアは国際的な舞台でも役割を演じ、ギリシアの都市同盟にも再三加入した。とくに船の建造に欠かせない骨組の用材など貴重な資源に恵まれていた。

王を支えたのは《ヘタイロイ》すなわち「王の仲間」という称号を誇りとする貴族たちで、王は彼らに助けられてこそ、優れた歩兵《ペゼタイロイ》を提供してくれる農民たちの忠実な支持を頼りにすることができた。君主に対する個人的忠誠感情を基盤としたこの軍事的君主制は、エネルギッシュで野心的な王の手にかかると、すばらしい政治的道具になりえた。このことを示したのが、アミュンタスの息子、フィリッポス二世の場合である。

前三七〇年にアミュンタス三世が死んで以来、マケドニア王国では、相続争いによる混乱が続いていた。フィリッポスはアミュンタスの第二王子であり、年も若く、しかも人質として長年、テーバイで過ごした経験をもっていた。彼はそこで、エパメイノンダスやペロピダスを知り、ギリシアの政治について知識を得た。

前三五九年、兄のペルディッカス三世が急逝し、その息子がまだ幼少であったため、彼が摂政に選ばれた。このとき彼は二二歳であった。この若き摂政は、ひどく危うく思われた立場をたちまち強化し、王位を狙うほかの者たちを追い払ってしまった。

彼は、アテナイ人たちと合意のうえで、ペルディッカスがアンフィポリスに配置していたマケドニア駐留軍を引き揚げ、この町をアテナイ人に委ね、農民《ペゼタイロイ》の重装歩兵と、貴族階級の《ヘタイロイ》に率いられた重装騎兵によって強力な軍隊を編成して、西方ではイリュリア人を討ち、北方ではパイオニア人を討伐して屈服させた。

こうした成功で、歓喜した民衆によって王に推戴されるや、彼がまずめざしたのは、海への自由な出口をマケドニアのために確保することであった。それまでは、マケドニア沿岸の最良の港といえば、たとえばピュドナやメトネのように、アテナイと同盟したギリシア人植民都市であった。しかし、アテナイは、何年もの間、ボスポラス海峡の支配権を守り、海上同盟を繋ぎ止めるために外交的・財政的難問と苦闘していた。

アテナイ海上同盟は、キオス、ロードス、ビュザンティオンが、ペルシア王の代理としてハリカルナソスを統治していたマウソロス王家の支援を受けて前三五七年に別の同盟を作ったため、深刻な動揺を蒙った。アテナイは、これらの都市の反抗を押しつぶそうとしたが、失敗に終わった。

前三五五年には和平が実現したが、アテナイ同盟の弱体化は覆いようがなかった。アテナイでは、政治家であり財政家であるエウブロス率いる中道派が世論をリードしており、人々は国家のために金を出すことも奉仕することもしなくなっていた。

フィリッポスはこの情勢に乗じて、アテナイが何年もかけながら再征服できなかったアンフィポリスを、ついでピュドナ、メトネを奪取した。このメトネ攻囲戦（B. C. 354）で、彼は片目を失ったが、海への出口を確保することにも成功した。

さらに彼は、パッレネ半島のポティダイアを奪って、アテナイ人の《クレルコイ》を追放したあと、この都市をカルキディケ同盟に譲渡している。また、東方に向かっては、アンフィポリスの彼方、ストリュモン川を越えて、タソス島の植民地や、パンゲイオン山のふもとの平野にあるクレニデスを手に入れ、抜本的な刷新を加えて「フィリッポイ」という自分の名前をつけている。これは、その後、ヘレニズム時代に広く行われる慣習の草分けとなった。

パンゲイオンの鉱山の黄金は、傭兵を養うにも、人々の道義心を贖うためにも、有効な手段を供給してくれた。これ以後、フィリッポスの金貨はギリシア世界にあって、ペルシアの黄金が果たしてきた役割を演じていくこととなる。

ところで、前三五六年、中央ギリシアで一つの重大な危機が生じ、マケドニアがこの地域に干渉するうえで好都合な口実を提供した。デルフォイの聖域をめぐって第三次神聖戦争が勃発したのである。これより一世紀前の場合と同様に今回も、瀆聖の罪を問われたのはフォキス人であった。《隣保同盟(アンフィクティオニア)》のメンバーのなかでも、古くから敵対していたテーバイは、この隣人に対して最も厳しい態度を示した。

フォキス人も、エネルギッシュなフィロメロスを指導者とし、アテナイとスパルタの支援を得て、デルフォイの聖域を占拠。その財宝を使って傭兵を雇い、戦いに勝利を収めた。フィロメロスが亡くなったあと、後継者のオノマルコスはテッサリアに侵入した。この行動は、フェライやクランノンの僭主たちからは好意的に迎えられたが、他の諸都市がマケドニアのフィリッポスに援助を求めたのである。マケドニア人たちはテッサリアに軍勢を送り、三五三年は失敗したものの、翌年の再度の侵攻でオノマルコス軍を撃破した。この戦争でオノマルコスは死んだが、これで神聖戦争が終結したわけではなかった。

フィリッポスは、フォキスの同盟軍が守っているテルモピュライの隘路を越えて中央ギリシアに入ることはできなかったが、テッサリアの同盟国兼保護者という立場を勝ち取ることに成功した。そこで彼は、目標をトラキアに転じ、原住民の王たちと友好を結びながら、軍をプロポンティス海(マルマラ海)まで進めた。この動きに、ケルソネソス半島のセストスで勢いを盛り返しはじめたばかりだったアテナイ人たちが不安にとらわれた。さらに、フィリッポスがカルキディケの諸都市を次々と陥落させ服属させていったとき、アテナイの不安は恐怖になった。

前三四八年には最も重要な都市であったオリュントスが陥落。雄弁家、デモステネスがかねてマケドニアの危険性を予知し血を吐くような呼びかけを行っていたにもかかわらず、ついにアテナイは、オリュントスを救援することができなかったのである。オリュントスは破壊され、カルキディケ全体がマケドニア王国に併合された。同時に、エウボイアがフィリッポスの策略によって、アテナイ海上同盟から離脱した。

ここにいたってアテナイは、和平を結ぶことを決意し、使節をマケドニア王国の首都、ペラへ送り、三四六年、「フィロクラテスの和約」を提示した。これはアテナイの全権使節の名前からつけられたもので、この使節団に雄弁家のデモステネスとともに同行していたアイスキネスは、フィリッポスの魅力の虜となり、彼の政策への熱烈な支持者となる。

条約文によれば双方が主導権を保持したが、フィリッポスは、協定から利益を受けるアテナイ同盟諸国のなかにフォキス人を挙げることを拒絶した。同じ三四六年、彼はフォキスを占領し、《隣保同盟》は、フォキス人にデルフォイの聖域で犯した掠奪行為に対する弁償を毎年、支払うよう言い渡した。

フィリッポスは《隣保同盟》で二票投じる権利を与えられるとともに、その年のピュティア競技の主宰者に任じられた。これ以後、マケドニア王は、ギリシア諸国家のコンサートのなかで、公式のポジションを認められることとなる。このことは多くの人に歓迎された。とりわけ老いた雄弁家、イソクラテスのように、ギリシア人同士の争いをやめさせてアケメネス朝ペルシアとの対決にギリシア人の力を結束させることができる指導者はフィリッポスしかないと考えていた人々がそうであった。

しかし、他方では、デモステネスを筆頭に、『フィロクラテスの和約』は仮初めの休戦に過ぎず、やがて必ずやってくる決戦の準備をしなければならないと考える人もいた。これは、三四三年、デモステネスが、アイスキネスを祖国への裏切り者として弾劾したことに見られる。アイスキネスは無罪放免になったが、この法廷で、フィリッポスの政策とその信奉者たちへの激しい攻撃が行われ、この問題について民衆の感情は高揚した。

フィリッポスは、自分に与えられた休息期間を最大限、有効に活用した。イリュリア人に対する戦いに力を注ぎ、ついで、背後を固めるためにエペイロスに介入した。テッサリアについては、統治のために四つの属州に分割、再編成し、このそれぞれ長官すなわち《テトラルコイ》(四分太守)に忠実な臣下を配置した。

さらに、北方のトラキアに対しては、ネストス川を越えて黒海とプロポンティス海にいたるまでの地をマケドニアの版図に収め、これらの全ての国を、フィリッポスが任命した太守によって統治させるようにした。

これにより、ビュザンティオンやペリントスなどの沿岸部のギリシア人都市、ケルソネソスにおけるアテナイの属領が直接、脅威に晒された。小麦など死命を制する物資の輸送路が断ち切られることを恐れたアテナイは、デモステネスの主張に従って、再び戦争準備を始め、三四〇年にマケドニア軍がペリントスを、ついでビュザンティオンを攻撃したときも、艦隊をもってこれに介入した。

このため、フィリッポスは、ペリントスを陥落させることができなかっただけでなく、ビュザンティオンを攻めた際も、アテナイが将軍のフォキオン指揮のもとに援軍を送ったので、攻囲を解かなければならなかった。この失敗からフィリッポスは、ギリシア本土に本格的に介入しアテナイに対し決着をつける決意をする。

そのチャンスは、またもデルフォイの事件によってもたらされた。《隣保同盟》の会議で、アテナイの代表、アイスキネスが、アテナイに向けられた不平の矛先をかわすために、アポロンの聖域を冒瀆したとしてアンフィッサのロクリス人たちに対する神聖戦争を提議した。その指揮権がフィリッポスに託されたのである（前三三九年）。

フィリッポスは迅速に行動を起こし、フォキスに対して、以前から科されていた罰を免除することを約束して、マケドニア軍のフォキス通過を認めさせた。これは、ボイオティア人が抑えていたテルモピュライを西へ迂回して中央ギリシアのエラテイアに出るための戦略であった。

このニュースはアテナイ人を驚かせた。これが《エラテイアの驚き》で、デモステネスはアテナイ人に勇気を奮い起こさせるために懸命にならなければならなかった。危機感に囚われたアテナイは、テーバイと同盟を結び共同戦線を張ることにした。フィリッポスが《隣保同盟》から委託されたとおりアンフィッサの「処罰」に取り組んでいる間に、アテナイとテーバイの総力を結集した軍勢はボイオティアに進出した。

前三三八年夏、フィリッポスは軍を率いて西ロクリスからボイオティアのケピソス川上流の谷に取って返した。敵軍はカイロネイアの近くで待ちかまえていた。この戦闘でマケドニア軍の左翼を指揮し、立ちはだかるボイオティアの重装歩兵軍を撃破したのがフィリッポスの息子の若きアレクサンドロスである。テーバイの《神聖部隊》はこの戦で最後の一兵まで討ち死にした。アテナイの徴集兵も多くの戦死者を出して潰走した。（前三三八年八月二日）

カイロネイアの勝利は、決定的な意味をもった。フィリッポスの意志に逆らう者は、もはやギリシア世界にいなくなったからである。テーバイはボイオティアにおける覇権を失い、マケドニア軍のカドメア駐留を受け入れざるをえなくなった。

それに較べると、アテナイは最小限の損失で切り抜ける。トラキアのケルソネソスの基地の放棄と《海上同盟》の解散だけで済んだからである。レムノス、インブロス、スキュロス、サモスといった拠点はそのまま保持し、一度失っていたボイオティアとの境界にあるオロポスにいたっては、取り戻してさえいる。

そのためアテナイは、フィリッポスの同盟に加入することを余儀なくされたが、アテナイ市民は、敗北のなかでも威厳を保ち、カイロネイアで亡くなった戦士たちの追悼を伝統に従って行い、その追悼演説をデモステネスに委嘱している。

とはいえ、フィリッポスの勝利は、自治都市同士が結ぶ一時的連帯よりも君主制的・中央集権的国家のほうが優れることを事実によって鮮やかに示すとともに、未来は大規模な国家のものであって一都市の領域に限定された小規模な共同体のものではないことを明らかにすることによって、ギリシア世界の歴史に根本的転換をもたらした。

前三三七年にフィリッポスの召集によってコリントスで開催された全ギリシア総会は、《ポリス polis》(都市国家)の古典的概念が時代遅れとなったことを何よりも明確にした。スパルタ以外の全ての都市が、これに代表を送った。そこで結成された《コリントス同盟》は、連合体の形態をとってはいるが、はじめての《汎ギリシア国家》の誕生を意味した。

都市同士の間には全般的平和が樹立され、これを乱した場合は、軍事的制裁を免れないこと、各国家の国内体制と自治権を尊重すべきことが宣言され、海賊・盗賊的行為を厳しく禁じることが明確化された。大きな聖域で行われる毎年の会議には、各国がその重要性に応じた人数の代表団を送り、そこでは、多数決によって決議が行われ、同盟参加国すべてにその遵守が義務づけられた。

マケドニアは《コリントス同盟》に参加はしなかったが、攻撃においても防衛においても同盟軍と共同歩調をとること、フィリッポスが同盟軍の指揮者となることが決まった。前三三七年、彼はペルシア王に対する戦争を提議した。このとき、アケメネス王朝は存続に関わる深刻な危機にあり、絶好のチャンスだったのである。

だが、フィリッポス自身はこの企てを実行に移すことはできなかった。翌三三六年夏、彼の娘とエペイロス王との結婚の祝宴のさなか、パウサニアスという人物によって、個人的怨恨から暗殺されたのである。人々は、ただちに彼の息子のアレクサンドロスを歓呼の声をもって王に推戴。私たちが《ヘレニズム時代》と呼ぶ新時代が、このアレクサンドロス王とともに始まる。

第五章　戦争

1　ギリシア世界における戦争の重要性

「戦いが万物の父であり、万物の王なのだ」（田中美知太郎訳）――ヘラクレイトスは、こう言う。この前五世紀のエフェソスの哲人は、《コスモス》（宇宙）は、相反する要素同士の無限の戦いの劇場であり、そこから絶えることのない変化が生じると考えた。したがって彼からすると、「戦い」こそが宇宙の法なのである。

この冷め切った考察は、彼が生きた前五世紀初めの時代的様相に示唆された可能性がある。なぜなら、アルカイック期から古典期にかけてのギリシア人にとって、戦争は不断の関心事だったからである。彼に先行する歴史書が軍事的行動について詳しく述べているのは、理由のないことではない。計算によると、ペルシア戦争からカイロネイア戦争にいたる一世紀半の間、アテナイは、平均して三年のうち二年はどこかと交戦状態にあり、一〇年続けて平和を楽しんだことはなかった。

アテナイほどの責任や野心をもたなかった他の都市の場合は、それほどまでに戦争に明け暮れたわけではなかったが、生き残りたいと思えば、戦争と完全に無縁でいることは不可能であった。文字通り戦争がギリシア世界の鉄則であった。

そこには、経済的理由もあった。ギリシアには肥沃な土地が少なく、肥えた土地は、貪欲な隣人や人口過剰な近隣の人々の羨望の念を掻き立てた。アテナイは、アッティカ以外の地に《クレルコイ》と呼ばれる半農半兵の移民による、きわめて軍事的色彩の強い入植地を、武力を用いて獲得していった。スパルタは、その政治的・社会的システムのもつ内的論理によって、メッセニアの征服に向かっていった。

時代がくだると、商業のためのルートを維持することが重要となり、それが戦争の主な誘因となった。アテナイは、南ロシアから送り出された小麦の輸送船が通る海峡（ボスポラスとヘレスポントス）を制圧するため、頻繁に軍事行動を起こしている。他方、すでに見たように、ペロポネソス戦争のきっかけになったのは、ペリクレスがメガラを経済封鎖するために発した有名な「メガラ法令」であった。最後に、トラキアの鉱物資源をめぐる欲望の絡み合いが、タソス島やパンゲイオン山周辺の戦争の原因となった。しかし、そうした経済的対立は本質的原因ではなかった。ギリシア人が戦争にかくも時間と労力を傾けたのは、なによりも『都市』のギリシア的観念への執着という心理的要因に原因がある。『都市』は、それを構成する人々にとって至高の権威を表しており、絶対的独立こそ、その《法》であった。

一つの同盟に加わるにしても、あくまで《平等》の原則のもとにおいてであり、『都市』の誇りである自律性が失われてはならなかった。したがって、いかなる対立であれ、それを解決するために双方から認められた調停者がいない場合は、容易に武力対決へと移行した。

雄弁家や詩人が都市の自由・自主独立についてあれほど情熱的な叫びをあげた背景には、市民たちが都市の自立を守るためには戦争も辞さず、むしろ嬉々として戦場に赴いた風潮があった。自らの自由のために戦うことを知っている都市のみが、自由でありつづける資格をもっていたのだ。

また、市民を組織した第一の目的も、やむをえない戦争の事態に備えさせることにあった。プラトンが『法律』のなかでクレタ人のクリニアスに「市民全体が、ほかのあらゆる都市に対する絶え間ない戦いのうちに一生を過ごす」と言わせたとき、彼は、このことを完全に理解していた。

アルカイック期および古典期のギリシア都市では、市民は、まず《兵士》であり、政治家は、しばしば《軍司令官》に変身しなければならなかった。各個人の未来も、国家の将来も、ギリシア世界全体の運命も、すべてが《武運》にかかっていた。

アテナイは、自らが「指導国」であることより「財政家」「弁護士」であることを望むようになったとき、すなわち、デモステネスの叫びに耳を貸さないで、市民たちが、祖国防衛のために自ら兵士として奉仕するのを拒絶して祖国の防衛を傭兵に任せたとき、その凋落はもはや手の施しようがなくなっていることを露呈したのであった。

2　重装歩兵（ホプリテス）

ギリシア軍を構成していた不可欠の要素は、すでに見たように、重装歩兵、いわゆる《ホプリテス》である。彫刻や甕の絵などの図像的資料がその詳細を示してくれているように、重装歩兵は、当時としては攻撃と防御の両面で完全な装備を調えていた。

当然のことながら、この戦士たちを描いたもののなかでも、当時の実態を忠実に再現しているものと、数ではより多いものの、寓話の世界に移し替えて説明しているものとは区別する必要がある。

ハリカルナッソスのマウソーロス廟のレリーフ〔訳注・現在は大英博物館にある〕の兵士たちは全裸で

前6世紀末のブロンズ戦士像
（ベルリン国立美術館蔵）

あるが、彼らが立ち向かっている相手はアマゾネス（伝説の女性軍）であり、これは資料とはなりがたい。その反対に、ドドナ（訳注・ギリシア北西部、エペイロス地方）のブロンズの小像（現在、ベルリンにある）や、アリストクレスが彫刻した「戦士アリストンの墓碑」、あるいは「アキレウスの甕」（現在、ヴァティカンにある）などは、信頼に値する資料である。

　重装歩兵が身に付けているのは脚が剥き出しになる非常に短いチュニカで、その上からマントを羽織っただけであった。足は裸足か、さもなければ半長靴またはサンダルを履いた。幾つかの文献から、ギリシアの兵士たちは、険しい土地でも裸足のほうが楽だと感じていたことが分かっている。

　胸部は金属製とか革または布製の胴鎧で保護した。革や布製の場合も、大事な部分は金属の板で補強されていた。アルカイック期には、ブロンズ板の胸当てと背当てを肩の上と腕の下とで留め金で結合した頑丈な胴鎧が用いられた。最近、その見本といってよい物がアルゴスで発掘された。

　時代がくだると、柔軟なタイプのものが好まれるようになる。これは胴だけでなく、腰から下の下腹部や腿も、短冊状の革の《垂れ飾り》でカバーするようになる。

重装歩兵は、頭には、革またはフェルトの裏地をつけた金属製の兜をかぶった。これには、しばしば高く逆立てた羽根の《頂飾り》が一列とか二列つけられていた。アリストファネスが事あるたびに嘲っているように、将校たちは、羽根飾りの豪華さで自分を際立たせようとした。

兜の形は、様々なタイプがあって、それぞれに呼称がつけられていた。「コリントス式兜」は頬当てが付いていて、戦いのとき以外は、兜そのものを頭の上に上げてかぶった。「アッティカ式兜」は、反対に頬当ては可動式で、その都度、装着したり外したりした。「ボイオティア式兜」は、縁なし帽のような円錐形をしていて、頬当てもなかった。

これら以外にも種々あるが、以上に挙げたのが図像資料で最も多く見られるタイプである。発掘調査では、ブロンズ製の兜がたくさん見つかっており、とくに近年、きわめて美しいものがオリュンピアで見つかった。その幾つかには献辞も刻まれていて、製作された年代も特定されている。

これは、ブロンズ製の楯についても同様で、それらは、聖域に奉納されたものである。楯は、クレタやミュケナイの伝統を反映した八角形のものから、側面に二つの大きな三日月形の切れ込みを入れた幾何学様式期の楯、さらに、これらの様式を引き継ぎながら、切れ込みが小さくなっている「ボイオティア式楯」を経て、古典期の円形の楯にいたるまで、時代による推移が見られる。

前五世紀から同四世紀の円形の楯は、直径がおよそ二クデ（九〇センチ）あり、かなり凸型に盛り上がっている。木製の骨組に革またはブロンズ板が被せられ、中央には、金属製の図像が盛り上がる形で付けられていた。そのモチーフとしては、《ゴルゴン》〔訳注・メデューサなどの怪女神〕の頭部が多く用いられた。これには、その恐ろしい容貌で敵を怯えさせる目的とともに、悪運を払いのける意味があった。

金属製の場合は浮き彫りで、皮革製の場合は絵の具で、という違いはあったが、さまざまな紋章が表面を飾っていた。これは、甕の表面に描かれた絵や、アイスキュロスの『テーバイへ向かう七将』、エウリピデスの『フェニキアの女たち』のなかの、たとえばテーバイを攻めるアルゴス人将軍の甲冑〔多分に想像力の産物ではあるが〕に関する叙述などに見ることができる。

ホメロスが『イリアス』の第一八巻で長々と叙述している有名な《アキレウスの楯》の場合は神話の領域に属するが、反対に、実際に豪華な装飾を施したものもあり、フェイディアスがアテナイのアクロポリスのアテナ女神像のために考案した楯は、ギリシア人とアマゾネスとの戦いや、ケンタウロス〔訳注・半人半馬の種族〕とラピタイ族〔訳注・テッサリアの山岳地方に住んでいた種族〕との戦いを描いたレリーフで飾られていた。

楯は、内側の凹面にも装飾が施されていることがあった。この面には、織物や植物性素材で詰め物がされていたが、それを覆う布地に刺繍や着色で飾りが施されたのである。フェイディアスの《アテーナ・パルテノス》の場合、その楯の内側の面には神々と巨人族の戦いが描かれていた。

この凹面には、楯を支え操作するための取っ手が二つ付いていた。第一の取っ手に左腕を通し、その左手で第二の取っ手をしっかり摑んだのである。第一の取っ手は籠手になっていて、青銅打ち出しの飾りが施されていた。オリュンピアでは、この飾りが興味深い連作になっているアルカイック期の楯が発掘されている。

楯の内側の最も縁に近いところには、戦闘のとき以外は、持ち運んだり吊り下げておくのに便利なように負い紐が付けられていた。当然、楯はかなり重かったから、行軍の際は奴隷に持たせた。そのためにも、奴隷は重装歩兵にとって欠かせない存在であり、楯以外にも、戦いの装具を入れた布袋や野営のための毛布、戦闘が開始されるまで楯を架けておく杭なども持ち運んだ。

アルカイック期の戦士の防具には、下肢の前面を護るための《クネミド》すなわち「脛当て」も含まれていたが、これは、前五世紀には用いられなくなっている。

重装歩兵の攻撃用の武器は、本来、槍と剣である。古典時代の槍は頑丈で長く、五クデ（二・二五メートル）もあった。穂先だけでなく、しばしば反対側の石突きも金属製で、地面に突き立てられるよう尖らせてあった。木製の長柄は、握りの部分には革を巻き付けて太くしてあった。普通、左手で楯を持ち、槍は右手だけで扱わなければならなかったからである。

楯の場合と同様、槍も、戦闘のとき以外は箱に納め大事に扱われた。詩人たちは、槍をとりわけギリシア的な武器と考えた。アイスキュロスは、ペルシア人の弓矢に対し、槍をギリシア人の武器の象徴としている。戦いの女神であるアテナも剣よりも槍を好んだ。

剣は、敵と入り乱れて白兵戦になったときの武器であり、槍はすでに敵に投げるなどしていたから、戦士にとっては最後の頼りであった。古典時代の剣は、刀身が鉄で、長さは一クデ（四五センチ）を超えることは稀であった。刃は両刃で、柄には狭い鍔と丸い柄頭がついていた。鞘には吊革が付いていて、右肩から左腋へ懸けた。

この吊革は短く、鞘の位置を高くし、剣の柄頭がはほとんど腋の下にくっつくようになっていた。抜く場合は、剣を前方へ傾け、鞘を左の腋で挟んで固定して抜いた。これによって、左手から楯を放さないで、右手だけでスムーズに抜くことができた。もし吊革がもっと長かったら、抜くのに難儀したであろう。

古典期のギリシア人は、槍や弓矢、投げ槍の鍛錬には熱心であったが、剣術については、あまり熱心だったようには見えない。重装歩兵は、楯と胸甲が重かったから、パレードのためや敵を牽制するための派手な技法は、実戦ではほとんど活用しなかったと考えられる。

3 ペルタ歩兵

ギリシアの軍隊は《重装歩兵》によって構成された戦闘部隊とは別に、軽歩兵を備えていた。しかし、重装歩兵（ホプリテス）に較べて、軽歩兵（ペルタ歩兵）の実態は、あまり分かっていない。これは、その社会的起源に原因がある。〔訳注・ペルタとは三日月形の楯をいう。〕

重装歩兵がその高価な武器・武具を自費で調えなければならず、富裕階層に属していたのに対し、弓矢や投石、投げ槍で戦う部隊は、貧しい市民階級から徴募された。彼らには防具も必要なかった。なぜなら、彼らの役目は敵とぶつかり合ったり、敵の攻撃を待ち受けることではなく、遠くから焦らし、疲れさせることだったからである。使う武器も、狩りのそれと同じで、費用のかかるものではなかった。

そのなかで最も完成された武器が、二重の彎曲をもった弓である。詩人たちは、弓をとりわけペルシア的な武器としているが、それにもかかわらず、ヘラクレスとピロクテーテスの神話はいうまでもなく、『オデュッセイア』のなかのユリシーズの弓の話が示しているように、弓はギリシア人の世界でも非常に古い伝統をもっていた。

クレタ人は、弓矢に優れていた。密集して進撃してくる敵軍に、矢の雨を降らせる戦法は、当時から大きな効果をあげた。海戦でも、矢の脅威はかなりのものだったので、戦闘の火蓋が切られる前には、戦艦の船縁に厚い布で作った防御板が並べられた。

投げ槍は、本来は狩猟用具であったのが戦争にも用いられるようになったもので、重装歩兵も、ホメロス時代には盛んに投げ槍を用いた。『イリアス』では、一騎打ちは通常、投げ槍の応酬で始まる。的を外すことは滅多になかった。《ディピュロンの甕》の側面には、頭の頂から足の先まで武具をまとい、槍でなく投げ槍を二本ずつ手にした戦士たちの行列が描かれている。

古典時代になると、投げ槍は重装歩兵の装備からは姿を消すが、それにもかかわらず、この英雄時代からの伝統は受け継がれ、若者の訓練の中心であっただけでなく、騎兵隊は投げ槍を使い続けた。

投げ槍は槍よりずっと短く、およそ三ないし四クデ（一・三五―一・八〇メートル）の長さで、槍と同じように先端は両方とも尖らせてあり、柄の中程に革紐が付けられていて、これを推進力として使うことによって、ただ柄を摑んで投げるよりもかなり遠くへ飛ばすことができた。

投石器は、飛び道具としては最も単純なものである。二ピエ（約六〇センチ）ほどの長さの二本の紐または細綱に一種の革のポケット（皿といってもよい）を付けたもので、投げる石をこの皿にセットし、紐の端をもって勢いよく振り回しながら、紐の一本を放し、その遠心力で石を飛ばすのである。

熟練した投石手は、きわめて正確に目標に的中させることができた。しかも、古代の著述家の言うところによると、その飛距離はおよそ一スタディオン〔訳注・六〇〇ピエで、約一八〇メートル〕にも達した。

投擲には自然の石が使われたが、特にこのために粘土や金属（とくに鉛）製の弾丸も作られていた。こうした弾丸は楕円形で、これにより飛距離も延び、より正確に飛んだ。オリュントスでは、前三四八年にフィリッポスによる攻囲戦で使われた弾丸がたくさん見つかっている。そのなかには、部族名やその略号、個人名を記したものもある。オリュントス人やカルキディケ人の名前が見られるのは当然として、フィリッポス自身とか、おそらくその主だった将兵の名前も見つかっている。フィリッポスの名前が書かれた矢も見つかっている。

これらの簡単ながら工作の手が加わっている武器と並んで、古代ギリシア人たちはその長い歴史の間ずっと、自然のままの武器、母なる大地が提供してくれる、たとえば石ころとか棒きれとかも、相変わらず使っていたことを忘れてはならない。叙事詩のなかで頻繁に見られるように、英雄たちは敵を倒すのに、岩の塊を投げたり振り回したりしている。

古典時代になっても、サラミス海戦が終わったあと、サラミス島のそばのプシュッタレイア島に上陸していたペルシア人を打ち負かすのに、アテナイ人たちは弓矢とともに素手で石を雨霰と投げている。四二四年にアテナイの将軍、デモステネスは、スパルタ軍が守るスファクテリア島を占領するのに同じ戦法を使っている。クセノフォンは、四〇三年に、《三十人僭主》の党派と民衆派とがペイライエウスの一画のムニュキアで対決した戦いで、民衆派の集団のなかに投石隊がいたことを記述している。

棍棒が武器として使われたことも、多くの文献に明らかである。ヘロドトスによると、ペイシストラトスがアテナイで権力を把握することができたのは、棍棒で武装した三〇〇人の護衛隊のおかげであり、通常、ギリシアの僭主の身辺警護隊を形成していた《ドリュフォレス（槍隊）》に較べて、兵士として劣るものではなかった。（『歴史』1-59）

アルカイック期や前五世紀ごろまでは、軽装の歩兵が戦争で果たした役割は限られたものであったが、その後は、かなり重要なものになっていったと思われる。その重要性は、すでにペロポネソス戦争の最中から、幾つかの経験によって分かっていた。たとえばアテナイの将軍、デモステネスはスファクテリア事件で名をあげる以前の四二六年、アイトリアの隘路で、土地の山岳部族に手痛い敗北を喫している。この山岳部族たちは《重装歩兵》などは持っておらず、険しい地形を利用してアテナイの遠征隊を奇襲し、矢と投げ槍とで痛めつけて退却を余儀なくさせたのだった。

この教訓は無駄ではなかった。前四世紀初め、アテナイの将軍、イフィクラテスは軽装の傭兵部隊《ペルタ歩兵》を組織した。ここでは、円形の重い楯の代わりに、柳の枝を編んで作った三日月形の非常に軽い楯が用いられた。この楯の形は、伝説のアマゾネス軍のそれに似ている。《ペルタ歩兵》は、防御用の胸甲も金属製ではなく、攻撃用武器としては、槍の役目をする長めの投げ槍と、白兵戦では短い剣を使った。重装歩兵に立ち向かう場合は、相手の攻撃を身軽に避けるうえで有利であり、無敵を誇ったラケダイモン人の《ホプリテス》を相手に、幾度もすばらしい戦果を収めた。

4　騎兵

ギリシア人の戦法においては、騎兵は当初、戦車の形で採り入れられた。馬は「乗る」ものである前に、「牽かせる」ものであった。

キプロス島の甕の絵に見られるように、すでにミュケナイ時代から二頭立ての戦車《ビガ》が広く使われていた。これは、ホメロスの英雄たちが普通に用いていた戦いの道具でもあり、幾何学様式時代の陶器は、この点でも、この叙事詩の記述を完璧に裏付けている。

高貴な生まれの戦士は、戦車で戦場に赴き、いざ戦いでは、徒歩になり《ホプリテス》の一人として敵と戦った。馬を操ったのは従卒で、主人が戦っている間は戦車の番をした。戦車で移動するときは、主人の戦士は楯をもって御者の左側に立った。

ホメロス時代の戦車は二輪で、車軸の上に直接、車体が載っている。馬は二頭で、頸に懸けられた軛によって轅の左右に繋がれる。のちに、添え馬として三頭目が加わるようになるが、その慣習が、幾何学様式時代末の少数の図像資料やアルカイック期エトルリアの資料の幾つかに見られる三頭立て戦車《トリガ》の出現となっていったと考えられる。

しかし、すでに前七世紀から、四頭立て戦車《カドリガ》が使われればじめており、それと同時に《ホプリテス》の進歩があって、直接の戦いの道具としての戦車の使用は姿を消し、その後は、四頭立て戦車は、パルテノンのフリーズに見られるように、パレード用の乗り物として、またスポーツ競技の道具として残っていった。とくに汎ギリシア的祭典では、四頭立て戦車の競走が主役を演じている。

軍事的には、戦車はギリシア中心部から遠く離れたキプロスのサラミスとか、北アフリカのキュレネ以外では使われなくなる。キプロスのサラミスで使い続けられたのは、アジアからの影響と考えられるが、キュレネの場合、ヘレニズム時代になってもなお四頭立て馬車が維持されたのは、キュレネ高地の農業植民地へ掠奪にやってくる盗賊団を討伐するためであった。

戦車が姿を消していったのと逆に、本来の騎兵は定着していった。ホメロスの詩には、騎士が馬に乗って戦ったなどという記述は全くなく、馬に乗ることを暗示した言句すら稀にしかない。しかし、前七世紀には、甕の絵や、焼き物やブロンズの像の幾つか、クレタの有名な『プリニアスのフリーズ』などの浅浮彫には、武器を持って騎乗する騎士の像が現れている。

だが、アルカイック期や古典期になると、騎士が戦争で決定的な役割を演じることは滅多になくなる。まず第一、ギリシア本土の場合、テッサリアや、程度はそれより下がるがボイオティアとエウボイアのような特殊な地域を別にすると、馬の飼育に適した牧場がなかった。だからこそ、テッサリアの騎兵があのように有名だったのであり、軍事力において、騎兵と歩兵の比率が二対一という、ギリシアで唯一の地域がテッサリアであった。

ボイオティア軍では伝統的に騎馬軍が大事にされていたが、それが戦いにおいて重大な役割を果たすようになるには、エパメイノンダスによる戦術革命が必要であった。逆に、土地が馬の飼育に向いていたアフリカのキュレネや南イタリアのタラス、シチリアのシュラクサイといった植民地では、一貫して騎兵が重要性と威信を保った。

ギリシアの騎兵は長い間、裸馬に乗っていた。その後、一枚の布とか獣皮を敷いて乗るようになったが、鞍と鐙の使用は知られていなかった。馬を操るのには、手綱につけた金属の《轡》が使われたが、《馬銜》は知られていなかった。《馬銜》は、その動きをより感じやすくするために、鋭い角をつけたり、先の尖った物をつけたりしたため、馬の口をひどく傷つけた。騎馬の情景を描いた絵や文献に、馬が口から血の泡を噴いている場面が見られるのは、このためである。

鼻革、額革、面甲、頬革などの馬の頭部に使われた馬具は、今日と基本的に同じで、その手本は、前五世紀ごろのフェライの金属板のレリーフや、象嵌絵に見ることができる。これらは、後頭部にはめられた輪状の革帯に固定されている。

クセノフォンの『馬術について』を読むと分かるように、ギリシアの騎兵は馬の操作にはかなりの熟練ぶりを示したが、鞍と鐙で身体をしっかり固定することを知らなかったので、馬を全力疾走させながら、その力で敵に槍の一撃を加えた中世の騎士たちのような衝撃力を得ることはできなかった。

つまり、ギリシア人の場合の衝撃力は、自分の腕力だけによるもので、下手をすると落馬する恐れがあった。また、長い槍よりも、短くて軽く、投げるにも突くのにも適した投げ槍のほうが好まれた。弓矢は、スキュタイ人やペルシア人など《バルバロイ》の騎兵たちが得意としたもので、ギリシア人は稀にしか用いなかった。

ギリシア騎兵にとっての最後の武器は一本の剣であった。先に述べたように、ギリシア人の騎兵は、敵の攻撃から素早く身をかわすために身軽さを優先し、重装歩兵のそれより小さめの円形の楯を手にする以外は何も防具を着けないこともしばしばあった。

彼らは、まず、右の肩のところで留め金で固定した短いマント、すなわち《クラミュス》を身につけた。騎士は、その下に《チュニカ》を着て、頭には《ペタソス》と呼ばれる広い縁のついた帽子や革の帽子とか兜をかぶった。足にはサンダルまたは折り返しのある柔らかい長靴を履いた。

以上が、アテナイの若者たちの華やかな騎馬行列の様子を描いたパルテノン神殿の浮彫に見られる当時の衣装である。このような装備からして、ギリシア騎兵隊は、攻撃を主とした部隊ではなかったことが明らかである。本隊より先行して前方を偵察し、戦闘中は側面を防御し、勝ったあとは潰走する敵を追撃するのが彼らの主な任務であった。

ただし、テッサリア人は例外で、騎兵隊を組織的に使用した。ここでは、胸甲を着けた騎兵たちが戦局を決する働きをした。フィリッポスが息子のアレクサンドロスの要請で重装騎兵隊を組織したのは、テッサリア人を味方にしてのちのことで、カイロネイアの戦いでは、この騎兵の密集部隊が勝利のためにめざましい貢献をした。

重装歩兵の場合と同じく騎兵の場合も、都市当局は装備も馬も支給してはくれなかったから、騎士がすべて自前で調えなければならなかった。彼らが、戦車を駆った昔の戦士と同様に貴族的性格を色濃く漂わせているのは、このためである。

馬の飼育、いわゆる《ヒッポトロフィア》は、貴族で、しかも豊かな家族の特権であり、馬について関心と知識をもっていることが貴族の証であった。このことは、アリストファネスの『雲』のなかの、田舎紳士、ストレプシアデースの息子のペイディッピデースに表現されている。

アテナイでは、騎士は、最も収入の多い、二つの納税者階層から徴募され、明確に《騎士階級》を名乗ったのは、その第二の階級である。アリストファネスは四二四年、『騎士』という題名で、この人々のことを喜劇化している。そこでは、先祖からの伝統に固執し、デマゴーグのクレオンに対する人々の信頼を貶めようと懸命になっている人々として描かれている。

自ら騎士であったクセノフォンは、前四世紀初めごろにギリシアの騎士が抱いていた心配事や関心事を余すところなく説き示している。

5　アテナイの青年学校

こうした軍事的組織は、都市により時代によってさまざまである。およそのことが分かっている古典時代のスパルタとアテナイについて見ると、同じ名称でも、それが指している実体は、かなり違っていることが少なくない。たとえば「ロコス」という呼称は、スパルタの場合は、《大隊》に相当する部隊を指すが、アテナイの場合は、ずっと小規模な《中隊》程度の部隊に使われている。したがって、「ロコス」を指揮する将官「ロカゴス」の責任の大きさも、スパルタとアテナイとでは異なる。

しかしながら、組織の原理は、どこでも同じである。兵士を統括する枠組の単位は、小隊から中隊、

いる。

スパルタ軍では、小隊である「エノモティア」（三二人から成る）を指揮するのは「エノモタルコス」であり、大隊の「ロコス」を指揮する将官は「ロカゴス」である。キュレネでは、三〇〇人から成る中隊を指揮する中隊長を「トリアカティアルコス」といい、アテナイでは、大隊の「タクシス」を指揮する長を「タクシアルコス」という。

さまざまな要素の部隊によって構成された全体を統括し、作戦を実行する責任は《将軍》に託される。この呼称も都市国家によってさまざまである。アテナイの場合は「ストラテゴス」と呼ばれ、これに補佐官として騎兵隊を指揮する二人の「ヒッパルコス」がつく。スパルタの場合は、二人の王のうち一人が軍の指揮を引き受け、「ポレマルコス」と呼ばれる軍団長が補佐する。しかし、最も一般的には「ストラテゴス」が全軍の指揮官の呼称である。

部隊の徴募の仕方は、都市の社会的・政治的組織と緊密に結びついており、その社会的枠組が軍隊にも引き継がれる。アテナイでは、市民組織と軍組織との一致が厳格に維持されており、市民共同体を形成している一〇の氏族それぞれが重装歩兵の一つの大隊（タクシス）を出し、その指揮を執る大隊長（タクシアルコス）も、同じその氏族から選ばれた。

この大隊長が中隊長（ロカゴス）を任命しただけでなく、軍事的遠征を行う場合は、従軍する兵士を自らの氏族のなかから指名した。それだけに、大隊長の責任と権限は大きく、しばしば争いのもとになったり、権力濫用の弊害も生じた。

騎兵隊についても、やり方は同じであった。各氏族が百人から成る隊（ヒュレ）を出し、選ばれた指揮官を「ヒュラルコス」といった。その持っている権限は、「タクシアルコス」のそれと共通している。

騎兵と重装歩兵の徴募は、すでに述べたように、原則として納税資格者を基盤にして行われた。それだけの収入のない市民たちは軽装歩兵と、とりわけ船の漕ぎ手になった。

市民は武器を扱う特別の訓練を受けた。スパルタでは、この訓練が特に徹底して行われ、若者を戦士に仕立てるために全市民が協力した。このラケダイモン人の体制と違って、民主政治が行われ、人々の関心も多様であったアテナイでも、未来の戦士の育成には特別の配慮が行われた。この目的のために設けられたのがアテナイの《青年学校》で、その特徴は、古代都市の市民の条件として欠かせない軍事的様相を帯びているところにあった。

このシステムに関し私たちが詳しく知りうるのは、アリストテレスの『アテナイ人の国制』によってである。この著作はアレクサンドロス大王のもとで再開された時代の青年学校を扱っていることから、カイロネイア戦争後に限定されるが、少なくとも原理においては、この制度は変わってはいなかったと考えられる。

アリストテレスが書いているところによると、《青年学校》は、重装歩兵や騎兵を出している納税階級に属する全てのアテナイの若者に、軍務の形で入学が義務づけられていた。若者たちは一八歳から二〇歳になるまで、氏族ごとに選ばれた指揮官のもとに集められ、各専門の教官によって軍事訓練と肉体の鍛錬を施された。食事は共同で、国費によって賄われた。軍務二年目には、アテナイから離れたエレウテレス、ヒュレ、ラムノンテなどの辺境の城塞へ駐屯兵として送られ、また、広々とした平野で演習に励んだ。

この二年目の訓練が終わると自由を取り戻したが、これ以後は、充分な鍛錬を済ませた市民とみなされ、二〇歳以後六〇歳になるまで、いつ動員されても即座に応じなければならなかった。彼らの名前は、青年学校の年度別の名簿に記されており、アテナイ執政官の名のもと、年度ごとに（一括のこともあれば部分的であることもあった）召集され、将軍（ストラテゴス）の指揮下に送られた。ただし、五〇歳から六〇歳までの人は、召集されても専ら領土防衛のためで、アッティカの外のどこかへ遠征させられることはなかった。

こうしてアテナイ人の男性は、二年間は《青年学校》で、三〇年間は現役帰休兵として、そして一〇年間は国土防衛の予備兵として、合計すると四二年間も軍務に従ったことになる。

アテナイのような大都市は人的資源も豊富であったから、トゥキュディデスが書いているように、ペロポネソス戦争のはじめのころは、軽装歩兵や国土防衛に配備された補助兵と退役老兵は別にして、重装歩兵一万三〇〇〇、騎兵一二〇〇を集めることができた。

前三六九年、テーバイのエパメイノンダスに脅かされたスパルタを援護するため、アテナイは、一万二〇〇〇人の重装歩兵を将軍イフィクラテスに託して派遣している。ほぼ同じころ、ボイオティア軍は、一万三〇〇〇の重装歩兵と一五〇〇の騎兵を擁していた。

スパルタは、これに匹敵する兵力を調えることは一度もできなかった。前四七九年のプラタイアの戦いでのスパルタ歩兵軍団は一万人を数えたが、本来のスパルタ人はその半分を占めただけで、しかも、その後、これだけの数に達することは二度となかった。むしろ、時の経過とともに数の面ではますます弱体化が進行し、それを補うため、兵士たちの質を高めることに並外れた努力を注がなければならなかった。

兵員の数は、その戦争の重要度に応じて集められたが、多くの場合、戦いに動員される兵員は、明らかに少なくなり、何千とか、ときには何百とかに過ぎなくなる。こうしたギリシア軍の数の少なさを考えると、彼らがダレイオスやクセルクセスの巨大帝国から派遣された大軍を見て、多分、実際よりずっと大きな数を想定したのも無理からぬことであった。

6 戦術と戦略

ギリシア軍が採用した戦術は、普通、きわめてシンプルであった。その目的は、平地に展開している敵軍に真正面から攻撃を加えることであった。相対峙する軍勢の陣列方式は明確に定まった伝統的なもので、重装歩兵部隊を中央に、軽装歩兵と騎兵（もし、あれば、だが）は側面に配置された。会戦において決定的な役割を果たしたのが《重装歩兵》で、これは八列ないし一二列の厚みをもって密集して並べられた。伝統的には、最良の部隊は右翼に配備された。おそらくこれは、兵士たちは左腕に楯を持っていたから、一人一人で見ても、部隊全体で見ても、右側が敵からの攻撃に弱いということになり、そこで、こちらを最優秀の部隊に任せるのが適切だと考えられたのであろう。そればかりでなく、将官たちは最前列に立ち、しばしば将軍自身も戦闘に加わったので、将官クラスの戦死は数え切れないほどであった。

戦闘開始に先立って、宗教的儀式が行われるのが慣習であった。ギリシア人たちは、ほかのあらゆることと同じく戦争においても、神々と運命とが結果を左右することを知っていた。これは、すでにホメロスも弁えていたことで、アルカイック期および古典期のギリシア人は、この点でも、他の多くの点でも、『イリアス』から汲み出される教えに対し、一貫して忠実であった。

軍司令官はすべて、予言者と占い師を伴っており、彼らは、事に臨むにあたって、神々と相談したり、眼にした《前兆》の意味を解釈したりした。ヘロドトスは、エリス出身でラケダイモンに仕えた有名な占い師、テイサメノスに言及し、プラタイアの戦いからタナグラの戦いにいたるまで、スパルタ人に大勝利をもたらした功績は彼にあると述べている。

くだって、ラケダイモンのリュサンドロスは、アイゴスポタモイで勝利を収め、この戦勝を記念するために主だった将兵と一緒に自らの像を作らせてデルフォイの聖域に納めたが、このとき、この戦いに随伴した占い師、アギアスの像を自分の像のすぐ傍らに立てさせている。

こうして、真摯な信仰からであれ、信じ易い民衆の心を喜ばせるだけのためであれ、また、その将軍がニキアスのように深い信仰心をもっているにせよ、アルキビアデスのように疑り深い場合にせよ、酒を供え、生贄を捧げることを疎かにしたり、前兆の意味を問おうともしないで無視したりすることはなかった。

凶兆が現れた場合は、人々は戦うのをためらった。ヘロドトスは、プラタイアの戦いについての記述のなかで、ペルシア軍の浴びせる矢に意気阻喪したラケダイモン人たちは、将軍のパウサニアスが幾度も祈りと生贄を捧げることによって満足すべき兆しを神々から得られるまでは、反撃に出ようとしなかったことを述べている。

他方、ペルシア軍の司令官、マルドニオスは、ラケダイモン嫌いで有名なギリシア人占い師を莫大な謝礼金で雇い、ペルシア軍の侵略が成功するよう、生贄を捧げてもらっている。

こうして、好ましい前兆が得られると、作戦が開始される。軽装歩兵、弓隊、投石隊によって敵の前線を焦らしたあと、アポロンを讃える古い戦いの歌《パイエーアン》を歌ってから、重装歩兵隊が進撃した。この攻撃は、どちらか一方が逃げ出し、四散するまで、身体と身体、剣と槍との相撃つ乱戦となった。

この混戦のなかで勝敗の行方を決めたのは、戦術の巧みさとともに、精神的な質の高さであった。攻撃する場合も防御する場合も、いずれにせよ、戦列の結合力を維持し、最前列の兵士が倒れると、後ろの兵士が、反射運動的にこれを埋めて戦列を固め不屈の勇気をもって敵に立ち向かわなければならなかったから、それには、よく訓練された共同作業の習慣と犠牲的精神が必要とされた。長い間、ラケダイモンの兵士たちの名声を高めていたのが、この美徳であり、詩人、テュルタイオスの尚武的なエレゲイオンによって前七世紀以後、繰り返し讃えられたのも、この《誉れ》であった。

若者よ、汝の隊列を守り戦うのだ！
恥ずべき逃亡や、恐れの心に自らを譲り渡してはならぬ
汝の胸の心臓を、勇敢に、強靱に鍛えよ！
敵に向かったときは生への愛着を忘れよ！
勇み立て！
両の脚をしっかと踏ん張り、歯を食いしばり
一人一人が敵の攻撃に耐えるのだ

このラケダイモンの重装歩兵の優越性にテーバイ人が終止符を打つには、エパメイノンダスの軍事的天才に負う戦術革命が必要であった。彼は前三七一年のレウクトラで、ついで三六二年のマンティネイ

アで、決定的なやり方で革新をもたらした。

まずレウクトラでは、伝統どおりに重装歩兵を横に並べるのでなく、右翼をうしろに下げて左翼を前進させ、その先端が楔形になるように、五〇列から成る重装歩兵を配置した。三段櫂船の舳先に似たこの密集部隊は、慣習どおりに一二列の厚みに配備されたラケダイモンの重装歩兵を打ち破った。こうして数では圧倒的に多い敵軍であっても、適切な箇所に正確な一撃を加えることによってまず敵の主力部隊を打ち砕き、それから、残りの軍勢を容易に倒すことができたのである。

ついでマンティネイアの戦いでは、この《斜線型の重装歩兵部隊》に騎兵隊を攻撃の主力として使うやり方が加味された。これにより、前七世紀以来の習慣は覆され、それまで予想できなかった幾つもの可能性が引き出された。これと共通する戦法は、海上戦では、すでにアテナイ人たちが考案していたが、地上戦では、ラケダイモン人たちの保守的気風と、自らの戦士としての美徳へのこだわりから、軍事的技術として実践化されないできたのだった。このエパメイノンダスが遺した教訓を受け継ぎ、さらに進展させたのがマケドニアのフィリッポスである。

一方の軍勢が逃げ出したとき、勝った側は騎兵隊をもって追跡した。しかし、深追いは滅多にしなかった。勝者は敵に自分たちの優位を認めさせることで満足したのであって、敵軍から奪った武器で覆った人形、いわゆる《トロパイオン》を立てて、勝利の歌《パイエーアン》を歌った。それから、味方の死者を埋葬し、敵方にも死体を返した。敗れたほうは、自分たちの敗北を認め、この結果から休戦を懇請した。勝ったほうは、自分たちに有利なように和平条件を提示して、この勝利からできるだけ利益を引き出そうとした。まだ残っていたのは、部族の聖域や、場合によってはオリュンピアやデルフォイといった全ギリシア的聖域に戦利品の一〇分の一を供物として捧げ、神々に感謝の気持ちを表すことであった。

このように見ると、戦争は、血を流しはするが、対立する諸都市の紛争に決着をつけるための、規則に則ったゲームであったかのように思われるかもしれない。しかし、武力抗争が常にこうした性格をもっていたわけではなく、実態は程遠いものがあった。

事実、ギリシア人の歴史において、異論の余地のない決着をもたらした戦争などというものは例外的で、多くの戦争は延々と長引き、年数を重ねるごとに無数の新しい災厄が列をなして付随して生じた。多くの戦争が長引いた原因は、とりわけ、ギリシア人の軍事的な力が頑丈な城壁で防備した都市の攻略には無力だったことにある。この点では、古典期になっても、トロイ戦争の時代にくらべて、ほとんど進歩しなかったといってよい。

アガメムノンの軍勢がイリオン（トロイの別名）の城壁の前に一〇年間も足止めを食った挙げ句、偽計によってようやく攻め落とすことができたように、平地戦ではその優勢に自信満々だったラケダイモンの重装歩兵も、ペロポネソス戦争の間ずっと、アテナイとペイライエウスの城壁を破ることはついにできなかった。封鎖を続け、籠城側を飢えに追い込むことによって、かろうじて抵抗を終わらせることに成功したのであった。これは、堅固な城壁を攻め破るだけの有効な道具がなかったためである。城壁破壊の道具として登場する投石器を初めて建造し、城攻めに使ったのが前四世紀初めの、シュラクサイの大ディオニュシオスであるが、これは、おそらくカルタゴ人のそれを模倣したものと考えられている。

それ以前の例として挙げられるのは、ペリクレスが前四四〇年のサモス攻囲の際に使った道具と、ペロポネソス戦争の幾つかの場面で用いられた破城槌、ボイオティア人たちが四二四年にデリオンの木造の城塞を火槍で攻めたことぐらいである。このシチリアのディオニュシオスの前例に倣ってギリシア本土で《ポリオルケティコス》（攻城術）が発展していくには、前四世紀の軍事革命と、マケドニアのフィリッポスを待たなければならない。

それまでは、攻撃術より防衛術のほうが先行しており、このことは、アルカディアの一将官であった戦術家アイネイアスが著した『防衛技術要略』からも窺われる。この著述の中心になっているのは訓戒・助言・策略で、前四世紀半ばにいたるまで、ギリシアの軍勢が頑丈な防御を施した都市の攻略にしばしば失敗したのは何故だったか、その原因を知ることができる。

ギリシア本土においては、ペルシア戦争以後、防備を施す都市が増えた。それまで、頑丈な城壁をめぐらしたミュケナイの伝統は忘れられており、アルカイック期の都市は、それぞれのアクロポリスだけを城壁で囲み、これを市民に避難所として提供することで満足していた。それが、前六世紀になって、キュロスの征服欲に脅やかされたイオニア諸都市が城壁をめぐらすようになる。フォカイアでは、西方との通商で得た富のおかげで切石で城壁を築き、オリエントの町の煉瓦づくりの城壁を見慣れていた当時の人々を驚かせた。しかし、キュロスの軍勢にとっては、これが初めての攻城戦ではなく、土盛りをして兵士たちに城壁を乗り越えさせ、防衛軍を打ち破っている。

アテナイでも、もともと防備が施されていたのはアクロポリスだけで、都市全体に城壁がめぐらされるのは前六世紀半ばであったことが最近の調査で明らかになっている。この当初の城壁は前四八〇年にペルシア軍によって破壊され、テミストクレスは、当時多くの都市で用いられていた技法によって、急遽、壁を再建しなければならなかった。それは土台は堅固な石造りだが、日乾し煉瓦を積み上げた城壁で、トゥキュディデスの言うところによると、当初は工事を急いだので、この土台には墓碑まで再利用された。その後、ペイライエウスの城壁の土台は、石と石の接合を金属の鎹《かすがい》で強化する手法で念入りに建造されている。この技法は、豪華な記念建造物だけに特別に用いられたもので、実用的建造物に使われたのは例外的である。

このタイプの城壁の場合、残っているのは石造りの土台だけで、日乾し煉瓦で作られた部分は消滅してしまっているのが普通であるが、シチリアのゲラの町では、かなりの高さと厚みをもつ煉瓦造りの城壁が最近の発掘で見つかっている。ギリシアの戦術家によると、煉瓦の城壁も、破城槌に対して、よく持ちこたえた。

全体が切石造りの城壁が建造されたのは、財源が豊かで、石切場が近くにあり、労働者たちが運んで建てられる、という条件を備えている土地の場合であった。そうしたケースの一つであるタソス島の城壁は、アルカイック期の終わりに、島に豊富にある大理石と片麻岩を使って建造された。その後、ペルシア戦争のあと修理され、さらに前四一一年ごろから建て直しが行われた。

ギリシア本土で最も保存状態のよいのは、エパメイノンダスの勝利のあと造られたメッセニアのそれと、メガラのキタイロン山のふもとアイゴステナのそれである。後者は古典期のものとしては最も美しい城壁で、直線から成る幕壁に四角い塔がその二倍の高さでそびえ立っている。

切出し野面〔訳注・粗く突き出して積まれた石壁〕の整然たる石の層をもって積まれた壁面は、とくに素晴らしく、幕壁の頂には鋸壁あるいは銃眼の穴の開けられた欄干が付けられていた。二〇から三〇メートル置きに城壁から突き出して建てられている塔は、しばしば屋根で覆われており、矢や投げ槍を効果的に発射できるようになっていた。

のちに大ディオニュシオスの技師たちによって弩砲〔カタパルト〕が発明され、広く使われるようになると、この飛び道具の飛距離はかなりあったので、その守りのために幕壁を高くし、塔をなくして城

アテナイのエレウテライの城塞

壁の突出部だけが歯状に付けられるようになる。しかし、この新しいやり方が広がるのは、とくにマケドニアのフィリッポスによってである。

都市の防備とともに、ギリシア人たちは、交通の要衝を抑えるためや国境線を守るために、城塞を建設した。たとえばアテナイは、エレウテライ、ヒュレ、ラムノンテといった幾つかの要衝によって侵入に対する防備をしていた。こうした城塞の廃墟が、今日なお幾つか遺っている。とくにエレウテレスは、プラタイアやテーバイから通じているキタイロンの道を見下ろす城塞で、前四世紀の美しく揃った切石積みの塔と城壁が往時のまま、岩山の頂にそびえ立っている。

これらの前四世紀の砦は、ヒュレやデケレイアのそれのように、アテナイの政治・軍事史において重要な役割を演じたが、前五世紀の段階では、まだ建築的に不完全で、前四二四年にアテナイ人によってデリオンに建てられた城塞は、ほとんど木材を使ったものであったから、ボイオティア人に火を付けられて陥落してしまっている。

最終的には、ギリシアじゅう至るところに小さな砦が造られた。今も山岳地帯や島々の要害堅固な場所だけでなく、畑や牧草地の真ん中にさえ、切石造りの四角い塔がポツンと立っているのが見られる。これらは年代を確定することが難しいが、壁の積上げ方から、少なくとも前四世紀に遡ると推定されている。

おそらく、内陸部や海上からやってくる略奪者たちに備えて、国境や僻地に、見張り番用として設置されたのだが、近くの農民や牧人たちにとっては、不意に現れた敵の襲撃から身を守るための避難所にもなったであろう。というのは、攻城技術が未発達であった間は、このような施設でも、安全が確保されたからである。

前五世紀から同四世紀前半にかけての通常の地上戦は、およそ次のような手順を踏んで行われた。攻撃を仕掛ける側が軍使を送って宣戦を布告したあと、部隊を集結。これに同盟国からの徴募兵も合流して、敵方の土地に入っていく。戦いを始める前に、全ギリシア的に有名な聖域へ使者を立てるなり、ある地方の聖域の祭儀に臨むなりして、神々の託宣をもらっていることはいうまでもない。

戦いに都合のよい季節は春か夏である。冬は気候が悪いので敬遠された。アリストファネスの『アカルナイの人々』のなかで、ボイオティア人の侵入軍を国境で撃退するのに冬の最中に出陣を命じられた部隊長（タクシアルコス）ラマコスは、雪と悪天候を罵っている。

軍勢は敵方の領土に入ると、組織的に荒らし回り、盗みを働く。農家に放火し、家畜を奪い、作物を踏み荒らし、果樹やぶどうの木を切り倒し、ニンニクや球根類は棒で掘り返して掠奪した。こうした荒々しい兵士たちの手を逃れた農民たちは城壁をめぐらした都市に逃げ込んだ。このため、都市は、避難してきた農民たちを受け入れるために次第に城壁を拡大し、都市地域だけでなく、建物のない広い空き地をも取り込んでいった。

たとえばペロポネソス戦争の間、アッティカの田園地帯の人々は、アテナイとペイライエウスの城壁の内側の空き地、とくに聖域や両市をつなぐ長城の間の回廊地帯に雑居した。こうして野宿生活をする人々の衛生状態の悪化が、戦争開始後数年で恐るべきペストの流行を惹き起こしたのであった。

侵入軍は、決戦を挑んでくる敵軍に途中で破られなかった場合は、都市の城壁にまで到達する。驚きと恐怖、裏切りのために城門が開けられることもあった。前四三一年三月のプラタイアの場合、夜になって内通者が城門を開け、テーバイの重装歩兵三〇〇人を町のなかに導き入れたことによって陥落した。四二四年のアンフィポリスの場合は、攻撃軍のスパルタ人司令官、ブラシダスが降伏を勧告しただけで城門を開いている。

しかし、攻める側でいうと、都市を陥落させる唯一の希望は、封鎖によって窮乏に追い込むことであるが、長期にわたって有効に攻囲を維持することは容易ではなかった。アテナイは、カルキディケでポティダイア攻略に四三一年から四二九年まで二年以上を要した。通常、攻撃する側は、まず儀式的に城壁の下で示威を行ったあとは、もしも、すでに荒れ果てて食べる物もない土地で厳しい冬の試練に耐え、しかも、そのほかのさまざまな不利な状況に身を晒したくなければ、本国へ引き揚げ、次の春まで部隊を解散した。この作戦行動の図式は、ペロポネソス戦争が続いた長い年月の間、少なくとも、ラケダイモン人たちが冬もアッティカの野に踏ん張っていられる拠点をデケレイアに獲得するまで続けられた。

このような敵方の作戦に対して、平地戦で真っ向から戦えるだけの兵力を持たない国や、リスクを冒したくない国は、ゲリラ戦の形で相手方を焦らした。たとえば四二六年にアテナイのデモステネスに立ち向かったアイトリア人や、コリントス戦争のとき、軽装のペルタ歩兵団を率いてスパルタの重装歩兵軍団を潰滅させたアテナイのイフィクラテスが、そうである。

さらに功を奏したのが海上での巻き返しであった。なぜなら、海軍力で優勢の場合は、敵に思いがけない打撃を与えることができたからである。ペロポネソス戦争の間、アテナイは、季候がよくなると必ず、ペロポネソス半島の沿岸各地に艦隊を派遣した。アテナイ艦船は、ラコニア湾の奥にまで侵入し、メッセニアのピュロスに対して何年にもわたって襲撃と略奪を繰り返した。

また、アテナイは、その制海権により、スパルタとその同盟諸都市の海上貿易に妨害を加えた。ペロポネソス戦争自体が、大きな視点で見ると、海軍力を基盤とした《大国アテナイ》に対する陸軍力に拠った《強国スパルタ》の挑戦であった。これは、当時の人々も明確に意識していたことで、最終的には、スパルタがリュサンドロスの知謀とペルシアからの財政的援助により、アテナイ海軍を打ち破ることで勝利の栄冠を手にしたのであった。海軍が主要な役割を果たしたことこそ、ギリシア史独特の特徴の一つである。

7　海上戦

ギリシア人は、ミュケナイ時代以来、戦争と掠奪のために船を利用してきた。この二つの行為は互いに結びついていて、彼らにとっては、ヘレニズム時代にいたるまで不可分のものであった。有名なピュロス〔訳注・ペロポネソス半島の西南端〕出土の線文字Bのタブレットは、そうした海上遠征のことを記しており、トロイ戦争も、海軍と陸軍との共同による一連の作戦行動の最も有名な例にほかならないといえる。

ミュケナイ時代の船については、詳しくは分かっていない。石に刻まれた絵やデッサンが幾つかあるものの、磨滅していたり、大ざっぱすぎたりで、前二〇〇〇年紀のギリシア人の航海術の実態を知る充分な手がかりにはならないからである。しかし、当時からすでに小型船によって重要な交易が行われていたことは疑いない。エジプト史が記録している「海の民の侵入」が、アカイア人を含むギリシア人の海上行動を指していることは明らかである。

ホメロス時代については、ホメロスの詩と幾何学様式の甕に描かれた図像表現のおかげで、ずっとよく知ることができる。後者には、船による交戦や船の近くでの戦いのシーンを描いているものもたくさんあり、ホメロスが詩文で述べているところと驚くほど一致している。そのため、私たちは、これら二種の資料から得られたものを結び合わせることによって、当時の大型ガレー船の様子をかなり明確に描き出すことができる。

まず、それは、甲板はないが、船嘴を備え、船首楼と船尾楼が一段高く設けられ、その縁には欄干が付いている。漕ぎ手は両側に一列ずつ配置され、船縁に打ち込まれた鈎型の櫂架に支えられた櫂を漕ぐ。この二列の漕ぎ手の間に、船首と船尾を結んで通路があり、船内の連絡に使われるとともに、乗船した兵士たちが、ここにいる。

船は船尾の両側に付けられた長い櫂を舵として操縦された。舵手は船の幅〔船尾のあたりでは約二メートル〕の長さの専用の足場によって一方から他方へ行き来した。『イリアス』の第一五巻で、アイアースはトロイ軍を押し戻すために、陸地に引き揚げられていたギリシア船のこの足場の上に飛び乗って、接舷用の大きなピックを振り回している。

以上のようなのがアルカイック初期のギリシアの海戦で一般に使われていた船で、V・ベラールはルイ十四世時代に用いられていた呼称を転用して《敏捷なガレー船galère subtile》と呼んでいる。これには、取り外しのできる帆柱が一本、船の中央の通路の穴と竜骨に固定した檣座に差し込まれており、櫂と帆で進むことができるようになっていた。帆は四角く、水平方向の帆桁一本で支えられている。帆布の向きの調整は帆脚綱と帆桁の腕で行い、革の綱で帆桁に巻き上げる。

この艤装は、エジプトの船と較べてなんら進歩しておらず、航行能力も似たようなものである。帆走が威力を発揮できるのは追い風のときだけで、向かい風のときは、帆を巻き揚げて櫂を漕ぐ以外なかった。漕ぎ手は左右に二五人ずつ、合わせて五〇人であった。前七世紀から同五世紀にかけて一般的であった《ペンテコントーレ》(五〇本の櫂で漕ぐ船)の原型は、すでにこの時代に出来上がっていたのである。

ホメロス時代の長い船には船嘴が付いており、これを敵船の横腹に衝突させて破壊した。この時代の海戦の実際を記録したものは見つかっていないが、こうした戦術がすでに編み出されていたことは確かである。それを完成の域に高めたのが、とりわけコリントスであった。

コリントス地峡に位置し、両側で海に面していたこの都市は、その商業と植民した諸都市との絆を守るために海軍力を発展させた。こうして、甲板はないが、喫水線が低く速く走れて操縦しやすい、新しい船の船団を作り上げた。漕ぎ手は五〇人であるが、櫂は櫂座ピンに固定しないで、舷側に開けた穴を通すようになっていた。

この《ペンテコントーレ》の船体の長さは約三〇メートルで、のちにノルマン人が大西洋を自在に航行した《ドラッカー船》の地中海版であった。船嘴を活用する戦術に向くよう、ホメロス時代に較べてかなり改良されており、同じタイプで少し小振りの《トリエコントーレ》(漕ぎ手が三〇人)とともに、アルカイック期のギリシア艦隊においても、また、はるか遠方の地への植民地拡大運動でも主役を演じた。たとえばバットスとその仲間たちも、二隻の《ペンテコントーレ》に乗って、テラ島を経てリビュアへ渡り、キュレネの植民都市を建設したのであった。

三〇から三五メートルというその船体の長さは、通常の木造船としては、ほぼ限界といえる。これよりも長くなると、うねりの大きい海では竜骨が折れてしまう危険があるからである。したがって、さらに漕ぎ手を多くして船足を速くするには、船体の長さはそのままで、別の方法によらなければならなかった。

その解決法として編み出されたのが、漕ぎ手の配置を二段、三段と上下に重ねるやりかたで、そこから《二段櫂船》、《三段櫂船》といった種々のタイプの船が生まれた。このうちでも、古典期に圧倒的に活躍したのが《三段櫂船》である。ギリシアの海運技術は、この《三段櫂船》によって隆盛の頂点を極めたのであり、アテナイがその絶頂期を築くうえで不可欠の要素となったのも、操作性に優れたこの船のおかげであった。

船体は、長さは三五から三八メートルだが、幅は、船の中央部でも四から五メートルと、狭い。喫水は一メートル足らずで、国際的基準でいうと、排水量は約八〇トンである。船腹は帯板で強化され、漕ぎ手の配置については長い間、論議されてきたが、図像資料によってかなり明確になってきている。文献と図像を照合することによって、漕ぎ手の呼称は、上段のそれを「トラニテス」、中段を「ゼウ

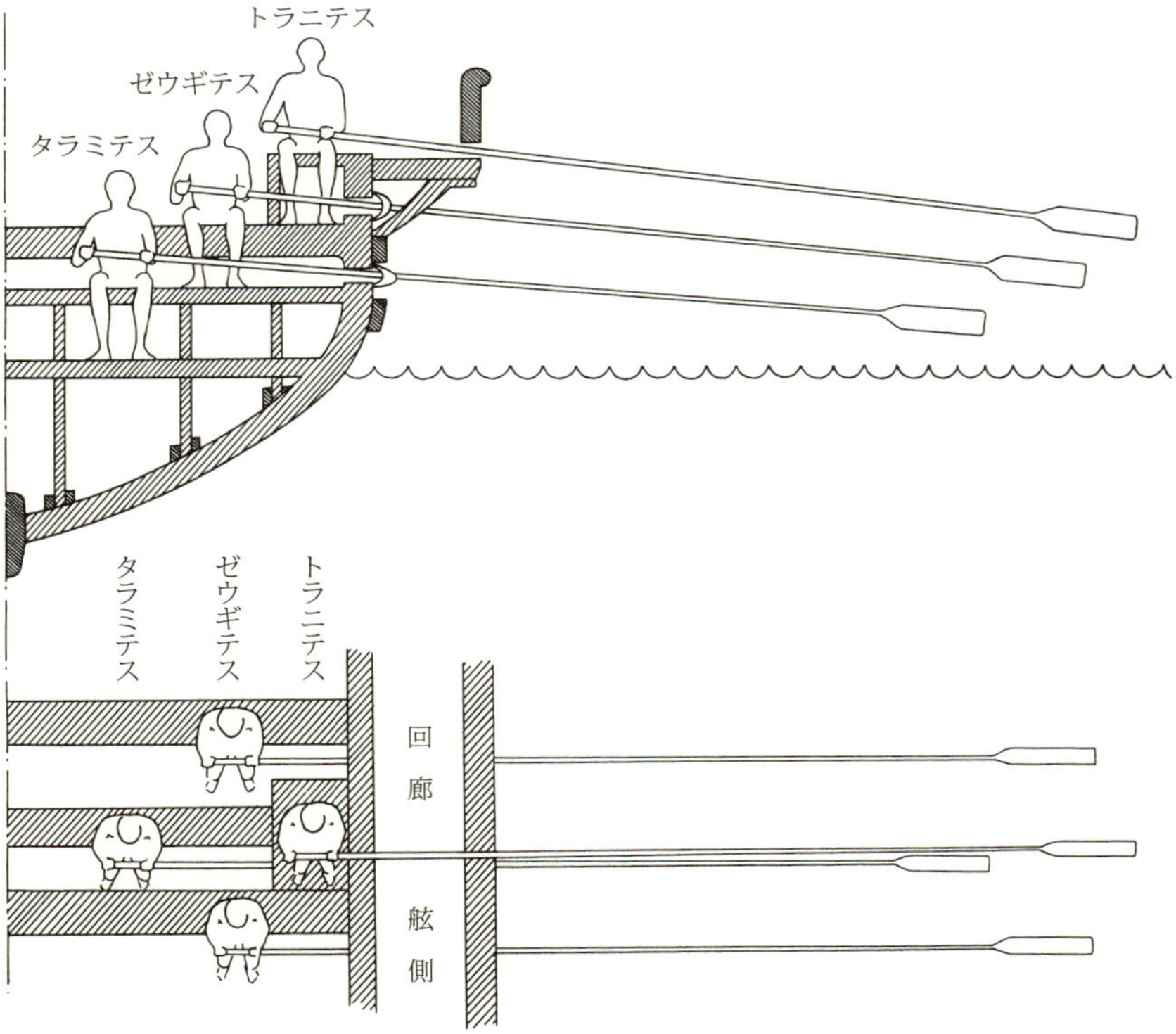

三段櫂船の漕ぎ手の配置図

ギテス」、下段を「タラミテス」と呼んでいたことが分かる。中段の漕ぎ手は、伝統的な《ペンテコントーレ》やアルカイック期の船の漕ぎ手と同じく船梁（zeugos）に直接坐り、舷側に開けられた穴に通した櫂を漕いだので「ゼウギテス zeugites」と呼ばれたのである。

上段の「トラニテス」の座席は中段のそれより約六〇センチ高くなっている。彼らの腰掛け（tranos）は、中段の「ゼウギテス」の席と席の間の空間に、舷側の上端の高さで固定されている。「トラニテス」は「ゼウギテス」より人間の肩幅分だけ船の中心軸から外側にいる。このように高さだけでなく、縦方向、横方向ともにずらして配置され、ぶつかり合わないようになっている。

この「トラニテス」の櫂は、舷の外縁の上に付けられた格子の柵を支えにして漕ぐようになっており、これによって、舷側上端の内側に坐った「トラニテス」の櫂の腕木（手元から支点までの部分）は、漕ぐのに疲れすぎないための充分な長さが確保されていた。

下段の「タラミテス」についていえば、その坐る席は船底（thalamos）で、平面図的には、上段の「トラニテス」の横並びになるが、中段の「ゼウギテス」より肩幅分、船の中心軸に近く、高さでも、約九〇センチ、低い位置になる。その櫂は「ゼウギテス」のそれと同じく、船の横腹に開けられた舷窓を通り、上段の漕ぎ手の櫂支えの真下で海面に出るようになっている。

言葉で説明すると複雑だが、原理はきわめて単純である。要するに、三列に並んだ漕ぎ手を、高さと幅との両方でずらし、船の縦方向に《五点形排列》（訳注・正方形の四隅と中央とに一点ずつ置く）のやり方で配置することによって、使える空間を最も効率的に使うことにある。これによって、最も近くの人とも妨げ合わないで櫂を操るのに必要な空間が得られるわけである。しかも、このやり方の利点は、敵船が櫂を折ってやろうという目的で接近してきたとき、号令一下、櫂を引っ込め、危険が去ると、すぐ出して漕げることである。

下段の「タラミテス」の櫂が出ている舷窓は、海面から五〇センチ、「ゼウギテス」の場合は九〇センチの高さしかなかった。大波で海水が船に入ってくるのを避けるためには、一方を船体に固定し、他方を櫂に巻き付け、しかも、櫂を自由に動かせるようになっている革の覆いが使われた。

上段の「トラニテス」は、水面から一・四ないし一・五メートルの高さで、しかもまわりが広々しているが、その代わりに、まったく無防備であった。このため、前五世紀には、敵の矢から彼らを守ったり、乗り移ってくる敵兵を迎え撃つために、彼らの上に上甲板が付けられ、それに加えて、船の横腹には、矢を防ぐための布の幕が戦闘のたびに張り巡らされた。

アテナイの三段櫂船は一七〇人の漕ぎ手で進んだ。上段の漕ぎ手が六二人、中段と下段がそれぞれ五四人ずつである。上段は最も高い位置にあり、しかも櫂も長かったので、労働はきつかった。アリストファネスが使っている「トラニテスの人々」という表現は、こうした漕ぎ手として徴用された最下層のアテナイ市民を指している。

帆を操作したり、碇を上げ下ろししたり、もやい綱を操ったりするための水夫も一〇人ほど乗り組んでいた。この点では、三段櫂船は、それ以前の戦艦に較べて特に進歩はしておらず、同じように四角い帆一枚と、時として、小さな四角の前檣帆をつけた一本のマストを装備しているだけであった。

船の指揮陣としては、船長（「三段櫂船の司令官」の意で《トリエラルコス》と呼ばれた）と操舵士官と舳先で進路を確認する副士官、漕手長（調子をそろえて櫂を漕がせるため、笛吹き役を使った）、そして多分、何人かの炊事係などがいた。このほかに、幾人かの重装歩兵と弓手が乗り組んでいて、これらを《エピバテス》といった。併せて二〇〇人ほどが正規の乗員である。

三段櫂船は、よく訓練された乗組員の場合、五ないし六ノット（時速では九から一一キロ）で前進した。しかし、漕ぎ手の訓練と編成には神経を使った。漕ぎ手は何時間も休みなしに働かなければならなかったから体力を要したし、とくに微妙な操船が求められるときは、漕ぎ手全員が完全に力を合わせなければならず、これには不断の訓練が求められた。

ペリクレスは、ペロポネソス戦争のはじめにあたって、アテナイ市民にこう演説している。

「海軍は技術的訓練に依存する点では、他の諸事以上でさえある。そしてこれは、無計画に、いわば余技として熟練の域に達することを許さない。いな、この技術を磨くものは、あらゆる余技を排することすら必要となる。」（トゥキュディデス『戦史』久保正彰訳、岩波文庫）

しかし、アテナイは、その三段櫂船の乗組員を市民のなかから徴募する以外になかった。漕ぎ手は無産階級の市民の《テートス》から徴集されたが、ときには居留外国人つまり《メトイコス》や奴隷からも徴用された。

乗員たちには日給が支払われたが、その額は、都市が置かれた状況と財政事情によって二オボロスから一ドラクメ（六オボロス）まで、たえず変動した。ペロポネソス戦争の終盤になると、ラケダイモン海軍の将官たちは、ペルシアからの援助金で乗員の給与を競り上げ、アテナイ側で働いていた多くの漕ぎ手を引き抜いている。

三段櫂船の司令官、《トリエラルコス》は、アテナイの場合、職業的水夫ではなく、その船の財政的負担を担うことが役目で、将軍（ストラテゴス）によって裕福な市民のなかから指名されて就いた。《トリエラルコス》職の任期は一年で、海軍の命令を受けると自腹を切って船の出航準備を調え、出航してからも航海を経済面から支えた。船体、マスト、帆など、主要な船具は国家によって提供されたが、それ以外の装備を調えたり、修理をさせたり、乗員の士気を鼓舞するため贈り物をしたり、国庫からの給金に奨励金を上乗せしたりするのは《トリエラルコス》の負担によった。この費用はかなりの額になったので、前四一一年以後は、二人が折半でこれを引き受けるようにし、さらにくだって前三五七年には、かなりの数の納税者が分担し合う《シュンモリア》という複雑なシステムまで組み立てられている。

しかし、それとともに、国家のために個人的に物質面で参画するという基本原則は放棄され、市民は、納税以外は、国家のために私財を投げ出すことをしなくなる。これにともない、戦争に対する精神的態度も、根底から変わってしまったのである。

《トリエラルコス》が自ら船に乗り込んだ時代も、彼らが海軍の司令官としての資質と経験を必ずしももっていなかったことは明白である。このため、舳先で進路を指示し、《トリエラルコス》に適切に助言する専門の副司令官が重要であった。それでもなお、《トリエラルコス》は、彼の船について全責任をもっていた。

このことは、「アルギヌサイ事件」（前四〇六年）のとき民会で《トリエラルコス》たちが将軍たちに強硬に反対した事実にはっきり見ることができる。それは、軍命令の実行について自分たちが責任を負っていると感じていたからこそであった。

アテナイがその最盛期、力の基盤としたのは艦隊であった。第二次ペルシア戦争のとき、アテナイは約三〇〇隻の三段櫂船を動員することができた。前四三一年（訳注・この年、ペロポネソス戦争が始まった）にも、レスボス島、キオス島、コルキュラなど独自で艦隊をもつ同盟国のそれを別にしても、ほぼ同数の艦船をもっていたし、戦闘で何十隻も失っても、新しく建造し、武装を施す力をもっていた。

アリストファネスは『アカルナイの人々』のなかで、こうした海軍の動員の情景を、生き生きした描写で遺している。

「市街（まち）に満つるは兵卒のどよめき、艦長をとりまく叫び声、日当の支給に、女神（パラス）像の塗り替へ、兵糧の割り当てにざわめき返る列柱廊、革嚢、櫂の緒、水甕の買ひ手、にんにく、おりーぶ、網袋入りの玉葱、花冠、ひしこ、笛吹き女に摑み合いだ。船渠に充つるは櫂板の鉋かけ、木釘を打つ音、櫂穴への革紐つけ、笛に楫取り、呼び子に口笛だ。」（村上堅太郎訳）

作戦行動が行われていない時期には、三段櫂船の船体は格納庫に仕舞っておかれた。これは、港の停泊所にすぐ面した傾斜面に造られた屋根つきの船倉である。三段櫂船は船具を外されたあと、艫のほうから転子（ころ）の上を引っぱり揚げられた。船体が乾燥すると、海藻や貝殻を落としてきれいにし、隙間を塡めるなどの手入れが行われた。

こうした船舶のための作業場の跡は、古代世界の多くの場所で確認されている。その長さは約四〇メートルで、三段櫂船の平均的な長さが三五から三八メートルであったとする推定を裏付けている。

これらの格納庫は、普通は一隻しか収容できなかったが、シュラクサイの大ディオニュシオスは、同時に二隻を格納できる船倉を造らせている。すでにホメロスは、練達の水夫であったパイエークス人が船の格納庫をもっていたことを述べている。

ヘシオドスは、海のことにはあまり触れておらず、ただ露天の船置き場についてしか述べていない。コリントスではアルカイック期から、サモス島では僭主ポリュクラテスの時代から、屋根つきの船倉があった。ストラボンは、キュジコスの港には、そうした格納庫が二〇〇はあった、と報告している。

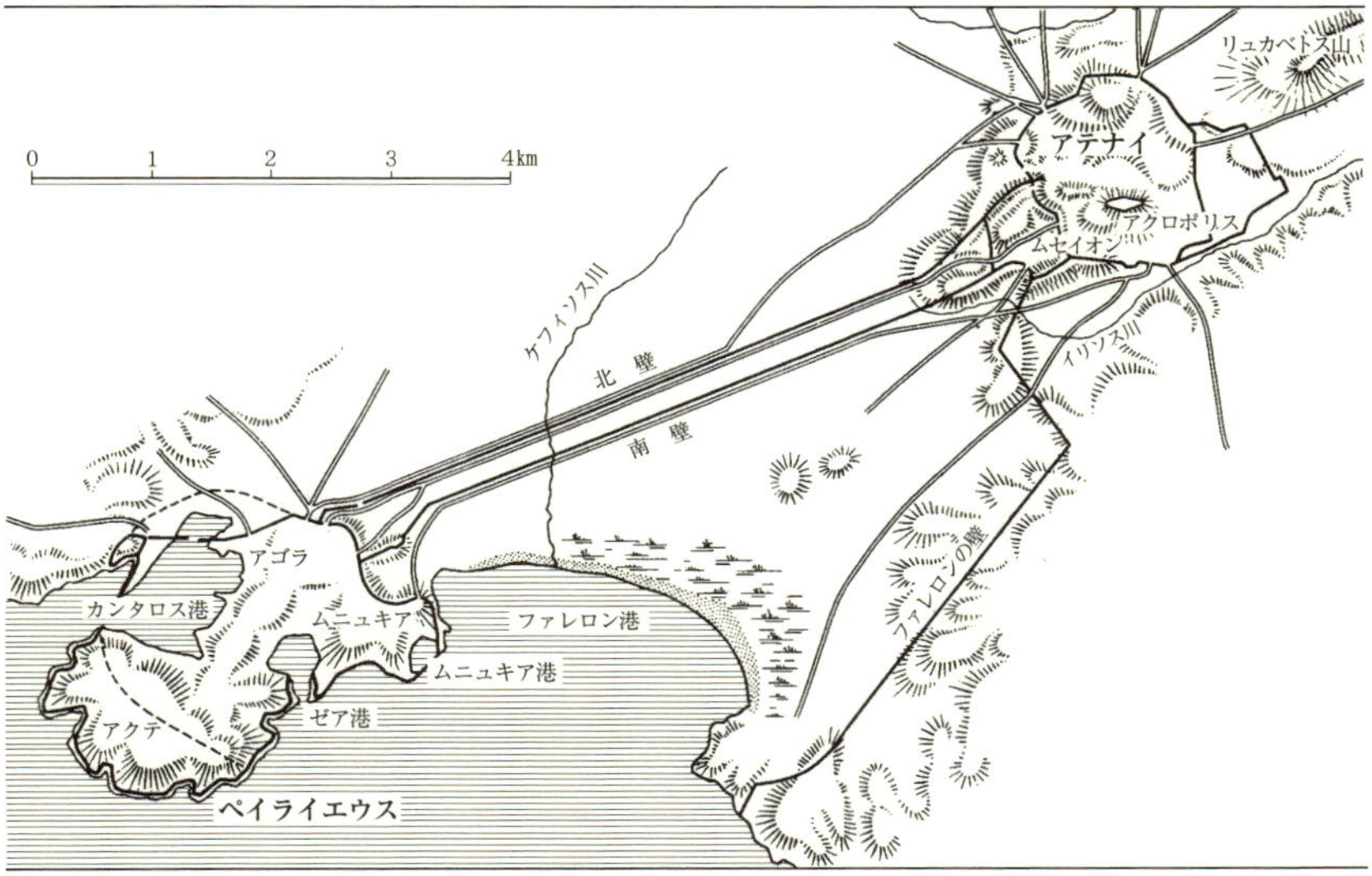

アテナイとペイライエウス

しかし、この分野で最も充実していたのは、いうまでもなくアテナイであった。アテナイは、長城で結ばれた港町のペイライエウスに商業用としてカンタロスと、戦艦用としてゼアおよびムニュキアという三つの港をもっていた。その船舶格納庫は、前四世紀半ばには三〇〇を数えた。

格納庫には、三段櫂船の船体とともに、船体から外されたマスト、櫂、舵も収納された。船具や帆、綱などは、《スケウオテコス》(兵器庫)と呼ばれた特別の建物に納められた。

アテナイ人たちはエレウシスの建築家、フィロンのプランにしたがって、前三四七年ごろからゼアの港の近くに、新しい《スケウオテコス》を建設したが、その図面がギリシアの主要な建築物を記録した文書のなかに遺されている。

それによると、幅は一八メートル、長さは一三〇メートルという大きさで、中央には高い列柱の回廊があり、その両側には、帆を仕舞っておく戸棚が一三〇、その下に綱具のための重ね棚が作られていた。火災や盗難に対する配慮もされており、たとえば窓枠は、木でなく金属で出来ていて、しっかり閉まるようになっていた。

三段櫂船の建造は、現在の造船技師に当たる専門技術者に委嘱された。そして、公的文書には、それぞれの船の名前のあとに建造者名が記され、責任の所在が分かるようになっていて、必要な事態が生じたときには、すぐ作業にかかることができた。一隻の船の建造が数か月で仕上げられた事例も見られる。

大きな問題は、こうした船の建造に必要な木材の調達であった。とくにアッティカは森林が乏しく、カルキディケやマケドニアからの輸入に頼らなければならなかった。マケドニアの歴代諸王は、この重要な資源の利用法をよく弁えており、アテナイ人が喉から手が出るほど望んでいた友情のために、高値をつけて払わせた。

今日の船と同じく、三段櫂船にも女性あるいは女性形の名前がつけられていた。たとえば『アムピトリーテー』(海神ポセイドンの妻の名)、『テティス』(海の女神)、『へーベー』(青春を象徴する女神)、『ガラテイア』(人魚)、『パンドラ』など女神や女性の英雄、『正義』、『力』、『勇気』、『自由』、『平和』などの抽象的観念、『愛された』、『速い』、『光り輝く』、『幸運な』などの形容詞である。

さらに、『ネメアの』、『デロスの』、『デルフォイの』など都市名を形容詞として付けた船もあったが、これは、とくに国家の公式文書を運ぶための船であった。

アテナイ人は、自分たちの運命が海運にかかっていることを知っていたから、船には非常に強い執着心をもっていた。アリストファネスは『騎士』のなかで、三段櫂船を擬人化し、自分たちにとって嬉しくない遠征計画を失敗させる相談のために集まったとの想定で、ユーモアたっぷりに、このアテナイ人の感情を伝えている。

「一番年かさの三段櫂船が言った。『ねえ、みんな、街で評判になっていることを聞いてない。みんなの噂じゃね、カルタゴを攻めるから、わたしらを百パイくれろっていってる嫌な男がいるんだそうだけど、それがあのいけすかないヒュペルボロスなのよ』」（松平千秋訳）

そして、この不吉な計画に同意しない旨を訴えようと、何隻かの三段櫂船が脱走して、神聖不可侵の聖域へ避難所を求めて去っていくのである。

しかし、現実には、はるかな土地へ出発する艦隊を見送るためや、帰還してきた船を勝利の凱歌をもって出迎えるためにペイライエウスの港へやってきたアテナイ人たちの胸中は、なんと誇りに満ちていたことであろうか！　トゥキュディデスは、前四一五年中頃のシチリアへの遠征隊の出発風景を、印象的な言葉で次のように叙述している。

「さて船の乗組みが終わって、携行物資の積み込みも全て完了すると、ラッパが鳴り静粛が命じられた。それから人々は伝統の出航の祈りを、各船ではなく、伝令使の号令の下に一斉に捧げた。神酒はそれぞれの部署で混ぜられ、それを船員や士官たちが金杯銀杯を手にして捧注した。武運を願う市民も群衆も陸上からこの祈りを共にしたのであった。讃唱が終わり、神酒の捧注も終わると、いよいよ彼らは出航の途についた。初めは船列を一列に整えて船出をしたが、間もなく、先を競ってアイギーナ島までは競走の形となり、そして他の同盟軍の待つケルキューラ島に着くべく、彼らは船足を速めていった。」（小西晴雄訳）

戦闘については、膨大な記録が歴史家たちによって遺されており、私たちはそれによって戦術の進歩の跡を辿ることができる。作戦行動が起こされるのは、よい季節だけである。細長くて屋根のないこれらの船にとっては、冬の嵐は致命的であった。したがって船は、冬の間は基地で過ごし、春になってはじめて出航したのである。

基本的には沿岸航海に終始し、あえて外海へ出るのは、たとえばアフリカや南イタリアへ渡るためといった、どうしてもそうせざるをえない場合に限られていた。なぜなら、狭い船の上での生活は、航海が長くなると、快適なものではなかったからである。

夜間は航海を避け、食事も接岸し上陸して摂るのが普通であった。ギリシア人の戦記を読んでみて、沖合での海戦の記録がほとんどないのは、このためである。海戦のほとんどは、海峡部など岸に近いところで行われ、なにかというと、すぐ船を接岸し、地上軍と合流することが多かった。

しかしながら、こうした戦闘の仕方にも、時代による進展はある。

アルカイック期には、船嘴つきの戦艦がたくさんあったにもかかわらず、船同士の戦いは少なく、それぞれが敵船に接舷し、重装歩兵が乗り込んでいって、白兵戦を展開したから、本質的には地上戦に近いものになった。したがって、戦術といっても接舷・攻撃することだけで、戦いは、ほんとうの意味での総体性をもったものではなく、各船ごとの個別戦の連続に分解する。アルカイック期の甕の絵には、たとえば前七世紀の有名な『アリストノスのクラテル』のそれのように、こうした戦闘の模様を描いたものが幾つか見られる。

それが大きく変わるのは前五世紀である。この変化には、熟練した乗組員の使い方に長けていたアテナイの将官たちの影響が大きい。すでにサラミスの海戦において、ギリシア戦艦はその操縦しやすさを活用して、狭い海域で思うように身動きがとれない状態にあった敵の艦船を片っ端から船嘴で突き破る戦法を展開し、まさに歴史的勝利をものにした。

しかも、このころから、複雑な操船法を調整して、統制された行動をとれるようにすることにより、広い海域でも、そしてずっと優勢な敵にも勝てるようになっている。たとえば《ディエクプロウス》と呼ばれる操船法は、横に並んで進んでくる敵艦隊に縦一列の編成で突っ切って、これを破るものである。これは、すれ違いざまに敵船の櫂をへし折るのが狙いであった。もし、敵艦がこれを警戒して方向を変えようとした場合は、敵は戦列が乱れて混乱に陥るうえ、こちら側としては、船嘴による攻撃がしやすくなった。

また《ペリプロウス》と呼ばれる方法は、こちらは一列縦隊を崩さないで、敵艦隊のまわりを猛スピードで回るものである。これは、こちらの横腹をさらすので、返り討ちをくらう危険があったが、もし敵船が自分の前を行く味方の船を攻撃しようとしたときには、その敵船の横腹を船嘴で攻撃することができたから、その意味では安全が保証されていたわけである。

速度をコンスタントに保ち、態勢を維持しているかぎり、この作戦は、敵船の行動範囲を次第に狭め、戦闘態勢をとりにくくする一方、こちらからは攻撃しやすくなる。この戦法の見事な手本を示したのが、前四二九年のパトラス湾海戦でのアテナイ軍司令官、フォルミオンであった。

彼は、二〇隻の三段櫂船で四七隻のペロポネソス艦隊を包囲し、次第に押し詰めていくと、読みどおりに朝の風で湾内が泡立ち、敵が混乱の度を強めるや、一斉に攻撃を加えてペロポネソス軍を潰走させた。その結果、アテナイ軍側は一隻も失わないで、敵船一二隻を拿捕することができたのであった。

その他、歩兵を海岸に上陸させ、これと艦隊とが連携して合同で繰り広げる混合作戦もあった。この例としては、リュサンドロスがアテナイ艦隊を打ち破った前四〇五年のアイゴスポタモイの戦いがある。このスパルタ軍司令官は、戦闘が何日間にもわたるのを避けるために、ある偽りの安心感を敵方に吹き込んでおいて、アテナイ人たちが毎日、海峡の真ん中でデモンストレーションをやったあと、夕食のためにケルソネソスの海岸に戻ることを偵察兵によって知ると、自軍の艦船を派遣し、碇をおろして乗員を上陸させているアテナイ軍の三段櫂船を奇襲し、そのほとんどを拿捕あるいは破壊させた。これによって、二十六年間つづいたペロポネソス戦争におけるスパルタの勝利を確実にしたのであった。

8　戦争の冷酷非情

以上に述べたような陸上軍や海上軍によって、各都市は絶え間なく戦争をしたのだが、それはしばしば情け容赦のないものになった。なぜならギリシア人の考えでは、勝者は敗者に対し、人格についても財産についても、原則として無制限の権利をもっていたからである。

勝者は、戦争の法にさえ背かなければ、住民を虐殺することも、奴隷にすることも、土地を奪い収穫物を荒らすことも、家具などを我が物にすることも、町や村を焼き払うこと（ただし、神々を怒らせないよう神域だけは尊重することを留保したうえで）も自由であった。

これらは、すでにアカイア人たちがトロイ攻撃にあたって目的としたことであった。『イリアス』の第四巻で、アガメムノンが将兵たちを前に敵どもを待ち受ける運命を述べた言葉を思い起こしてみよう。

いや、まさしく先から、誓約をなみして破り犯した者ども、
その者どものゆたかな裸身を禿鷹どもが啄むことに違いあるまい。
して我々は（かれらが）愛しい妻や稚い子供たちをば
この城市を陥れたうえ、船にのっけて連れて行こうよ。

（呉茂一訳）

のちにユリッシーズ（オデュッセウス）は帰国の途次、トラキア海岸のキコネス人の国を荒らし、遠慮会釈なく掠奪している。彼が生かしておくのはアポロン神に仕える神官だけである。これは、この神への尊敬心からであるが、ただし、身代金として、すばらしい贈り物を彼から受け取っている。

この叙事詩を読むと、当時のすべての男たちが、わが子とわが町から敗北と隷属の《運命の日》を遠ざけるにはいかにすべきか、という不安のなかに生きていたことが分かる。テーバイを攻めたアルゴスの七人の英雄のひとりは、自分の楯にスローガンの形で「我、町を焼き払わん」と書いていた。

この原則は、古典期になっても、実際には幾らか和らげられたにせよ、「強者の不磨の法」として疑問視されることはなかった。クセノフォンの『ソクラテスの思い出』を読むと、ソクラテスでさえも、これを自明の理としていたことが知られる。

「誰かが将軍にえらばれ、そしてわれわれに不正をなす敵の市を奴隷に売ったとしたら、われわれはこれを不正と呼ぶだろうか？」

「そりゃ呼びません。」

「正しい行いと云いはしないか。」
「云います。」

（佐々木理訳）

したがって、敗者をどう扱うかは、勝者の気分次第であり、彼を制約するのは、その気性の寛仁の度合いだけである。アテナイ人は、節度と優しさをとかく誇りたがるが、ときには、きわめて苛酷であった。前四四六年にはエウボイアの多くの市民をその祖国から追放し、同四三〇年にはアイギナ住民とポティダイアの住民を、四二二年にはデロス島の住民を追放している。

さらに四二七年には、アテナイの支配に反抗したミュティレネの全住民を死刑に処する命令を出した。しかし、翌日には優しい気分に戻り、先の命令を持って出た船を追いかけて別の三段櫂船を出したが、この死刑取消の命令書が、現地の将軍パケスに届いたのは、死刑が執行される直前であった。

このときミュティレネ市民の大量虐殺を主張したのがクレオンであるが、彼は、くだって四二二年にも、カルキディケのトロネ市民を奴隷として売らせている。その翌年、カルキディケのもう一つの町、スキオネは、さらに残忍な運命に見舞われている。勝ったアテナイは、この町の壮健な男を全員殺し、女と子供を奴隷にしたのである。さらに、四一六年から四一五年にかけ、キュクラデス諸島のメロス島の住民も、アテナイへの服従を拒んで同じやり方で処分されている。

前四一五年、ミュカレッソスのボイオティア人都市は、アテナイに雇われたトラキア人部隊によって徹底的に破壊され、住民は、女や子供も含めて皆殺しに遭っている。その結果、この土地は、西暦二世紀にパウサニアスが書いているように、完全に廃墟となってしまったのであった。

スパルタ人たちも、残忍さでは人後に落ちない。前四二七年には、捕虜になったプラタイアの男たちを殺戮しているし、四一七年から四一六年には、アルゴスのヒュシアイの城塞を陥落させて、捕虜を全員殺している。四〇四年、リュサンドロスに降伏し捕虜になったアテナイ人たちも、すでに述べたように、危うく同じ運命を辿るところであった。かつてアテナイのために残虐な目にあったテーバイやコリントスの同盟諸都市が、ついに屈服したこの仇敵に厳しい処分をするようスパルタに要求したからである。

クセノフォンは、その『ヘレニカ（ギリシア史）』のなかで、彼の同郷人であるアテナイ人自身が、敵対した人々をいかに苛酷に扱ってきたかを意識していたので、今度は自分たちが「目には目を」の法を適用されるのでは、と恐れていたことを述べ、付け加えて「だが、ラケダイモン人たちは、あのギリシア最大の危機のときにギリシアのために尽くした都市を奴隷に落とすことを拒んだ」と記している。

したがって、伝統としては認められていた暴力的風習も、ときには、道義的配慮によって緩和されることがあったし、さらには、人道的配慮を主張する幾人かの思想家や著作家、政治家の声が次第に受け入れられ、戦争の規範を、より残虐さの少ないものに変えていったのであり、そこにギリシア人の誇りがある。

その点で最初に影響力を発揮したのが宗教、とりわけデルフォイのそれであった。アテナイの弁論家、アイスキネスが『使節について』のなかに引用している《隣保同盟》の誓約文書には、ピュロス＝デルフォイ隣保同盟の参加国は互いに、戦争によって住民を絶滅させることはしないという一項が含まれている。事実、デルフォイの神託が大きな道義的威信を発揮するのにともなって、この誓約も広く尊重されるようになる。

前四世紀の碑文が伝える『プラタイアの誓約』の文言は、おそらく原文そのままではないだろうが、それが刻まれた当時の人々の関心事を反映している。これは、同じ誓約を、隣保同盟の都市にではなく、クセルクセスに対抗して結ばれた防衛同盟の諸都市とアテナイ、スパルタ、プラタイアに適用したものである。

戦争の勝者の権利にこうした制約を課そうとした配慮の基盤にあったのは、宗教的というより道義的なものだったようである。その源泉になったのが《ギリシア人》としての連帯感であり、同じ血と言葉の絆によって結ばれた共同体精神であった。これらは、弁論家や著作家によって論じられたにもかかわらず、現実の都市同士の疑り深い排他主義を消滅させるにはいたらなかったのであるが、それでも、ときには、排他主義的暴力の噴出を幾分かでも抑制する機能を果たしたといえる。

プラトンは『メネクセノス』のなかで、アテナイ人がスファクテリアで捕虜にしたスパルタ人重装歩兵の釈放を決めたのは、ギリシア人としての連帯を重んじたからであるとしている。

「それと申しますのも、同族のものに対して戦うのは勝利までにしなければならないし、そして、国の私の怒りによってギリシア人たちの共通のものを亡ぼしてはいけない……と考えてのことであります。」

（山本光雄訳）

伝統的慣習にあまり従おうとしない革新的精神の人々は、暴力に対し非難と憤慨を表明した。エウリピデスも、前四一五年に演じられた『トロイの女』のなかで、征服戦争がさまざまな不幸と不正な苦しみを惹き起こすことを理由に、こうした伝統的規範を厳しく非難している。彼は、この劇の冒頭で、戦争を非難する言葉を海神ポセイドンに語らせ、そのあと全編をトロイ陥落直後のヘカベ、アンドロマケ、カッサンドラなどのフリュギア人捕虜の惨めな運命を描くことに捧げている。このなかでポセイドンは「愚かな人間どもめが。町を壊ち、神の社や死者の聖なる墓所をば荒らした咎で、こんどはみずから潰え去らねばならぬとは」と嘆き、カッサンドラにいたっては「いやしくも分別あるものは戦いを避けねばなりませぬ。しかしひとたび戦いに入ったからは、国のためいさぎよく死ぬが男子の面目、死処を得ぬのは恥辱といわねばなりません」(松平千秋訳『トロイアの女』)とまで述べている。

このようにして、栄光は、単に勇敢な軍事的行動にあるのではなく、軍事的行動が守らなければならない理由の正当性・合法性にあるという《正義の戦い》の理念が少しずつ明確化していく。ときには《犠牲》の崇高さが認められるとしても、気高い理念のために捧げられる《犠牲》でなければならない。そこから、亡くなった戦士の墓碑や追悼演説において、祖国の法に殉じたことだけでなく(もっとも、スパルタ人の場合は、これ以外の理念を持ち出す必要はなかった)、自由のために命を捧げたことが強調されるようになる。この志向性は、ペルシア戦争のときの葬送のエピグラムに表れており、シモニデスの作とされる一篇は、当時の多くの人々の心にあった感情を非常に的確に言い表している。

至高の勲は勇敢に死ぬこと
それは、運命の女神が
他の誰人にもまして我らに与えしもの
ギリシアに自由をもたらせし我らは
不滅の栄誉に包まれて、ここに眠る

古典時代になると、軍事的義務のこの理想的観念は、奥に隠されている実態がどうであれ、少なくとも理論としては、きわめて普遍的に認められるようになる。なにか別のものがこれに対置されることは、いずれにせよ、ほとんどない。

アリストファネスについては、時代錯誤的に現代化しすぎて、「平和主義」ということがしばしば言われるが、彼は、祖国のために武器を執って奉仕しなければならないとする義務観念に異議を申し立てたわけではなかった。この『アカルナイの人々』や『平和』『女の平和』の作者は、戦争遂行を口実に同盟国から貢租を徴収して、アッティカの外に《クレルコイ》を設置するやり方や、軍事賠償金によって自分の懐を肥やそうと目論んだクレオンやヒュペルボロス、クレオフォンといったデマゴグたちのやり方に異を唱え、平和的外交政策に切り替えさせようとしたのであった。

たしかに、都市の貧民層は、これらデマゴグたちの政策がもたらす利益を歓迎した。だが、資産をもつ農民たちにとっては、戦争は自分たちの財産を荒らす脅威であった。彼らは田園を逐われて都市の城壁内にかろうじて逃れたものの、遺してきた家財は奪われ、オリーヴやぶどうの木を切られ、しかも、それに対してなにもできないことに苛立つだけであった。

こうして彼らは、幾らか幻想がないわけではないが、敵方が納得のゆく条件で和平を受け入れるならば、と平和への願いを強めていったのであり、アリストファネスは、そうした農民を愛し大事に思う気持ちから、そして、デマゴグたちとその破廉恥な勧誘への嫌悪から、農民たちの弁護人となったのである。

彼は、ラケダイモン人と単独で講和条約を結ぶ勇敢な農夫、ディカイオポリスを描き、あるいは、部隊長、ラマコスとその大言壮語、その兜のばかでかい羽根飾り、その盾におどろおどろしく描かれたゴルゴンの絵を茶化して表現しているが、そこには、投げやりの政策を勧めるつもりもなければ、ほんとうの勇気を嘲弄するつもりもない。それどころか、多分、短い視野においてではあるが純粋な愛国心から、アッティカの大地の栄光を雄弁に称える歌を幾つも作っているし、彼以上に、ペルシア戦争の英雄《マラトンの勇者》を市民兵の手本として称えた人はいない。彼は「時宜を得た讃辞」は述べたが、政治的原理として革新的なことは何も言わなかった。彼の「平和プロパガンダ」は、あくまで国内政治の議論として見たときに、その意味のすべてが明らかになる。

彼は、戦争が苛酷なやり方で農村を疲弊させ、ひいては社会の基盤を揺るがして深刻な変容をもたらすことを知っていたのではないだろうか？　このように断定することは無謀かもしれないが、彼は、その凋落のプロセスを見届けることはできなかったものの、少なくとも、その徴候ははっきりと見ていたので、それを食い止めることに全力を尽くしたのであった。

9　傭兵とその歴史的意義

ところで、アリストファネスがその切迫を予感し、戦争によって現実化した社会的危機は、ギリシア人の軍事的伝統に一つの重大な結果をもたらすこととなった。それはペロポネソス戦争の終わり頃にあらわれ、前四世紀には戦争の仕方と条件を明確に変え、さらにヘレニズム時代には、それらを全面的に覆すことになる《傭兵》の出現である。

傭兵制度は、近年の研究で明らかにされているように、一つの社会的不均衡から現れた。というのは、このような、死と直結していて、およそ快適とはいえない生活を送ることを多くの男たちが受け入れたのは、かつてのように市民としての義務からでなく、金銭のためであった。したがって、金を払ってくれる人間なら雇い主は誰でもよいわけで、その背後には、彼の属する社会がこれ以外の選択をさせてくれないという事実があったのである。

この現象は、前四世紀になるとますます顕著になる。傭兵の給金は、上がるどころか、むしろ技能工のそれより低くなるにもかかわらず、この時代、ギリシア軍のなかで傭兵の占める比重は大きくなっている。最近の計算によると、この世紀の初め、傭兵は少なくとも四万を数えたが、その約半数がシチリアの大ディオニュシオスに雇われた兵士であった。

前三六六年、テーバイが覇権を握るなかで、アテナイはティモテオスのもとで再び帝国主義的政策を採り始める。シチリアでも、小ディオニュシオスが父に負けじと野心を燃やし、スパルタ支援のために軍勢を送るなどしており、さまざまな戦場で活躍する傭兵は約二万を数えた。また、この世紀半ば、フォキスが第三次神聖戦争において一〇年間も戦争を続けたのは、デルフォイ神殿の宝物を使って二万人もの傭兵を雇うことができたからであった。したがって、前四世紀は、ギリシア人の軍事組織に一つの新しい現象が頻繁に入り込んでいった時期であったといえる。

たしかに、傭兵は、アルカイック期にすでに現れていた。A・エイマールは、綿密な分析により、傭兵と植民と僭主制を結ぶ関係を浮かび上がらせている。これら三つは、それぞれ別々であるが、前七世紀から同六世紀にかけてギリシア世界で猖獗を極めた社会的危機が相乗的に表れた症状だったのである。

すでにこの時代、プサメティコス一世（B. C. 664-610）からアマシス（B. C. 570-526）にいたるサイス朝エジプトのファラオの軍隊のなかにギリシア人傭兵が見られた。アマシスの息子のプサメティコス三世

（B. C. 526-525）は、これらの外国人兵士たちの忠誠に頼った結果、ペルシアのカンビュセスの前に敗北を免れなかった。

これらのギリシア人傭兵の存在については、ヘロドトスの記述が有名であるが、それを裏づける図像資料にも事欠かない。その一つが、前五九一年にヌビアのアブ＝シンベル神殿入り口の列柱の脚部に刻まれた絵である。このように、その存在の痕跡を遺している外国人たち（アログロッソ）のなかには、イオニアやロードス島から来ていたギリシア人だけでなく、セム系民族の小アジアのカリア人なども いる。

しかも、エジプトのファラオだけでなく、バビロニアのネブカドネザルや、リュディアのメルムナダイ朝の王といったアジアの君主たちも、時に応じてギリシア人戦士を雇っていた。

当然、ギリシア諸都市の僭主たちも、自分の手先になって働いてくれる人間を、同じギリシア世界でも他地域から来た傭兵のなかから盛んに抜擢している。キュレネのバットス朝最後の三代の王たちは、このやり方の典型的な実例を示している。たとえばアルケシラオス三世は、革命によってキュレネを逐われ、サモス島のポリュクラテスのもとに逃れたが、そこで傭兵を募って、キュレネを取り戻している。その孫のアルケシラオス四世は、前四六二年、義兄弟のカロートスがピュティア祭の戦車競技に参加するためにギリシア本土へ出かけようとしたとき、傭兵を募って連れ帰るよう依頼している。

しかしながら、今日見ることのできる資料で判断するかぎり、アルカイック期には傭兵制度はまだ、それほど発展していなかった。それが目立ってくるのが前四世紀である。おそらくアルカイック期には、植民運動で貧民や流民を充分に吸収できたからであろう。前五世紀には、前記のアルケシラオス四世の例は別にして、傭兵の徴募はなかったようである。

傭兵が目立つのがペロポネソス戦争においてである。たとえばアテナイは、シチリア遠征のためにトラキア人から補充兵を募ったが、この傭兵部隊は到着が遅れ、船がシュラクサイへ出発してしまったあとだったので、デイエイトレプェースがトラキアへ連れ戻すことになったのだが、その途中、ミュカレッソスのボイオティア人都市を掠奪している。

戦乱期に増えた職業的戦士たちは、ギリシア世界での戦争が終結すると、仕事がなくなった。そこへ、ペルシアで小キュロスが兄のアルタクセルクセスを倒そうとして挙兵したとのニュースが伝わり、ギリシア人傭兵がそのもとにぞくぞく馳せ参じ、その数は一万三〇〇〇人に達した。ところが、小キュロスは挙兵してまもなく、チグリス河畔のクナクサの戦いで死んでしまったので、行き場を失った一万人のギリシア人たちは、ペルシャ帝国のなかを放浪しなければならなかった。クセノフォンが『アナバシス』で記録しているこの事件は、このような傭兵がいかにたくさんいたかということと同時に、彼らが軍事的にいかに価値を持っていたかを示している。

これ以後も、ギリシアの軍隊のなかで職業的兵士が演じる役割はますます大きくなり、その反対に市民兵の役割は減少していった。そして、こうした傭兵を使ったアテナイのコノンやイフィクラテス、ティモテオス、スパルタのアゲシラオスなどの優れた将軍や、傭兵を率いた隊長たち（その典型がメネラオスというマケドニア人で、彼は前三六三年にアテナイのために雇われ、その働きぶりで市民権をはじめ様々な栄誉を授与された）のおかげで、実戦を通して技量を向上させていった。

すでに述べた戦術上の種々の進歩も、多くは傭兵を使うようになったことによってもたらされた。これは、イフィクラテスが考案した軽装の《ペルタ歩兵》についてもいえるし、前記のマケドニア人、メネラオスが騎兵隊隊長として活躍し、軍事力全体のなかで騎兵隊が果たす役割の増大を際立たせたことも、その一つである。

これらの職業的兵士たちは、一般市民に対し、伝統的軍隊では考えられないほど残忍だったろうか? 実際には、どちらも掠奪を働いたし、それは、征服者の権利と考えられていた。しかし、当時の人々が傭兵部隊を「無国籍者」「逃亡兵」「罪人の集まり」と見て、その増大に恐怖を覚え、彼らが恐喝し暴力を振るい、法を蹂躙するのを非難して、ついには「万人の敵」とまで見なすにいたったことは事実である。

これらは、少なくとも前三五六年にイソクラテスが『平和について』のなかで使っている言葉であり、そこには避けがたい誇張があることは考慮するにしても、当時、広まりつつあった一つの感情を表していた。それは、このアテナイの弁論家が、同じ講説のなかで、わが都市の防衛を外国の人間に任せている同国人を厳しく非難していることである。同じ種類の非難は、デモステネスも繰り返している。

これらの文献は、このころのギリシアにおける軍事的慣習が、どのような方向へ発展しつつあったかを明確に示している。つまり、それまでは、戦争は都市にあって市民共通の問題であるとともに、少なくとも原則的には市民個人の問題でもあった。それが、これ以後は、他のさまざまな分野におけるのと同様、この分野でも、ある種の専門化が入り込んできたのである。

軍事的奉仕は、アテナイの青年学校のような機構によって効率化と規律化が図られても、もはや、市民として果たすべき第一の義務であり信念をもって遂行すべき任務であるとは考えられなくなり、外国人であろうとお構いなく、職業的軍人をカネで雇い、彼らに任せればよいとされるようになる。

こうして、傭兵の国際市場が形成されるのと平行して、個人を都市に結びつける絆は緩み、リスクと義務を自分から遠ざけようとする風潮が進行していった。いうなれば、需要と供給とが並行して増大していったわけで、そこにさらに、武器と戦術、機械の応用による軍事技術の複雑化が加わり、市民兵に対する職業的兵士の優越がますます顕著となっていった。

この進展の実態は、アレクサンドロスの時代にはまだ、マケドニア国軍が演じた優越的役割のために、しばらくは表に出てこなかった。しかし、この天才的指揮官がいなくなると、たちまち、野心的な将軍たちにとっては、傭兵部隊のほうが、どんなに都合がよいかが明らかになっていった。以後、ギリシア世界における戦争は、都市の問題ではなく、王侯たちの問題となっていく。

第六章　祭儀と神々

1　ギリシア宗教についての資料

私たち現代人の大部分にとって、「ギリシアの宗教」とは本質的には、ルネサンス以来、詩人や芸術家がギリシア・ラテンの先輩を模倣して題材として利用してきた様々な伝説の総体であり、これらの神話的思い出に、デルフォイやアテナイのアクロポリスとかスニオン岬〔訳注・アッティカの南端にあり、ペリクレス時代に建てられたポセイドン神殿がある〕など、はるか昔に見捨てられながら今も美しさを湛えている建造物がそびえ立つ、悲壮で壮大な聖域の廃墟が喚起するイメージが加わる。

ギリシアの神々の本当の名前は、ルコント・ド・リールと高踏派の詩人たちがそれに対応するローマ神話の神々の名前に置き換えて以来、両者の間で混同が行われてきた。かりに私たちが《ユピテル》ではなく《ゼウス》、《ウェヌス》でなく《アフロディテ》、《メルクリウス》でなく《ヘルメス》と言ったとしても、実質は『転身譜』の著者、ローマ人のオウィディウスに影響され、彼と同じようにこれらの神々のことを考えているのであって、前五世紀のアテナイ人の眼で見ることはしていない。

このことは、いったん定着した学問的伝統というものは容易には揺らぐものではないことを示しているのだが、とはいえ、それが古典期ギリシア人の宗教的感情の実際とはほとんど合致していないことも事実である。私たちが明らかにしたいのは、遙かな歴史の彼方にある真実であり、しかも、それは私たちも近づくことのできるものである。

では、どのような道によって、それに近づけるだろうか？　最も豊富な源泉は、やはり文字で書かれたテキストであるが、それは、私たちを誤解させやすいものでもある。ギリシア人の想像力は神々にかかわる伝承に偏愛を伴っているのが常で、その伝承に対し些かも疑念を抱くことをしていない。

ギリシア人たちは、神話の分野では、《恒久不変のドグマ》といったものを全く知らなかった。崇拝の場はたくさんあり、人間の分散と都市の独立主義のために、伝承は増殖し、多様化した。こうした多様化に気づいていた詩人たちは、神についての自分たちの感情に抵触しないかぎり、機会あらば、さらに様々なものを遠慮なく付け加えた。ピンダロスのような信仰心の深い人も、すでに樹立された伝承を、ためらうことなく拒絶し、その『オリュンピア競技祝勝歌』のなかで、タンタロスが神々の食卓に肉を提供するために息子のペロプスを殺したという話をきびしく批判して、「人間は、神々には尊敬に値する行為のみを帰する義務を負っている。幸多き方々の一人でも人肉喰いと呼ぶことは私にはとうていできない。そのようなことは私は断じて拒否する」と書いている。彼はまた、自分の道義感に合ったものにするため、ある伝説を何度も作り直している。悲劇作家たちも、同じである。彼らは誰憚ることなく、自分の空想に任せて伝説をアレンジした。このため、古い神話も、その内容は驚くほど柔軟性をもつものになった。

くだってヘレニズム時代には、学者や神話記述者、註釈家、本の編集者たちが、すでに増殖して支離滅裂になっていたものを、自分の考えのままに一つの神話に仕上げていく。

だが、このヘレニズム時代に、ギリシア世界から伝承された宝を変形し、豊かなものにするうえで働いたのは、もっと別の配慮であった。それは、哲学者たちによって覚醒された合理性への欲求を満足させるために、矛盾した様々な伝承を相互に結び合わせる力を導入することとともに、あまりにも長々と展開される話に絵画的な味付けを施し、民衆のためになんらかの雅趣を添えることであった。

ところで、ラテン作家たちが私たちに伝えるにあたって情報源にしたのは、ホメロスや悲劇作家たちよりも、これらのヘレニズム時代の著述家たちであった。古典期ギリシアの宗教を研究する人が、ラテン作家たちの遺した資料の解釈に難渋させられる原因はここにある。ラテン作家たちが伝えているのは、ヘレニズム期に学問的に練り上げられた成果であり、古典期のギリシア人の共通感情などではない。そこで、たんに想像されたものと、信頼すべき証言とを区別することはきわめて微妙で、しばしば不可能でさえある。

ギリシア宗教の深い本質を表す独自の特徴は、神話的伝承の豊かさと、さらにいえば、その伸縮自在性にある。しかし、充分な用心なくしてはそれは利用しないほうがよい。私たちがたいして批判的留保を付けないで活用できるのは、伝承のなかでも純粋な信仰と祭儀に結びついた客観性をもって語りかけてくる文献だけである。なぜなら、私たちをかつてのギリシア人に接近させ彼らの宗教的行動を直接に把握させてくれるのは、伝承された物語よりも、どのように礼拝されていたかという事実だからである。

著述家の記述や考古学的資料によって知られていることであっても、私たちが参考にできるのは、具体性をもって行われていたことだけである。そこで私たちが関わり合うのは、社会的現実であり、行動に表れた信仰であって、知的思弁ではない。したがって、ギリシア宗教の研究は、しばしば作為的で一貫性を滅多にもたない神話的証言を集積し、一時的に総合化することによりも、つねに地方によって異なる文化的行為を分類整理し、記述し、解釈することにある。伝承が有効な資料たりうるのは、それが例証あるいは説明している儀礼の事実に結びついている場合だけである。この実際的確証がなければ、それは、著作者のたんなる文学的習作でしかないだろう。

行われていた種々の祭式について教えてくれる資料は種々あるが、その解釈には、きわめて多様な方法が必要とされる。

まず、事の序でに祭儀に触れている文学的テキストの証言がある。そうしたなかには、ときに細かい事情についての貴重な情報を伝えてくれるものがある。たとえばホメロスの詩には、祈りと供犠のシーンがたくさん出てくるし、アッティカ悲劇の幾つかには、葬儀の様子を述べたものがある。アリストファネスのある作品は、田舎でのディオニュソス祭を生き生きと、しかも明確に描いている。

次に、歴史家や雑文家の書いた物がある。前五世紀のヘロドトスも西暦二世紀初めのプルタルコスも、ギリシア人の宗教生活に強い関心を寄せ、この面での情報を豊富に伝えてくれている。

最後に、時代はずっとくだるが、資料蒐集家たちがいる。この人々の仕事は、中世ビザンティンの辞典編纂者を経て、断片的に今日にまで伝えられている。『スーダ』のタイトルで知られている一〇世紀の《ギリシア語用語辞典》の無名の編纂者がその例である。彼は「シュイダス Suidas」と呼ばれてきたが、これは、古くからの誤伝である。それはともかく、そこに引用されているテキストや短い註釈は、手書き写本のため変異が甚だしいが、それでも、古代ギリシア宗教についての私たちの知識を豊かにしてくれる。

しかし、私たちにとってかけがえのない宝は、パウサニアスである。アッティカ、ペロポネソス、ボイオティア、フォキスといったギリシア本土の各地について描写し、『ギリシア案内記（ペリエゲシス）』を書いたこの西暦二世紀の修辞学者は、宗教的事物とその伝承とに最も生き生きした好奇心を寄せている。彼は、自分が通過した道筋にあるごく小さな村でも、そこに語り継がれている伝説や彼の目に映った祭儀を感心するほど細かく、熱心に記述している。これほどまでに多様で豊富な、そして正直な証言がなかったならば、私たちは古代ギリシア人の宗教について、簡単で断片的な視野しか手に入れることができなかったであろう。

彼は、祭儀の幾つかの側面に刻印されたタブーを尊重し、奥義に達した人だけに伝えられ秘密に行われている儀礼については、明らかにすることを控えているが、しかし、普通は見抜くことのできないそうしたものが存在することは教えてくれている。

公衆が参加する祭儀に関しては、積極的に一つ一つ列挙し、とくに奇妙な風習や人を驚かせるような風習である場合は、その場で知ったことだけでなく、さまざまな資料から集めることのできた知識も加えて詳細に記述している。

付け加えていえば、彼は自分が通った道筋について非常に明確に地形などを述べているので、今は廃墟になっているものの当時は聖なる記念建造物のあった多くの場所を特定することができる。もし彼がいなかったならば、私たちはデルフォイやオリュンピアの大きな聖域のなかの建物や奉納物の大部分について、名称を突き止めるのにさえ苦労したにちがいない。

たしかに彼の記述には画趣とか喚起力といったものに欠ける面があるが、記述は厳密で細部にわたっており、もしもこれがなかったならば、重要な神殿の内部の様子については、何一つ知り得なかったに相違ない。ギリシア宗教の歴史家がパウサニアスに負っているものの大きさは計り知れない。

以上の文献的資料のほかに、非常に豊富で多様な情報源となっているものに考古学的・碑銘学的資料があり、宗教的な制度や仕組に触れたものもきわめてたくさんある。神聖な掟、献辞、奉納品や神殿の財宝目録、奇跡による治癒の報告、神託、宗教的祭典に関する決議書、宗教上の暦、死者を弔う短詩などを刻んだ石や金属製品が、廃墟で発掘されたり、あるいは偶然に収集されている。

これらによって、パウサニアスを別にすると古代の著述家が黙っているか、またはあまり明確に述べていないギリシア宗教のさまざまな様相が明らかになっている。しかも、これらは、当時の実際的関心に応えて書かれたままの、その後、解釈を施すために手を加えたり、手書きで写したために改変を蒙ったりしていない、いわば「生まの資料」である。その意味で、これらの証言のもつ価値はきわめて大きい。

本来の意味で考古学的な、宗教に関する資料についていえば、二つのカテゴリーに分けられる。その一つは建物の遺物であり、もう一つは図像表現の遺物である。

建物の廃墟は、もとより破壊状況によって程度に違いはあるが、その聖域の平面図とそこにどんな建物がどのように配置されていたかを教えてくれる。神殿本体と宝物庫、祭壇、秘儀用の特別な建物、柱廊、「奇跡の泉」などである。

特殊なケースとして、あくまで仮説に基づいてだが、こんにちでは建造物の復元もされており、そのように、少数の衒学者に依頼して部分的に再現された建物が観光地としてのランクを上げるのに一役買っている例もある。それに付随して、かつて行われていた行事が再現されている例もある。

こうした旧きものの再現にひときわ貢献しているのが図像表現の遺物である。奉納の儀式に関係したものであれ、有名な図像作品の模造であれ、発見された彫刻は、私たちに神のイメージを蘇らせてくれる。祈誓のために奉納されたレリーフは、神の前に詣でた信仰厚き人々の姿を描き、弔いのためのレリーフには、死によって永遠の安らぎの世界に入った亡き人を囲む遺族の様子が示されている。

宗教的建造物の破風、メトープ〔小間壁〕、イオニア式帯状装飾、さまざまな人物のシーンで飾られた軒蛇腹やサイマ〔訳注・軒蛇腹の上部の装飾をなしている反曲線の波状刳り型〕等々、――そこに繰り広げられている光景は、偶然選ばれたものではなく、少なくとも見る人への教育的配慮を含んでいる。甕に描かれた絵は無限といってよいほど多様である。そこには、現実的な御利益を祈っている場面や、神話を伝える文献の内容を補足してくれる場面がたくさん見られる。この種の資料は数えきれないほどあり、専門家たちにも把握しきれていない。しかしながら、その研究は着実に進展しており、描かれている絵の意味も分かるようになっている。

それとともに、文献から得られた情報が、こうした考古学的資料と照合することによって、生き生きした生命をもつようになってきている。それぞれを照合して明瞭にしようとする総合的手法は、多彩な能力と幅広い知識を必要とするが、古代研究をあらゆる分野で豊かにしてくれる。

しかし、それが、他のどの分野にもまして歴然としているのが、宗教史の分野である。スウェーデン人学者、M・P・ニルソンの『ギリシア宗教史』は、そうしたなかから生み出されたすばらしい成果の一つといえる。ギリシアの宗教を概観するためには、さまざまな要素を考慮し、そこに資料が結びつけられなければならない。

2　宗教と社会的集団

これらの資料から分かることの一つは、古典期ギリシアの宗教が社会的集団と緊密に結びついていたことである。これは、その一部分は、私たちの情報源である資料が、集団的祭儀について定めている文書とか、都市の守護神として崇められた公共モニュメントであることや、共同体の信仰の場面を描いている芸術作品であるといった、その特質に原因があるが、同時にまた、古典期ギリシア人の基本的特徴でもある。

つまり、古典期のギリシア人は自らを孤立した個人とは考えていなかった。彼らにとっては、所属している社会的集団から離れて救いがあるなどということは、想像もできないことであった。彼は、すぐれて社会的な存在（アリストテレスの言葉を借りていえば「ポリス的動物」）であり、自分の運命は他者と繋がっていて、この結びつきによってのみ真に実現されるとの意識をもっていた。

このことは、すでに戦争の現象を分析するなかで見たところであるが、のちに、都市の仕組を学ぶことによって再確認することとなろう。ともあれ、こうした集団的結束とその持続性を確かなものとしている本質的で心理的な要素こそ宗教なのである。彼らが表現しているものが、本来は個人的な事柄であっても、度合いはさまざまながら、社会的性格を帯びているのは、このためである。たとえば神に向けられたものであっても、証人として《公衆》を想定しており、神への信仰を表現している劇作家は、そうした《公衆》の存在を劇の展開のなかに考えている。

だからといって、ギリシア人には、個人的・自発的な形での宗教的感情がなかった、ということではない。それどころか、彼らは、可視の万物を浸している神秘的で超自然的な一つの力を前にしたときに人間が抱く尊敬と畏怖との入り混じった気持ちを表現するのに、おそらくギリシア時代以前のある言葉から借用した一つの語彙をもっていた。それは一つの意志でもあり、彼は、必ずしも常にではないが、それが可視の事物を浸していることを予感している。この感情が、いわゆる《タンボス thambos》である。

ギリシア人たちは、それを頻繁に感じていたようであるが、とくに自然と、その自然が特別な土地で人間に提供する、胸を踊らせる光景を前にしたときに、とりわけ強く感じた。それは、神の存在をじかに感じることで、荘厳な風景とか秘密の場所、光と陰、静寂と騒音、鳥の飛翔、ある獣の通過、美しい樹木のもつ威厳、岩の形、泉の水の清澄さ、力強い川の流れ、葦のそよぎ、肌を撫でていく風、雷鳴の轟き、月の光線、真昼の暑さ、絶え間ない波のざわめき、などがそれである。

繊細で不安定なギリシア人の魂は、これらのさまざまな影響を貪欲に受け入れた。そして、そこに、我を忘れて、ある神の仕業と思われる一種の甘美な心のときめきを味わった。神の遍在が独特な強さをもって感知され、それがギリシア人の宗教の、最初にして不変の要素を提供したのだった。それゆえにこそ、神々はかくも数が多く、いたるところに見出されるのだ。その多神教は、自然全体が神的存在に浸透されているという非常に強い感情を根源にもっているのである。

根底において宗教的なこの人々が、また同時に、その高い頂においては、論理的合理性に取り憑かれていたのであり、この両者は、どちらも互いに妨げ合うことはない。彼を合理性のほうへ引き入れたのが、社会的生活への志向性と論議好きとであった。

このように頻繁な神の現前と、神を自分の尺度に合わせて多様に個性化することとが分岐していったのも、これまた自然なことであった。そこから、石を積み上げただけの素朴な祭壇、神木、パン（訳注・山羊のような角と脚をもつ神）の住む洞窟など膨大な数の崇拝の場が生まれ、さまざまなニュンフ（妖精）や無名の英雄たちが生み出され、地方によって異なる様相を神々にもたせ複数の聖域への分封が行われていった。

ギリシア人たちは、《タンボス》を感じて何かの神的存在と関わりをもったと察知すると、すぐに、それを自分が属している共同体に知らせるか、または、こちらのほうが多かったが、自分が感じた神的なものをすでに共同体で崇められている神々のいずれかと同一視した。これによって、伝統的に引き継がれている崇拝が生気と威信を新たにしたり、ときには、新たな崇拝が付け加わった。

このようにして、集団の介在が個人的反応を一つの儀礼に変容させ、はじめは一人の人間の束の間の感情でしかなかったものに具体的で持続的な価値が付されたのであり、翻っては互いが同じ一つの信仰で結びついていて同じ神の権威に従っているのだとの信念が、その集団に永続性と均質性を授けた。

したがって、大部分の宗教と同様、ギリシアの宗教は、主観的（つまり個人的）側面とともに社会側面をもっている。他方がなくては一方は何ものでもないだろう。もし社会的要素のほうが優位を占めているとすれば、それは、ギリシア人を《ポリス》という枠組のなかで生きるよう仕向けている本能的性向のせいである。しかし、彼の信仰がもっている個人的価値は、それによって、いささかも揺るがされはしないのである。

少々抽象的ながら、このような分析を試みたのは、ギリシアの宗教が、必然的に実際の祭儀（しかも普通は集団的なそれ）として表れるにしても、神話的叙事詩の派手な装飾にも祭式にも還元されるものではないことを理解していただくために必要だと思われたからである。もしも充分に魂に語りかけるものがなかったとしたら、それが幾世紀にもわたって個人と集団の熱情を掻き立てはしなかったであろう。

ギリシア人と《聖なるもの》との間には、都市をあげての神々への畏敬や、信者と神との奉仕の交換（神の恩恵を獲得するために供物が捧げられたこと）といった次元を超えて、日常的な親近性があった。資料を通して解明できるかぎりでは、この近しさは、神秘的なものの流露といった性格はほとんど帯びていない。そこでは、むしろ神々の存在は、図像によってと同じように感情によってもすぐ身近にあり、個々人の運命に関わっていることが意識されている。

このように、ギリシア人と神との関わり合いは、すぐれて個人的な調子を帯びているのであって、信者と同じく、神も一個の個人なのである。人は神に、崇敬と畏怖だけでなく、信頼と共感をもって、庇護を懇請する。両者の間にあるつながりは、ときとして、一種の共犯関係を思い起こさせさえする。

そのよい例が『イリアス』におけるアテナ神のディオメデスに対する態度であり、『オデュッセイア』における同じアテナ神のユリッシーズへの態度である。アテナ神が彼らに与える援助は個人的情愛の色彩を帯びており、その助言は微笑ましい人間味を湛えている。

なんと言われてきたとしても、人間とのこのような直接的取引によって神の偉大さが損なわれることはない。特別の愛情の対象であることを自覚している人間は、最悪の罰でないかぎり、危うい目にあうことはないであろう。彼は、神々が人間とは別の人種で、ずっと力があることを知っているが、間近に逢ったとしても、驚きはしない。神々の人間に対する愛情を語っているこの叙事詩は、初期キリスト教会の教父たちを苦しめたが、こうした背景のなかに置き直して見るべきであろう。

《ヒエロガミー》すなわち《聖婚》の祭儀は古典期にも熱狂的に行われ、そうした民衆の信仰がこれに現実的な価値を与えていた。前五世紀初め、有名な陸上競技者、タソス島のテオゲネスは、この種の儀式の間に母の胎内に入ったとされていた。その父親はヘラクレスに仕える神官、タシエノスで、神の役割を演じて妻と交わったとされ、そこから、「神から生まれた」という意味の《テオゲネス》なる名前がつけられたのだった。

これと同種の祭儀は、アテナイでも毎年、行われた。そこでは、全市民から尊敬されている行政官、

《執政王》の妻が《女王》として、その夫が扮するディオニュソスと結ばれた。

同じように、神々の食卓に人間が招かれる話は幾つもの叙事詩にあり、「ディオスクロイ祭」として知られている《テオクセニア》つまり《聖餐》は、この延長線上にある。ウェルギリウスは非常に信仰心の厚い人であったが、『農耕詩』の第四巻終わりに

子供たちよ、自分の母に微笑みかけない人間を、神は食卓に招いてくださらぬし、女神はベッドに受け入れてはくださらぬ

と書いている。このとき、彼の念頭には、ギリシア以来の伝統が描かれていたのであろう。

ともあれ、ギリシア宗教の基本的特徴をなしていたのが、このような《神人同型論》であり、それは、この民族の魂を際立たせている「神的なものへの感覚」と「実践上の合理主義」「創造的な想像力」という三つの特性が結びついて生まれたものなのである。

ギリシア人たちは、自分が直接にその存在を理解した神的なものを、自分の生きている共同体に馴染みやすい言葉と人間的容姿をもって表象化し、それを社会的ヒエラルキーの上位レベルに位置づけた。彼らは、観念的なものを物質的または言語的イメージに変換する能力と、芸術と詩の天性の才能のおかげで、神的概念を恒久的で伝達可能なものに固定化し組み立て、さらに豊かにすることができた。

この努力の成果については、彼ら自身、おおいに自負心をもっていた。ヘロドトスは、多少、誇張気味ではあるが、こうした宗教の分野でのホメロスとヘシオドスの重要性を強調して、「ギリシア人のために神の系譜をたて、神々の称号を定め、その権能を配分し、神々の姿を描いてみせてくれたのはこの

二人なのである」（松平千秋訳『歴史』2-53）と書いている。

今日では、とくにミュケナイ期の資料のおかげで、さまざまなことが知られるようになっており、ギリシア的な多神教はホメロスよりも何世紀も前にすでに生き生きしたものになっていたことが分かっている。しかし、ホメロスの詩とヘシオドスのそれとは、ギリシア世界の人々が幼い時から親しみ、宗教に関する基礎的観念をそこから学んだ、いわばヨーロッパ中世の『教理問答』の役割を果たしていたことは事実である。そこには《不死の存在たち》を生き生きと喚起させるものだけでなく、最高神であるゼウスの権威によって促された道徳的規範も見出される。ヘシオドスの『仕事と日』では、祭式に関する決まりが細かく挙げられており、それがかなりのスペースを占めている。

この二人の詩人が練り上げたものだけでなく、芸術家とりわけ彫刻家たちの介在も、ギリシア宗教にとって決定的な役割を果たした。《神の人間化》においては、文学作品よりもずっと、このほうが与って力があった。事実、詩が人々の想像力に、ある種の相対的可能性を保ち、自由の領域を残しているのに対し、彫刻など具象的に創造されたものは、不変で重々しく、三次元的に具体的な実在感を具えている。神的なものの観念は、非常に早い時代から、礼拝の対象としての像と緊密に結びついていた。ギリシア人は、礼拝という行為が必要とする確たる支えを彫像に見出したのであった。

ギリシア人は、恒常的にではないにしても慣習的に、この崇拝の対象としての像を《アガルマ agalma》という特殊な言葉で指したが、彼ら以上に、さまざまな像を造り出した宗教は、ほかにはない。それによって彼らは、「死すべき存在」を表した《エイコン eikon》に対するものとして神のイメージを理解した。この《エイコン》という語彙に古典期のギリシア語が与えていた意味がビザンティン時代のギリシア語では逆転して、「聖なるもの」の像を《イコン icone》というようになる。

《アガルマ》は、《神》の表示であるとともに、神が現前することの印しでもあり、像はすなわち《神》である。とはいえ、《神》は全面的に像と混じり合っているわけではない。おそらく《神》の本性は、像から大幅にはみ出ている。信徒は、同じ一つの神がたくさんのイメージをもつことを認めるのに苦労しない。彼にとっては、万物が神的存在の本質に与っており、神性は万物それぞれを通して姿を表しているのである。

さらに、こうしたさまざまなイメージは、容易に同一視できることが必要である。キプロス島の『アポロン・アラシオタス』のブロンズ像を見ると、ミュケナイ期の芸術家たちが《神人同型の神》の理念をいかに効果的に伝える力をもっていたかが分かる（ただし、もし、この同定が正しければ、の話であるが）。

しかし、彼らのアルカイック期の後継者たちは、当初は、それほど熟達していなかった。鎚で延ばしたブロンズ板を釘で打ち付けた衣類をまとっているクレタ島のドレロスのぎこちない木製の神像や、ボイオティア人マンティクロスによって献納された鋳造の痩せこけたアポロン神は、彼らの技量の水準を表している。

その後、古典文化の最盛期にいたるまでギリシア文化を導く自然主義への発展は、ギリシア宗教の《神人同型》の傾向をますます強めていき、それが、自然石とか木ぎれ、さらには生えている樹木といった、人間の姿をもたない事物のなかに神を見る原始的信仰や、動物を神として崇める《テリオモルフィズム》、さらには怪物を神として崇めていた原始時代の《アニコニスム》の仲間からギリシア人が抜け出るのを助けたのであった。

ギリシア人も、ほかの諸民族と同じように、こうした先祖伝来の誘惑の痕跡を幾つか残している。信仰は、本質的に保守的なもので、西暦二世紀になっても、聖なる石への崇拝が各地に見られたこと、アルカディアでは、馬の頭をしたデメテル神の像が礼拝されていたことが、パウサニアスの記述によってうかがわれる。

古典期の多くの聖域でも、芸術の巨匠が制作した神々の像と並んで、アルカイック期の遺産である石や木製の簡単な像が人々の厚い信仰心によって守られていた。それらは《クソアノン》〔訳注・「削る」という意味の「クセイン」が変化したもので、原木の形を残した神像。複数形は「クソアナ xoana」〕と名付けられて、非常に生き生きした崇拝の対象として残っていた。

たとえばアテナイのアクロポリスで最も人々の崇拝の的となっていたアテナ像は、フェイディアスによって黄金と象牙で造られたパルテノン神殿のあの巨大な像ではなく、エレクテイオンのなかに安置されていたオリーヴの木の古い《クソアナ》であった。この木像は天上から降ってきたとされ、アテナイ市は、四年毎の《パン・アテナ大祭》〔訳注・ミネルヴァ祭とも呼ばれた〕のときに、厳粛な儀式をもって「ペプロス」〔訳注・袖無しで肩の上で留める婦人用上着〕を捧げたのであった。

したがって、このように原始の時代から生き残っていた素朴な神々も無視するわけにはいかない。それにしても、ギリシア人独特の気むずかしい知性が芸術家たちの妙技に助けを得て、その道義的・市民的関心と精神性に合わせて、行動的階層社会として人間化し組織した《パンテオン》〔万神殿〕に較べれば、これらはわずかなものでしかなかった。

3　祈りと奉納

これらの神々は、すでにミュケナイ期のころから、その大部分が確定的な名前をもっており、ホメロスの詩で述べられている礼拝作法もすでに伝統的になっていた。決められていた礼式は、細部ではきわめて複雑で、地方により、直面している問題により、祭られている神によって、さまざまである。それでも、たとえば祈りと奉納、供犠、大祭、競技など、少なくとも祭儀の基本となる幾つかの共通点が見分けられる。

これらについて順次、見ていくにあたって、まず、このすべてに欠かせない前提条件として関わってくる「浄め」の概念を明確にしておく必要がある。

この問題は、《聖なるもの》と《俗なるもの》という概念と結びついている。《聖なるもの》のために、ある場所とある行為が捧げられたとしても、その場所に到達するためや、その行為が行われるためには、人は、それに対して抱いている尊敬心を表すのに幾つかの必要条件を満たさなければならなかった。それが、精進潔斎し、服装と振舞いを正すこと、である。これらの決まりを無視した人間は不浄であり、その《穢れ》のために、神に近づく資格を失う。この場合に問題になるのは物質的な穢れである。道徳的な穢れも無関係ではないにしても、こちらのほうは、祭儀の事後にはじめて消えるものだからである。

こうして、信仰にかかわるあらゆる行為の前に、「身を浄める」ことを心がけなければならない。『イリアス』の第一六巻で、アキレウスはゼウスに祈りを捧げるのに、まず高価な盃を選び、それを硫黄の蒸気でいぶし、清流の水で洗い清め、自分の手も清めてのちに、酒を注いで祈りの言葉を述べている。

『オデュッセイア』の第二巻で、テレマコスがアテネ神に祈るときも、同じようにしている。このとき彼がいたのは海岸だったので、波で手を洗っている。『イリアス』第三巻では、アカイア軍の指揮官たちが誓いを述べ、祈りと生贄を捧げる際も、ついていた式部官が、まず彼らの手に水を注いで浄めている。このように、ホメロスが具体的な行動として示したことは、ヘシオドスの『仕事と日』でも、訓戒の形で述べられている。

「明け方に、きらめく酒を注いでゼウスに献げるときには、手を洗わずにしてはならぬ。これは他の神についても同様じゃ。さもなくば祈るとも、神々は祈願を聴かず、吐き出してしまわれる。」

（松平千秋訳）

儀礼に際して身を浄める慣習は、古典期を通じてずっと守られる。そこから、聖域の入り口のところには、参拝者が身を浄めるための水盤あるいは泉水が設けられた。パウサニアスは、アテナイのアクロポリスの入り口の脇に参詣者のお浄めのための聖水盤を掲げた少年の像があったと述べている。この像は、ミュロン〔訳中・前五世紀なかごろの最も有名な彫刻家〕の息子のリュキオスの作（前五世紀後半）とされていた。

《穢れ》つまり罪のなかで最も重いのは、流血によるものであった。ヘクトルは、戦いの場から束の間戻ってきたとき、ゼウスに酒を献げるよう促した母、ヘカベに答えて、自分は返り血を浴びているので、献酒も祈りも行うことはできないと言っている。（『イリアス』第六巻264-268）

同じように、ユリッシーズも、彼の留守中、妻のペネロペに求婚してきた男たちを皆殺ししたあと、

急いで硫黄を燃やして宮殿を浄めている。（『オデュッセイア』第二〇巻 492-494）
　多くの文献によって知られている殺人の罪の浄めに関する決まりは、古代からのこの考え方に結びついている。そこでは、道徳的な過ちによる罪の浄めとは無関係である。なぜなら、「浄め」は、故意でない殺人も、暗殺などのように故意になされた殺人と同じ措置にしたがって行われているからである。《穢れ》は血を流したこと自体から生じたものであって、それが合法的動機があり弁解の余地のあるものであったとしても同じである。
《穢れ》が消されなければならないのは、それが接触によって人に移り広がるのを防ぐためである。人を殺した者は、《穢れ》から浄められるまで、その都市から追放された。
　幾つかの甕の絵には、自分の母を殺したオレステスが、子豚の血を振りかけられることによって浄められた有様を描いたものがある。この儀式は、かなり広がっていたようで、哲学者のヘラクレイトスは、次のように言っている。

「しかし、身を清めるといっても、あらたな血で身をけがしてのことなのだ。まるで泥にはまりこんだ者が、泥で身を洗いきよめようとしているようなものだ」。（田中美知太郎訳）

キュレネの神聖法は、前四世紀に書かれたテキストが今も残っているが、殺人の罪を犯した人間が、この都市に受け入れてほしいと言ってきた場合、どのようにすべきかを細かく定めている。その基本になっているのは、まだ浄められていないこの外国人を市民に接触させないための厳格な用心である。
　血と同様、死も《穢れ》の原因である。パウサニアスは、ペロポネソス半島のメッセネでは、子を亡くしたばかりの祭司あるいは女祭司は、ある期間、祭祀に携わってはならないという定めがあったことを述べている。身近な家族の喪は《穢れ》をもたらし、神に仕える仕事をするにはふさわしくないと考えられたのである。

英雄の場合を除いて死者を聖域内に埋葬することは一般的に禁じられていた。前四二六年から四二五年のころ、デロス島のアポロン神殿を管理していたアテナイ人たちは、島全体を浄めるようにとの神託を受けた。すでに、この一世紀前に、ペイシストラトスが神殿から眺望されるかぎりの全域を浄めていたのであったが、この託宣により、アテナイ人たちはまだデロス島に残っていた全ての墓を壊し、隣のレネア島に移したのだった。その合葬の穴が近代になって見つかり、墓に納められた甕など埋葬にかかわる様々な物が発掘されている。ともあれ、これ以後、この神聖な島で死ぬことは禁じられ、死が迫った人は、レネア島へ運ばれて、そこで息を引き取るようになった。

同じ規則は、ここで働いている女性たちにも適用された。彼女たちは、お産が近づくとレネア島へ行った。おそらく出産に伴う血が、島を穢すと考えられたからである。キュレネの法典では、産婦がいると、その家全体が不浄になり、男も同じ屋根の下にいると穢れを受けるとしている。

流産に関しては、別に一項を設けている。胎児がすでに人間の形をしている場合は、人の死によるのと同じ《穢れ》がもたらされるとし、そうでない場合は、流産は分娩の場合と同じに扱われている。場合によっては、性交も儀礼的には《不浄》とされることがあった。ギリシア人の道徳観は、のちのキリスト教と違って、肉体的な愛そのものに罪の観念を付すことはしなかったから、これは注目に値することである。性交が《不浄》とされたことは、ヘシオドスの『仕事と日』の一節（733-734）において聖域内での性行為が非常にあからさまな言葉で戒められていることでも知られる。

ヘロドトスは、この規範を作り出したのはエジプト人であるとし、この掟に従って性交のあと聖域に入る場合、その前に身体を洗うのはエジプト人とギリシア人だけであると指摘している。キュレネの法典では、性行為も、夜に行われる場合は《穢れ》にならないが、昼間行った場合は、沐浴して浄めなければならない、と定めている。聖域に関するこの儀礼的タブーは、オウィディウスの『転身譜』にも見られる。その巻一〇に引かれている「アタランタと、その夫、ヒッポメネスの話」では、この夫婦は神の怒りに触れてライオンに姿を変えられた、という。

このように、宗教的儀式に加わるためには、人は、明確に定められた条件に自らを合わせなければならず、誕生や死といった不安に満ちた神秘との接触は厳に避けなければならない。エウリピデスは、このことをタウリケのアルテミス神殿の巫女イピゲネイアに次のように語らせている。

「ここの神さま（アルテミス）のもったいらしいお定めは……誰にせよ、血の穢れに触れていたり、お産だの死骸などに手をさえたほどの者はみな、不浄として神殿からお遠ざけになる……」（呉茂一訳）

ギリシアの都市では、それぞれに多様であるが明確な《浄め》の儀式が行われ、それによって、必要とされる清浄さが回復され、一時的な追放から赦されることができた。

それと同時に、また、その必然の結果として、善悪の問題に関心をもつ頭脳明晰な人々は、この儀礼的清浄の価値ということについて考察し、道徳の領域へと思索を広げていった。ギリシア人の宗教（少なくとも、ギリシア人のなかでも優れた人々の考えているそれ）において、倫理性と聖性の間に完全には分離されない一種の混交が見られるのは、これによる。

アポロンとゼウスという二人の大神は、罪の浄めを司ると同時に、人々から、正義と道徳の守護者という役目をも託されることとなる。ヘシオドスの《ゼウスの正義》への訴えや、アイスキュロスの『エウメニデス（慈しみの女神たち）』でのアポロンの役割は、こうした深い欲求に応えようとする志向性を示している。しかし、ギリシア人の多神教は、そうした欲求を完全には満足させることができなかった。《祈り》は、信者がある神との特別のコミュニケーションに入る基本的な宗教的営みである。神は、それにより、自分が感知した内心の訴えに応え、対話を始める。実際に対話が行われるのは、二つの場合である。

神が信者の祈りに応えるかどうかは、自分の気持ち次第であるが、少なくとも人間が率直に述べたことは聴いてくれる。したがって、《祈り》は、必ず、言葉により、しかも、しっかりと声に出して述べられなければならない。古代ギリシアにおいては、声に出さなかったり、低い声での祈りは、ほとんどなかった。ここに、ギリシア人の宗教的行動のもつ社会的性格が表れている。

おそらく、そこにはさらに、言葉というものに魔術的な力を付す非常に原初的な感情の残滓も見るべきであろう。この種の魔術は、ギリシア人の思考のなかで皆無ではないにしても、低い次元での限られた役割しか演じていない。古典期のギリシア人において《祈り》は、言葉に付されたなんらかの神秘的な力によって神の意志に圧力をかけることではなく、神に人間の言うことを聞かせることに目的がある。

したがって《祈り》は、意味をもっていなければならない。意味をもたない叫び声や擬声語（アポロン信仰の「イエ・パイエアーン ié péan」、ディオニュソス信仰の「エヴォへ évohé」、戦士たちの「アラーラ alala」、女性の嘆き声で、アラブ女性の「ユーユー you-you」に似た「オロルゲ ologé」など）は、けっして祈りではない。

反対に、神の名前を呼ぶだけでも、《祈り》になる。なぜなら、それは、ある救いの力をもっている神に対する畏敬の念の表明だからである。この意味で、神あるいは神々の主格の一語（感嘆のためと詰問のために用いられる）は、それだけで《祈り》の言葉となる。

普通《祈り》は、神に対し庇護を要求する気持ちの表明である。ときには、神の好意をよりよく手に入れるため、自分を思い出してもらおうと、以前に神が施してくれて今も続いている恩恵を述べたり、嘆願者がその恩恵に対し、いかに敬虔さに満ちた行為でお返しをしたかを思い起こさせ、最後に、あとで存分に捧げ物をすることを約束する。『オデュッセイア』の第四巻にある、ペネロペイアがアテナ神に祈る言葉は、このよい手本である。

「お聞こし召しを、山羊皮楯をお持ちのゼウスの御娘、アトリュートーネーさま、もしいつか御前に知謀にゆたかなオデュセウスが屋敷にいまして、牝牛なり羊なりの肥えた腿の骨肉を焼いてまつったことがありますならば、そのことをいまお思い起こしくださいまして、愛しい息子（テレマコス）をお助けいただけますよう、また求婚者らの傲慢無礼な悪だくみからお護りのほどを。」（呉茂一訳）

《祈り》は、神の像あるいは聖域へ向かって、右手または両手を高く上げ、掌を神へ向けて、立って唱えられる。ひれ伏すのは、葬儀のときと、大地の神に祈るときだけである。この場合は、祈りながら両手で地面を叩く。跪くのは、魔術的な儀式のときだけである。テオフラストス（B. C. 370-286）は『性格論』のなかで、跪くのは迷信深い人間の特徴であるとしている。

《祈り》にともなって《捧げ物》が行われる。強者の好意を手に入れるのに、なにか贈り物を持参するのは自然なことではないだろうか？　このやり方は、ラテン語の格言「do ut des」（汝が与えてくれるために我は与える）が表している法的概念にしたがってなされる一種の取引とは必ずしも解釈されるべきではない。

たしかに、多くの捧げ物に、この感情がないわけではない。たとえば前六世紀に一体のアテナ女神像を建てた一人のアテナイ人の献納の辞には、それがよく表れている。

「わたくしの気持ちを汲んで、もう一体、捧げさせてくださいますように！」

しかし、普通は、捧げ物は、その神に対して抱いている尊敬とか感謝の気持ちを表すことにある。供物は、田舎の聖域に信者が供えた一つの果物とか穀物の一握りの穂、花やお菓子、狩りの獲物の皮といった、折りにふれてのささやかな品であった。ヘレニズム時代には、こうした慎ましい庶民の信仰心のしるしを題材に取り上げた詩が、エピグラムに対抗する領域を形成することになる。

「おお、ラーフリア（アルテミスの別名）よ、放浪の身で貧しく、食うや食わずのありさまのレオニダスが感謝のしるしとして献げる、油で揚げたガレットのかけらと、もいだばかりの新鮮なイチジクの実、美しい房から採った葡萄を五粒と、水差しの底に残っていたわずかの酒を受け取り、召し上がってください。あなたは、わたしの病気を治してくださったのだから、長年つきまとっているこの貧乏からも解き放してください。そうすれば、必ず子山羊を一頭差し上げます。」

前三世紀のタラスのレオニダスにとっては文学的手慰みでしかなかったものも、ギリシアの農民たちにとっては、何世紀もの間、真剣で素朴な祈りであった。

なにかの機会になされる奉納以外に、慣習で定められた捧げ物がある。たとえば《灌奠》がそれで、ヘシオドスの助言によると、毎日、朝夕、ワインを数滴、地面に撒き散らして神に献げるやり方が正しい。食事の際、自分が飲む前にも同じようにした。こうすることで、神は人の心を楽しくする飲み物の分け前を受け取ってくれるのである。

そのほか、各地の伝統で決まっている捧げ物もあり、そうした風習は長い間、忠実に守られた。パウサニアスは、当時にあっても「リライアの人々は、決められたしかじかの日に、ケフィソス川の水源に自分たちの地元の菓子その他、しきたりの品を投げ入れる」ことが行われていると記している。(『ギリシア案内記』10-9)

この『案内記』の作者がいうところによると、彼らは、この菓子が秘密の経路を通って、カスタリアの泉に出てくるといっているそうである。

これらとは別に、食べ物でなく高価な品を神に献げる場合もある。神の像に着せるため、衣類も頻繁に奉納された。トロイでヘカベがアテナ神に祈ったとき、彼女の持っている衣装のなかで最も美しいヴェールをこの神の像の膝の上に残していったのは、このためであった。

『パン・アテナイ大祭』いわゆる《ミネルヴァ祭》は、アテナイの祭事暦で最も重視された四年ごとの祭であるが、このときは、アッティカでも最も高貴な家門の娘たち(この役目を担った娘を《エルガスティネス》といった)によって特別に織られたペプロス〔訳注・女性用の外衣〕がアテナイ神に奉納されいた。このペプロスの布地には、最も優れた芸術家によって「神々と巨人族の戦い」の場面が描かれていた。

パルテノン神殿のイオニア式帯状装飾に見られるように、奉納の儀式にはアテナイ市民全員が参加した。こうして、個人的に行われた奉納だけでなく公的に行われた奉納によって、厖大な神殿宝物が形成されていったのであって、人々は敬神の念を表すために、衣類、武器、貴金属製の食器、宝石、インゴットや貨幣の形での金銀、そのほか、あらゆる種類の物資を神に捧げ、それらは、神殿や礼拝堂によく似ているが規模の小さな特別の建物である宝物庫（ここには、礼拝のための像は祀られない）のなかに保存された。

これらの宝物は神官と行政官によって管理された。彼らは、神に対してだけでなく市民に対しても責任を負っており、任務から退くときは、宝物の出し入れと在庫について詳細に報告しなければならなかった。こうした神殿の資産目録によって奉納品の基本的特徴とその分量とが分かるし、それは、当時の社会を知る上での貴重な資料となっている。

たとえばデロス島のような特別の聖域では、こうした資料が大量に遺されているが、これとともに各地に分散して残ってきた品々や、壊れた品を復元することによって、当時の生活のあらゆる面が明らかになる。これらの供物の多くは、もともと《奉納品》であり、それらは、信者たちが神の恩恵への感謝の気持ちを表すために捧げたものである。彼らをこの行為に駆り立てたのは、先述の「do ut des」〔訳注・「見返りを期待しての打算的な奉納」の意〕ではなく、感謝の心を示したいという気持ちであった。このことは、なぜこれを奉納するかの理由を記して付加されたものから分かる。

同じく神の像の寄進にしても、金持ちは青銅製の立像を寄進しているのに対し、貧しい人の場合は、粗末な陶製の像とか、さらには、釉薬のうえに不器用な手つきで神の名前を刻んだ陶製の甕であることもある。

医神であるアスクレピオスの聖域では、治してもらった手足のある部分とか臓腑を表したレリーフが捧げられている。また、アスクレピオスによって病から立ち直らせてもらっている姿を描いた絵や彫刻もある。アスクレピオスが祀られているエピダウロスへの参詣は、前四世紀以後、とくに盛んになり、それに伴って、こうした供え物が増えている。

体育競技や戦いでの勲功を祈って捧げられた供物もある。オリュンピアやデルフォイの聖域には、体育競技で優勝した人の像がたくさんあり、パウサニアスは、それを詳しく列挙している。しかも、彼が書き写した銘の刻まれた土台石も幾つか発掘されており、この『案内記』作者の仕事の誠実ぶりを証明する結果となっている。

慣例的に、狩りや漁の獲物にせよ、交易での儲けにせよ、あるいは戦いの戦利品にせよ、得た利益の十分の一が神に捧げられた。ヘロドトスは、こうした奉納の多くの例について述べているが、その一つにサモス島のコライオスのエピソードがある。

この人は前七世紀の商人で、ヒスパニアの錫の取引で財をなし、故郷のサモス島に帰って、縁にグリフォンの頭が突き出た形に装飾した大きなブロンズのクラテル（混酒器）をヘラ神殿に奉納したという。このタイプの甕は幾つか発掘されていて、今日でも見ることができる。

くだって前六世紀末には、これまたサモス島出身の技術者マンドロクレスは、ダレイオス王がスキュタイ遠征のため、その軍勢を渡すのに必要な浮き橋をボスポラス海峡に架ける手伝いをし、その報酬として豪華な贈り物をもらった。そこでマンドロクレスは、ダレイオスが軍勢の通過を見守る光景を一枚の板に描かせ、それに韻を踏んだ銘文を添えて、サモス島のヘラ神殿に奉納した。ヘロドトスは、この銘文を写して伝えている。

こうなると、もはや供物も単に信仰心の表れというより、自分の事績を後世に伝えたいとの誇らしい気持ちを満足させるための手段となっている。しかも、この感情は、個人だけでなく、集団にあっても強いものがあった。パウサニアスは前五世紀前半のコルキュラ人たちのデルフォイへのある奉納のことと、そうした奉納がこの時代のギリシア諸都市のきわめて特徴的な宗教的行動であったことを次のように記している。

「神域に足を踏み入れると、アイギナ出身のテオプロポス作の青銅の牡牛があって、コルキュラの人たちの〈国家名義の〉奉納品。伝わる話はこうである。一頭の牡牛が牝牛どもを置き去りにして、放牧地から海辺に降りて行き、そこでモーモー吠えだした。これが毎日のことだったので、牛飼いが海辺に降りていってみると、想像を絶するおびただしい数の魚、しかもマグロ（テュンノス）がいるのを目撃した。彼は市内のコルキュラ市民たちにこのことを明かした。市民たちはマグロを捕獲しようと懸命にやってみたが、骨折り損のくたびれ儲けに終わってしまったので、神託伺いの使者たちをデルフォイに遣わした。このようにしてからポセイドンに例の牡牛を犠牲に捧げたのだが、犠牲式の直後たちまちのうちに魚どもを捕獲してしまった。そういった次第で、彼らの奉納品はオリュンピア所在のものもデルフォイ所在のものも、このときの漁獲高の《十分の一》の感謝奉納なのである。」

（『ギリシア案内記』10-9）

都市による奉納で最も多いのが戦利品にかかわるものであったことは、ギリシア世界での戦争の重要性を知れば、驚くまでもない。ギリシアの各都市が、勝利を祝うのに自市の聖域にだけでなく、ギリシアじゅうの人に見てもらって不滅の栄誉とするため、全ギリシア的神域に奉納を行った。奉納は、原則としては神に対する感謝の振舞いであったのに、ここでは人間的傲慢が最大の役割を演じている。

ペルシア戦争がらみの奉納は、数知れない。アテナイ人たちはマラトンで敗走したペルシア人の遺品をデルフォイのアポロン神殿に奉納している。それらは、宝物庫の南側の壁に寄り掛かるようにもうけられた台の上に並べられていた。パウサニアスは、この奉納物に付けられたあまり明瞭でない献辞を、多分その数年前の宝物庫自体への献辞だろうとしている。

デルフォイには、そのほか、マラトンでペルシア人を負かしたことを記念してのアテナイ人による第二次の奉納（これは聖域入り口にある）、エウボイアの都市、カリュストスとプラタイアからの奉納品、アイギナ人が奉納した黄金の星を飾った船のマスト、さらに同盟諸都市共同の奉納による二品がある。

この二品とは、一つは、サラミス海戦の勝利を記念した奉納で、船の舳先を摑んでいるアポロン神の像、もう一つは、プラタイアの戦いの勝利を記念した奉納で、ブロンズの柱に支えられた三脚盃である。後者のブロンズの柱は、三匹の蛇が交差した形になっていて、その一部分がコンスタンティノポリス〔訳注・現在のイスタンブール〕に保存されている。これは、コンスタンティヌス帝が運ばせたのであるが、そこには共同で寄進した三一の都市の名が読みとれる。

私たちは、ギリシア人が自分たちの文明と社会を救ってくれた神々への感謝の気持ちをモニュメントによって表したいという感情をもったことは理解できるが、同じギリシア人同士の戦いの勝利を記念するための奉納も頻繁に行ったことは、あまり認める気にならない。しかしながら、ギリシア諸都市は、絶えず互いに戦い、その《兄弟殺し》における勝利を、大きな聖域に奉納を捧げることによって誇らかに祝ったのであった。

オリュンピアのゼウス神殿の正面には、アテナイによってナウパクトスに移住させられたメッセニア人たちの寄進したモニュメントがある。これは、高さ九メートルの三角形の柱の上に、勝利の女神、ニケが舞い降りた姿を表したもので、翼を広げ、向かい風のなかで衣装が、その若々しく美しい肢体に張り付き、後方へ大きく靡いている。ナウパクトスのメッセニア人にとっては、その隣人のアカルナニア人に対する勝利をゼウスに感謝することが大事だったのである。

オリュンピアの勝利の女神像
（オリンピア博物館蔵）

この大理石像は、パウサニアスが記しているとおりの場所で献辞を刻んだ石とともに見つかった。この作品には、メンデ〔訳注・トラキアの都市〕出身の彫刻家、パイオニオス（おそらく、この神殿の彫刻も担当した）の名前が刻まれており、前四五五年から同四五〇年ごろの作品と考えられている。

デルフォイのアポロン神殿の聖域は、参道を入ったはじめの区域全体が、互いにいがみあうギリシア諸都市の戦場さながらであった。アテナイがマラトンの勝利を記念して捧げたモニュメントのすぐ傍らに、ラケダイモンのリュサンドロスがアイゴスポタモイでアテナイを破ったことを記念して立てさせた群像があった。その三五年後の前三六九年には、このリュサンドロス奉納のモニュメントのすぐ前に、テゲアのアルカディア人たちがテーバイのエパメイノンダスの援助を得てラコニアを荒掠し、スパルタに打撃を与えた記念として、アポロン像、ニケ像、さらに多くのアルカディアの英雄たちの像を設置している。

さらに、その側にはラケダイモンに対するアルゴスの勝利を記念した奉納物があり、少し離れたところには、レウクトラの戦いのあとテーバイによって建造された宝物庫と、アテナイ人のシチリア遠征を挫折させた戦勝を記念して、シュラクサイの人々が寄進した宝物庫もある。彼らがこの宝物庫を建てる場所として、それより百年ほど前にアテナイ人たちが建てた宝物庫のすぐ近くを選んだのは、けっして偶然ではなかった。この都市にとってこれは、アポロン神に対する信仰の厚さを表明すると同時に、自らの栄光を称揚し敗者を貶める絶好の機会でもあったのである。

4 供犠

プラトンは『エウテュプロン』と題する対話篇のなかで、前五世紀末のアテナイで宗教に関する博識で有名であったこの名前の占い者に、当時の人々が共有している考えを検証し、信仰について次のように定義させている。

「祈ったり犠牲を捧げたりするに当たって神々のお喜びになることを言ったりしたりすることが敬虔

なこと（信仰）であって、このようなことは個人の家も国々の公共のことも救う。」（山本光雄訳）

《祈り》と《供犠》――これが、ギリシア人から見て、宗教的所作の不可欠の基本であった。すでに見たように、しばしば、祈りに伴って供物が捧げられた。《供犠》は、厳密にいうと贈り物の一つの特殊な形と考えられる。エウテュプロンに答えてソクラテスは「犠牲を捧げることとは神々に贈り物をすることであり、祈ることとは神々に請求すること」であると言っている。

しかし、供犠、とくに公的に行われる供犠は、ギリシア人の宗教生活において非常に大きな位置を占めているので、特別に研究するだけの値打ちがある。ここでは、この問題について見ることとしよう。《普通の供物》と《供犠》とは、祭式規範が演じる役割の重要性によって区別される。《供犠》は、公的なものにせよ私的なものにせよ、伝統的に定められた規範に則った手順を踏んで行われる。つまり、祭式にしたがって荘厳に、穀物や野菜、飲み物、生贄の動物といった消費財を神に捧げることで、この意味では、牛乳やワインの滙奠とか、菓子を供えることも、それが供物の質と時、手続きを定めている祭式にしたがって行われた場合は、すでに立派な《供犠》である。

したがって、祭式のなかには、流血を伴わない《供犠》もかなり多く行われていたわけであるが、それにしても、動物の喉を切り、四肢をばらばらに分解して捧げる供犠のほうが、ずっと数も多いし、重要性をもっていた。一般的に《供犠》《生贄》という場合は、後者のみをさしていると考えてよいであろう。

古代末期の博学者たちは、生贄の血を流さない供犠が原初の形で、血を流すやり方は、あとから入ってきたものであり、両者の間には継年的な連続性が樹立できると考えていた。たとえばオウィディウスの『祭暦』の第一巻で詳しく述べられているのがそれである。

しかし、これは合理主義的思考による推定に過ぎず、流血を伴う供犠を排斥したピュタゴラス派が、これに一見、真実らしさを与えただけなのである。実際には、私たちが手にできる最古の資料であるホメロスの詩に、すでに流血の供犠のことが述べられている。たとえば『イリアス』の第一巻で、ユリッシーズ（オデュッセウス）はクリュセイスの遺骸を父親のもとに返したとき、生贄に捧げるための動物も一緒に船から下ろして、その場で供犠を行い、アポロンの怒りを買っている。

この点を踏まえると、この儀式の基本的要因がはっきりと見えてくる。——祭壇のまわりに、生贄に供される動物が、決まりどおりに並べられる。これがいわゆる《ヘカトンベ》（百頭の生贄の牛、の意）で、その起源ははるかに古く、ホメロスにおいてはすでにその語源的意味は失われており、牛だけでなく小型獣など多数の生贄を指すだけの語になっていた。

参列者は洗って浄めた手に大麦の粒を取る。アポロン神の神官が祈りの言葉を唱え、人々は最初の供物として、この大麦を撒き散らす。ついで生贄の動物が、祭壇のほうへ血が飛ぶように鼻面を持ち上げられて、喉を切られる。その後、死んだ動物たちの身体が切り分けられ、腿の部分が祭壇上の炎のなかで焼かれる。その間、神官はワインをこれに振りかける。腿肉が焼け尽きてしまうと、参列者全員による饗宴となる。残りの部分の肉を細かく切って鉄串に刺して焼き、みんなで食べるのである。

これらの要素は、流血を伴う生贄の大部分において不可欠の特徴を成している。厳粛な段取り、浄め、祈り、祭壇の前での動物の喉の切開、動物の身体のある部分を神に捧げるために焼きながら灌奠し、最後に、全員で動物の身体の残りの部分をその場で食べること……である。

祭儀は非常に頻繁に行われたが、そのやり方はきわめて多様である。たとえば幾つかの祭式では、生贄の動物の肉を参列者全員で食べることは行われず、すべてを完全に焼いてしまうやり方も行われた。これが《ホロコースト》と呼ばれるもので、贖罪の儀式や、大地あるいは地獄の神々の祭式や人間の英雄のための葬儀や祭のほとんどでは、これが、むしろ普通のやり方であった。

祈りに関しても、同様の多様性が認められる。

現代の幾人かの学者は、こうした相異はギリシア人の多神教における神が、基本的に二つの大きなカテゴリーに分かれていたことの表れであると説明してきた。すなわち《ウラノス族》（天空の神々）と《クトノス族》（大地の神々）の二つに分かれ、前者が救いの手を差し伸べてくれる神々であるのに対し、後者は罰を加えてくる恐ろしい神々である。

したがって、前者のための祭儀は信頼感に立った崇敬と参画が基本となり、饗宴を共にする形になるのに対し、クトノス系の神の祭儀は、悪意と敵意に満ちた力の脅威から逃れようとして《忌避》がその特色となる。そこから、前者の場合は生贄の肉を神と人間とが分け合う《聖餐》が重要な意味をもち、他方、後者では、生贄の肉はそっくり神にくれてやる《ホロコースト》になるというのである。

もとより、こうした二元性が存在することは疑いないが、だからといって、言われているほど常に厳密に、そうした様相を呈しているわけではない。幾つかの神は、ある土地では《ウラノス族》の性格を示しているかと思うと、別の土地では《クトノス族》の性質を表している。たとえばゼウスは典型的に天空の神であるが、「ゼウス・メイリキオス」（訳注・「メイリキオス」は優しい、親切な、の意）という名で表されるときは、姿も蛇の形をしており、明らかに《クトノス》的である。クセノフォンによると、この場合は生贄を全部焼いてしまう《ホロコースト》の形で供犠が行われていた（『アナバシス』7-8-1）。ヘラクレスも、タソス島で二様の仕方で礼拝されている。一つは神を礼拝するやり方で、この場合は

《ウラノス系の神》として崇められたのであるが、もう一つは、英雄あるいは地上の神を祀るやり方によって行われた。

パウサニアスは珍しい祭儀に対して常に注意を向けたが、フォキス地方のトローニスという城塞では、この地方の英雄たちに生贄を捧げるのに、その墓の中に血が流れ込むようにして（これは葬儀と大地の神の崇拝に特有のやり方）儀式が行われていたこと、しかし、その反対に、ウラノス系の神を崇めるやり方で生贄の肉の共餐も行われていたことを記している。

したがって、現実に行われていたやり方は必ずしも固定的ではなく、一つの明確な区分を立ててギリシア人の宗教を体系的に解釈することはむずかしい。もしも仮に、前述の説のように、神々がもともと二つのカテゴリーに明確に分かれていたとしても、私たちは、なぜそうなのかの理由は把握できないし、祭儀の細部に残っている種々の事実を、本当の意味は理解できないままで、ただ確認するだけで満足しなければならない。祭儀の地方的性格ということが強調されるべき理由が、そこにもある。

最も頻繁に見られるタイプの流血を伴う生贄の全般的図式は上述したとおりであるが、その枠のなかでも、細かい点は聖域によって異なるし、同じ一つの神でも、その表わす側面が違うと、明らかに異なってくる。

生贄の動物の種類については、これを捧げよとポジティヴに指示されている場合にせよ、これは捧げてはならないとネガティヴな形で示されている場合にせよ、明確にすることが可能である。

タソス島の前五世紀の多くの祭儀規則では、ある神々に生贄として豚または山羊を捧げることを禁じている。デロス島でも同様の禁止項目が見られる。その反対にキュレネでは、アポロン・アポトロパイオス〔訳注・「アポロタイオス」は悪や災いを斥ける、という意〕神には赤茶色の山羊を捧げるよう勧めている。ヘレスポントスのランプサコスでは、この地方の神であるプリアポスにロバを生贄に捧げ、スパルタでは、戦いの神、エニュアリオスに犬が生贄として捧げられた。

通例として、穢れを除いたり罪を贖う儀式では豚が選ばれたが、プラトンが『ファイドン』で書いているところによると、ソクラテスが死を前にして最期に求めたことは、雄鶏を一羽、アスクレピオス神のために捧げてくれるように、ということであった。

こうした幾つかの例から、祭儀がいかに多様であったかが分かる。定めに背き、慣習に反する生贄を捧げることは《神への冒瀆》であり、結果として金銭的にも宗教的にも懲罰を蒙った。

《潅奠》の仕方も様々で、ワインが最も頻繁に用いられたが、幾つかの儀式では禁じられていた。《パイエーアン》〔訳注・神を称える歌をうたうこと〕は、どこでも行われたが、タソス島では禁じられていた。

パウサニアスは、エウメニデスの鄙びた神域でシキュオンの住民が祝ったある年次祭について記し、そこでは、孕んでいる雌羊を生贄に捧げ、蜂蜜酒で潅奠を行い、花は頭に飾るのでなく手に持ったことを述べている。

このように、地方によって独特のやり方が行われていたのであって、その複雑さから、人々は、瀆神につながる過ちを避けるため、専門知識を持つ人を仲介役に頼んだ。ギリシア語で「生贄を捧げる」という意味の語彙「ヒエレウエン hiereuein」が「神官」を指す語「ヒエレウス hiereus」と近縁関係にあるのは、けっして偶然ではない。

神官あるいは巫女は一般的に独身で、聖域に住み、祭儀の執行に関与した。神官は都市の上流家族のなかから選挙あるいはくじ引きで選ばれ、執政官と同じような権限を行使した。公的儀式では特別席に坐り、生贄の動物の肉が分けられるときは、特によい部分の肉を取り、生贄を捧げる代わりに納められた金銭を受け取り、自分は税を免除されるなど、物質的利益の点でも特恵を享受した。しかし、神官たちも他の人々と同じ市民であり、《祭司》という階層を形成したわけではない。祭司職は期限付きで、終身ということは稀にしかなかった。

たしかに祭司職として威厳を維持するために、彼らは、たとえば白い衣装をまとわなければならない、とか、純潔を守らなければならない（これは、巫女の場合、特にそうであった）といった義務を課せられていた。しかし、全体としては、神官職の専門的能力は執政官のそれと同じに見られた。ギリシア人の世界では、聖と俗とは厳格には分離されていなかったのである。

これらの事実から、ギリシア宗教が基本的にもっていた社会的性格が明らかになる。すなわち、祭式（それは先祖が代々にわたって仕上げ遺贈した伝統であり、神官はそれを維持する役割を担っている）の重要性は、この宗教が本質的に集団的営みであったことを示している。

家族集団もその固有の崇拝対象をもっていた。エウリピデスのアルケスティスは、死ぬ前にヘスティア〔訳注・炉の火の神〕に最期の祈りを捧げている。アリストテレスによると、アテナイの執政官たちを生み出した家系は、アポロン・パトロース〔訳注・パトロースとは父祖の意〕とゼウス・ヘルケイオス〔訳注・ヘルケイオスとは一族、家族の意〕の祭儀に関わる人々であった。

人々は毎日の食事の終わりにワインを振りまいて、蛇の姿で表される《アガトス・ダイモーン》〔訳注・家内のよきダイモン〕に感謝した。また、家の入り口にいる神として、ヘルメスまたはヘカテ・プロテュライア〔訳注・ヘカテは地母神〕が崇められた。

イオニア諸都市の《アパテュリア祭》（若者祭り）のように、共通の信仰を中心に形成され、特殊な祭を行う大きな集団もあり、これは《フラトリア》〔訳注・「兄弟」の意〕と呼ばれた。ギリシアの多くの都市国家にあっては、《氏族》（トリブス）は都市の下位の区分（アテナイの場合は、もう一段下の区分）に属し、その宗教的生活に参加することが、市民としての資格を享受するための絶対条件であった。

この市民共同体の主要な構成要素である《氏族》は、その名称を土地の英雄の名前から引き継いでおり（そこから、そうした英雄は《名祖》と呼ばれる）、この守護者である英雄は宗教的栄誉を帯びた。たとえば、アテナイ市とアテナ神の関係がそうである。のちに行政単位として領土を基盤に設けられたたとえば「アッティカ」のような《デーモス》（今の州）も、古い伝統に忠実なほかのギリシア都市の集落と同じように、独自の礼拝対象として聖域をもっていた。

都市自体についていうと、古くからいわれているように、《都市》こそ最も重要な宗教生活の枠組である。その聖域と祭儀は、市民の関心を惹きつける核であり、人は、こうした共同体の信仰に参加せずしては、市民共同体のメンバーであることはできなかった。この《祖国》こそ、先祖から伝えられた宗教であり、このことは、前四世紀のアテナイの若者の誓約文によって明らかである。

「私は聖域と都市を守るために戦う。……父祖伝来の信仰を尊び、いっそう栄えあらしめるために……」

これらの宗教的義務は、女性も幼いときから負わされた。アリストファネスが、その『女の平和』（原題・『Lysistrata』）で登場させているアテナイの合唱隊は、アッティカの若い娘が辿るべき《生長》の各段階を挙げている。

「七つになって
すぐさまに、わたしは聖函奉持の童女の役
次に十では
聖臼を女神さまのために挽く役目
それから次に、ブラウロニアの大祭に、黄色い衣の熊乙女
ついで見事な乙女になって
無花果の飾り頸にかけ
聖籠奉持の晴れの役」

（高津春繁訳）

たしかに、こうした役目を務めたのは、すべてのアテナイ娘というわけではなく、ごく少数の選ばれた娘たちだけであった。しかし、この詩人が挙げている内容は、シンボルとしての価値にとどまらないものをもっていた。すべての男女が、このように宗教によって結合している社会の一員であることを自覚していたのであり、だからこそ、ギリシア人たちは公的な供犠を不可欠の要素とする大きな宗教的セレモニーを大事にしたのである。これにより彼らは、みんなが本質的なものとして尊重していた都市のなかで一体化し、能動的かつ完璧なやり方で都市生活に参加しているとの感覚を持ったのだった。

こうした行事に参画することが、無視できない現実的利益を伴ったことも事実である。ギリシアには大型の獣が少なかったので、多くの人は、こうした公的供犠のとき以外は、牛や羊の肉を食べることができなかった。この神聖な宴は、そうした肉をたっぷりと、しかも無料で食べられる、楽しみの機会で

アテナ神への供犠の準備をする人々を描いたパルテノン神殿の帯状装飾
（アテネ・アクロポリス美術館蔵）

あった。

しかし、そこには、もっと別のこともあった。人々の日常生活はきわめて簡素であり、気晴らしのチャンスなどは滅多になかったから、祭の荘厳さと華々しさは、人々を浮き浮きさせてくれた。人々はこの祭典で、執政官たちの威厳を称え、馬を乗り回す騎士たちの堂々たる風貌を嘆賞し、供え物を捧げもつ娘たちの美しさを愛で、さらに、生贄に捧げられる獣の姿の美しさを観賞した。

祭典は、行列を組んでのお練りで始まった。これは《お浄め》の意義をもっていた可能性もあるが、なにより、見物人たちの前に、秩序立った、きらめくような絵巻物を繰り広げてみせた。とはいえ、見物人たちも、ただ受け身的に行列を見ているのではなく、地中海人らしい熱狂ぶりをもって、行列の一人一人をからかったり、言葉を交わしたり、互いに批評を語り合ったりで、少しもおとなしくはしていない。こうした《冷やかし》は、幾つかの場合、一つの慣例にさえなっていて、たとえばエレウシスでは、見物人たちは橋のたもとに集まり、《お練り》の人たちに猥褻な言葉を浴びせるのが伝統になっていて、これを《橋の冷やかし》といった。

アッティカの《レーナイア祭》（一月）、《アンテステーリア祭》（二月）、さらに《ディオニュソス祭》（三月）のときに車の上から浴びせられる《戦車の嘲笑》は、喜劇の起源に一つの役割を演じた。

それでも、行列は伝令官（パルテノン神殿の帯状装飾では、行列の人々とは逆のほうを向いていることで見分けられる）の指示で整然と進み、街路や広場を通って聖域に入り、神殿のまわりの空き地に到着する。この帯状装飾の制作に参加した粒ぞろいの彫刻家たちは、フェイディアスの指揮のもと、パンアテナ祭の盛大な行列の有様を、その生き生きした豊かさのなかに見事に再現している。人々と獣たち、騎士と戦車、若い娘たちと供物を運ぶ人々、――パルテノン神殿の外壁と玄関の内側の上部を埋める長い

《フリーズ》（帯状装飾）に描かれている三六〇人の人物は、これらのすべてを網羅して余すところがない。

しかも、この作品が湛えている生気は、おそらく実際にアテナイ市民が感じていた宗教的熱気がそのまま反映したもので、人々は、この神殿の入り口に立ったとき、まさに神々の前に身を置いているのだという気持ちになったであろう。

《お練り》のあとは、生贄を献げる儀式となる。この儀式の中心になった祭壇は、その上で火が燃やせるようになっていて、生贄の動物の全身または一部が焼かれた。ただし《祭壇》は、たんにそのための場所が空けられているだけのこともあれば、地面に穴が掘ってあるだけとか、土をドーム状に盛り上げただけの、およそ建物とはいえないものであることもあったが、いずれの場合も、普通は「炉」と同じ意味の「エスカーラ eschara」と呼ばれていた。

大地の神々や英雄たちとか、さらには亡くなった人々のために用いられる祭壇は、むしろ地面に穴が掘られただけのもので、たとえばオリュンピアのゼウスの大祭壇も、ただ生贄に捧げられた動物の灰が積もって出来た築山にすぎなかった。

パウサニアスは、このゼウスの祭壇について、その大きさが、基底部で周囲が一二五ペス（三七メートル）、頂上部で三二ペス（九・五メートル）、高さは二二ペス（六・五メートル）の円錐形の築山であったことを記している。この灰の土にじかに階段が刻まれていて、それによって薪などを頂上の平らな部分に運び、そこで生贄の動物を焼くようになっていた。

このエリス人の国家的聖域であるとともに、全ギリシア的聖域でもあったオリュンピアには、祭典の時以外でも、毎日、供犠が行われていた。占い師たちは年に一度、定まった日に、オリュンピアを流れるアルフェイオス川から汲んだ水で、その一年間に生じた灰をこね合わせ、これを祭壇に塗り加えた。こうして、信者たちの信心の証が、この築山を次第に大きくしたのであった。

同じような灰の築山の祭壇は、ミレトスの近くのディデュマのアポロンの神域にもあり、ヘラクレスが築いたとされていた。デロス島のアポロンの祭壇は、もっと変わっていた。これは、すべて山羊の角で出来ていたことから《ケラトーン》つまり《角の祭壇》と呼ばれていた。伝説では、この祭壇は、アポロンの双子の妹のアルテミスが島じゅうを駆けめぐって矢で倒した野生の山羊の角をアポロンが築いたものとされており、このことは、カリマコスもその『アポロン讃歌』のなかで歌っている。

しかし、大部分の祭壇は、一個の石で造られたものにせよ、切石を積んだものにせよ、石造りであった。円柱形あるいは長方形のテーブルの形をしていて、その上部の面は火を燃やして生贄を焼けるようになっていた。立方体の石の側面に神の名前が彫られただけの祭壇もあったが、何段もの階段のついた台石の上に設けられた細長いテーブル状の祭壇もあった。さらには、テーブル状の上部には、灰が散らないよう、風を遮る障壁を縁につけたものや、ときには、外側を大理石で覆い、刳り型やレリーフで装飾を施した、豪華なモニュメントといってよいものもあった。

有名な『ルドヴィージの玉座』〔訳注・形が玉座に似ており、前四六〇年ごろ南イタリアで造られ、一八八七年にローマのヴィラ・ルドヴィージの敷地で発掘されたので、この名がある。今はローマのテルメ美術館に展示されている〕は、イオニア人の彫刻家によって、正面にはアフロディテの誕生を表すと思われる場面、そして左右の側面には笛を吹く裸身の女性と香を焚く着衣の女性とが表されている。

こうした記念建造物的な祭壇は、規模もかなりのものがある。アルカイック期のころから、すでに発展が見られ、水平方向では長さが二〇から三〇メートル、幅が六から一三メートルというのがあった。

南イタリアのパエストゥムのヘラ神殿、セリヌンテのD神殿、キュレネのアポロン神殿、アイギナのアファイア神殿などの場合がそうである。

古典期では、南イタリアのアグリジェント〔訳注・シチリアにあり、古代ギリシア時代はアクラガス。ラテン語ではアグリゲントゥムといった〕のヘラ神殿、ペロポネソス半島のテゲアのアテナ・アレーア神殿に同種のものが見られる。アクラガスの《オリュンピエイオン》（ゼウス神殿）の祭壇は、その神殿と同じく巨大で、長さ五六メートル、幅一二メートルに達する。こうした巨大化は、ヘレニズム時代には一層進んだ。前三世紀半ば、シュラクサイのヒエロン二世は、その首都に、長さ一スタディオンすなわち一九二メートル（！）という祭壇を建造させている。

しかし、前五世紀初め、キオス島の人々によってデルフォイのアポロン神殿の前に造られた祭壇は、巨大化の方向へは進まず、八・五メートルと二・二メートルという規模である。これは、部分的に造り直されており、全体は暗色の石灰岩であるが、土台とテーブルは白い大理石で出来ている。そして、聖域の参道の最後の曲折を見下ろす形になっていて、今日も訪れる人に、往時の儀式の有様を彷彿させてくれる。

見て分かるように、祭壇は正規には屋外に設けられている。これには二つの理由があった。第一は閉じた建物の内部にあっては、生贄を焼く煙が充満して、呼吸が困難になること、もう一つは、参列者である群衆のために、祭壇のまわりにスペースが必要であったこと、である。したがって、祭壇を屋内に設けることは、家庭の祭壇は別にして、ごく稀で、例外的な祭式に用いられた。

逆に、祭壇と神殿との間には、なんら厳密なつながりはない。この二つでより重要なのは、しばしば想像されているのとは反対に、神殿ではなく祭壇のほうで、祭壇がなくて神殿だけある聖域というのは考えられない。神殿はなくて、ただ野外に設けられた祭壇の上で生贄の動物が焼かれただけの聖域が、ギリシアには幾つもあった。たとえば前五世紀中頃のエリス人建築家、リボンによる建造にいたるまでのアルカイック期のオリュンピアのゼウス神殿や、ゼウスの最古の神託の場とされるエペイロスのドドナの場合がそうである。

神殿がある場合、普通、祭壇は神殿の前方にあるが、これは厳格に決まっていることではなく、建築上の便利さから、そうしたに過ぎない。アテナイのアクロポリスでは、アテナ神の祭壇があるのは、パルテノン神殿の前でもなければエレクテイオンの東面でもない。かつて旧アテナ神殿があった場所の前で、生贄を捧げる儀式は、じつにキリスト教化によって廃止されるまで、ずっとここで行われた。

普通、祭壇のまわりには、供犠を執行する人々と見物人たちを収容できるよう空き地が残されていた。祭壇のテーブルの前方には、生贄を捧げる神官の立つ場所（ここは、土間のこともあれば石で舗装されていることもある）に鉄の環が地面に打ち込まれていて、生贄の動物の身体を固定し、息の根を止めるための一撃を加えることができるようになっていた。

この鉄の環は、なんの変哲もない品であるが、考古学者の想像力を駆り立てる独特の力を持っている。聖なる火が燃えている祭壇を、多くの生贄の動物たち、神官のグループ、執政官や役人たち、そして、市民の群衆が取り巻いている光景を思い起こさせてくれるのである。

——厳粛であると同時に活気に満ちた、色彩豊かな情景。晴れわたった空に炎と煙が立ちのぼり、香の匂いがジューージューーと焼ける肉の匂いと混じり合い、その一方で、儀式の進行にともなって合唱隊のフルートと歌声が響きわたる。ときどき全員による歓呼の雄叫びが轟き、群衆のざわめきが止んで静寂が支配することがある。この静けさを乱すのは、一頭の生贄の牛の鳴き声だけである。彩色破風と列柱の柱廊から成る端麗な神殿の正面で、降り注ぐ陽光に奉納品やブロンズの像が輝き、聳える聖木の葉叢の背後に山の斜面あるいは海の水平線が広がっている。――

これが、この野外の祭典が繰り広げられた舞台であり、それに歓喜を満たす働きをしたのは、崇める神々への信頼感と、このあとに続く宴への期待感だったのであろう。

古くから伝えられた文書を信じるとすれば、こうした儀式の幾つかの場面は、太古の信仰に遡る筋書きをなぞって演じられる一種の演劇という性格をもっていたのではないか、と考えたくなる。たとえばアテナイのアクロポリスの空き地で、まわりを囲っただけの露天で行われた、この都市の守護神、ゼウス・ポリエウスを称える《ディポリエス》にもそれが窺われる。

アリストファネスは前四二三年の『雲』のなかで、この祭りを典型的にアルカイックなものとして登場させている。これは、今の五、六月のころにあたる《スキロフォリオン月》の中頃に行われ、《ブーポニア》〔訳注・「牛殺し」の意〕と呼ばれる供犠を含んでいた。以下は、この祭りについてのパウサニアスの記述である。

「ゼウス・ポリエウス〔国家の神〕について私は、この神の犠牲式の仕来りを書くことにするが、この祭式縁起の伝承は筆には著さない。先ず、ゼウス・ポリエウスの祭壇に小麦と混ぜ合わせた大麦を供えて、見張りは一切つけないでおく。つぎに、犠牲のための身支度が整えられたまま囲われていた牡牛が、祭壇に近寄って播種用の麦に口をつける。すると、人びとは神官の誰かひとりのことを《ブーフォノス（牛を屠る者）》と呼んで囃したて、（当の者は牡牛を屠殺してから）その場に斧を投げ出して――そうするのが彼のきまり――逃げ去ってしまう。ところが人びとは屠殺行為を演じた男などまるで見なかったかのように、その斧を裁判にかけるのだ。」

（馬場恵二訳『ギリシア案内記』1-24）

慎重なパウサニアスは、ここでも、この独特の祭儀について神官たちが提示した秘密の解釈に関しては沈黙を守っている。これは、このような神聖喜劇が生まれた理由を知りたいと思う現代人にとっては残念なことで、この理由について現代人は、それは農民の古い信仰の生き残りで、農耕に役に立つ牛を犠牲にすることは、たとえ宗教的な目的でなされるにせよ、好ましくないことであり、法的賠償を必要とする殺戮であったからだと考えたくなる。

それはともあれ、私たちは、ここから、こうした祭儀は、初歩的な劇的虚構を受け入れてきたのであり、これが、とくに発展したのがデルフォイの祭儀においてであったと考える。デルフォイでは、八年ごとに、中世の《神秘劇》に似た《ステプテリオン》と呼ばれる出し物が、参道の中程にある野天の空き地で演じられた。これは、デルフォイの聖域の起源にまつわる伝説、すなわちアポロンが蛇のピュトンを殺したエピソードを記念したもので、この劇には、そのために建てられた「ピュトンの小屋」が焼け落ちる場面が含まれ、そのあと、フルートが吹き鳴らされた。これは、プルタルコスがその擬音効果を指摘しているように、蛇が発する《シューシュー》という音を想起させた。

スパルタでは、《カルネイア祭》のときに、軍事国家にふさわしく、戦いをテーマにしたドラマが演じられた。兵舎に似た仮小屋が九つ建てられ、そのそれぞれに九人が入り、隊長の命令のもと、あてがわれた役割にしたがって行動するのである。この劇について、西暦三世紀の著述家、アテナイオスは、

「軍事的遠征を表したもの」と説明している。そのほか、生贄の儀式のあと、象徴的な意味をもつダンスが行われたケースもある。

こうした祭儀的演劇のなかで最も重要なのが、なんといっても《ディオニュソス祭》である。

本来、植物とくに葡萄の生長とワインの発酵を象徴するこの神は、トラキアあるいはオリエントの古い異国の神であったのがギリシア世界に入ってきたものだろうとされてきた。したがって、この神の名前がミュケナイの文書のなかに見つかったときの驚きは大きかった。それ以後、この神も、ギリシア人の《パンテオン》（万神殿）の古い要素の一つと考えざるをえなくなった。

しかしながら、この《ディオニュソス祭》の中に本当の意味での演劇的表現が見られるようになるのは、アルカイック期でも最も晩期になってからである。そこには、ほかの多くの祭儀と同様、合唱とダンス、《お練り》が含まれていた。合唱隊によってディオニュソス神の誕生を称える賛歌『ディテュランボス』が歌われるなかで、世界の再生と豊饒の象徴である《ファロス》（男根）を象った棒を担ぎ回る行列が騒々しく陽気に繰り広げられた。

ディオニュソス祭では、ほかの神々の祭より以上に、信者たちは激しく身体をくねらせ、神秘的恍惚と野放図な熱狂に身を委ねた。そこで重要な役目を果たしたのがワインであったことは間違いないが、これには、夏から秋にかけての厳しい労働が終わり、存分に解放気分を謳歌しようとする農民的祭祀の伝統が引き継がれていた。

ディオニュソス祭の行列メンバーは、この神の伝説上のお供である山羊の脚をもつ《サテュロス》に扮した。獅子鼻でひげづらの仮面をつけ、腰のまわりには尻尾と作り物の《ファロス》をくっつけた山羊の皮を巻き付けた。アリストテレスによると、この『ディテュランボス』でディオニュソスのために牡山羊（tragos）を生贄に捧げたことが《劇tragédie》の起源となった、という（『詩学』4-1449a）。

この『ディテュランボス』の賛歌のなかで、合唱隊および合唱隊長と役者の間で言葉の掛け合いがなされた。こうした演劇的要素を導入したのが、ペンテリコン山の中腹にあるイカリアの町の出身であるアッティカの詩人、テスピスである。その『パロスの大理石』がアテナイではじめて上演された前五三四年は、ペイシストラトスが政権を担っていた時期で、このとき、私たちが文学の一ジャンルとして理解している意味での《演劇》が誕生したのだった。

これ以後、アテナイにおける中心的な《大ディオニュソス祭》、三月末の《町のディオニュソス祭》、一二月末の《レーナイア祭》、アッティカの村々で一一月末に行われた《鄙のディオニュソス祭》において、それぞれの祭りの責任者である執政官たちにより、演劇の上演とコンクールが行われるようになり、それがヘレニズム時代の終わりにいたるまで明確に宗教的性格を維持しながら続いていく。

この見世物のための設備、すなわち劇場は、はじめは木造だったが、のちには堅固な石材で建造される。しかし、造られた場所は一貫してディオニュソスの聖域のなかで、その構造は、神の祭壇を合唱隊席が円形に取り巻く形になっており、その正面席にはディオニュソス神の神官が坐った。

演劇は宗教的な祭のとき、お練り、供犠、浄めの儀式などの他の儀式に先立って演じられた。私たちは、デモステネスの『ミディアス弾劾演説』によって、前四世紀中頃になっても、この演劇コンクールが人々の眼に、いかに神聖な性格のものとして映っていたかを知ることができる。ミディアスは、デモステネスが《コレゴス》〔訳注・演劇の費用を分担する役目〕を務めたとき、彼を殴った敵の一人だったのである。

アッティカの喜劇に関していえば、《悲劇》や古来の『ディテュランボス』とは別に、少し遅れて始まった。アリストテレスの言うところによると、それは、ファロス的な猥雑な行列と歌、そして、それに伴う無言劇から成っていた。ディオニュソス祭の行列が《サテュロスの合唱隊》としてアッティカの甕に描かれるのは前六世紀初めからであるが、ここから誕生したのが、悲劇よりも喜劇であったことは、両者に共通する破廉恥で卑猥な性格から明らかである。

『スーダ』〔訳注・一〇世紀のギリシア語用語辞典。前出〕によると、大ディオニュソス祭で最初の《喜劇》のコンクールが行われたのは、二つのペルシア戦争の間のおそらく前四八六年で、《悲劇》の第一回コンクールからほぼ半世紀あとのことである。その後、悲劇、喜劇ともに、アッティカのディオニュソス祭の重要な要素となっていった。

喜劇詩人たちは、人々を笑わせるために、あらゆる手段を使うことを伝統によって特別に認められていた。自分たちの守護神をすら、遠慮なく笑い者にした。アリストファネスは、前四〇五年、『蛙』のなかで、ディオニュソスに、ヘラクレスに変装して地獄に降りていくのだが、英雄ヘラクレスと違って、臆病で小心者であることを露呈し、散々な目に遭い、棒でひっぱたかれさえする滑稽な役回りを演じさせている。

ヘラクレス自身も、ゼウスの正真正銘の息子でありながら、喜劇では、しばしば大酒のみで大食漢として描かれている。エウリピデスの『アルケスティス』も、ヘラクレスをそのような姿で登場させており、これは、本来的にいえば《悲劇》ではなく、《サテュロス劇》すなわち、滑稽味の要素を表にした作品である。

私たちからすると、神々をこのような形で登場させるのは、まじめな信仰を汚すように思われる。しかし、そういう危惧は少しも必要ないのであって、そこには、神人同型の神との一種の庶民的な親密さがあり、特別に気むずかしくデリケートな精神の人は別にして、アテナイの人々にとってはなんら衝撃を与えるものではなかった。

本来は神であっても、人間と姿を共有し、幾つかの弱点を持っているのが神であることを、大衆は当然のこととして認めていた。しかし、だからといって、神々の恐るべき力を畏敬しないのではない。伝統によって許された祭において、神々を堂々とからかったのは、この神々と自分たちが強い信頼関係で結ばれていることを自覚しているからに他ならない。

この喜劇詩人は、その反対に、機会あれば、わが都市の神々を高尚な調子で称えることもしている。

ああ、国の護り、パラスの尊
至尊の女神
弓矢の技、文の道
その勢威、他に比類なき
この国をみそなわす君よ
戦さの庭につねにわれらとともにある
かの勝利の女神を伴いて神降りたまえ

（アリストファネス『騎士』581-589　松平千秋訳）

同じこの詩人が、『アカルナイの人々』では、《鄙のディオニュソス祭》を祝う勇敢な農民、ディカイオポリスを描いている。この場面は、非常に興味深い。というのは、そこには、アッティカの喜劇の淵源である《鄙のディオニュソス祭》において庶民的な信仰心がどのように表れていたかが如実に描かれているからである。

ディカイオポリスは家長として、家族全員が参加しての祭のやり方を定める。彼自身、その小規模な行列の先頭に立ち、そのうしろで、娘が供物を盛った籠を捧げ持つ。いわゆる《カネフォロス》(籠持ち)役である。そのすぐあとを、二人の奴隷がディオニュソス祭のシンボルである大きな《ファロス》をかついで続く。

彼が捧げる《生贄》は野菜をすりつぶしたものにバターをかけた菓子というつつましいものである。そこで彼は次のような祈りの言葉を唱えている。

「おお、主ディオニュソス。家族一同とともにとり行いまする行列と供犠(いけにえ)が御心に叶い、軍役に煩わされずに在のディオニュソス祭をつつがなく相済ませますように!」(村川堅太郎訳)

そして、妻が家の屋根のテラスから見守るなか、ディカイオポリスが音頭をとってファロスを称える(つまり男根崇拝を内容とする)歌をうたいながら、行列は進みはじめるのである。

5　オリュンピア競技

劇作品はヨーロッパ文学の発展にとって非常に重要な意義をもったが、そのコンクールは、古代のギリシアで行われた種々のコンクールの一部門でしかない。これらのコンクールは、宗教的祭典の非常に

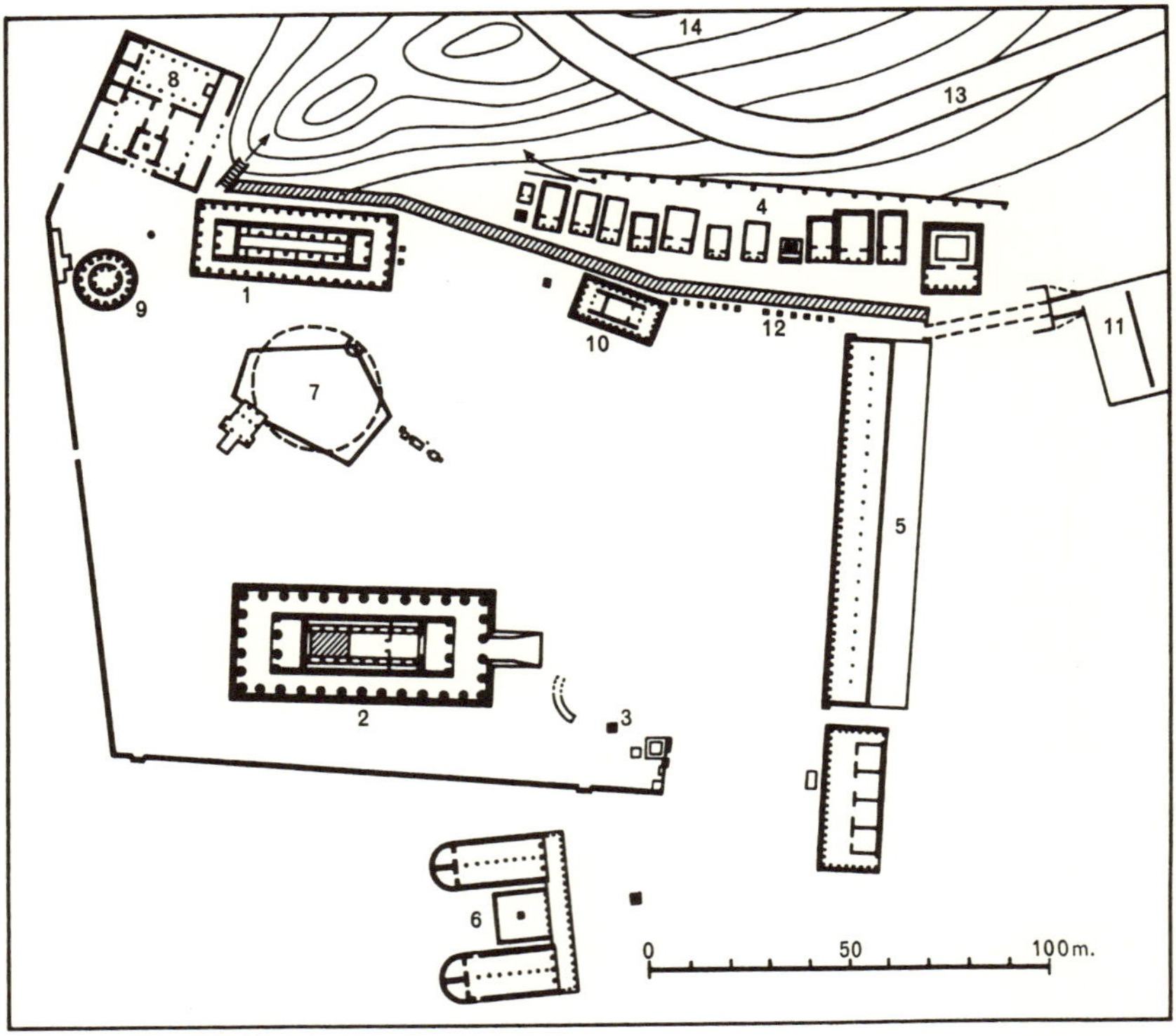

オリュンピアの聖域
1. ヘラ神殿 2. ゼウス神殿 3. 勝利の女神像 4. 宝庫群 5. 反響廊 6. 評議会場 7. ペロプスの墓 8. プリュタネイオン 9. フィリッペイオン 10. メトロオン（ゼウスの母レアを讃えた堂） 11. スタデイオン（競技場） 12. 立像 13. 現代の道路 14. クロノスの丘

幅広い構成要素の一つで、ギリシア人の社会的・道徳的生活において不可欠の役割を果たした。

　これらのコンクールの始まりであり淵源をなしたものこそ体育競技であり、たとえば音楽のコンクールが入ってくるのは、かなり時代がくだってからである。私たちが知ることのできるその最初の体育競技の例が、『イリアス』の第二三巻でアキレウスがパトロクレスの葬儀のときに催したそれであろう。ほかにも、歴史を謳った叙事詩には、葬儀に関連して行われた競技が登場する。たとえばテッサリアのイオルコス王、ペリアスのために行われた競技には、たくさんの著名な英雄たちが参加しており、その情景は、前七世紀後半にコリントスの僭主がオリュンピアに奉納した有名な《キュプセロスの小箱》に描かれている。

体育競技の様子を描いた陶器の図　幅跳び（上）
円盤投げ（下）（共にボストン美術館蔵）

　このため、幾人かの現代の学者は、ギリシアにおける体育競技を、もともと死者を弔う習慣の一つであったと考えている。しかしながら、『オデュッセイア』第七巻を読むと、パイエーケス王、アルキノオスは、客人のユリッシーズを楽しませるためにスポーツのコンクールを催すよう臣下に促している。この場合、ゲームは葬儀のためという性格は全くもっていないし宗教的意義さえもっていないが、しかし、通常は、ギリシアのコンクールは、宗教的祭典のなかで企画されたものであり、ギリシア世界の至るところで、さまざまな祭儀に伴って、さまざまな競技が行われた。

たとえばピンダロスは『ピュティア第九歌』において、キュレネ人競走選手の素晴らしさを褒めるなかで、キュレネではほかにもアテナ神を称えるコンクール、オリュンピアのゼウス神のために催されるコンクール、大地母神のためのコンクールなどがあり、すべてを数え挙げようとすると、際限がない、と述べている。このように、各地方で競技会が行われていたので、若者たちは、個人競技にせよ集団競技にせよ、さまざまな試合で互いに競い合うことができた。

試合は、ときには、宗教的祭儀としての性格を明確に保っていた。たとえば松明を持って競走する《ランパデドロモス》、アテナイで特に有名であったリレー競走、さらに、農耕神アポロン・カルネイオスを称えてスパルタの《カルネイア祭》で行われた、葡萄の房をもって走る《スタフュロドロモス》などが、それである。

しかし、多くの場合は単純な運動競技で、若者は、力と技量を神の前に捧げるために、その質の高さを競い合った。ホメロスを読めば分かるように、ギリシア人の眼からすると、競技での勝利は、戦争での勝利と同じで、本質的には神の寵愛によって決まる。人間はベストを尽くす。しかし、それをどのように処理するかは、《運命》と神々の意志である。

これに関連して、オリュンピアでは、戦車競走のスタート・ラインのところにさまざまな神々、とくに《運命》の神格化である「モイライ」（三人の女神）と「モイラゲテース」（モイライの子供たち）の祭壇が設けられていたことがパウサニアスの記述によって分かっている。彼は、付け加えて、こう書いている。

「人々の運命を知っているのはゼウスであり、彼は《モイライ》が人々に許したものと拒んだものとを知っていたのだから、これがゼウスに付けられた形容語句であることは明らかである」

（『ギリシア案内記』5-15-5）

このことは、古代ギリシア人に非常に普遍的に見られた精神的態度を明かしている。——人間は自分の長所を自覚しているが、何事につけ偶然が作用し、しかも、それが事の成否にとって決定的である恐れがあることも知っている。この偶然的要素は、人間の慢心を挫き、人間の営為への超自然的力の介入を啓示する。——

少なくとも、プロの体育競技家が入ってくることによって堕落するより以前の、初期の競技会では、神々の意志に対する暗々裏の感謝があり、それが彼らに高潔さと偉大さを授けていた。ピンダロスのような人の詩は、そこに最もすばらしい精神的昂揚をもたらす素材を見出していた。

したがって、競技の優勝者は、並外れた肉体的資質に恵まれた個人というだけでなく、《神々に愛でられた人》とされた。そこから、優勝を勝ち取ると、そのコンクールを後援してくれた神に感謝するため、その聖域に供物を捧げることが慣習となっていった。

ところで、体育競技者の野心を駆り立てたあらゆる競技会のなかで、その名声が一都市国家の境界線を越えて、ギリシア世界全体に広がったものが幾つかあった。そのなかでも多くの人々の関心を惹いたのがオリュンピアとデルフォイ、イストミア、ネメアの競技大会であった。これらは、その祭典の華やかさ、そこで鎬を削った選手たちの質の高さ、見物に来る人々の数の多さと多彩さから、《全ギリシア的競技会》という名前に値した。

今もピンダロスの詩的天分を証明している《祝勝歌》を作ったのは、これらの競技大会での優勝者の栄誉を称えるために作られたもので、彼が取り上げた「オリンピック」「ピュティック」「イストミック」「ネメアン」は、すでに多くの古代の著述家たちから、様々な競技大会のなかでも特別のものとして注目されていた。

これらの競技のスポーツ技術としての側面はさておいて、ここでは、それらの宗教的側面の重要性に絞って注目する。


最も有名なのがオリュンピアのゼウスを称えて行われた「オリンピック競技」であった。タオルミナの歴史家、ティマイオスは、オリンピック競技の開催を年代確定の基準にし、それを《オリュンピアード》と名づけたが、それによると、この競技大会は前七七六年に始まり、四年ごとに、七月から八月にかけての夏の最中に開催された。古典期には、祭典は七日間つづいた。

前五七二年以後、この祭典は、この地方を支配していたエリス人たちによって執り行われた。競技会を推進する責任を担う人々として、《ヘラノディコス》（競技役員）が選ばれた。この名称が示しているように、全ギリシア人（ヘラス）のためのセレモニーとして企画されたが、その開催の責任は一つの都市国家の民が担い、すべてをこの都市に従属させる政治的・宗教的意図をもって行われた。

開催の時期が近づいてくると、祭典開催を告げる《使節》がギリシアのすべての都市に派遣された。すると、ゼウスに対する敬意から『聖なる休戦』が施行され、オリュンピア大祭が終わるまで、ギリシア世界の内輪の戦争は中止された。競技への出場をめざす選手、見物を望む人々は、ぞくぞくとエリスへ向かった。そこでは、そうした人々を受け入れるための体制が整えられ、聖域の周辺には、祭典開催期間の幾週間か、テントと仮設小屋からなる一つの町が出現した。

大会初日は、生贄を捧げる儀式と競技者たちの宣誓に充てられた。競技に出場する選手は、自由身分のギリシア人であること、いかなる罪による処罰の前歴もないこと、が条件とされた。とくに罪については、道徳的・政治的罪よりも、宗教的罪の汚点がないことが重要とされた。競技会そのものが《祭儀》の一部であり、《祭儀》には、いっさい穢れのない清浄な人しか、完全な意味での参加は許されなかったからである。

《バルバロイ》つまり非ギリシア人、奴隷、そして罪のある人は排除された。女性も、宗教的掟によって聖域の中に入ることを禁じられていたから、当然、競技を見ることはできなかった。唯一の例外は、デメテルに仕える巫女の場合で、このことは、この禁止事項が神聖な性格をもっていたことを示している。

選手たちの宣誓は、とくに厳粛に行われた。これは、誓約の守護者であるゼウス・ホルキオスの祭壇の上で行われた。このゼウス像は《ブレウテリオン》(エリスの元老院があった)のなかに立っていて、誓いに背いた者を罰するための雷電を両手にもっていた。

競技者は、父親や兄弟など、古くからの氏族的連帯の絆で結びついている人々とともに、この儀式のために捧げられ解体された生贄の牡豚の四肢にかけて、コンクールの規則を守ることを誓った。私たちに多くの情報を提供してくれているパウサニアスは、付け加えて、その暗示的特徴を指摘している。

「競技者の宣誓が行われたあと、この豚の遺骸がどのように処理されたかを追求しようとは、私は思わない。宣誓に使われた生贄の動物は、人間の食に供されてはならない、というのが太古の昔から定められた決まりなのである。」

（『ギリシア案内記』5-24-10）

ゼウス・ホルキオス像の足許には一枚の銅板があって、そこには、誓いを破った者には厳罰が下されることを二行連句で書いた《エレゲイオン詩》が刻まれていた。《ヘラノディコス》（競技役員）によって誤魔化しと判定された場合は、高額の罰金を課せられたうえ、永久にその競技会から追放された。

こうして納入された罰金によってブロンズのゼウス像が作られたが、競技場の入り口脇にある宝物庫の庇の下には、このような出自をもつゼウス像（ドリス方言では「ザーネス」と呼ばれた）がズラリと並べられていた。その台座の幾つかは、今も、その場所に見ることができる。

競技は五日間つづき、最終日の七日目は表彰式に充てられた。群衆の歓呼のなか、《オリュンピオニコス》と呼ばれた優勝者の名前が呼ばれ、賞が授けられた。賞品は、ピンダロスによると、野生のオリーヴの葉つき枝で編んだ冠であった。このオリーヴは、ヘラクレスが《ヒュペルボレア人》（極北人）の国から持ち帰り、オリュンピアに植えた聖なる樹である。

これらの冠は、フェイディアスの弟子であり仲間でもあったコロテスが象牙と黄金で作った供物用テーブルの上に用意されていた。このテーブルは、西暦一三三年、ハドリアヌス帝の治世にエリス人によって造られた記念貨幣の裏面にモチーフとして描かれている。

ギリシア人にとって、神々の王たるゼウスの神域に集った全ギリシア人の前で勝ち取ったオリンピックの冠に勝る偉大な栄光はなかった。ローマの哲人キケロは、これについて『トゥスクルム荘対談集』

のなかで、ディアゴラスとラコニア人の有名な逸話を述べている。
ディアゴラスはロードス島出身の拳闘家で、オリンピックで優勝し、ピンダロスの『第七オリュンピア讃歌』のなかで謳われている。しかも、年を取ってからは、二人の息子が同じ勝利の栄冠を勝ち取るのを見る喜びを味わったのである。

「一人のラコニア人が老人に近づいて、お祝いの言葉を述べた。『いまが死に時ですよ、ディアゴラス。なぜなら、こんなすばらしい喜びは、このあとまた巡り会うことはないでしょうから』――この逸話を書いた人は、《オリュンピオニコス》を二人も出したことは、一族にとって比類なき栄誉であり、ディアゴラスがこの先、生きながらえたならば、運命の衝撃にむなしく身を晒すことになるだろうと考えたのであった。」

このように、栄誉への欲求、称賛への渇望、氏族の誇り、そして、神に対する真摯な信仰心が相俟って、競技選手たちの熱情を掻き立てたのであった。見物人たちは見物人たちで、有名な人々を間近に見たいという願望に駆られていた。この盛大なコンクールを利用して自分の作品をギリシアじゅうの人々に知ってもらいたい、あるいは、注文を得たいと願う著述家や芸術家、哲学者、弁論家も、集まってきていたからである。
このスポーツの試合と宗教の祭典には、必然的に興奮に満ちた混雑、あらゆる種類の商取引が伴った。ゼウスの神殿とヘラの神殿を囲んでいる《アルティスの境界壁》の内側では、ギリシアじゅうのあらゆる方言が聞かれた。そうした見物人のなかに、テミストクレスだのアルキビアデスだのプラトンだのといった有名人の姿も見られたことは、すでに明確に裏付けられているが、そのほかにも、今では記録に残っていない様々な著名人もいたことであろう。

ヘロドトスは、自分が書いた『歴史』を、このオリュンピアで朗読し、群衆から称賛されている。この著作の九巻のタイトルとして、クレイオ、エウテルペ、タレイア、メルポメネ、テルプシコレ、エラト、ポリュムニア、ウラニア、カッリオペという九人の《ムーサイ（芸術の神）》の名前を付けたのは、このときの群衆であったとルキアノスは言っている。

レオンティノイのゴルギアスのようなソフィストは、ここでその雄弁を披露して名声を確立した。彼の甥の息子は、このことを記念して、ゴルギアスの彫像を立てており、その像を、パウサニアスも見ている。

ギリシア世界のあらゆる地域からやってきた人々が、何日間か一緒に歩き回り、同じ生贄の儀式に参加し、同じ宗教的熱狂に興奮することによって、お互いの理解を深め合った。そこでは、利害の対立や、都市同士を分け隔てている自尊心による啀み合いといったものを乗り越えて、深い連帯意識が生まれ、それが《ギリシア精神》という観念に、より具体的な中身を与えた。

したがって《ギリシア精神》は、ギリシア人たちが「パネギュリス」（訳注・「エギュリ」とは「アゴラ」すなわち人々の集まりを意味した）と名づけた定期的な宗教的集まりのなかで強化されていったのであり、このことについては、前四世紀のアテナイの弁論家であるイソクラテスが第一〇〇オリュンピアードのとき（前三八〇年）に執筆した『パネギュリコス』（民族的祭典演説）のなかで完璧に説明されている。

「《パネギュリス》を創始し、これを伝統として私たちに遺してくれた人々を称えるのは当然である。

事実、私たちは彼らのおかげで、戦いを中止し、恨み言を口にするのをやめて、同じ一つの場に集まり、一緒に神々に祈りと生贄を捧げ、共通の先祖への記憶を蘇らせる。そして、未来のため、よりよき互いの心構えをそこから引き出し、古えよりの友好の絆を新たにし、そこから様々なものを創り出す。これらの出会いは、大衆にとっても、エリートたちにとっても、失われた時のものではない。ある人々は、集まったギリシア人たちの前で自分の生まれ持った才能を存分に発揮し、ある人々は、競い合いを見ることに満足を覚える。誰一人として退屈などしない。ある人々は選手たちがベストを尽くすのを見て喜び、ある人々は、それを嘆賞するためにこれほどの人々が集まったのだと知って自らの自尊心を満たされるのだ。」

ほかの《全ギリシア的競技大会》も、同種の《パネギュリス》の機会を提供した。デルフォイでは、第一次神聖戦争のあとの前五八二年に、アポロンを称えるため《ピュティア祭》が始められ、オリュンピアと同じく、ここでも体育競技の試合が次第に充実していった。しかし、この祭典の独自性は、音楽コンクールに大きな比重が置かれたことにあった。

デルフォイでの音楽コンクールの伝統はきわめて古く、ホメロスやヘシオドスも、出場を希望したが、願望を果たすことができなかった。ホメロスの場合は、盲目のためということもあるが、二人とも、楽器のキタラを奏でることができなかったためである。なんといっても、アポロンは芸術の神であり、その祭典の中心は音楽の才能を競うことであった。

この祭典も、四年ごと、オリンピック競技の二年後の夏の終わりごろに開催された。祭典が近づくと、デルフォイの人々は《テオロス》（デルフォイの方言ではテアレス）と呼ばれた使節をギリシア世界の全域へ派遣し、布告した。それぞれに主権をもつ各都市には《テオロドコス》と呼ばれる役人がいて、この使節を接待した。

デルフォイの神域からは、こうした《テオロドコス》の名簿を記したものがたくさん出土している。たとえば前五世紀末のものの断片が一つ、同三世紀末については文書が一つ、同二世紀半ばについては断片が幾つか残っていて、歴史地理学と固有名詞研究にとって貴重な資料となっている。

オリンピックの場合と同じく、ピュティア祭の競技優勝者に授けられたのも、葉のついた枝を編んだ冠であった。ただし、デルフォイのそれは、アポロンが愛でた月桂樹で作られており、その宗教的意味合いを踏まえた特殊な作りになっていた。そして、材料の枝は、両親が健在である一人の子供がテッサリアのテンペの谷で探し出したものでなければならなかった。

アポロンの威信と、その託宣の名声のおかげで、ピュティア祭には年々、大勢の人々が集まり、オリュンピアの大祭に匹敵するほどになっていった。

イストミアとネメアの競技会は、オリンピックとピュティアの祭典が行われない《オリュンピアード》の第二年と第四年に〔訳注・したがって二年ごとに〕行われた。

イストミア競技会はポセイドンの栄光を称えてコリントスのイストミアの聖域で、春（四月から五月）に行われた。その跡は最近、部分的ながら発掘されている。主催したのはコリントスの人々であったが、参加者としてはアテナイの人々が特に大きな比重を占め、たとえば前四一三年のときも、祭典が告知されると、アテナイ人はペロポネソス戦争を休止してやってきたことが、トゥキュディデスの言及によって知られる。

優勝者に授けられたのは、初めのころは松の枝で作った冠であったが、のちに（ピンダロスの少し前のころ）野生のセロリで作られるようになった。セロリの冠は、ネメアの競技祭でも使われた。アルゴス地方のネメアはゼウスの神域で、当初、祭典を主催したのは、その近くの小都市、クレオナイ市民であったが、ピンダロスのころからは、この地域一帯を支配していたアルゴス人が取って替わった。

ネメアは、ここでライオンを倒したということでヘラクレスにゆかりのある地だが、糸杉が植わった神域で崇められていたのはゼウスであった。行われたコンクールはオリュンピアのそれと似ており、審判員の呼び名も、同じ《ヘラノディコス》であった。そして、開催期間中は、聖なる休戦が行われたことも、同じである。

これらの競技会で優勝した人の名誉は大変なもので、まして、四つの競技会に連続して栄冠を勝ち取った場合には、《ペリオドニコス》（周期の勝者）という称号で呼ばれ、神々に連なる人、または、それに近い存在とされて、その名声は何世紀も語り継がれた。

そのよい例がタソス島のテオゲネスである。彼はヘラクレスに仕える神官の息子であったが、ヘラクレス自身が実の父と考えられていた。この伝承は、すでに見たように、《聖婚》信仰で説明される。彼は、二二年間、無敗の拳闘家として勝ち続けた。ネメアとイストミアで九回（同じ祭典で、拳闘とレスリングを兼ねた格闘技でも優勝した）、ピュティア祭で三回（そのうち一回は、挑戦する者がなかった）、そして、オリュンピアでは四八〇年に拳闘で、四七六年には拳闘とレスリングを兼ねた格闘技で優勝し、その絶頂期を飾った。

こうして、オリュンピアとデルフォイ、さらに故郷のタソスに彼の彫像が立てられた。かなり毀損しているものの、その台座が発掘されている。デルフォイのそれは、刻まれた文字を今も読み取ることができ、彼が得た勝利の一覧とともに、一三〇〇回にのぼる試合すべてにおいて勝利したこのチャンピオンの並外れた業績を称える一二行詩が書かれている。

その名声は、死後も語り継がれ、前三世紀、マケドニアのペラ出身のエピグラム詩人、ポセイディッポスは、この超人の食欲は、牡牛一頭をひとりでペロリと平らげるほどであった、と述べている。また、西暦二世紀になってもなお、弁論家のディオン・クリュソストモスとか、哲学者のプルタルコス、さらに旅行家のパウサニアスといった人々が、テオゲネスの事績だけでなく、その性格などについて論じている。

しかし、なによりも興味をそそるのは、その並外れた連続勝利の記録自体よりも、死後、宗教上の高い位を付与されたことである。その事情については、パウサニアスがかなり詳しく述べている。

「テオゲネスが亡くなると、彼のライバルであったひとりの男が、毎夜やってきて、彼の像を鞭で打つのを習慣とした。こうすることによって、人間としてのテオゲネスをいじめようと思ったのである。この暴力行為は、彼が像に押しつぶされることで終わった。遺された子供たちは、像に死刑を宣告してもらうために法廷に持ち込んだ。そこでタソス島の人々は、生命のない物であっても人間を押しつぶして死に至らしめた場合は、追放刑に処されるべしという、本来はアテナイ人のために定められたドラコン法を適用して、像を海に捨てさせた。

その後、タソス島では凶作が続き、神意を伺うため使いをデルフォイに派遣した。すると、島から追放したすべての者を帰還させるべし、との神託がくだった。これによって、追放されていた人は全員、故国に帰ることができたが、凶作は一向におさまらなかった。そこで、タソスの人々は、神託どおりにしたにもかかわらず、自分たちに対する神の怒りがつづいていることを嘆いて、ふたたびピュティアへ伺いを立てた。

それに対する託宣は『おまえたちは偉大なテオゲネスのことを忘れている』であった。彼らは、海中のどこにテオゲネスの像があるか分からず、途方に暮れてしまった。そうしているうちに、海へ漁に出ていた漁師が網にひっかかった像を持ち帰ってきた。タソスの人々は、この像を元通りに安置し、神として崇め、生贄を捧げるようになった。」

（『ギリシア案内記』5-24-10）

これを裏付ける碑文も、さまざま遺っており、文書記録とも照合、確認されている。タソス島でテオゲネスへの崇拝が始まったのは前五世紀末から四世紀初めで、像が元へ戻されたのは、このころと思われる。

その後、前一世紀に書かれた文書、さらに西暦二世紀のパウサニアスの今の続きの部分やルキアノスの一節が示しているように、テオゲネスは病気を治癒し、とくにマラリアから守ってくれる英雄と考えられるようになる。そして、これはタソス島だけでなく、広くギリシア世界へ広がった。

ここで私たちは、ひとりのずば抜けた体育競技者に関して、競技大会で勝ち取られた栄誉が神の寵愛のしるしとされ、特別な場合には、その人自身、神と同列のレベルに引き上げられたことを見た。詩人たちが祝勝歌でその顧客を褒めそやすために用いた誇張法は、ここでは現実になったのである。しかしながら、こうした《英雄》への昇格が生じるのは、あくまで死後のことで、これは、ギリシア人たちが死者を特別な尊敬心をもって考えていたことの表れである。彼らにあっては、オリュンピアの神々の宗教と並んで、死者崇拝がかなりの重要性をもっていた。この点について、次に見ていくことにする。

6　死者崇拝

ミュケナイ期は貴族制社会で、わたしたちが死者崇拝の実態について知る手がかりは、墓と副葬された家具類だけである。記念建造物のようなドーム状の墓室とそのなかに納められた副葬品の数々、葬儀の様子を示す図像の幾つかは、ミュケナイ人たちが死者を尊ぶため、どのような心遣いをしたかを示している。しかし、彼らがあの世の運命をどのように思い描いていたかは分からないままである。

ホメロスは、アキレウスが親友のパトロクロスのために行った葬儀について、長々と述べている。『イリアス』第二三巻には、その遺体が薪の山の上で焼かれたこと、トロイ人捕虜と、彼が生前かわいがっていた馬と犬が生贄に捧げられたこと、蜂蜜とオリーヴ油が供えられたこと、悲しみのしるしとして生き残った人々が髪の毛を供えたこと、死者への思い出として宴席が設けられ、また体育競技が行われたこと、墓碑が立てられたことなど、すべてが克明に述べられている。

このような儀式は、死者の命があの世で生き続けるという信仰を抜きにしては考えられない。ホメロスは、命は一つの形をもって継続していると信じていた。ヨーロッパ文明において初めて《プシュケ》（魂）の概念を明確に述べたのがホメロスである。《プシュケ》とは肉体と区別されるもので、臨終の瞬間に身体から離れ、死者たちが滞在する《ハーデス》〔訳注・いわゆる冥土、黄泉の国〕へ飛んでいく。

それは、生者としてもっていたままの姿をしているが、重さもなければ確固不変の存在でもない。しかし、苦しんだり、生命をなくしたことを惜しんだりすることはできる。ホメロスはそれを、アキレウスの夢のなかにパトロクロスが現れるシーンとして描いている。アキレウスが抱きしめようとすると、パトロクロスの像はスルリと抜けてしまう。

『オデュッセイア』の第一一巻でユリッシーズがやっているように、死者の霊を呼び戻すこと（ネキュイア）は魔術による以外ない。これについては、のちに、前五世紀の偉大な画家、ポリュグノトスがデルフォイにあるクニドス人の集会場（レスケ）の壁に描いた絵が教えてくれる。

死者の魂たちは、穴の底に溜まった生贄の血を飲むことによって、一時的に人間存在としての姿を取り戻すが、これは幻にすぎない。ユリッシーズは、このようにして母親の魂と言葉を交わすことはできたが、腕を伸ばしても触ることはできない。

「もうあの世へ去った母親の亡霊をつかまえようと思いまして、三度跳びかかった、とは私の心がとらえるよう命じたもので。しかし三度とも、私の手から影のようにあるいは夢のように、ふわりと飛んで逃げてしまうのでした。」（呉茂一訳）

これらの亡霊は、死者が留まる《ハーデス》の門の向こうにあるシャグマユリの咲き乱れる原をさまよったり、幾分かは地下にもぐったりしている。弔いの儀式、とくに火葬に付すことは、魂を、この陰鬱な滞在地へ到らせ休息させるのに必要な条件であった。

このような《あの世》の概念は、死にゆく者には、ほとんど慰めをもたらさない。ホメロスの英雄たちは生を愛し、それを失うことを悲しむ。しかし、それは避けられないものであるとする感情が、苦痛を和らげるために一種のペシミズムを吹き込む。人間のなかでも最も美しく最も勇敢であったアキレウスの亡霊は、次のような苦い言葉を漏らしている。

「田畑に働く小作人として他人に仕えようとも、むしろそのほうが私には望ましい。——死んでしまった亡者ども全体の君主として治めるよりもだ。」
（呉茂一訳）

死者を弔うのは、悲嘆に暮れる魂になんらかの慰めをもたらすためだけなのだろうか？ それとも、死者たちはその不可思議な死後の存続のなかで、生きている者を苦しめることのできる超自然的な力をもっているのでは、という漠然たる意識の表れなのだろうか？

理由はどうあれ、幾何学様式期の地下墓地と初期アルカイック期のそれとが、明らかに死者崇拝の痕跡を保っていることとは、まぎれもない事実である。アッティカの墓地には、墓の傍らで生贄の灰が見つかっており、墓からは灌奠に使用された大型の甕もたくさん発掘されている。

しかも、《標識》の役を果たすものとして、大きな石が墓穴に挿し込んだり、傍らに立てられたした。この石が、つぎのようなギリシア世界固有の一つの発展を辿って《墓碑》となるのである。

当初は、テラ島の地下墓地に見られるように、荒削りの石の塊に死者の名前が刻まれているだけであったが、アッティカでは前七世紀の終わりごろになると、かなり手間をかけたものが現れてくる。石は角錐形に高く細く切断され、台座の石に差し込んで立てられるようになる。

クレタでは、すでに、それより早い前七世紀中頃には、ミュケナイ期のギリシアと同じように、図像表現によって墓碑を飾ることが行われていた。初期のものは、紡錘をもった女性や武器をもった戦士の像などが凹彫りされている。

この場合、人々が関心を向けたのは、神と人間のどちらだったか？　おそらく、死者に対してより一層の関心を向け、理想化した姿で描き、生きている人々はそれに敬意を捧げた。そのような事例は、のちになるほど数も増え、その意味は疑う余地のないものとなる。

前六世紀のアッティカでは、最も豪華な墓碑は死者の姿を入れた浅浮彫で飾られている。「重装歩兵アリストンの墓碑」とか、一連の《クーロイ》（若者）たちの美しい丸彫りの像とかがそれである。これらが死者のポートレートを表そうとしたものであることは確かであるが、そこに理想化が行われていることは明白である。なぜなら、このポートレートは、墓の主と身体的に似ていないからである。この時代のギリシア人にとっては、似ているかどうかは、あまり問題ではなかった。亡くなった人は、あたかも死が永遠の若さを与えたかのように、力と美しさの絶頂期にあったときの理想化された姿で表現されている。

クリュサファのレリーフ（ベルリン美術館蔵）

こうした死者を弔うための表現が持っていた意味は、前六世紀半ばのラコニアの墓碑の『クリュサファのレリーフ』を見ると、よりはっきりと分かる。そこでは、亡くなった夫妻が豪華な椅子に坐り、その背後では、大地の神々と蛇が組み合わされた像が立っている。男性のほうは《カンタロス》（高く突き出した二つの取っ手のある容器）を持ち、女性はザクロの実を持っている。そして、二人の小さな人物が、この聖なる夫妻に雄鶏と花、ザクロ、卵を供え物として捧げている。これは、亡くなった両親を、遺された子供たちが神として崇める葬儀の一シーンである。

死者は、言葉の宗教的な意味で《英雄》となる。《英雄》とは死後に神々の間に列せられる人をさす。この《英雄化》の現象は、ギリシア思想において重要な点である。もともとは、死によって自ずと惹き起こされる崇敬と畏怖の感情を表現したのが、アルカイック初期からヘレニズム時代にいたる経過のなかで、英雄化へと発展していったのであった。

たしかに、この考え方が一般化して、すべての死者が《英雄》になるとされるのは、かなり後の時代になってからである。しかし、それは、一つの変わらない深い傾向性が浮かび出たにすぎない。アルカイック期や古典期の墓碑の装飾のさまざまな側面も、このことを踏まえてみたときに、説明がつく。

ある墓では、副葬品として大理石製の大きな甕が見つかった。この甕の腹には、ひとりの婦人（傍らにミュリネという名前が書かれている）が、親族である三人の男に見送られながら、《魂の導き手》であるヘルメス神によって、冥土へ連れていかれる様子が、細かいレリーフで描かれている。

これは、前四三〇年ごろのものであるが、このレリーフを仕上げたアテナイの芸術家は、ミュリネにヘルメス神と同じ大きさを与えている。すなわち、生きている三人の人物よりずっと大きく描くことによって、彼女が不死の神々の仲間に入ったことが分かるようにしているわけである。

《レキュトス》（香油入れ）と呼ばれている前五世紀のアッティカの陶器の壺には、墓に供え物をしている情景を描いたものがたくさんある。遺族である娘や若者が墓碑を細長い布で飾り、果物や菓子、香などを供え、ワインを振りかけたり、あるいは、静かに物思いに耽っている。おそらく亡き人を思い起こしているのであろう。

墓碑に彫刻を施すアッティカの伝統は、前六世紀末から同四四〇年ごろまで中断している。おそらくペイシストラトス家の政権が倒れたあと暫く、奢侈取締り令によって、そうしたことが禁じられたためである。

しかし、このあと、前四世紀末に哲学者であり政治家でもあったファレロンのデメトリオスによって再度禁止されるまで、近親者に囲まれ、ときには、手を取り合っている、亡くなった人の姿（立っていたり坐っていたり、いろいろだが）を描いた墓碑が現れている。

それらは、古典期のアテナイ人が死について抱いていた複雑な感情を、感動的な慎み深さをもって表現しており、そこには、別離を惜しむ気持ち、だが、それは避けられないものであることへの諦め、血縁あるいは友情の絆を永遠のものにしたいとの願い（これは、手の指を放さないでいることによって示されている）、その一方で、死者は新しい世界へ行って新しい威厳を獲得するのだとの信念が絡み合っている。

アリストテレスは、プルタルコスによって保存された『エウデモス』の一節で、この信念を非常に明快に述べている。

「私たちは、死者が《幸せな人々 makarios》として至福の生活を楽しんでいると信じているだけでなく、死者について名誉を毀損するような話や偽りを語ることは不道徳であると判断する。なぜなら、それは、私たちよりも素晴らしく、強くなった人々を侮辱することになると考えるからである。」

この《幸せな人々 makarios》という称号は、ほんとうに全ての人に当てはめられたのだろうか？そのように信じられがちではあったが、その一方で、この世で生きている間になんらかの保証を獲得した人のみがあの世での永遠の幸せを享受できると考えられていた。このごく当然のことを前提にしたときに、オルフェウス教そのほかの神秘思想がなぜ成功したかが理解される。

オルフェウス教は、神秘的詩人オルフェウスに起源をもつと古代の人々が考えていた哲学的宗教である。この教義は、ヘロドトス、エウリピデス、アリストファネス、プラトンによって述べられているが、私たちにとっては晦渋である。

教義は、このトラキア人の歌い手（オルフェウス）が作ったとされる詩によって表現されており、その詩から、彼が音楽と詩の天才で、金羊毛皮を取りに行ったあのアルゴ船の勇士たちに加わったこと、妻のエウリディケの死に対する癒すことのできない悲しみに囚われたこと、そして、パンゲイア山のマイナデス（酒神の信女）の怒りに触れて死んだことなどが語られている。

彼は、人々に肉食を絶ち、流血の生贄を斥け、死者を羊毛の布で包むことを禁じるなど、禁欲主義的な生き方を理想として教えた。そのうえ、オルフェウス教は、一つの終末論を提示した。それは、人間たちをあの世で待っている運命に関するもので、この世で罪を犯した人は厳しい罰を受けるが、正しい生き方をした人は、《幸せな人々の島》で魅力的な生活を楽しむ、というのである。あの世についてのこの考え方は、ピンダロスの『第二オリュンピア祝勝歌』や『葬送歌』の見事な詩文に反映されている。

多分、オルフェウス教は、《輪廻転生 métempsycose》も教えた。サモス島の哲学者、ピュタゴラスは、前六世紀にマグナ・グレキアのクロトンで生きた人であるが、オルフェウス教の影響を受けてこれを独自の形で広めることに寄与した。とくに「自分の親や友人の生まれ変わりかもしれない動物たちを殺して、その肉を食べられようか」と、輪廻観の上から肉食に反対したことは有名である。

あの世についてのこのような思弁は、古典期以後、ある種の現実的役割を果たしたことが、一つの奇妙な発見によって明らかになっている。テッサリアのファルサロスで発掘された前四世紀中頃の墓から、青銅製の壺が見つかった。そのなかに、灰や遺骨に混じって、長さ五センチ幅一・五センチほどの黄金の薄片が出てきた。

そこに草書体で刻まれた文字は、ヘレニズム期の資料では幾つかのヴァリエーションがあるものの、よく知られた次のような内容の短詩であった。

「汝はハーデスの宮殿の右側に、一つの泉を見出すであろう。この泉の傍らには一本の糸杉が立っている。泉には近づかないようにしなさい！　さらに行くと、《記憶の湖》から流れている清流がある。そこには番人がいて、汝に、なぜ、ここに来たかと問うであろう。これには、すべてをありのままに答えなさい。そして、『わたしは大地の神と輝く天空の神の子である。わたしの名前は《星》である。喉が渇いているので、水を飲ませてほしい』といいなさい。」

これ以上のことは、ファルサロスの薄片には書かれていない。しかし、これとよく似た文書板が南イタリアのペテリアで見つかった。そこには、次のように続いている。

「彼らは、汝が聖なる水を飲むのを許してくれる。そのとき汝は、英雄たちの仲間入りをするであろう。」

この詩の表している内容が、固有の意味で《オルフェウス的》といえるかどうかについては、議論の余地があるが、ファルサロスの黄金板に書かれたあの世の様子との親近性は明らかである。ファルサロスの黄金タブレットは、おそらく冥土の旅に死者に持たせた路銀であり、そこに書かれているとおりに振舞うことによって、魂は永遠の至福を手に入れることができると信じられたのであり、これこそ、エレウシスの秘儀での通過儀礼が追求した目的でもあった。

エレウシスの秘儀とオルフェウス教との親近性は、プルタルコスも明確に指摘しているところであるが、パウサニアスは《キュアミテスの宮殿》に関連し、こう言及している。

「これまですでにエレウシスの秘儀入信式を眼にしたり、いわゆる『オルフェウス詩集』をお読みになったことのある方ならば、私の言っていることがお分かりだろう。」（『ギリシア案内記』1-37-4）

この秘儀はデメテル神崇拝と結びついていて、この女神自身によって確立されたと信じられていた。イソクラテスは『パネギュリコス（民族的祭典演説）』（4-28）で書いている。

「コレー（娘神）を掠奪され、各地をさまよい歩いた末にわが国にやってきたデメテル女神は、私たちの先祖から秘儀を伝授された人だけが理解できる奉仕をしてもらい、好意を覚えて二つの贈り物をした。それは類なく貴重な贈り物で、一つは農耕、もう一つは秘儀である。私たちは農耕のおかげで野生の獣どもとは違った生き方ができるようになったのであり、秘儀のほうは、これを信じる者に人生の最期と永遠に続く世で待ち受けているものについて希望を抱かせ元気づけてくれる。」

これら二つの恩沢の間には、緊密な結びつきがある。というのは、秘儀伝授の秘密の儀式は見ることができないが、そこで本質的役割を演じているのが農耕儀式、とくに多産の儀式であることが確かだからである。この儀式で秘儀を伝授され《ミュステス》と呼ばれるようになった人によって、性的象徴主義に関係のある事物が操作され、そうした言葉が唱えられ、ついで、娘を求めてさまようデメテルの苦悩に満ちた探索と、おそらく至るところで知られていた多産信仰、聖婚を表現した神秘劇などからなる象徴的な見世物が演じられた。そして、このセレモニーの締めくくりとして、一本の麦穂（探し求めた娘が見つかったことを象徴する）が示された。

アレクサンドリアのクレメンスをはじめとする教父の幾人かは、キリスト教に改宗する以前、多分、エレウシス派の秘儀を受けていた。だからこそ、改宗後の彼らは、これを目の敵にして攻撃を加えたのだが、そうした彼らの言説が、何世紀にもわたって秘密のヴェールに包まれていた古代ギリシアの秘儀について私たちが知ることのできる資料となっているのである。とはいえ、そのように攻撃的に述べられていることが、はたして本当かどうか、疑問がないわけではない。

たとえば、あの世で待ち受けている運命に関して参列者たちを元気づけることに成功したのが、この儀式のなかのどの点であったか、よくは分かっていない。おそらくは、単純に、デメテルの娘（コレー）がペルセフォネの名のもと、冥界の神ハデスの妻として冥界を支配しているということが、この祭儀に参加すれば冥界での厚遇を約束されるとの確信を参加者に持たせたのであろう。

いずれにせよ、この安心感は、一つの証明済みの事実であり、アリストファネスの『蛙』には、それが特に顕著に見られる。この作品は、ペロポネソス戦争の最中、アテナイにとって最悪の時期であった前四〇五年に上演された。そのなかで、ディオニュソスは、冒険の旅で冥土に赴き、冥界の原っぱで、秘儀を伝授された人々の合唱隊に陽気きわまるダンスを踊らせる。

日輪と喜びの陽光はただわれらのみに照る
秘教に入り
家人にも他国人にも
けがれなき生を
送りしわれらのみに

（高津春繁訳）

その反対に、古典期アテナイの大祭の一部を構成していたこれらの儀式がもっていた社会的側面については、ずっとよく知られている。それを取り仕切った神官たちは伝統的に、エレウシスの二つの大きな派に属していた。一つは、エウモルピス家の《ヒエロファンテス》（供犠と礼拝を教える派）であり、もう一つはケリュケス家の《ダドゥーコス》（松明を燃やす派）である。

この二つは並立関係にあり、二月にアテナイ郊外のイリッソス川のほとりのアグラで行われた《小神秘祭》と、九月末にアテナイから少し西の海辺の都市エレウシスで行われた《大神秘祭》を互いに振り分けていた。

とくに後者は何日も続く祭で、アテナイあげての青年たちによる行列が行われ、《ミュステス》たちはペイライエウスの海で沐浴して浄めと祈りを行う。そして、《聖なる道》を通ってエレウシスへ行進し（この途中で《ゲフュリモス》いわゆる『橋のからかい』が行われる）、エレウシスに着くと、二女神の聖域のまわりで徹夜で供犠を行う。ここで本来の意味での秘儀伝授がなされた。

この最後の儀式は、とくにこのために建てられた《テレステリオン》というホールで行われた。この場所には、もともと簡素な建物があり、そこにペイシストラトスが祭壇を築かせたが、これは、前四八〇年にペルシア人たちによって破壊され、その後、ペリクレスが、パルテノンを建てたイクティノスに依頼し、ほかの建築家たちもこれに協力して完成したのが《テレステリオン》であった。

今は、その廃墟しか見ることはできないが、一辺が五〇メートルの正方形で、内側は四辺とも岩を削った階段席になっており、七本の円柱が六列に並び、屋根を支えていた。この屋根の真ん中には天窓があって、明かり取りと換気孔になっていた。広間の中心には《アナクトロン》と呼ばれた祠があり、ここに《聖なるものの聖物》として崇拝の対象物が安置されていた。

外国人たち（といっても、非ギリシア人の《バルバロイ》ではない）も、アテナイ人と同じ資格で秘儀に参加することができたが、そのために、この祭儀の国家的性格が損なわれることはなく、アリストテレスが『アテナイ人の国制』(57)で指摘しているように、エレウシスの秘儀の執行に際して中心になったのは執政官であり祭司王であった。

二女神への献納に必要とされた資金は、アテナイ国家の監督のもとに集められた。《ニキアスの和平》のころ（前四二一年）に採択された布告文が一通、残っている。そこには、人々は穀物の最初の収穫から、大麦については六〇〇分の一、小麦については一二〇〇分の一の割でデメテル神とコレー神に捧げるべきことが定められている。

同盟諸国にはアテナイへの追随が義務づけられ、それ以外のギリシア諸国家に対しては、この敬神の行事に加わるよう促された。こうして集められた富のすべてが祭儀用の出費に充てられたのである。

この祭儀は、とりわけアッティカ的色彩が濃く、これにすべてのギリシア都市を糾合できたとは思えないが、アテナイ以外の諸都市でも、個人的に支援する人々の数はかなり多かったし、秘密裏に保存されてきた誓約状によって判断するかぎり、それらは心底から真摯なものであったことが明らかである。

7　神託と卜占

前述した四つの大祭を別にすると、全ギリシア世界の広範な民衆から富を集めることができたのは、専ら託宣に長じていると見なされた神々と特に古典期の末においては医神の聖域であった。未来を見通したいという欲求と健康を取り戻したいとの願望は人間の心に本然的なものであったから、人々は都市の排他主義的枠組を乗り越えてそうした聖域に集まったし、幾つかの特別の場合は、全ギリシア人を惹きつけた。

これほど多くの神託が下され、そこで告げられる予言や占いに人々が信頼を寄せたことは、合理主義者である（または、そう自負している）現代人にとって一つの驚きである。しかしながら、あのように疑り深く、議論好きであったギリシア人が、公的な問題にせよ個人的問題にせよ、重要な節目で託宣を判断のよりどころにする慣習があったことは、議論の余地がない。

事実と事実の論理的脈絡を再構築することを何よりも心がけたトゥキュディデスのような歴史家でさ

え、託宣に対して注意を向け、それが人々の行動に及ぼした影響を重視している。

トゥキュディデス以上に伝統的信仰に結びついていたヘロドトスにいたっては、託宣を下す神域に関しては一八以上、神託伺いの事例については九六以上記述しており、デルフォイのそれだけで、そのうちの五三を占めている。したがって、彼の著作は、ギリシア人の宗教思想のこの独特の側面を研究しようとする人にとって、比類のない豊かさを秘めているわけである。

この面での資料は、時代がくだって、クセノフォンやシチリアのディオドロス、プルタルコス、さらにパウサニアスといった人々によって、さらに付け加えられた。前五世紀以後については、人々が立てた伺いに答えて出された託宣の記録文書も残っている。たとえばトロイゼンで発見された文書は、アスクレピオス崇拝に関連した最古の記録とされている。

「エウテュミダスは、身体を浄めたあと、どのような条件を満たしたときに神々のおそばへ行けるかを知りたいと願い、この供物を捧げた。〔その答えとして〕ヘラクレスとヘリオスに供犠を行い、感じのよい鳥を見たときに。」

ここでも、鳥による占いを思わせる内容が言及されている。予言と占いとは密接に結びついており、ギリシア人たちは、どちらも盛んに行った。彼らにあっては、占い、つまり前兆についての知識がつねに顔を出してくる。

前六世紀に遡るエフェソスの『神聖法』は、残念ながら断片しか残っていないが、鳥の飛び方をどのように解釈するかについて、さまざま述べている。どの方向へ飛んだかだけでなく、まっすぐか、ジグザグか、翼を動かしていたか、それとも静かに滑空していたか、などによっても、どんな前兆であるかが変わった。

ホメロスの作品のなかでも、ギリシア人たちについてはカルカスの占い師が、トロイア人についてはヘレノスの占い師が、優れた卜占師として出てくる。とくに鳥占いは非常にポピュラーだったので、「鳥」を意味する「オルニス」という語彙は「前兆」を意味するまでになった。アリストファネスは『鳥』という作品のなかで、この語の多義性を楽しんでいる。

「いやしくも未来についての判断とくれば、なんでも鳥占っていうわけなんだ。噂だっても鳥占だし、くしゃみもお前さんらは鳥占って呼ぶ。出会いも鳥、声音も鳥、召使いも鳥、驢馬も鳥だ。」

（『鳥』719-721　呉茂一訳）

ほかにも、いろいろな形の占いがあった。雷鳴など天空にあらわれる現象や地震も重要な兆しになったし、さらには『アカルナイの人々』で主人公のディカイオポリスは、自分に不利な決定をさせないために集会をやめさせる口実に雨の滴を利用している。とくに夢は、ホメロスの時代から、神がその意志を伝える手段としたもので、多くの聖域とくにアスクレピオスの神域では、神の助言は夢によってなされた。

また、生贄の動物の内臓、とくに肝臓を調べることによって吉兆や凶兆が引き出された。エウリピデスの『エレクトラ』で、アイギストスは、生贄に捧げた牡牛の肝臓を調べることにより、自分の死が近いことを知る。そしてそのとおりに、オレステスによって暗殺される。

祭壇の上で燃やされる火も、その炎の形によって前兆を伝えた。オリュンピアの占い師たちの仕事は、ゼウスの大祭壇の火を観察して占うことであった。すでに見たように、生贄の動物による占いは、戦争の進展においても重要な役割を演じた。

ギリシア人に言わせると、神の意志を判断するやり方は様々あったが、そこには、高尚なものもあれば、逆に低俗ぶりで私たちを驚かせるようなのもある。たとえば、たまたま耳に入ってきた言葉が現在の状況に当てはめられ（その多くは、馬鹿馬鹿しい語呂合わせにすぎない）たり、くしゃみも手近な予兆にされた。

『オデュッセイア』の第一七巻で、テレマコスが母のペネロペに、ぼろをまとった乞食（じつはペネロペの夫でありテレマコスの父であるユリッシーズが変装していたもの）を探しに行くのを許してもらったのは、くしゃみがその鍵となっている。

『アナバシス』では、ギリシア人傭兵部隊がペルシア帝国の真ん中で指導者を失い、孤立して絶望的状態になっていたとき、指揮官に選ばれたクセノフォンが、次のように兵士たちを元気づけた様子が書かれている。

「……彼がこう言っているとき、くしゃみをした者がいた。兵士たちはそれを聞くと、全員一斉にひざまづいて吉兆を示し給うた神に拝礼した。そこでクセノポンが言うには『諸君、あたかもわれわれが無事脱出について語っている所に、救いの神ゼウスの前兆が出現したのであるから、われわれはこのおん前に願を掛け、何処であれ友好的な地域に達したときには即座に無事脱出を感謝する犠牲を供えることを、また他の神々にも能うかぎりのお供えをすることを誓うべきであろうと思う』。」（松平千秋訳）

こうした物質的で偶発的な前兆とは別に、言葉による洗練された予言もあった。それは、予言者としての能力を神から授かった人々の口から出た。

「もしもわれわれが、シビュラやその他、神につかれた予言術を用いて、多くのことを多くの人々に予告して、その将来を正しく導いた人たちのことを語るならば、すべての人に明らかになっていることを言って話を長びかせることになるだろう。」

（プラトン『パイドロス』244 b 副島民雄訳）

女性の予言者は《シビュラ》と呼ばれた。パウサニアスは《シビュラ》のために丸々一章を費やしている（10-12）。ミケランジェロはシスティーナ礼拝堂の天井に、デルフォイや小アジアのエリュトライ、南イタリアのクマエの《シビュラ》たちを描くにあたって、このパウサニアスの記述に触発された可能性がある。ついでに、男性の予言者は《バキス》と呼ばれたが、これは、ボイオティアの一人の予言者の名前が一般化されたのである。

予言は、普通、詩の形で記され、それらを集めた予言集は注釈学者たちにもてはやされ、具体的な事件がその一言一言に当てはめられた。フランスのノストラダムスの予言について行われてきたと同じようなことが、古代ギリシアでも行われていたわけである。

こうした予言集のなかでも特に有名なのが『シビュラの書』で、これは、前七世紀のローマ王、タルクイニウス・スペルブスが南イタリアのクマエのシビュラから買い取ったもので、以後、国家的決断を迫られた場合に使われていたが、前八三年、カピトリウムの火災で焼失したと言われている。

当然のことながら、予言者を自称している者のなかには、ペテン師もいた。ペイシストラトスがアテナイを支配していたころ、オノマクリトスという人物は、ムサイオンの名で公にされた託宣のなかに自作の託宣を入れるというインチキをやったことが露見し、アテナイから追放されている。

一般的に職業的占い師は、民衆からよくは見られなかった。アリストファネスは、幾つもの作品のなかで《クレスモロゴス》つまり託宣を告げる人を嘲弄している。しかし、彼らの少なからぬ人々が、アテナイの政治において重要な役割を演じたことも事実である。

たとえば、ペリクレスの友人であり協力者であったランポンは、エレウシスに初穂を捧げる教令に修正を加えているし、ディオペイテスは、あの哲学者のアナクサゴラスが瀆神罪で起訴されるもとになった法律を作っている。さらに、エウテュプロンは、彼の名を冠した対話篇のなかで、《敬神》の定義をめぐってソクラテスと議論したことがプラトンによって記されている。

伝承された前兆の見方と託宣集だけでは、すべての要求に応えることはできなかったので、個人も都市も、窮境に陥ると、託宣を下してくれる神域へ詣でて伺いを立てた。そのような個別の質問に答えて告げられた神託は、ギリシア世界では膨大な数にのぼり、ローマ時代に入ってからもつぎつぎと新しい託宣が作られた。

とはいえ、どの聖域も同じように名声を轟かせたわけではない。大部分の神域は、託宣を求めてくる人も狭い地域の人々に限られ、持ち込まれる問題も限定されていた。たとえばパウサニアスは、アカイアのパトラスのデメテル神殿について、こう書いている。

「そこの神託は真実を告げているが、人々はどんなことでもお伺いを立てたわけでなく、もっぱら病気の問題に限っていた。その場合、細紐で一枚の鏡を泉に下ろし、それを水の中に沈ませるのでなく、鏡の下の縁が水に触れるだけにしておく。そうして、香を焚いて女神に祈りを捧げたあと、鏡を見る。すると、鏡は、その病気が死に至る病か、それとも治るものかを教えてくれるのである。」

（『ギリシア案内記』7-21-12）

広くギリシア全体に名が轟いていたのが、たとえばアッティカとボイオティアの境にあるアンフィアラオスの神託、ボイオティアではレバデイアのトロフォニオスの神託、イオニアでは、ブランキダイまたはミレトスに近いディデュマのアポロン神の託宣で、これら三つの神託は、ヘロドトスの言によると、デルフォイやドドナのそれとともに、リュディア王、クロイソスが、その真実性を評価するために伺いを立てた聖域であった。もっとも、彼を満足させる答えが返ってきたのは、デルフォイとアンフィアラオスだけだった、という。

ヤニナ湖の南西約二〇キロ、エペイロスの山深い谷にあるドドナでは、風と樫の木の葉ずれの音によってゼウスの託宣がくだされた。トマロス山の麓にあったその古典期の施設はきわめて簡素なものであったらしく、痕跡さえほとんど遺っていない。『オデュッセイア』の第一四巻でユリッシーズが言及している神聖な樫の木も今はなく、ヘレニズム時代とローマ時代の廃墟から程遠くない場所に一本の大きな胡桃の木が立っているだけである。

しかし、このドドナの神域を管理していた神官、《セロイ》のことは、幾つかの文献に記されている。彼らは地面にじかに眠り、足をけっして洗わなかった、という。ヘロドトスは、そこにいた三人の巫女が語った、この神託の起源がエジプトにあるという話を、疑心混じりに記している。

前述したように、ゼウス・ナイオスは、樫の木の葉のざわめきによって語りかけ、それを神官たちが翻訳したが、神の意志は別の方法でも伝えられた。それは、ストラボンが述べているもので、コルキュラ人たちが寄進した二本の円柱の一方には青銅の皿が頂上にのせられており、もう一本の円柱の上には青銅製の三本の鎖のついた鞭を持つ子供の像が立っていた。この鎖が風で揺れて皿を打つことによって発する音を占い師たちが託宣に翻訳した、というのである。ここから、前二八六年ごろ、カリマコスは、その『デロス讃歌』のなかで、この《セロイ》たちのことを「沈黙することなき皿の従僕」と表現している。これは、若干、今日の教会の鐘に込められている意味と似ている。

いずれにせよ、ドドナの神託はホメロス時代からローマ時代にいたるまで有名で、人々から尊ばれたことから、ゼウスの答えが参詣者たちを満足させていたと考えられる。その場所はエペイロスの山々に囲まれたきわめて辺鄙な土地で、ギリシア諸都市に、神意を伺うための使者を送ろうという気持ちを起こさせるものではなかったにもかかわらず、この託宣所は非常に古くから人々の特別の崇敬の的であったし、とくに土地の人々は、つましい個人的な運勢についての素朴な質問を寄せ続けた。

発掘の結果、きわめて美しいブロンズの小像や、前四世紀からローマ時代にいたる神託の言葉が刻まれた鉛の薄片が数多く見つかっている。そこには、たとえば「ヘラクレイダスは今の妻エグレアによって子供を儲けることができるでしょうか?」などといったお伺いの文句が読み取れる。ただし、どのような答えが示されたかは明らかではない。

しかし、いかなる神の託宣も、デルフォイのそれには太刀打ちできなかった。パルナソス山の南側の

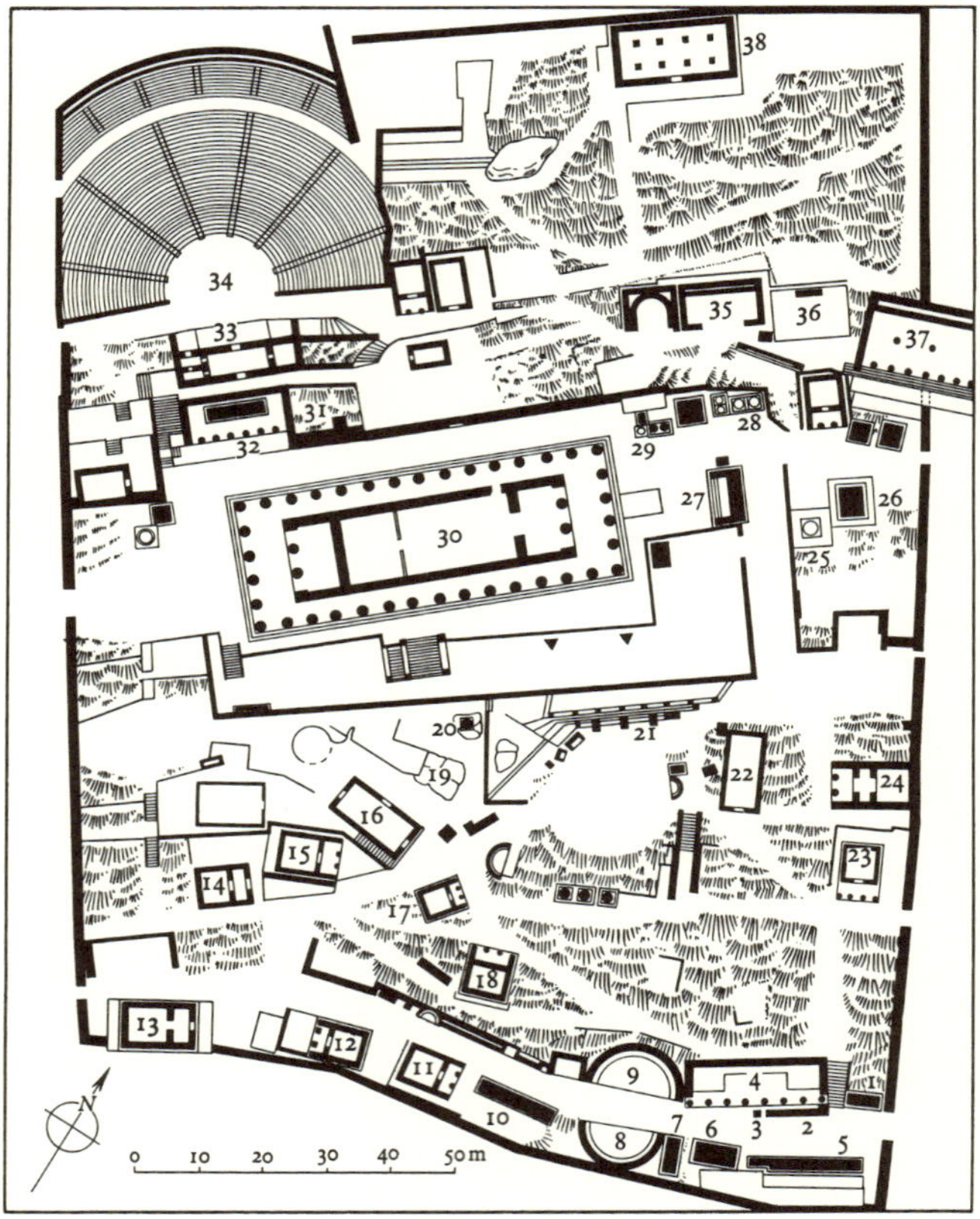

デルフォイの聖域

1. コルキュラ人奉納の牡牛　2. アルカディアの奉納物　3. フィロポイメン像台座　4. 無名の壁龕（へきがん）　5. リュサンドロスの奉納物　6. マラトン戦勝記念像台座　7. テーバイ攻め七将軍と戦車　8. 七将後裔の記念物　9. アルゴス諸王の記念物　10. タラス人の奉納物　11. シキュオン人の奉納物　12. シフノス人の奉納物　13. テーバイ人の奉納物　14. ポティダイア人の奉納物　15. アテナイ人の奉納物　16. 評議会場　17. クニドス人の奉納物　18. アイオソスの奉納物　19. シビュラの岩　20. ナクソス奉納のスフィンクス　21. アテナイ人の列柱館　22. コリントス人の奉納物　23. キュレネ人の奉納物　24. プリュタネイオン　25. プラタイアの蛇の柱　26. ロードス人奉納の戦車　27. キオス人奉納の大祭壇　28. ゲロンとヒエロンの戦勝記念像の台座　29. プリュシアス二世の奉納物　30. アポロン神殿　31. 「戦車を駆る御者」の像が発掘された場所　32. クラテロスの記念物　33. 劇場のスケネー（舞台）　34. 劇場のオルケストラ（演奏席）　35. ダオコスの記念物　36. ネオプトレモスの聖域　37. アッタロス一世の柱廊　38. クニドス人の会堂

中腹、ファイドリアデスの岩壁の麓にあるこのアポロンの聖所は、ストラボンが書いているように、今も「劇場の形をした岩場」で、訪れる者を威圧するような景観を呈している。

「町に向かい合った南側には、険しい斜面をもつキルフィス山が聳えている。その間にある谷間の底をプレイストス川が流れている。」

どの斜面も険しく、錐のように尖った岩がそそり立っている。これがまさに『ホメロスのアポロン賛歌』において《岩のピュトー》と呼ばれているもので、緑といえば、今日では神域から急流のほうへ降りていく斜面に僅かに見られるだけだ。それは、何百年にわたる人間の労苦によって植えられ育てられたオリーヴ畑の緑である。

その起伏に富んだ光景は、荘厳さを湛えている。デルフォイの聖所が開けているのは標高六〇〇メートルほどの土地で、ファイドリアデスの山頂は一二〇〇メートルを超える。向かい側のキルフィス山は約九〇〇メートルであるが、こちらは圧迫感はほとんどなく、そのなだらかな頂の上には広々と空が開けており、コリントス湾から出ているアンティキュラのジグザグ道によって越えることができる。プレイストスの谷は、東方へ向かって、今のアラコーヴァへと開けており、ここを通るリバデイア道路はテーベ市やアテネ市へと繋がっている。

最後に、神域の西方は、今日のクリッソ（古代のクリッサ）の町を支えている巨大な岩塊から下の方へ伸びている突出部によって視界を妨げられているが、少し登ると、ロクリスの山並みとアンフィッサのオリーヴ畑、そしてガラクシド湾の奥まで見渡す見晴らし台になっている。そこには、古代も現在も同じように、この神域に通じている港を見ることができる。

ホメロスがデルフォイについて触れているのは一度きり（『オデュッセイア』八巻）で、デルフォイの果たす役割が重要になったのは、前七世紀以後、植民活動が行われるようになってからである。植民しようとする人々は、冒険を試みるにあたって必ず、神の助言を懇請したからである。くだってローマ時代、キケロは『ト占について』（1-3）のなかで、「デルフォイあるいはドドナ、またはアモンの託宣を仲立ちにしないで創設されたギリシア人植民地が、一つでもあろうか？」と述べている。

この点は、すでにキュレネでのバットス一族やタラスでのファラントス一族の歴史について見たとおりである。とくにデルフォイは最も繁盛した託宣所であった。

発掘の結果、ミュケナイ時代や幾何学様式期については、非常につつましい建物や、両腕を差し伸べている女神（とくに生殖と繁栄を司る）を表す陶製の素朴な像、幾つかの男性のブロンズ像、そして日用品の陶器などが見つかっているだけである。

前七世紀以後については、多くが青銅製の重要な物が次々と発見されている。レリーフや切り込みで飾りを入れたバックル、家庭用器具、とりわけ三脚五徳にのせた鍋などで、これは、デルフォイのアポロン神への伝統的な供物となっていたようである。

第一次神聖戦争（B. C. 600-590）は、デルフォイをフォキス人の野望から解放し、《隣保同盟》による庇護体制を確立した戦争であったが、同時に、デルフォイの神託の名声を増す結果になった。デルフォイの神域の第二の部分（『ホメロスのアポロン賛歌』の「ピュティア続篇」で謳われている）は、これらの事件のあとで形成されたものである。

前七世紀にも石造りの神殿が一つ造られていたが、これは、前五四八年に焼け落ちた。しかし、そのときには、優に一〇棟を超える建物がこの聖域を埋めており、その大部分が、ギリシア諸都市によって建てられた宝物庫であった。

神殿の建設にあたっては、広く民衆に協力が呼びかけられ、人々も華々しく、これに応じた。至るところから寄付金が流れ込み、ナウクラティス〔訳注・エジプトのナイル・デルタの都市〕でサッフォーの兄弟に財産を使い果たさせた遊女ロドピスからの寄進も、ギリシア贔屓で有名であったエジプトのファラオ、アマシスの寄進と全く同等に受け入れられた。デルフォイの神託の名声は、リュディアのクロイソス王（B. C. 560-546）による豪奢な供え物が証明しているように、すでに、ギリシア世界だけにとどまらず、外の世界へも轟いていた。

アテナイの有名な一族、アルクマイオン家は、当時、追放中の身であったが、建物の再建事業を引き受け、前五一〇年ごろには、素晴らしい神殿が完成している。ペルシア戦争の間も、この託宣所は奇跡的に侵入と掠奪を免れたうえ、勝利したギリシア人たちの感謝の奉納品で急速に豊かになった。しかも、このあと続いたギリシア人同士の争いの間も、各都市は競ってデルフォイに寄進することによって優越性を示そうとした。

前四世紀（三七三年）、おそらく地滑りと思われる災厄によって、アルクマイオン家寄進の神殿が崩壊した。再建事業は第三次と第四次の神聖戦争によって中断したため、完成はアレクサンドロス時代にずれ込んだものの、ギリシア人は、都市としても個人としても、喜んで寄進することによって、連帯の強さを示した。

この新しい神殿は、古代末期まで持ちこたえることとなる。パウサニアスが見たのはこの建物であり、近代にいたって、フランスの考古学者たちも、その廃墟に幾本かの円柱が立っているのを目にしている。

《神の財宝》は、前四世紀にフォキス人たちによる掠奪に遭ったが、その後、人々の寄進により聖域は引き続き美しく整えられた。とりわけテーバイとキュレネは建築学的にも洗練された宝物庫を建て、それ以前の何世紀にもわたって他のギリシア諸都市が建てたそれに花を添えた。

以上に概説した歴史の記述は、種々の文献と建造物の調査をもとにしたものであるが、少なくとも、アルカイック期と古典期にデルフォイがもっていた威信がいかなるものであったかを理解させてくれるであろう。

この神は、植民活動の企てだけでなく、しばしば政治問題が絡む宗教的問題にも関係した。アテナイの改革者のクレイステネスは、伝統的な四氏族に代えて十氏族を立て、その名称を付けるにあたって、これらの氏族のパトロン、いわゆる《エポニュモス》(名祖)として百人の英雄を挙げ、そのなかから選んでくれるよう、デルフォイの神託に委託している。

都市同士の関わり合いでも、デルフォイの神託はしばしば重みを発揮した。このため、自分にとって有利でない予言や託宣が出た場合は、たとえばペルシア戦争の際、「デルフォイの神託はペルシア人に肩入れしている」とか、前五世紀後半の場合は、「スパルタに味方している」とか、さらには「マケドニアのフィリッポスに贔屓している」などと非難し、ピュティアをけなす声も出た。しかし、根拠の有無に関わらず、このような非難のためにデルフォイのアポロン神の名声が損なわれることはなかった。その役割は、本来、政治的な事柄に直接に介入することよりもむしろ、権力者たちの企てに保証を与えることであった。神聖戦争のときは《隣保同盟》に密接な関わり方をしたが、これは特殊なケースで、それ以外では、デルフォイはあくまで《立会人》または《目撃者》であって、《演出家》や《役者》ではなかった。

アポロンは、あらゆる学問の神であるとともに、宗教的・道徳的最高権威でもあり、ギリシア人の民族的災厄にあたってこの神が示したのは、災厄を終わらせるために、その原因である《穢れ》の痕を如何に消すか、ということであった。すでに述べたテオゲネスに関して、タソス島の人々に教えたのも彼であった。

このように、アポロンの託宣所は、至高の宗教的伝統の保持者であり、魂の穢れを浄める熟練者であることに加えて、ある種の智慧についても責任を担った。有名な「汝自身を知れ」「何事も過度に為すなかれ」という二つの格言は、この神殿の入り口に掲げられた銘であった。

これは、道徳的実践についての助言であろうか？　それとも、人間は弱い存在であるから野心と欲望の充足を制御せよ、という呼びかけであろうか？　多くの暴君が陥った《ヒュブリス》つまり野放図になることのないよう慎めということだろうか？　それとも、自己省察と禁欲を勧める、もっと深い思想を表明したものなのだろうか？

こうした訓戒の本当の意味を明らかにするために求めるべきは、デルフォイの書記のところでもなければ、託宣の回答のなかにでもない。アイスキュロスやピンダロス、さらにソクラテスやプラトンが、この格言について考察しているが、こうした事実が、それだけでこのデルフォイのアポロンを充分に栄光に満ちたものにしている。『国家』（4-427c）で述べられているように、アポロンは「すべての人間のために父祖たちのための解釈者として、大地の中央で要石の上に坐って解釈をなさっている方」（山本光雄訳）としての姿を表していた。

託宣のお伺いは、どのようなやり方で行われたのだろうか？　それは、まだ充分には分かっていない。お伺いが受け付けられたのは吉日だけで、そうした日は、暦のうえでそう多くなかったから、その日は、聖域のなかに行列ができるほどであった。

地元デルフォイの人々は、日頃から神に奉仕している見返りとして《プロマンティア》と呼ばれる優先権を行使することができた。この特恵はデルフォイの人々の誇りで、このことを文字に刻んで遺している。キオス島の人々も前四世紀に、自分たちが費用を分担した大神殿の祭壇に、そのことを刻ませている。

相談者は《ペラノス》と呼ばれる一定額の謝礼を払った。これは、本来は菓子を供物として納めたのが金銭に変わったもので、この菓子を《ペラノス》といったのである。金銭の額は、各都市がデルフォイと交わした約定により様々であった。また、個人の場合と都市の場合とでは違いがあり、後者がずっと多額であったことはいうまでもない。

ついで、動物の生贄が捧げられた。プルタルコスによると、それは一頭の山羊で、殺す前に水がかけられ、もし、生贄が身体を振るわさなかった場合は、神が答えるのを拒絶されている証拠として、お伺いを立てることは中止された。逆の場合は、質問者は伺いたい内容を文書に記したあと、託宣を受けるために神殿の中へ導き入れられた。

神殿は、今日ではすっかり壊れているので、間取りなども、明確には分からない。分かっているのは、ほかのほとんどのギリシア神殿と同じく、入り口と大ホールが基本になっていたことだけである。託宣が告げられた部屋は大ホールの地下にあったことが文献にも「降りていった」とあることから明らかであるが、地面には、なんの痕跡も残っておらず、それがほんものの地下になっていたのか、それとも、数段下がっていただけなのかは、確定できない。

《ピュティア》（巫女）のいる一番奥は、人々の近づくことのできない《アデュトン》（立ち入り禁止区）になっていた。巫女は、基本的には神の言葉を伝えるための道具であったが、その役割は完全には明らかになっていない。彼女はデルフォイ人のなかから選ばれ、この役目を定められた瞬間から、純潔を守ることを義務づけられ、人里から離れて暮らした。

託宣の相談に応じるときは、この《アデュトン》の《オンファロス》〔訳注・「臍」の意で聖所の中心とされた〕と呼ばれた聖なる石の傍らに腰掛けた。この《アデュトン》には岩の割れ目があり、幾人かの著述家によると、そこから忘我状態を惹き起こす《気》が出てくるのである。

ほんとうのところをいうと、この《気》の正体自体、注意を要する。多分、それは人々の想像の産物でしかなかったのだが、神意を仲介する物として結びつけられたのであろう。《ピュティア巫女》は、《オンファロス》の側に置かれた三脚椅子に坐ると、月桂樹の葉を嚙み砕き、《カソティス》と呼ばれる聖なる泉の水を飲んだ。この泉は、パウサニアスによると、神殿から少し離れた山で湧き出していたのが地下を通って、この《アデュトン》で再び湧き出したものである。

ついで、巫女は一種のトランス状態に入り、なんらかの言葉を呟く。今日に残っているデルフォイの託宣は、ほとんどが韻文になっていることから、相談者に伝えられる前に練り直されたと考えるのが妥当であり、この作業には《プロフェテス》と呼ばれた祭司の役人が当たったと考えられる。そして、神託の一つ一つは写しが作られて聖域の文書館に保存された。

こうした託宣の多くは、さまざまに解釈できる曖昧な文章で記されている。それらは、デルフォイのアポロンに与えられた《ロクシアス》〔訳注・「遠回しで曖昧な」の意〕の名にふさわしい。詩の形をとっていることと同時に、こうした曖昧さ自体が、口述された託宣の本来の独自性を際立たせている。

私たちが見ることのできる文書には、あとから作られた偽物がたくさんあるとしても（もっとも、立証することは容易ではないが）、もし、それがデルフォイの託宣の通常の形と合致していなければ、誰からも信頼されなかったであろう。したがって私たちは、ピュティアの託宣伺いは普通、上に書いたような手続きで行われたと考えなければならない。

このピュティアの託宣以外にも、さまざまな託宣があったことは、最近見つかった、おみくじの文句を思わせる短い言葉を記した文書によっても証明されている。この場合は、あらかじめ質問者が示した幾つかの解決法のなかから神が選ぶという形をとったようであるが、この場合巫女がどのように関与したかは分かっていない。

巫女については、まだ分からないことがたくさんあるが、一八九二年からカストリ村（この廃墟のうえにできていた集落）で行われたフランス隊の発掘により聖域内でどのように建物が配置されていたかが明らかになるとともに、多数の彫刻や文書、小さな器物などが見つかった。それらの遺物は、聖域の周辺や、このアポロンの聖域から東方に少し離れたアテナ神の聖域からも出ており、この調査で得られた情報を、パウサニアスの『案内記』一〇巻に書かれているところと照合することによって、細部では不明確な点があるものの、アポロン神殿を取り巻いていた基本的な建造物を実地に確認できるようになった。これを機会に、ギリシアの大きな聖域について具体的にその様相をなぞっておこう。

《聖域》とは、壁で囲われているにせよ、たんに標識が立てられているだけにせよ、本質的には、神に捧げられたある広さをもった土地である。これを《テメノス》(境内)という。デルフォイのアポロンの《テメノス》の場合は、縦横が約一三〇メートルと一九〇メートルの、ほぼ長方形をしており、美しく整えられた幾つかの門をもつ堅固な壁(これを《ペリボロス》という)で囲まれていた。

その全体がかなり強い傾斜地になっていて、境内地の北端はそそり立つファイドリアデスの断崖に接している。境内のなかは、たくさんの石崖によって幾つもの台地が造成されており、『聖なる道』と呼ばれる参道がそれらを結び合わせている。この参道は東南の隅にある門からアポロン神殿の前庭まで、曲がりくねりながら、境内を縫っていく。

アテナイ市が寄進した宝物庫(デルフォイ)

沿道のあちこちには、《宝物庫》が幾つも並んでいる。それらは、シキュオン、シフノス、テーバイ、アテナイ、シュラクサイ、クニドス、コリントス、キュレネといったギリシア人都市が建立寄進したものであるが、さらに、カエレやスピナといったエトルリア人都市によって寄進されたものもある。

そのほか、さまざまな献納品が点在し、寄進者の彫像や碑銘によって参詣者の関心を惹きつけていた。このように、この聖所を入ってすぐのところで、いがみ合うギリシア各都市が、その対抗心を剥き出しに競い合っていたわけである。

神殿は、それぞれに石崖で支えられた二層の台地の上にあり、全体が斜面になった境内地を見下ろしている。この下部の石崖が築かれたのは前六世紀の後半で、その壁面の賑やかさから『ポリュゴノス』〔訳注・「多産の」の意〕と名づけられている。壁面を賑やかにしているのは後世に刻まれた落書きで、その多くは奴隷を解放するという書面で占められている。

この壁の南側には、前五世紀の戦争で得た戦利品が並べられ、『アテナイ人の柱廊』と呼ばれていた。参道は、この柱廊の前のところで広がり、ほぼ円形の小さな広場になっていた。ここは『脱穀場』の呼称がつけられていて、八年ごとに《ステプテリオン》（アポロンを称える祭）の劇が演じられた。

神殿を左に見ながら参道の最後の角を曲がり、プラタイアの戦いの勝利を記念する三脚杯の傍らを通り過ぎると、神殿の前庭に出る。ここには、前四八〇年ごろにシュラクサイの僭主、ゲロンとヒエロン、そしてその兄弟たちによって寄進された黄金の三脚杯が四つあった。もっとも、それらは、第三次神聖戦争のさなか、フォキス人たちによって金貨にされてしまった。

また、ここには、アテナイ人たちがエウリュメドンの勝利のあと奉献した青銅製の棕櫚の木や、《シタルカス》と呼ばれた、高さが一五メートル以上もあったアポロン像や、プラクシテレスによる、その愛人である遊女フリュネの金箔像なども並べられていた。

神殿には斜面を登って入るようになっていたが、この神殿の入り口の前にある祭壇は、キオス島の人々が寄進したものであった。神殿本体は、ギリシアでは普通のタイプで、前面は六本、側面は一五本の円柱（高さは約一一メートル）が並ぶドリス式の柱廊になっており、横二四メートル、奥行き六〇メートルの長方形をしていた。
託宣が告げられた広間《ケッラ》の床がどのように作られていたかは不明であるが、内部の全体的な構造は通常のギリシア神殿のそれと同じで、前面の列柱の奥に二本の柱からなるポーチがあり、これを通って側壁で囲われた控えの間《プロナオス》に入る。神殿の中心的要素はこのさらに奥にある広間で、ここに神像が安置されていた。なぜなら、神殿の役目は、神の像を護ることだからである。広間の背後には、内陣《オピストドモス》〔訳注・宝物などが納められていた〕が、《プロナオス》と対称の形で設けられている。ただし、ここは広間とは壁で隔てられ、直接には繋がっていない。

神殿のなかには、いたるところに、奉納された品々があった。その幾つかは、ピンダロスが坐った鉄製の肘掛け椅子やブロンズ製のホメロス像のように、歴史的な謂われのある品である。このホメロス像が立っていた台座には、自分の祖国がどこかを知りたがったこの詩人に告げられた難解な託宣が刻まれていた。

それに加えて、これは例外的なことだが、広間には祭壇が二つあった。一つはポセイドンの祭壇、もう一つはアポロン自身の祭壇である。ポセイドンは海を治める神であるとともに「大地を揺らす神」であり、その祭壇があったことは、デルフォイが地震の頻発する土地であったことと関連している。

神殿の北の方には、前三七三年の災害で壊れた建物の廃墟がある。地滑りと落下した岩石のためアルクマイオン家寄進の神殿は壊れ、聖域の北側全体が廃墟になってしまったのであるが、その廃墟のなかから有名な青銅の像『戦車を駆る御者』が幸運にもほとんど無傷で出てきた。

今の神殿はこの災厄のあと、防護壁を造って、その背後に建てられたのである。また、聖域の北西の隅には、ヘレニズム時代のはじめに劇場が建設された。今日見ることができるのは、ローマ時代に修復されたものである。その東の方には、ポセイドンに捧げられた小祭壇と、その小さな境内がある。その周辺には「ポセイドンの怒り」（つまり、地震）によってファイドリアデスの断崖から落下した岩石が散らばっている。

そこから少し離れて、アポロン神の境内地に囲まれる形で、別の《境内地》がある。エウリピデスの『アンドロマケ』（1085）に述べられているように、ここには、デルフォイで殺されたアキレウスの息子ネオプトレモスの墓が祀られている。最後に、聖域のもっとも北側には壁に接して《クニドス人のレスケー（集会場）》があり、パウサニアスが詳細に解説しているポリュグノトスの有名な絵は、ここに飾られていた。

以上が古典期ギリシアの大きな聖域の様相で、そこでは、中心となる神以外にも、多くの神々の崇拝が行われたから、神殿も幾つもあり、しかも、それを囲んで祭壇や宝物庫、休憩所など様々な建物が、全体としての統一的プランもないまま、無秩序に年月をかけて造られていった。

それぞれの記念建造物が、それ自体として計画され、建造されていったのであり、全体のなかの一部という観点からのプランは全くなかった。考慮されたのは、その宗教的合目的性と祭祀という実践上の必要性だけであった。それを美しいものにしようとする心遣いは、当初は神を称えたいという心から出ていたが、のちには、隣接する他の建物を圧倒して、参詣と見物に来る全ギリシアの人々の度肝を抜きたいという欲求が優先した。したがって、まわりの建造物との調和などは、まったく考慮されなかったのである。

都市計画の原理がはじめて反映されるようになるのはヘレニズム時代になってからで、これは、ペルガモンの建築家たちの影響によって始まった。アテナイのアクロポリスの場合も、大門の《プロピュライア》から聖域内に入ると、パルテノン神殿は、後ろ正面の上部しか見ることができなかった。いまはなくなっているが、幾つもの副次的な建物が並んでいて、視界を遮っていたからである。

有名な《フリーズ》(帯状装飾)は、今日では西欧の博物館で間近に鑑賞できるが、当時は、広間の外壁と柱廊の列柱の陰にあって、光もよく当たらなかったし、視線で捕らえることもむずかしかった。このことは、今も《オピストドモス》の入り口の上部にそのままある西側の《フリーズ》を考えれば分かることである。それは見えないからといって手を抜いて彫られているわけではない。あくまでアテナ神を喜ばせることが大事だったのである!

空間を埋め尽くしていた献納品についても、同じことがいえる。体系的な並べ方など、まったくされていなかった。その大部分を占めていたのが何百というブロンズ製品であったが、それらがひしめき合う姿は、今の私たちには想像することもむずかしい。それらはすべて、蛮族たちによって掠奪されたり、キリスト教徒によって破壊されてしまい、デルフォイの『戦車を駆る御者』の像のように無傷で遺っているのは、まったくの例外的ケースである。それすら、馬と戦車とは完全に消え失せている。

しかし、パウサニアスが細かく列挙している品々は、実際に彼が見たもののなかから選んで記述したのであって、さまざまな献納品で溢れていた聖域の異常な乱雑ぶりを、ある程度は想像させてくれる。そこでは、到るところ、ブロンズ製品の輝きや、みごとな芸術作品が、見る人の目を釘づけにしたであろう。

ブロンズ製品は、定期的かつ体系的に行われた手入れによって、緑青などから守られていたし、芸術作品としては、大理石の彫刻だけでなく、鮮やかな色彩の絵などもたくさんあった。しかも、主要な建造物は、破風からメトープ（小間壁）、フリーズと、さまざまな部分に最高の芸術家による彫刻などが施されていた。

境内は、参詣者の雑踏や物売りに加えて、驢馬や騾馬、生贄の動物たちが溢れ、神殿の屋根には鳥たちが群れていた。エウリピデスの作品の冒頭で、若いイオンは、そうした鳥を矢で射ている。花飾りが華やかさを演出し、焚かれる香の薫り、焼ける肉の匂いが漂い、呼び声や叫び声が飛び交う。——これが、ギリシアの民衆が集い、神々から何かの企てについて助言を仰いだり、病気を治してもらうために素朴な信仰を捧げた、この聖なる領域の様相である。

病気治癒への希望は、つねに宗教信仰の最も強い動機の一つであった。ギリシア人たちも、病気にかかったときに、まず向かったのは神々のもとであった。

とりあえず頼りにされたのは地元の神であったが、アポロンは、地域性を超えて全ギリシア的に信望を集めていた。《パイエーアン》、《エピクーリオス》、《アレクシカコス》、《アケシオス》など、礼拝の際に彼に付けられる形容辞は、病を癒すという特質を表している。

治病の役割は、幾人かの英雄も果たしている。前四世紀のアッティカには「病を癒す英雄」との名しか知られていない人物がいたが、病気を治す才能をもつ人々が、その人気をアスクレピオスという名前の前に奪われていく傾向は前五世紀末から進行していた。ソフォクレスの例は、この神の崇拝が広がっていった様子をよく物語っている。

ソフォクレスは元来、「アルコン」あるいは「アミュノス」と呼ばれたこと以外は今では何も分からなくなっているある病気治療の英雄に仕える神官であったが、アスクレピオスを崇拝するようになり、この神を称える讃歌を作った。そして、前四二一年、アクロポリスの南側のディオニュソス劇場の傍らにアスクレピオスの聖所が建設されるとき、神殿が完成するまでの間、アルゴス地方のエピダウロスから運ばれた神像の仮住まいになったのが彼の邸であった。

このことからも、前四二一年には、アスクレピオスが神々の間にランクされていたことが分かるが、その半世紀前の前四七四年、ピンダロスが『第三ピュティア祝勝歌』を作ったときは、アスクレピオスはアポロンの息子で、ケンタウロス〔訳注・人馬一体の怪物〕のキロンから学んだ医療技術を用いて一人の死者を蘇らせたため、自然の法を犯した罪でゼウスにより雷で撃ち殺された、とされている。「お魂よ、不死の生命など望まず、最善を尽くせ」という素晴らしい格言は、このことについて、ピンダロスによって書かれた文句とされる。

もともとアスクレピオスは、エピダウロスにあるアポロンの聖域で崇拝されていたが、めざましい治病の効験で名声が高まった。そこに、前五世紀の末のころ、コス島のヒポクラテスによって臨床医学が生み出されるのと相俟って、エピダウロスから始まった新しい崇拝が驚くべき速さでギリシア世界に広まっていったのである。

こうして、アテナイとペイライエウス〔訳注・前三八八年、アリストファネスは、ここで、盲目の福の神、プルトスがアスクレピオスにより目を治してもらうという内容の喜劇、『福の神』を作っている〕に、デルフォイに、さらにペルガモン、キュレネ〔訳注・バラグライの《アスクレピエイオン》は前四世紀に設立〕に、と広がっていったが、とくに、ヒポクラテスの祖国であるコス島では、医学の学校が作られ、重要な発展を遂げていく。

しかし、その後も、根源の聖所であるエピダウロスが最も有力で最も多くの人々が訪れる地であったことに変わりなかった。美しい神殿と建築家ポリュクレイトスによる不思議な丸屋根の円形の建物が一つ、そして同じ建築家によって建てられた劇場、さらにたくさんの礼拝堂があり、前四世紀には、ここがいかに繁栄していたかを示している。

参詣者には、この神によって成し遂げられた奇跡的な治癒の体験談が読み上げられて、信心と希望をいや増した。そうした《体験談》が書かれた文書をパウサニアスも見ているが、発掘によって前四世紀の文書の一部が見つかっている。これらによって私たちは、アスクレピオスの奇跡の六六例について詳しく知ることができる。

そのなかには、唖の少女が治ったとか、五年来、身重だった婦人が分娩したという事例、また結石の除去やサナダ虫の排出といったものまである。落として割れた甕が、神の御利益で元通りになったという話さえある！

これらの逸話は、この聖所の文書館にあった膨大な記録のなかから、ある無名の係官が拾い出し、あるいは古い供物をもとにして、意味も分からないまま解説したのを編纂したもので、ギリシア人の素朴な敬神の精神をこれ以上、明快に示している文書は、ほかにない。

8　多様な神々

これまで祭儀に関して示した基本的諸点から、アルカイック期および古典期のギリシア人たちが、いかにその神々を身近に感じていたかが明らかになった。神々は、ほとんど無限といってよいほど数が多く、自然の力としてだけでなく、社会生活のなかでもある土地またはある集団の神として姿を現し、それぞれが驚くべき可能性をもって人間の不可欠の欲求に応え、さまざまな願いに対して気前よさを示した。

このように、複数の機能をもっていることがギリシアの多神教の特徴の一つであるため、合理主義的神話学によってオリュンピアの神々を秩序立て、それぞれの神の機能を特殊化しようとすると、面食らってしまうことになる。

しかしながら、アテナイでは《パラス》、アルゴスやサモスでは《ヘラ》、スパルタ、ミレトス、キュレネでは《アポロン》、さらにエフェソスでは《アルテミス》、タソスでは《ヘラクレス》、ランプサコスでは《プリアプス》〔訳注・葡萄園に住み、豊饒を司る神〕等々というように各都市で首位を占め「ポリアデス」と呼ばれた偉大な神々については、この合理主義的神話学は有効である。

このように、ある土地で、ある神が優位に立ったのは歴史的偶然性によるが、それらの神はいずれも、さまざまな伝承と崇拝の伝統を通して、その社会的集団の保護者として、等しく不可欠の諸機能を引き受けていたということができる。

ヘレニズム時代には、神が都市の行政に人間的に参画することになる。というのは、ある都市の最高官職の費用を賄うことのできる市民が出てこないときは、神自身がその聖なる財宝をもって一年間、名祖としての官職を帯び、その名が公的文書の頭に表されたからである。しかし、こうした神の優位は常時のことではなく、また、ある神が優位にあるときでも、ほかのさまざまな神々の崇拝が妨げられたわけではなかった。

暦自体、本質的に宗教的祭事の暦であり、都市によって様々に異なっていたが、その祭事の規則正しい挙行は、季節の循環を表すとともに、国家の生活を規定していた。各都市の領域の境界が聖域によって区切られていたように、月日の流れも祭事によって区切りを付けられ、それが時の経過を測る目安になっていた。

天文観測の未熟さのため、公的に使われている暦と太陽の運行との間にずれが生じたが、それが余りにも大きくなると、修正が行われた。前四三〇年ごろのアテナイでは、天文学者であり幾何学者であるメトンが暦の改正を行ったが、これが惹き起した人々の困惑に関連してアリストファネスは『雲』のなかで、こう述べている。

「あなた方は日取りを一つも正しく守らず、後先をめちゃくちゃにしている。」

（615-616　田中美知太郎訳）

明晰な頭脳の持ち主であったトゥキュディデスが、事件について記述する際、不確定な暦によって月日を記すことはせず、ただ季節だけを記述したのは、このためであった。

いずれにせよ、このように、ギリシア人にとっては、物質的世界も精神的世界も、すべてが聖なるものによって浸透されていた。神の現れ方は多様であったから、各人が気質や引き継いでいる伝統、そのときの状況に応じて、解釈することができた。

その名前が万人に知られている全ギリシア的な神、その形容辞によって特殊な機能を満たすことのできる偉大な神々とは別に、狭い一隅の土地に結びついているだけで、一小郡の境界から外では名前も知られていないマイナーな神々もたくさんいた。そうした神々のなかで、これまた多くの《英雄》〔訳注・半人神といってもよい」たちが独特のカテゴリーを形成していた。そうした《英雄》は神としての地位を失った古い神々なのだろうか？　それとも、不死の神に近づいた人間なのだろうか？

これは、長い間の論議の的で、具体的なケース一つ一つについて見ると、どちらともいえる。しかし、歴史時代についてみると、生身の人間が《英雄》として祀られた事例はたくさんある。たとえば植民都市の建設者たちは、しばしば《英雄》として崇められ、多くは市の中心のアゴラに、その墓とともに彫像が立てられている。

とりわけ特徴的なのがアンフィポリスのケースで、この町をアテナイから奪ったスパルタのブラシダスが、その奪還のためにクレオンによって派遣されたアテナイの軍勢と戦い、自らは戦死したものの無事撃退したとき、アンフィポリスの人々はブラシダスを市の中心広場に埋葬し、それ以後「その墓のまわりを聖域として毎年生贄を捧げ、競技大会を催して英雄としてその栄光を称え」た。このため、彼は、アンフィポリスの真の建設者と考えられるようになった（トゥキュディデス5-11）のである。

時代の経過につれて、生きている人々にも同様の栄誉が与えられるようになる。タソス島の人々がアゲシラオスにこの栄誉を与えようとしたときに、この王が述べた皮肉っぽい答えは彼にふさわしいものであった、プルタルコスは言っている。

「アゲシラオスがタソスの人々のために大いに尽くしたので、タソス人たちは彼のために神殿を建て、神々の列に加えた。そして、そのことを彼に知らせるために使節団を寄越した。アゲシラオスは、使節が持参した彼の栄誉を称える文を詳しく読み、『君たちの国は人間を神に変える力をもっているのか？』と訊ねた。彼らが、その通りですと答えると、こう言った。『なるほど。それなら、君たちは自らを神に変えたまえ。もし、それができたならば、私についても、君たちは神にすることができることを信じよう』。」

（『倫理論集』の「ラケダイモン人の格言」210b）

いかにも伝統に忠実なスパルタ人らしいこのアゲシラオスの反応は、生きている人間を神格化することが古典期のギリシア人の宗教意識に反するものであったことを示している。しかし、時代がくだりヘレニズム時代になると、人々の意識も変わり、こうしたことは当たり前になってくる。

すでに一杯になっていた《パンテオン》を更に賑やかにしたものがもう一つある。それが《アレゴリー〔寓意〕》の神格化である。言語に愛着し、抽象化に長けていたギリシア人は、もともと、普通名詞を固有名詞化することによって抽象的概念を人格化する傾向性をもっていて、すでにホメロスにおいても、《モイラ》〔訳注・運命をさす。「モイライ」は複数形〕とか《エリス》〔不和〕のように、この種の神々が現れている。ヘシオドスがその著作のなかで、たとえば「正義」の神の《ディケ》とか「記憶」の神の《ムネモシュネ》に特別の位置を与えて敬意を捧げていたことはよく知られている。

このように抽象概念を神格化する風潮は、古典期になると、ますます強くなり、「神の掟」を表す《テーミス》や、「神の復讐」を表す《ネメシス》の神殿が建てられ、「平和」を表す《エイレネ》、その息子で「富」を表す《プルートス》のためにも祭壇が設けられた。アリストファネスのように、伝統的信仰に緊密に結びついた精神的傾向を持つ人にあっても、神格化された寓意は大きい位置を占めていた。

この点については、プラトンも無関心ではなかった。「愛」の象徴である《エロス》は、彼がこの分野で創造した最も幸運な神といえる。当初は、翼をもった大人の姿をした神として考えられたが、次第に若返り、ついには幼児の姿で表現されるようになる。この《エロス》は、「愛欲」を人格化した《ヒメロス》または《ポトス》と「説得」を表す《ペイトー》とともに、「美の神」である《アフロディテ》の行列に加わり、詩人や芸術家に豊かなインスピレーションを与えていく。

このように、ギリシアの宗教は新しい形態の神を積極的に受け入れてきたのであって、外国の神々に対しても、国家の基盤を脅かさないかぎり、敵意を示すことはなかった。事実、ギリシア人たちは、原初の時代からキリスト教が定着するまでの長い歴史の間じゅう、ほとんど絶え間なく新しい神々を受け入れつづけた。

しかし、アルカイック期と古典期には、その採用は、ギリシア宗教思想の通常の様式への同化を前提として行われた。いうなれば、未知のものの下に既知のものを見出し、エキゾチックなものの下に近しいものを認識する並外れた才能こそ、ギリシア宗教思想の際立った特徴なのである。

ヘロドトスも、《バルバロイたち》のさまざまな宗教的習俗を、好意的な好奇心をもって検討しており、この傾向をはっきりと示している。彼の頭には、これらの異邦人たちが崇めているのはギリシアの《パンテオン》のメンバーとは違うのではないかなどという疑念は微塵も浮かんでいないようである。彼にとっては、それらの異邦の宗教とギリシアの宗教とでは、神々の名称も崇めるやり方も違うが、深い同等性があり、それを見出せば充分なのである。したがって、リビュアの小部族にも、アテナイの祭儀が見られると考える（4-180）。とりわけ『歴史』第二巻では、エジプトで崇拝されている神々の名前を挙げ、なんの躊躇もなく、それらはギリシアの神々に対応していると断じている。

たとえば、《ネイト》はアテナであり、《バスティト》はアルテミス、《イシス》はデメテル、《ラー》

はヘリオス、《ウト》はレト、《セト》はアレース、《オシリス》はディオニュソス、《コンスゥ》はヘラクレス、《ハトル》はアフロディテ、《アモン》はゼウスだということになる。

前五世紀以後、ギリシア人たちがエジプトの至高神とギリシアの最高神とを同一の存在とし《ゼウス・アモン》を崇拝するようになったのも、このためであった。アモンはシワ〔訳注・キュレネの東部〕のオアシスの託宣所で祀られていた神であり、他方、逆にゼウスもキュレネの植民都市の人々によって同じ北アフリカのリビュアに持ち込まれていた。

同じことは、トラキアの女神《ベンディス》についてもなされている。ヘロドトスは、この女神をアルテミスと同じ存在であるとしている(『歴史』4-33)し、その後、前四二九年ごろからは、幸運をもたらす神としてアテナイに公式に受け入れられている。

ギリシア伝統の神との対応関係がない異邦の神も、思想次元ではともかく、その様相が見た目に馴染んでいるところとぶつからないかぎりは、そのままでギリシアの《パンテオン》のなかに採り入れられた。たとえばカリア〔訳注・小アジア南西部〕の女神、《ヘカテ》はアルカイック期以後、門を守る神として受け入れられ、ヘシオドスからエウリピデスにいたるまで、多くの詩人がその魔術的な力を謳っているうえに、アルカメネス〔訳注・前五世紀の彫刻家〕のような芸術家は、この神を三つのイメージをもって表現している。

数々の神秘性を秘めたこのフリュギアの大地母神の崇拝は、エレウシス崇拝との類似点のため、抵抗にあうこともなくアテナイに入ってきた。しかし、この女神の立場が決定的になったのは、この女神に捧げてアゴラに建てられた建物が、前五世紀にアテナイ都市国家の公的文書保管所に使われるようになったことによってである。

この大地母神についてアテナイ人が抱いたイメージを明確化して大理石像に彫刻したのが、フェイディアスあるいは、その弟子のアゴラクリトスである。これは、ゆったりした衣に身を包んで玉座に坐っている女性で、頭には円筒状の縁無し帽をかぶり、右手に滝奠用の盃、左手にツィンバロン（弦楽器）を持ち、左右に二頭のライオンを従えている。この造形タイプは、古代末期にいたるまで変わらず、その小型のものが数え切れないぐらい献納されている。

反対に、これもまた謎に満ちているが、ディオニュソス信仰に似た、もう一つのフリュギア渡来の《サバジオス》の崇拝は、つねに（とくに古典期には）警戒心をもって見られた。アリストファネスは、しばしば、これを嘲弄の的にしているし、デモステネスも、その『栄冠論』のなかで、論敵のアイスキネスを非難するのに、若い頃、この崇拝にはまっていたことを挙げている。

最後にギリシア人たちは、伝統的な神々や英雄や寓意、異邦の神々に加えて、その他の多様な要素を厳格な論理性をもって自分たちの信仰体系のなかに位置づけようとするあまり、はみ出すものが出てきた。それがギリシア人たちのいう《ダイモン》であるが、この《ダイモン》ほどはっきりしない宗教用語はない。

この言葉は、もともとは神を指しており、ホメロスにおいても、のちの作家と同様、《テオス》つまり神の言い換えとして使われていることが多い。とりわけ、神の一般的呼称、または神の集団を指す場合に使われたが、伝統的な高位の神々にくらべて、下位の神や超自然的な存在を呼ぶのに使われることも少なくない。ヘシオドスの場合、黄金時代の人々や、死後に神とされた人々、さらには、家の中心である炉の守り神で、蛇の姿で表される《アガトス・ダイモーン》などがそれである。

このように、宗教的信仰に関しては、広大な分野が人々の創造的イマジネーションに委ねられていた。堅固な儀礼に則った伝統的信仰と並んで（また、その底辺にあって）、神の世界は、社会の土台を揺るがす危険を伴わないかぎり、あらゆる種類の個人的信仰を許容したのである。

ギリシア宗教のヴァイタリティーに少なからず貢献したのが、この多様性と不明瞭さ、不確定さであり、ギリシア宗教は祭儀の不変性を利用しつつ、こうした多様性によってその精神的な中身をたやすく再生し、あるいは、さらに豊かにすることができたのであり、それが基盤としたのはあくまで《伝統》であって、《教義》は関係なかった。

9　伝統的宗教への批判

ギリシアにおいては、宗教について大胆な思考が早くから現れていたにもかかわらず、乱脈に陥ることを免れたのは、思弁の領域に留まっていたためで、そこには、つぎのような条件があったからである。教義も祭司カーストも聖典もない宗教にあっては、個人的解釈に大きな自由が残されていて、ギリシア人たちは、それを遠慮なく利用した。すでに指摘したように、詩人たちは伝統的神話についてかなり自由に解釈し、神話そのものも、自分の想像力や道徳観に任せて作り替えた。彼らは、神々を生活のなかで身近に感じていたから、神の威厳に畏れ戦くこともなく、ときには神々を嘲弄さえしたしたことが戯画や喜劇から窺われる。

思弁的考察においてはどんなに大胆であっても、社会の秩序を揺るがさないかぎりは、非難されることはなかった。思想の分野に留まっているかぎりは、衝撃は思想家たちの間でとどまり、政治家たちには及ばなかったからである。

プラトンは『法律』のなかで、最後のエネルギーを振り絞って無神論を攻めている。それは、彼が理想とする都市の原理そのものを危険に晒す知的誤謬であると考えたからである。だが現実には、無神論者も、社会で市民に課せられた義務に従わなければならないことを理解しているかぎりは、罪に問われることはほとんどなかったし、無信仰も《不敬》に変容しなければ、罪にはならなかった。

このことは、ギリシアの多神教が古典期以前から、幾人かの思想家に批判の自由を許していた理由を説明してくれる。前六世紀、ピュタゴラスの同時代人で、彼と同じようにマグナ・グレキアに住んでいた、イオニアのコロフォン生まれのクセノファネス（彼がマグナ・グレキアのエレアに《エレアテス》という学校を設立したことは、パルメニデスとゼノンも述べている）は、《神人同型論》は人間の弱さの反映にすぎないと断じている。彼は、「もし牛や馬が手をもっていれば、そして、人間がそうしているように、その手で絵を描き、作品を創ることができたならば、馬は馬に、牛は牛に似た神々の姿を描いたことだろう」と述べ、さらに別の箇所では、「エチオピア人たちは、神々は低い鼻をもち、黒い肌をしていると言っているし、トラキア人たちは、神々は青い目と赤茶色の髪を生やしていると言っている」と言い、多神教そのものではないが神人同型論を受け入れがたいとし、もし神は多数存在するとしても、永遠で漠然とした神聖な原理に従っているはずであると考えている。

くだって前五世紀、ペリクレスの友人でクラゾメナイ生まれのアナクサゴラスは「太陽は燃えている地球であり、月はその光を反射しているのだ」と述べて、天体は神ではないと言ったため、有罪を宣告された。これは、天空に現れる事象による占いに対する人々の信頼感を薄れさせる危険性があるとされたのである。職業的な占い師とりわけディオペイテスも、「神を信じなかったり、天空の現象の真実を教えているのだと言いはる人々は告訴されて当然」という承認を民衆から取り付けたあと、彼に激しい攻撃を加えた。それをペリクレスの政敵たちが利用し、親しい友人であるアナクサゴラスを陥れることにより、ペリクレスにまで罪を及ぼそうとしたのだった。

ちなみに、危険が迫っていることを知ったアナクサゴラスは、アテナイを去り、ランプサコスに亡命して、そこで哲学の学校を設立している。しかし、アルキビアデスをはじめ、この時代のアテナイ人の多くは、アナクサゴラスとかプロタゴラスのような哲学者の教えていることを、宗教上の懐疑主義と同一視はしなかったから、このことだけを理由に迫害されることはなかった。

宗教に関連して国家の怒りを駆り立てたのは、「神への冒瀆」という口実のもとではあるが、政治的な理由がある場合か、アルキビアデスのように、エレウシスの秘儀の暴露とかヘルメス像破壊とかの神聖冒瀆を実際に行った場合に限られていた。後者の場合には、アテナイの法廷は厳しい罰を課した。

前四一五年、アテナイは、ミロス島出身の抒情詩人、ディアゴラスに対し、密儀冒瀆で有罪を宣告、逃亡したこの人物の首に懸賞金をかけている。また、アテナ女神に捧げられたオリーヴの木を、仮に故意でなくとも傷つけた場合は、厳罰が課せられたことがリュシアスの有名な演説から分かっている。

この罪に対する刑罰は、アリストテレスによると、もともと死刑であった。当時は、神聖冒瀆を犯した者をそれにふさわしいやり方で処罰しなかった場合は、都市全体が神の怒りを招き、苦しみを受けなければならないという考え方が一般的であった。この罪は単なる言論上の罪などではなく、市民的連帯を危機に晒す罪だったからである。

前三九九年のソクラテスの裁判の場合も、よく知られているように、この哲人が告発されたのは、都市の神を信じないで新しい神々を持ち込み、青年たちを堕落させた、という罪であった。告発したのはメレトスという有名でもなんでもない一人の若者で、これを、数年来、民衆派として重要な役割を演じていた政治家、アニュトスが支持したのだった。

ソクラテスは、評議員五〇〇人のうち二八〇対二二〇で有罪判決を下された。無罪を主張する人がもう三〇人多かったら釈放されていたのである。《ピュティア》すなわちデルフォイの神託が「最も賢い人」と言ったほどの人が、なぜ有罪とされたのだろうか？ プラトンやクセノフォンがソクラテスを弁護して書いた文書にあるように、アテナイ民主主義の償いがたい恥となる決定をしたことを、どう説明したらよいのであろうか？——その答えは、この裁判の状況を考えれば、容易に出てくる。

アリストファネスは『蜂』のなかで、《ヘリアイアの法廷》（民衆法廷）を構成していた善良なブルジョワたちの一人、フィロクレオンを戯画化するとともに、ソクラテスについては彼らに「対話によって若者たちに害を及ぼし、近づいた幾人かを冷血的な野心家に作り上げた」と認定させている。

ソクラテスによって教育された人間のなかから、シチリア遠征を企ててアテナイに損失をもたらしたばかりか、ラケダイモン人たちを唆して祖国アテナイを攻めさせたアルキビアデスや、アテナイの民主政治を覆し、冷徹で貪欲な三十人僭主の中心者となって多くのアテナイ人の命を犠牲にしたクリティアスなどが出てきたのである。

しかも、彼らとソクラテスとの関係はみんなが知っていたから、評議員たちが、こうした弟子たちの犯した過ちについて、師匠のソクラテスにも部分的に非があると考えたのも無理からぬことであった。こうした人々は、ソクラテスの友人として過ごした青年期の何年間も、アテナイの善良な市民なら同意しかねる好みを隠そうともしなかったのだから、それはなおさらであった。

その《好み》とは、一つにはスパルタのほうがアテナイよりもよく治まっているとする《スパルタ贔屓》であり、師のソクラテスを手本として身につけた、相手の嫉妬心を駆り立てるほどの論争好きとその巧みさ、さらに、若気の至りということもあったが、最も確固たる既成概念をも軽視する判断の自由への傾倒、最後に（しかも、これは、重要性において決して劣るものではなかった）、ラケダイモン人の間で流行っていたことから《ドリス式恋愛》と呼ばれていた男色趣味である。

彼らのグループのなかでこうした同性愛の風潮があったことは、プラトンの『饗宴』にもはっきり窺われるし、事実、彼らは平気で、そうした行為を行っていた。ところが、アリストファネスの作品を読めば分かるように、当時の平均的なアテナイ人は男色を軽蔑すべきおぞましい悪徳と見ていた。彼らからすると、そこにあるのは、精神と感覚の異常だけでなく、政治的目的をもった《貴族的な兄弟愛》の乱脈ぶりであり、それは民主主義を守るために当然、警戒すべきものであった。

他方、これらの自信過剰の若者たちは、大部分がアテナイでも最も裕福な家庭の子弟で、そうした富裕層のサークルに属さない人々に対して、ほとんどなんの共感ももっていなかった。民衆は、そうした若者たちによって掻き立てられていた敵意を、これらの若者たちの尊敬の的であったソクラテスにぶつけたのだった。

こうして見ると、「青年たちを堕落させた」というソクラテスへの非難が、いかに重大な基盤から発していたかが明らかとなる。こんにち私たちが理解しているのは、ソクラテスを天才の栄光で包んで見せている、正直者のクセノフォンとプラトンを通してであって、それは、この訴訟事件がもっていた二つの側面のうちの一つでしかない。

以上の事情説明は、正当化というよりも弁解の色彩が強いが、もう一つ付け加えておくべきことは、そこで行われたのが市民裁判であるとともに宗教裁判でもあった事実である。そして、ここで必要なのは、師への尊敬心を砕かれたことに対する弟子たちの憤りに拙速に与するのでなく、事実を真正面から見つめることである。

　ソクラテスは実際にアテナイ民主主義における政治と道徳の均衡を危機に晒したのだろうか？　この問いについては、ためらうことなく「イエス」と答えることができる。プラトンの初期の対話篇や、中庸的なクセノフォンの『メモラビリア』〔訳注・いわゆる『ソクラテスの思い出』〕を読むと、ソクラテスは、プロタゴラスとかゴルギアスのような最も狡智に長けた人々をも、たとえば一つの言葉が多様な意味をもっていることからくる曖昧さのような、それ自体、論議の余地のある対話を駆使することによって、詰まらせることができた非常に巧妙なソフィストと映る。

　ソクラテスは、こうした武器を名人芸的に駆使することによって、対話の相手を自己矛盾に陥らせ、もはや何事にも確信をもつことはできないことを思い知らせる。おそらく、それは真の哲学のための出発点ではあるが、あまり心地よいことではない。しかも、相手が充分に強靭でない精神の持ち主である場合は、懐疑主義と失意に追いやり、やけっぱちにさせる恐れさえある。

　破壊のあとには再建が必要である。ところがソクラテスは、結論として再建の方途を示していない。彼は、疑わせることはす

ソクラテス（ヴァティカン美術館蔵）

るが、確実なことは何も提示しない。たしかに、彼の人生は、思想家としてだけでなく市民としても高潔であり、国を守るため、兵役に勇んで服し、たとえば前四〇六年のアルギヌサイでのスパルタとの戦に従軍しているように、市民としての義務を立派に果たしている。彼の廉潔、清貧、遵法ぶり、そして正しい思考と真実を重んじたこと（そのために命を擲ったのだ）――これらは、こんにちもなお、思索しきれないほどの驚嘆すべき手本を私たちに提示してくれている。だが、彼の同時代人で、ごく親しい人々以外に、誰が彼をそのように見ていただろうか？

大衆が記憶に留めていたのは、シレノス〔訳注・ディオニュソスに従う、ひしゃげた鼻をもつ怪物的な神〕を思わせる容貌であり、永久に解けない疑問を提起したり、相手を困らせる質問を浴びせかける巧みさ、といったことであった。人々には、彼は、不敬罪で有罪を宣告されたアナクサゴラスのような自然哲学者や、破壊的な懐疑主義のために追放されたプロタゴラスのようなソフィストの同類としか見えなかった。

事実、ソクラテスは、この内心の声を、困難な状況にあって助言してくれる身近なダイモンの介入であり、神の啓示と考えて、しばしば言及している。そうした秘密の神との交流という考え方は、具体的な祭儀をまったく無視したもので、凡俗の人々を戸惑わせずには済まなかった。そこに、人々は、都市の古来の守護神がこの未知の神に座を譲らなければならなくなり、伝統的宗教が訳の分からない何かによって脅やかされていることを感じ取ったのであった。

もしも、こうしたソクラテスの教えによって、明日を担う若い市民たちが信念を見失い、このひとりの老人が心のなかで聞いたと主張している見知らぬ秘密の声以外は頼るべきものはないと思いこむようになったならば、全市民が白日のもとに参加する厳格な祭儀に基盤を置く都市の枠組は、はたして存続できるだろうか？

　メレトス、アニュトス、リュコンといった連中が《ヘリアイアの民衆法廷》の評議員たちの前で申し立てたのが、こうした論議であったかどうか、私は知らない。しかし、これらの評議員の多くが、弁論を聞いている間じゅう、青銅の甕のなかに有罪・無罪いずれの札を投ずべきかを決断する前に考えた内容は、こういうことであった可能性はある。

　評議員五〇〇人のうち二二〇人が無罪の札を選んだことは、みせしめとして罰することで国家の利益を守るよりも正義の人を自由にすべきだと考えたことを示している。これは、アテナイの民主政治の栄誉とさえいうべきであろう。それ以外の人々は、国家のためを考えたのだった。彼らの判断は恐らく誤りであり、間違いなく時代遅れであった。なぜなら、古い宗教が、自ら保証し反映してきた社会秩序と相い携えて生き残るには、考えることを学んだ人々の頭のなかには、理性によって認められることのみを《真実》とする『自由検証』の精神（ソクラテスが努力を傾けたのは、このためであった）が、すでに定着していたからである。

第七章　都市と市民

1　都市と農村

アルカイック期も古典期も、ギリシアの男たちは全員が兵士でもあったが、それは自分の都市の求めに応じるためであった。そして、彼は、その父祖伝来の宗教に参加したが、それは本質的には、自らの都市の枠組の中においてであった。この《都市》という社会組織の形態が、古典期ギリシアの思想家たちから見て（幾人かのソフィストは別にして）、文明人の特色であった。

アリストテレスの『政治学』の冒頭には、この考え方が最もよく表れている。生涯の大部分をギリシア世界の政治システムの研究に捧げたこの哲学者は、晩年に著したこの著作において、人間を「都市に生きる存在」と定義し、都市は人間が生きるために作られたものであるから、ひとたび形成されると、人が独立的に生きていくための手段を提供することによって、よく生きることを可能にしてくれることを明らかにしている。

この論述は、多分に理論偏重の嫌いはあるが、彼は、師であるプラトンに較べると、はるかに具体的に都市のもつ複雑さを捉え、その現実の姿を明らかにしている。そこでの《都市》はギリシア人が独創的に編み出し、長い歳月をかけて創り上げたもので、彼らの歴史と思想のすべてを支配した。それが、ローマに伝えられて、用途に合わせて作り替えられ充実されたあと、ヨーロッパに遺贈された。ヨーロッパは、それをそっくり受け継いで、そこから、国家の近代的概念の大部分を引き出したのであり、これがヨーロッパ文明の歴史において、どのような重要性をもったかは、いまさら論をまたない。

都市すなわち《ポリス》という言葉は、すでにホメロスにおいて、人々が集合生活を営む場、《国家》を形成する政治的統一体、そして、一つに団結している市民の全体、という三つの意味をもっていた。これらはそれぞれ、ラテン語では《ウルブス urbs》、《キウィタス civitas》、《キウィス civis》という三つの語彙に置き換えられるであろう。

《ポリス》という呼称がもっているこの多義性は、古典期の言葉でもずっと変わらず、ヘロドトスやクセノフォンなどは、場合によっては、非ギリシア人の町を指すのにも使っているほどである。にもかかわらず、ギリシア人著述家が政治的術語を用いて考察している場合、彼が《ポリス》の概念に付している価値はきわめて明晰である。それは、ギリシア世界の基盤をなす政治的・社会的統一体であり、ギリシア語の独自性と結びついて《バルバロイの世界》から《ヘレネースの世界》を区別するものである。

そこで、まず、この概念の内容を分析することにしよう。

アリストテレスによると、都市は多くの村々が政治的連合を結ぶことによって形成された、という。このテーゼは、幾つかの歴史的事例がよく示している。都市アテナイは、アッティカの要塞集落の連合、いわゆる《シュネキスム》によって生まれたが、歴史編纂者は、これを実現した功績をテーセウスという一人の英雄に帰した。こうした集落の結合の結果、新しい国家の中心となる座が人口集中の中心地に形成される。このため、普通は、中心となった町の名前が行政上の都市の呼称となる。

複数の集落の合同によらないで誕生した都市もたくさんあるが、そうした都市も、ギリシア人の眼からすると、住民の共同意志によって実現したものであることに変わりなかった。フォキスのみすぼらしい都市についてのパウサニアスの記述は、興味深い。

「カイロネイアから距離二〇スタディオン（約四キロメートル）でパノペウス。フォキス人の一都市というわけだ。ただし、都市（ポリスpolis）とはいっても、そこの住民が公官庁の建物（アルケイア）も体育所（ギュムナシオン）も、劇場（テアトロン）それに広場（アゴラ）さえもたず、水を引き入れた泉場（クレネ）もない。まるで山奥の山小屋同然のあばら屋を住処として、ここの場合は、カラドラの河床を下に見て人が住んでいる、それを都市（polis）と呼んで差し支えなければだが。それでも彼らの領域（コーラ）の、隣接民との境の境界線（ホロイ）があり、彼らだって、フォキス総評議会（シュロゴス）に代議員たちを送り出している。市の名はエペイオスの父親に由来すると彼らは語り、自分たちは元来はフォキス人ではなくフレギュア人であって、オルコメノス領から、このフォキス地方へ逃げてきたと主張している。」

（『ギリシア案内記』10-4）

エペイオスとは、あのトロイの木馬を作った人物で、その父親がパノペウスである。《都市》というものを決定づける条件が厳密にはどのようなものであったかが、この記述から窺われる。それは、明確に境界線で区切られた住民の共同の領域をもち、隣接する都市によって行政単位として認められており、最後に（その重要性においてこれはギリシア人にとって決して最小ではない）、少なくとも祭儀を伴う伝承によって創設の歴史的起源が明らかであること、である。

しかし、パウサニアスがこの貧弱な集落を見たときの驚き自体、通常の概念では、都市とは、種々の便宜とサーヴィスの設備を備えた都会的集合体をさしていたことを示している。

ギリシアの都市の領域的狭さは、すでに指摘した。ギリシア本土でいえばスパルタとアテナイ、島嶼ではロードス、外地ではシュラクサイやキュレネといった最も有力な都市を別にすると、都市領域は中心の人口集中地域を取り巻く耕作可能な小さな盆地でしかなく、それに、場合によって、山岳地帯の幾つかの牧羊地や沿岸の小島が加わるだけで、多くの場合、領域は一望のもとに収まった。境界線がはっきりしているのは耕作地の部分だけで、山地ではまったく曖昧だったから、絶えず羊飼いたちの争いのもとになった。

田園は、集落を作って生活している自由農民か、それとも、クセノフォンの『家政論』のなかでイスコマコスが説明している大農地の場合のように奴隷労働によって耕された。土地所有の制度は、地方により時代によって異なる。アッティカの場合、ソロンやペイシストラトスが、小土地所有者の利益をはかり、しかも大規模農地を消滅させないよう、いかに対処したかは、本書でもすでに見た。

キモンやペリクレスのような人々は、かなりの収入をもたらす広大な農地を所有していた。こうした豊かな資産家は、普通は町に住んでいたが、所有する田園にも家を持っていた。その様子は、ホメロスの作品のなかに出てくる領主たちの屋敷が想像させてくれるものに、かなり近いといってよいだろう。

それらは日乾し煉瓦で造られていたので、今では明確な痕跡を残していない。したがって、文書に記述されているところから想像する以外にないのだが、その記述も、構造に関しては、きわめて不明確である。おそらく建物は南向きで、幾つかの居間と寝室、台所と浴室から成っていた。それに、別棟として、穀類や豆類などの収穫物をしまっておく倉庫、男女それぞれの奴隷たちのための家屋、家畜小屋、さらに家畜の肉を貯えておく小屋があった。

自由農民の農場と建物は、もっとつつましかった。しかし、そこで営まれていた生活は、粗野で、恥じらいに欠けるものであったことが、アリストファネスの劇などから明らかである。

治安のよくない地域では、村落も領地も、防備が施されていた。とくに北アフリカのキュレナイカでは、内陸のステップ地帯からやってくるリビュア人盗賊団の襲撃につねに備えておく必要があった。とはいえ、多くの場合、石造りの小さな堡塁が一つあれば、それだけで、襲撃してくる者たちの勇気を挫くのに充分であった。ギリシア本土でも辺境地では、襲撃はかなり頻繁にあったので、自由農民たちは常時、警備などの軍務を課せられ、自宅には武器を保有していて、出動命令に直ちに応じられるようになっていた。

穀類はいたるところで栽培されており、とくに多いのは大麦だったが、できるところでは小麦が作られた。もともとギリシアの土地は穀類にはあまり向いていなかったが、都市は自給自足経済を理想としたので、まず、栄養の基本となる穀類は、自分の土地でまかなわなければならなかった。穫れた穀類は、ガレットや麦粥、パンなど様々に加工して消費された。菜園では、空豆、レンズ豆、エジプト豆、種々の緑黄色野菜、にんにく、玉葱などが作られた。果樹園には無花果（アッティカでは、とくに豊かに実った）、マルメロ、梨、リンゴなどが植えられていた。アテナ女神の聖木であるオリーヴは、こんにちと同様、ギリシア全土で栽培され、実と油を豊富に供給してくれた。

料理に珍重された芳香性植物としては、タイム、クミン、バジル、ハナハッカなどがあった。ぶどうの木は、葡萄棚にしたり、まっすぐに列をなして植えたり、伸びるに任せたり、二クデの長さの添え木で支えたり、さまざまな栽培法があった。ぶどうは、《トリュガイオス》（葡萄栽培者）によって実が収穫されたあと、その幹は切って槍の木製部分に使われたりしたが、槍を必要としない平和なときには翌年のぶどうの木の添え木にされた。

羊と山羊は山で放牧された。牛は数が少なく、だからこそ、大きな祭の生贄用に大事に取って置かれたが、普段は耕作用の労力として使われた。甘味料は蜂蜜が主であった。

そのほか、家や家具は専門の職人が作ったが、そのための材料である木材の伐り出しや、森の木を切って炭に焼くことも、農民の大事な仕事であった。アリストファネスは『アカルナイの人々』のなかで、そうした農民たちを愛情と共感を込めて登場させている。

樹脂の出る木は、松脂や瀝青を提供してくれるとともに、その木自体、船材として利用された。しかし、船の建造のための需要量は、ギリシア本土だけでは賄うことができず、かなりの量を輸入に頼らなければならなかった。

亜麻はアルゴス地方で栽培された。ここは、亜麻栽培のため半島で唯一潅漑された地域であった。しかし、それだけでは需要を満たすことはできなかったので、相当量を小アジアやエジプトからの輸入に依存していた。

羊毛に関しては、ギリシアで消費される分はギリシアでの牧羊でまかなうことができた。日常の衣類に関しては、糸紡ぎから機織り、染色、縫製にいたるまで、各家庭で行われ、女性の重要な仕事になっていた。ただし、贅沢な高級品になると、外国、とくにオリエントから輸入され、それが商業の発展を促した。

革製品も、サンダルや雌山羊の皮で作ったマント、雨よけの帽子、革袋やカバンといった日常的な品も自家製であった。ただし、都会では、農民から供給された材料によって専門の職人が作った。

最も大規模な事業は、石材の切出しと鉱物資源の採掘であった。アッティカとコリントスの粘土層は、多くの陶器作りの仕事場に原材料を提供した。大理石の切出し場は、アテナイの近くのペンテリコン山、タソス島のアリキが有名であったが、いずれも露天掘りの域を出なかった。

しかし、キュクラデス諸島のパロス島のそれは、山の中腹に深く掘り込んだ地下から採掘された。この大理石は、比類のない白さと透明感をもっていて、彫像用として需要が高く、貴重な商品となった。これが《リュクニテス》つまり「ランプの」という形容辞を付けて呼ばれたのは、ランプのように光り輝いていたからというより、地下でランプの明かりで採掘作業が行われたからであろうと考えられる。

建築用石材の採掘ではシュラクサイの《ラトミア》〔採掘場〕が有名で、ここは、シチリア遠征の災厄のあと捕虜になったアテナイ人たちが働かされたことで知られている。リビュアのキュレネの近くで切り出され北アフリカの大都市の建造物に使われた石材には、貝殻を含む石灰岩の層理を今も見ることができる。

鉄や銅の鉱山については、あまりよく分かっていないが、逆に、貴金属類の鉱山は、よく知られている。それが惹き起こした人間の貪欲が国際政治において演じた役割のため、古代の歴史家たちも注目したからである。それはタソスに繁栄をもたらし、キュクラデスの小島、シフノスを有名にした。シフノスは、前五三〇年ごろ、デルフォイにすばらしい彫刻を施した宝物庫を建てて寄進している。

トラキアのパンゲイア山には金の鉱山があり、《スカプテ・ヒュレ》〔訳注・掘り崩された森、の意〕と呼ばれた。採掘したのは土地の人々であったが、その富はギリシア人たちのものになった。トゥキュディデスはこの地に多くの鉱山を所有しており、追放時期をここで過ごし、『歴史』の執筆中も、ここから収入を得ていた。

しかし、ギリシア世界で最も重要な鉱山は、なんといっても、アッティカの東南隅にあるラウレイオンのそれである。かつて奴隷の坑夫たちが身体を折り曲げながら、銀を含む鉛の鉱脈に沿って掘り進んでいった狭く低い坑道を今も見ることができる。そこでは、何千、何万という奴隷たちが採掘と選鉱に酷使され、銀と鉛のインゴット（鋳造した塊）が作られた。

銀はかなり純度を高めてアテナイ銀貨に造られた。これは、裏面にふくろうの図柄が打刻されていたことから『ラウレイオンのふくろう』と呼ばれた。そうした貨幣鋳造の作業場も、この鉱山の現場に設けられていた。

このように、都市はその生命を支えるものを田園に住む人々の労力から引き出すのであるが、個人にとっても国家にとっても重要な事柄は、いうまでもなく都市で決められ処理される。このため、ギリシア人には常に自然志向の傾向性が強く見られるにもかかわらず、ギリシア文明はアルカイック期以来、まず第一義的に《都市文明》であり、緊密な集合生活を営み、社会生活を優先するなかで生み出された文明であった。

アルカイック期や古典期において、町はどのようであったか？

それは、小さくはあったが、一つの国の首都であり、国家の存在理由である基本的サーヴィスを行い、そのための施設を提供した。そこには、公的祭儀のための聖域と外敵から市民を守る城塞がある。城塞には、最後の避難所としてのアクロポリスのそれの場合と、都市全体を城壁で囲んでいる場合と、さらに、この両方を備えている場合とがあった。

町の中心には広場（アゴラ）があり、ここで市民の集会やさまざまな物資の取引が行われた。また、住民の生活に欠かせない水を供給する泉があり、司法や行政機能のための建物も、ここに設けられていた。公共建造物の大部分はアクロポリスの丘の上やアゴラの周辺に集まっており、そこから四方八方に、無秩序に道路網が広がっていた。こうした道路の無秩序ぶりからも、前五世紀以前には全体的な都市プランというものがなかったことが分かる。

直角に交差する碁盤模様を採用した最初の都市計画が現れるのは第一次ペルシア戦争のあとで、前四九四年にペルシア軍によって破壊されたミレトス市が、こうした計画に基づいて再建されている。このとき決定的役割を果たしたのがミレトスの建築家、ヒッポダモスとされる。その後、彼はテミストクレスの要請でペイライエウスのプランも立てているし、前四四四年には、南イタリアのトゥリオイの建設にも参画した。アリストテレスは『政治学』のなかで、その建築だけでなく、政治哲学にも注目している（1267 b）。

都市建設におけるこの合理化傾向が、ターレスによって生み出されアナクシマンドロスやアナクシメネスによって発展した数学的発想の思想運動と結びついていることは確かであろう。このターレスらが《ミレトス学派》と名づけられたのは、まさにふさわしい呼称である。

しかしながら、この革新運動は新しい都市建設に採り入れられただけで、古くからの都市の容貌を変えることはなかった。加えて、都市の立地条件は、極度の多様性のため、こうした論理的線引きを普遍的に採用することには向いていなかった。全般的に平地の町も、アクロポリスになる高台を中心に（あるいは、その近くに）発展しており、こうした地形のため、高台部分と低地部分の間の繋がりを作ることが、どうしても困難になる。デルフォイのような山地に開かれた町は、全体が極度の起伏を示している。

また、ギリシア本土の都市で、海に接して作られている例は稀で、アテナイも、スパルタも、アルゴスも、テーバイも、コリントスでさえも、港湾都市ではない。コリントスやアテナイのように、海岸が比較的に近い場合でも、港は町から離れて作られている。これは、アルカイック期のギリシア人たちは、幾何学様式時代に海賊に襲われた記憶が消えておらず、海からやってくる危険に対して警戒心をもっていたことによるのであろう。これが、プラトンの『法律』では、臨海地に建設すべきではないという理論（IV,704b）に変質したと考えられる。

これとは反対に、大部分の植民都市は、海から到着した移住民たちによって作られたためであろうか、海にすぐ接して建設されている。ただし、リビュアの二大都市であるキュレネとバルケは例外的に内陸に建設されており、アフリカにおける植民都市ながら、ギリシア人独特の性格を表している。

個人の家は、その規模の慎ましさ、構造の簡素さで、公共の建造物が通常に示している豪勢さとは対照的である。個人の家屋の場合、石造りは稀で、低い台石の上に日乾し煉瓦または練り土を積み上げて壁にしたもので、「壁の穴開け人」と呼ばれた泥棒たちにとっては、赤ん坊の手をひねるようなものであった。

住居の様子は、アルカイック以前の古い時代のことについては明らかでないが、古典期については、文献を通じての情報と、例えばオリュントス〔訳注・カルキディケ半島の内陸部にある〕の廃墟の調査によって、ある程度、解明されている。オリュントスが痕跡を遺したのは、前三四八年にフィリッポスの軍勢によって破壊されたあと、廃墟のまま放置されたことが幸いしたのだった。

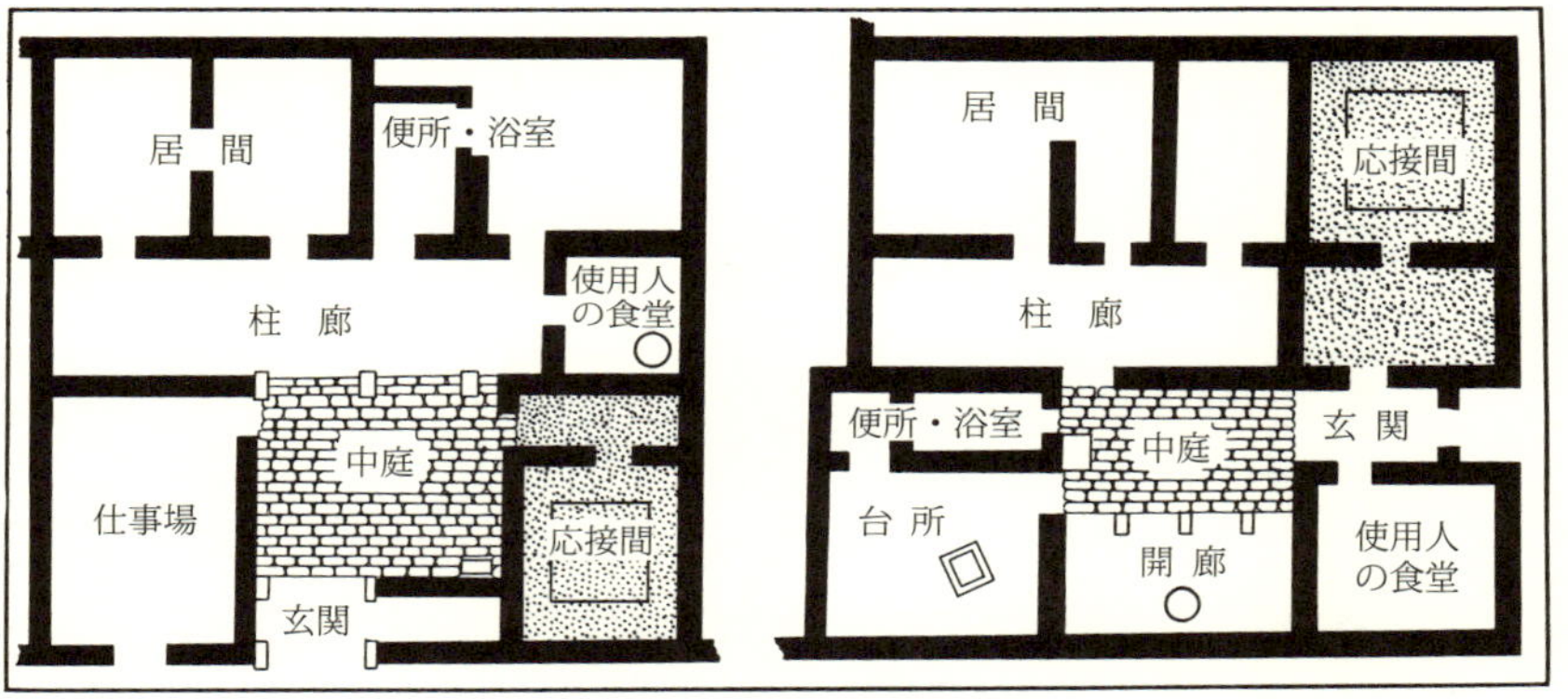

オリュントスの住居の平面図

アメリカの調査団によって体系的に発掘調査が行われた結果、この町の各部分の詳細な地図が分かるようになった。とくに新しい区域は前五世紀の終わり頃に建設されたようで、家々は、古い都市の場合のように不規則に集まっているのでなく、碁盤目状に走る道路によって区切られた長方形のブロックのなかで整然と並んでいる。ヘレニズム時代に一般化し、ローマ人によって《島》と呼ばれる街区システムが、ここではすでに見られる。たとえばアテナイの場合、直角に交差した壁をもつ家が稀にしか見られないのに対し、オリュントスでは、一辺が平均して一七メートルの規則的な正方形をしている。

各家は、南側の真ん中が庭になっていて、これがその三方に設けられた部屋への通路になっている。庭の北側の建物の二階は、回廊があり、それに面して幾つかの個室が並んでいる。地階の残りの部分は食堂と台所、浴室がつながった《オイコス》と、客間（アンドロン）で占められている。二階の部屋へは木製の階段で昇るようになっており、文献によると、二階は女性用の居間だったようである。オリュントスは雨が多いので、屋根はギリシア本土のようにテラス式ではなく、両側に傾斜していて、円形の瓦が葺かれていた。

古典期のギリシアでは、一戸建てが原則であった。前四世紀のアテナイでは、《オイキア oikia》と呼ばれた通常の一戸建てに対して、《シュノイキア synoikia》と呼ばれた集合住宅のことが文献に書かれているが、それは例外的であって、階数の多い集合住宅が発展するのはローマ時代になってからである。少数の特別な資産家はたくさんの部屋と回廊付きの広い庭や菜園のある邸宅に住んでいた。たとえば、プラトンの対話篇のなかで、ソクラテスがプロタゴラスと連れだって会いに行ったカリアスの邸などがそうである。しかし、そうした邸も、贅沢ぶりでは慎ましいものである。

オリュントスの最も裕福そうな家でも、床は黒と白の小石を敷き詰めただけのモザイクで、部屋の壁は石灰で白く塗ってあるか、または、かんたんなモチーフの絵を塗料で描いてある程度である。アルキビアデスの家のように、壁をフレスコ画で飾らせるなどというのは、よほどの金持ちで、しかも、風変わりな人間のすることであった。

家具としては、物入れの箱、ベッド、テーブル、椅子、腰掛けが普通である。それに、オリエントからの輸入品である絨毯と壁掛けが、ときとして加わった。土地の産物である陶器の鉢などの容器は当然であるが、金持ちの家には、質の高い絵が描かれた陶器や金属製（青銅が多かったが、稀には銀製のこともあった）の甕などがあって、テーブルを飾っていた。

しかしながら、同時代の文書が伝えているように、アルキビアデスがエレウシスの秘儀を暴露した罪で追放されたあと、没収された財産目録を読むと、飛び抜けて裕福だったという印象は受けない。プラトンは『アルキビアデス』のなかで、ソクラテスに最も裕福なギリシア人とオリエントの君主とでは、資力に大きな差があることを強調させているが、そこで言われていることが、この事実からも納得できる。ギリシアにあっては、古典期にいたっても、ほんとうの豪奢は、神々のために取っておかれたのである。

2　労働と奴隷制

田園でもそうだったが、都会でも、きびしい肉体労働は奴隷に負わせられていた。家庭で欠かせない家事労働は、ほとんどを奴隷が行ったから、どこでも、最小限の奴僕が必要とされた。全く奴隷を所有していないのは貧乏人（前四世紀以後は、キュニク派のある哲学者も、そうである）だけである。

手工業産業も、奴隷によって支えられていた。というのは、ごく稀なケースを除くと、人力以外のものに動力源を頼る「工業」といえるものがなかったからである。そうした事情を物語る事例として、前五世紀末のアテナイで、雄弁家のリュシアスとその兄弟のポレマルコスが経営していた兵器工場がある。『エラトステネスへの反論』でのリュシアス自身の言によると、三十人僭主の世になって、この兄弟が財産没収の憂き目にあったとき、彼らは一二〇人の奴隷を使い、七〇〇個の盾のストックを持っていた。すでに彼らの父親、シュラクサイのケファロス〔訳注・アテナイに在住していた〕は、アテナイで最も裕福な人物の一人として知られ、プラトンが、その『国家』の冒頭に登場させているほどであった。大多数の職人や商人にあっては、何人かの奴隷で事足りた。奴隷を使わないで、自分でほそぼそと仕事をしているのは、まず貧困者といってよかった。

それに加えて、手仕事をすること自体、ある程度、軽蔑をもって見られた。労働者をあらわす《バナウソス》という言葉は、小商人を指す《カペロス》と同様、好ましくないニュアンスを帯びていた。この種の仕事をする人々が尊敬されることは、それが真正の芸術に関わる仕事だったとしても、そして、アテナイのように最も民主的な社会であっても、ギリシア世界ではほとんどなかった。

プラトンの著作に見られるように、自由身分の人間にふさわしい関心事は、公務に携わることである。ソクラテスのもとに集まった上流家庭の子弟たちの野心も、まさにそこにあり、自分が受けた自由教育は専らそのための準備だと考えていた。それこそ、ソクラテスが疑問を投げかけたことだったのである。

それより何年か前にヘロドトスは、ギリシア人が手仕事を不名誉なことと考えるのはエジプト人の真似であると指摘している（『歴史』2-167）。この傾向がとくに強かったのがラケダイモン人で、逆に最も弱かったのはコリントス人であった。アテナイの場合、ソロンの法律で、無為徒食の市民は罰せられるべしと定められていたことは事実である。しかし、この「無為徒食」がどのように定義されていたかは、厳密には明らかではないし、この法律が市民の労働観を変革したようには見えない。

労働軽視の風潮が強まったのは、ホメロス時代よりもあとのことである。『オデュッセイア』では、ユリッシーズが優れた技能の持ち主であることを繰り返し褒め称え、その豊かな才能は、戦争の指揮をとることにも、ベッドを作ることにも同じように発揮されたと述べている。〔訳注・ユリッシーズは故国に帰って妻のペネロペイアに再会したとき、自分が作ったベッドの秘密を打ち明けている。〕この詩人にとっても、この詩の聴衆にとっても、そうした器用さは、このイタケの王の名を汚すものではなく、むしろ、その反対であった。

多分それは、古典期のギリシア人が不名誉なこととしていた《報酬をもらっての労働》ではなかったからであろう。とはいえ、ユリッシーズが筏やベッドを作るうえで示した手並みに対するホメロスの称賛と、プラトンの『ゴルギアス』のなかで（512 c）、カリクレスが技師の技能に対して示している軽蔑とを較べ合わせると、年月の経過による変化を感じないではいられない。

普通考えられているのと反対に、貴族制の都市国家よりも、アテナイのような民主的な都市のほうが、職人の労働に対してあまり敬意を払っていない。ペリクレスは、トゥキュディデスが引いている有名な演説（2-40）において、彼の祖国、アテナイでは職人や労働者も、市民であるかぎり、国政に参画することができると述べている。しかし、その同じペリクレスが、執政官、評議員、裁判官、兵士といった公務に携わるすべての市民に日当を払うことを慣例化することによって、アテナイ市民たるもの、生産活動よりも、慎ましくはあるが、その日その日の生活に充分なだけの報酬を得られる公務に参画すべきであると言っている。

こうして、アテナイでも、手仕事はますます奴隷や居留外人に任されるようになっていった。居留外人は《メトイコス》と呼ばれて、かなりの数にのぼった。アクロポリスのエレクテイオン神殿の建設についての文書記録を見ると、労働者一〇七人のうちアテナイ市民はたった一四人で、それ以外は《メトイコス》と奴隷であったことが分かる。

このことから、ギリシア都市は、民衆的国家を自称している場合も、本質的には貴族制的特徴をもっていたことが明らかである。《デモクラシー》と《貴族制》という概念も、ギリシア人にあっては、大なり小なり市民団が国政に関わっているかどうかについていっただけで、こうした市民団も住民の大多数を含むには程遠く、少数の特権階層の代表にすぎなかった。

多分、奴隷を買って養うには貧しすぎる幾つかの山岳都市を例外として、大きなギリシア都市はすべて、同じ様相を呈していた。《市民》とは、政治面での権利だけでなく土地や家屋など不動産を所有している人々に限られていた。居留外国人は、国家が課してくる財政的・軍事的責任を分担し、幾つかの恩恵を受けたが、参政権は与えられなかった。ただし、そのなかで、スパルタが外国人の居留自体を認めなかったのに対し、アテナイは、外国人を喜んで受け入れ、産業や商業だけでなく知的活動でも重要な役割を演じるチャンスを与えたという違いがあるにすぎない。

最後に、奴隷の人口は、しばしば市民と同数であり、ときには、それを上回っていた。テッサリアやクレタ、ラケダイモンでは、本来の意味での奴隷とは別に、土地に縛り付けられた《農奴》が見られた。これは、スパルタでは《ヘイロタイ》と呼ばれ、ドリス人がラコニアを占拠したときとか、メッセニアを征服したときに屈服させられた住民が隷属身分に落とされたものである。彼らは、土地をスパルタ国家によって取り上げられ、その土地を分与されたスパルタ人たちのもとで奴隷として耕作に使役されたのである。

スパルタは、彼ら《ヘイロタイ》に効果的に恐怖心を持続させるため、毎年、宣戦を布告し、スパルタの若者たちの《クリュプタイ》(一人前のスパルタ人になるための肝試し)として、夜間に屋外で出会ったヘイロタイを手当たり次第殺させた。スパルタ市民たちは、この残忍なやり方によって維持された自由裁量の権利のおかげで、戦争に備えること以外のあらゆる任務を免除されたのであった。

こうしたラコニアとメッセニアの豊かな土地以外は、ラケダイモン国家にとっては、いわば辺境地帯であり、その住民たちは《ペリオイコイ》(周辺民)と呼ばれた。彼らは市民権はもたなかったが、ラケダイモン軍にあってスパルタ人を手助けする義務を負う以外は、自由に農耕や手工業、商業に従事することができた。

彼らが法的にどのような条件のもとに置かれていたかは明らかでないが、他のギリシア都市での居留外国人と違って、市民としてのさまざまな権利を認められ、スパルタに忠誠を尽くしたことは確かである。こうした《ペリオイコイ》は、エリスやアルゴス、クレタ、キュレネといった他のギリシア都市にも存在したことが確認されているが、彼らの特質については厳密なことは、よく分かっていない。

奴隷が置かれていた条件は、現場では慣習から来る幾つかの相違点があるにしても、原理的にはどこでも同じである。アリストテレスによると、奴隷は、主人の意のままになる「生きている道具」でしかない（『政治学』1-1253b）。しかも、これが当時の一般的な考え方であった。

ヘレニズム時代に関しては、たくさんの奴隷解放証明書が残っているが、そうした法的文書は、奴隷を指すのに、人間でなく物体のように、「男または女の身体一つ」というように表現している。自由の喪失は、一個の人格としての資格の喪失であり、これは、その出自がギリシア人であれバルバロイであれ、同じであった。このため、法廷での証言も、拷問にかけられてからでなければ認められなかった。彼に真実を言わせるには、苦痛への恐怖が不可欠とされたのであった。

ホメロスの詩でも、生まれによってであれ、不幸な出来事によってであれ、奴隷身分が人間を貶め、あらゆる尊厳性を失わせることをあらわしている証言がたくさん見られる。奴隷は、個人としての生活も家庭生活も持てない。女奴隷は、仕える主人の快楽のために好き勝手に奉仕させられる。囚われの身となったブリセイス、アンドロマケ、カッサンドラといったトロイの女たちも、こうした凌辱を免れなかった。アリストファネスは、森の隅で嬉々として押し倒されるトラキア人の陽気で淫らな女奴隷のことを述べている。

たしかにアテナイ人は、過度の暴力から奴隷をある程度保護する法的措置を講じている。しかし、それは人道的配慮からではなく経済的配慮からなされたことであった。他方、奴隷に対し、多少とも思いやりをみせた宗教もあった。たとえばエレウシス教が奴隷も秘儀を受けることができるようにしたのがその一例で、この点では、きわめて慎重にではあったが、エレウシス教の信仰は未来への門を開いたわけである。

しかし、ギリシア世界全体としては、自由人と奴隷とが基本的区別であったことに変わりない。プラトン自身、前三八八年、奴隷身分に落とされ、キュレネ人のアンニケリスの仲介によって救われている。事ほど左様に、戦争が惹起する危機によって奴隷に身を落とす恐れは、すべての自由人にのしかかっていた。だからこそ、ギリシア人の眼には、恐ろしい災厄に苦しめられた人間の運命が悲痛なものと映ったのであり、詩人たちによって、悲劇の素材として頻繁に取り上げられたのである。

奴隷または《ヘイロタイ》、居留外国人または《ペリオイコイ》、そして、普通に家庭を持っている市民たち——こうしたさまざまな要素が都市人口のなかで、どのような比率を占めていたか、その数値を明らかにすることはできない。統計的資料が完全に欠如しているのが古代史の常だからである。とはいえ、アテナイとスパルタの、それぞれの最盛期については、近似値を割り出すことができる。以下に挙げるのは、V・エレンベルクが綿密に計算して出したもので、彼は、そこに含まれている不確定部分についても、はっきり指示している。

ペロポネソス戦争が始まった前四三一年ごろのアテナイには、市民四万人（家族を含めると約一五万人）、居留外国人が一万から一万五〇〇〇人（家族を含めると四万人）、奴隷が一一万人、合計すると、約三〇万人がいた。

ラケダイモンの国には、ペルシア戦争直前の前四八〇―四七〇年ごろで、おそらくスパルタ人五〇〇〇人（家族を含めると一万五〇〇〇）、《ペリオイコイ》が五万人、《ヘイロタイ》が一五万から二〇万人、合計すると約二五万人を数えた。

平均的な都市の住民数は、アリストテレスが経験的数値に基づいて理想として言っているように一万前後であったと思われる。この特権的な人々の中にも、過失や無能、病気などで市民としての任務から外されていた人が何人かいたことを考えると、ギリシア都市の枠組がいかに狭かったかが分かる。

市民生活を営み、なんらかの形で行政に参画している人々は、このように少なかったのであるから、全員が少なくとも互いに顔見知りだったろうと考えられる。

3　市民権と教育

そこで、ギリシア人から見て、人間が真に人間であることのできる諸権利の唯一の受託者である《市民》ということについて考えることにしよう。

彼らの《市民》としての資格は、生まれによって得たものである。アテナイ人については、ペリクレスが定めた法律に規定されているように、少なくとも父親、ときには母親も、この特権的な市民に属していなければならなかった。したがって、一般的に言うと、市民権を授けてくれたのは《血》である。そこから、生まれによって属している《氏族》の古い伝統が、都市の枠組のなかにしっかりと維持された。

この権利こそ、ギリシア都市が外国人に対して、けっして気前よくは与えようとしなかった特権であり、都市にとってよほど大きな利点があるか、それとも例外的状況として言い訳ができる場合以外は、外国人に市民権が与えられることはなかった。たとえば前四〇九年、アゴラトスという一人の外国人がアテナイ市民権を認められているが、それは、彼が忌み嫌われた寡頭政の中心者、プリュニコスを暗殺したからであった。リュシアスは、『アゴラトスへの反論』（70-72）のなかでこのことを取り上げているし、発見された文書によっても裏付けられている。

それから少しあとの前四〇六年、アルギヌサイの戦いで、三段櫂船の漕ぎ手として尽くした居留外国人たちに報いるため、彼らに一括して市民権が与えられている。また、前四〇五年には、アイゴスポタモイの敗北に伴う混乱のなかでもアテナイに忠誠を貫いたサモス人たちに市民権を認めている。

しかし、これらは、あくまで特殊なケースであった。アテナイに限らず他の都市も、普通は、市民としての特権は容易には与えようとせず、新しいカテゴリーの住民を受け入れることには消極的で、むしろ、なるべく拡大を防ごうとした。ペリクレスの法令が市民権をアテナイ人を父母とする人間に限定したのも、このことから納得できる。このため、たとえば、対ペルシア戦争を勝利に導いたあのテミストクレスも、母がトラキア人であったため、アテナイ市民ではなかったのである！

ペリクレスは、二度目の妻、アスパシアがミレトス生まれであったことから、彼女との間に生まれた息子のために、前述の法律に特例を求めなければならなかった。人々はそれを拒絶しないことによって「良識」を示したのだった。

スパルタは、これよりずっと厳格であった。ヘロドトスは、エリス生まれの占い師、テイサメノスとその兄弟がスパルタ市民権を与えられた世界唯一の例であると書いている（9-35）。これは、デルフォイの神託がテイサメノスに五つの偉大な勝利を予言したことから、ラケダイモン人たちは、彼を自分たちのところに惹きつけておくために、この特典を認めることにしたのだという。

子供も市民権を得るには、その都市に生まれたというだけでは不充分で、父親によって正式に認知され、都市の社会的枠組のなかで認められなければならなかった。この手続きが踏まれていない場合、子供は、いつでも捨て子にされる恐れがあった。慣習では、捨て子は土鍋に入れて放置され、もし生き延びるチャンスがあれば、身元を知るうえで役に立つよう、腕輪とか首輪などの品が添えられた。

エウリピデス以後の新喜劇の詩人や、古典期末の物語作家たちは、作品のなかでこうした認知の手がかりになる品物を頻繁に利用した。それを真似て後世のフランスの文士たちが盛んに使うのが《母の形見の十字架》である。

スパルタでは、新生児を生かすかどうかを決めるのは、父親でさえなく、氏族の長老たちの権限であった。長老たちは、子供を調べて、丈夫で姿形がよければ、育てることを許可した。もし、その条件に叶っていなければ、タイエトスの谷に投げ捨てられた。

アテナイの場合は、『スーダ』によると生後五日、『ヘシュキウス』によると七日目に行われる《アンフィドロモス》〔訳注・丸く取り囲む、という意味がある〕の儀式が、新生児を家族のなかに正式に受け入れる区切りになった。誕生に立ち会ったこの家の女たちが子供を腕に抱いて、炉のまわりを回った。それが、分娩によって引き起こされた穢れを浄めるとともに、赤ん坊を家族のなかに迎え入れる儀式になった。

このあと、生後一〇日になると、親戚と友人とを招いて宴会が開かれ、その席で子供に名前が付けられた。こうした身内での儀式に加えて、家族と部族の中間にあって《フラトリア》と呼ばれた半ば宗教的・半ばポリス的な集団のなかでお披露目が行われる。これを経て、子供は法的に認められた人間となったのである。

子供の教育は、アテナイとスパルタとでは全く異なっていた。それ以外の都市については、こんにち入手できる資料が、あまりにも不充分である。

教育の光景を描いたアテナイの陶器絵（ベルリン美術館蔵）

スパルタの場合、子供は、七歳になると、国家による完全に集団的な教育システムのなかに入れられ、規律正しく組まれた鍛錬を教師や指導官によって施され、肉体的持久力と精神力を強化される。それは最終的に一人前の兵士に仕上げることをめざしたもので、辛い訓練と苛酷な試練を受けながら年齢ごとのクラスをあがっていくのである。このような教育が三〇歳になるまで続けられたのであって、スパルタの若者は、結婚しても、仲間たちとの共同生活を免除されなかった。

スパルタのこの教育システムにおいて知的教育に与えられた位置は、明らかに小さかった。せいぜい、合唱のために、アルクマン〔訳注・ラコニア出身で祭儀の折りのスパルタ合唱隊用の歌を作詩した〕、テルパンドロス〔訳注・レスボス島出身でスパルタのカルネイア祭で優勝した〕、テュルタイオス〔訳注・ラコニア出身で武勇を鼓舞する歌を作った〕などの国民的詩人の作品を学ぶ程度で、あとは市民として必要な道徳の教えに限定されていた。

このような修辞学に対するラケダイモン人たちの不信は、話す技術を培うことに精力を傾けた他のギリシア人たちを驚かせているほどである。そして、この雄弁への不信から、スパルタ人たちは『ラケダイモンの箴言』と呼ばれる簡潔な短文を好んだのであった。

アテナイ人の場合は、家庭内の《ギュナイケイオス》〔婦人部屋〕で専ら女性に囲まれて幼児期を過ごしたあと、六、七歳になると、《パイダゴゴス》と呼ばれた奴隷に付き添われて学校へ行く。ソロンの法律は、息子の教育についての監視を父親の重要な義務として課している。

プラトンの『クリトン』では、擬人化した《法律》に語らせる形で、「〔法律は〕君〔ソクラテス〕の父に音楽と体操とを教えることを命じている」とし、これは、アテナイの法律の優れた点であると述べている。教師たちは自前で学校を開き、子供の両親から報酬を受け取った。

《グラマティスト》（読み書きの教師）は、読み書きと計算を教え、ついでホメロスとヘシオドス、ソロン、シモニデスなどの詩を暗誦させた。プラトンの対話篇を読むと、当時の人々が知的・道徳的教育のために、これらの詩人をいかに重視していたかが明らかである。

音楽の教師は、竪琴とキタラの演奏を教えた。どちらも弦楽器だが、キタラのほうが扱い方が複雑で、自由教育の伝統とは両立できないほどの技能を要した。笛の一種の《アウロス》は一時は学校に採り入れられ、市民にもてはやされたが、その後、姿を消した。その理由についてアリストテレスは、『政治学』(8-6, 1341a-b) で、これは、人の情念をあまりにも刺激し、魂を訓練するよりも乱してしまうからであると述べている。いずれにせよ、音楽は、アテナイの若者の教育において、一つの重要な役割を果たした。

最後に体操教師《パイドトリベス》は、体育のために特別に造られた建物《パレストラ》で、身体を鍛える基本的なやり方を教えた。若者は、一五歳になると、アカデメイアやリュケイオン、キュノサルゴスにあった公的ギュムナシオンに通った。そこには、私立の《パレストラ》と同じような施設のほかに、トラック・コースや庭園、ホールもあって、哲学者やソフィストたちが、身体の鍛錬を終えた弟子たちと会うのを楽しみにやってきていた。若者たちは青年学校で二年間を過ごしたあとも、ギュムナシオンへ通い続けた。そこには、鍛錬とともに娯楽や友人との出会いのチャンスがあったからである。

しかも、非常に古い立法措置によって、身体鍛錬施設の管理規則だけでなく、開館と閉館の時間が決まっていて、盗難防止のための厳格な規則が設けられ、自由市民たちが安心して利用できるよう配慮されていた。

ここで、一部分はギリシア文学において《パイデラステス》という怪しげな名称で知られる特異な風習に触れないわけにはいかない。それは、いわゆる「男色」で、少年と成人男子との愛情関係である。この性的・心理的な頽廃は、その愛好者たちの社会的身分の高さと、プラトンのような人の才能のために、ギリシア世界ではある種の威力を発揮した。しかし、このような悪徳が、なんらの非難も受けないで、ギリシア世界全体に広まっていたと考えることは大きな間違いであろう。

たしかに、ギリシア人の性道徳は、妻の姦通とその加担者に関すること以外では、さほど厳しくなく、蓄妾や娼婦通いが咎められることはなかった。しかし、自然に反する愛となると、道徳観念は、同じように寛大というわけではなかった。

この点では、都市国家によって違いがあったことを認める必要がある。スパルタ、クレタ、テーバイのようなドリス人の幾つかの都市では、若者たちは武器を扱う技の訓練のために成人の男たちに託されたので、この《軍事的仲間》の意識が《特別な友情》を生じさせ、それが、肉体の親密な触れあいを、容易に惹き起したたし、たとえばエパメイノンダスの時代のテーバイの《神聖部隊》の場合のように、精鋭部隊の結束強化のために故意に奨励されたケースもある。のちに哲学者たちは、こうした奇妙な風習に理屈をつけようとして、アリストテレスなどは、『政治学』(2-10,1272a)で、クレタにおいて同性愛が合法化されたのは、人口過剰を抑制するためであったとしている。

しかし、この種の悪習は、アテナイにせよ、ほかの都市にせよ、少数の人々の間で見られたもので、世論からは厳しく非難された。アリストファネスは、同国人たちのこの風習を、頻りに攻撃している。彼は、もし公衆の同感を得られるという確信がなかったならば、好んでそういうことはしなかったにちがいない。

男色が流行ったのは貴族の間であって、庶民の間では、そういうことはなかった。アルカイック末期のアッティカの陶器に美少年を称えるかのような絵が描かれた甕があるが、これらは裕福な貴族階級のお得意を喜ばせるためであった。しかし、ハルモニデスとアリストゲイトンが僭主のヒッパルコスを殺したのは、「自由への愛」といった高尚な動機からではなく、同性の愛人を奪われた憤りのためであった。このことは、人々もよく知っていたが、だからといって、この二人を『僭主を殺した英雄』として称えるのを躊躇することはなかった。

ペロポネソス戦争の時期、同性愛の愛好者が集まったのが《ヘタイロイ》と呼ばれた貴族の秘密結社である。すでに見たように、ソクラテス裁判は、そうした正道を踏み外した若者たちに対するアテナイ市民の敵意と軽蔑を反映していた。プラトンのような人がこの堕落した愛のもつ利点について述べても、大多数の人々の嫌悪感を逸らさせることはできなかった。

アテナイの法律は、若者に遊蕩を吹き込んだ成人に対しては厳しかった。男の奴隷に性的暴力を加えることも、自由身分の少年に同じ行為をするのと同様に罰せられた。そうした行為自体が公衆の道徳によって非難された。前三四五年、弁論家のアイスキネスは、デモステネスの友人であるティマルコスが政治裁判を起こして自分を失脚させようとしたとき、その恥ずべき行状を暴露する反論を書いて、法律と世論の前で決定的に失墜させている。

その『ティマルコスへの反駁』やアリストファネスの作品を読むと、アテナイ市民が男色に対して抱いていた本当の感情が、よく把握できるだろう。プラトンが『法律』(8-836 b)で、若き日の行為を反省し「自然に反する愛」として罰せられるべきであるとしているのは「羊の番犬になった狼」の観があるが、結局は、同性愛は徳の獲得に適していないことを悟ったからである。

4　市民の権利と義務

一般的に社会的・政治的統一体は一纏まりの土地という地理的要素と、市民共同体という人間的要素をもつが、ギリシア都市にあっては、これら二つの側面のうち、後者の人間的側面のほうがより重要性をもっていた。その点、国土と緊密に結びついている近代的国家概念とは明らかな相異がある。

つまり、ギリシア都市は、近代的国家のそれとは反対に、まず第一義的には、それを構成している人間の総体である。このため、文献にある公的名称は、国や町の名前ではなく、人々の呼称なのである。「アテナイ」ではなく「アテナイ人」であり、「スパルタ」でなく「ラケダイモン人」、「コリントス」でなく「コリントス人」なのである。

だからといって、ギリシア人たちが、私たちのように、生まれた土地や町への愛着という形の《愛国心》を基本的なものとして認めなかったわけではない。古代ギリシアの雄弁家や詩人たちは、この感情を心を打つ素晴らしい言葉で表現しているし、それは、今も私たちの手本となっている。しかし、特別な状況にあっては、彼らは、本質的なのは土地ではなく人々であると信じ、土地は失ったとしても市民共同体が残って、どこかよそで、その伝統と祭儀を復活することができるなら、都市は無事に助かったとしたのである。ヘロドトスによると、イオニア諸都市を屈服させるためにキュロスによって派遣されたペルシアの将軍、ハルパゴスがフォカイア市の前に陣を布いたとき、フォカイア市民たちは、抵抗しても無駄だと知ると、「ポカイア人は五十人橈船を海におろして、女子供に家財全部を載せ、神社の神像やそのほかの奉納物も、青銅製や大理石製のものおよび絵画類をのぞいては全部積み込み、最後に自分たちも乗り込んで、キオスに向かって出帆した」（『歴史』1-164　松平千秋訳）のであった。しかも、彼らは、キオス島からさらに西方へ移り、コルシカ島の東海岸のアラーリアに新しい都市を築いたのであった。

同様にテオス島の人々はトラキアのアブデラの地に住み着いている。ここは、クラゾメナイの人々が最初に植民したが、放棄してしまった土地であった。

前四八〇年、市民全員がサラミス島に退避したあとアテナイがペルシア軍によって占領されたとき、テミストクレスは、ギリシア艦隊を指揮していたスパルタ人提督エウリュビアデスに対し、「もしギリシア艦隊がペルシア艦隊との交戦を拒否するなら、アテナイ人は同盟を脱退する」と述べ、「もし私の計画を実行してくれぬのならば、われわれはこのまま直ちに家族を収容してイタリアのシリスへ移住するであろう。この町は古くからわが国の所有であり、託宣もこの町がわれわれによって植民さるべきことを告げている」と脅した。この脅しが効いてサラミス海戦となり、ギリシア軍に勝利がもたらされたのだった。

しかし、もし、このときアテナイ人たちのイタリア移住が現実になっていたとしても、彼らは、アテナイという市民共同体が解体したという感情は持たなかったであろう。アテナイ市は、その土地と名前を変えただけで、それを構成した人々は、新しい土地で、ギリシア都市の市民として誇りを持ちつづけたにちがいない。

原則として市民一人一人が国家の経営に参画し、国家が求める諸義務を担うことによって、直接に国家に結びついていることを自覚していた。しかしながら、都市と個人とは、あらゆる場合に、仲介物を入れない直接の繋がりを維持していたわけではない。実際には、どこの都市にも宗教的と同時に政治的役割をもち、国家と個人の間を繋ぐ、より限定された集団が幾つかあり、市民はこれに参加していた。

まず、言葉の狭い意味での《家族》があり、そのうえに伝統的な《氏族》があった。氏族は《血》を誇りとし、大なり小なり神話的な一人の先祖に結びついていて、共通の祭儀にその一体感を見出していた。少なくとも古典期アテナイの都市としての発展は、本質的には、かつての氏族の長たちが持っていた全能性と対決することによってもたらされたことは事実である。よく知られているドラコンの《殺人に関する法律》も、この観点から解釈されなければならない。また、葬儀における過度の華美を禁じた奢侈禁止令も、この機会に自分たちの資力を見せつけようという貴族たちの一族至上主義を打ち破るためであった。

しかしながら、古典期のアテナイでも、高名な氏族の一員であることは、相変わらず栄誉であり誇りであった。ペリクレスは、父クサンティッポスによってブズュゲス氏族の一員であり、母アガリステによってアルクマイオン氏族につながっていた。アルクマイオン一族は、前の世紀に僭主のペイシストラトスと戦い、その一人のクレイステネスはアテナイ民主制を実現した功労者である。

前四世紀、カイロネイア戦争のあと、一二年間にわたりアテナイ市のトップの座を占めたリュクルゴス〔訳注・同名のスパルタの立法家とは別人〕はエテオブタス氏族に属していた。エテオブタス家はポセイドン・エレクテウスの世襲神官を務めた伝統ある名家で、リュクルゴスも、個人的には、その神官職にあった。この一門はアテナ・ポリアスの神官も兼ね、その仕える一二神を祀ったエレクテイオン神殿は、アテナイ市民から最も崇拝された。

これらの例から、《エウパトリデス》（高貴な人々の意）と呼ばれた幾つかの名家が、この時代もなお、圧倒的な威信を保っていたことが分かる。

市民全員がいずれかの氏族に属していたわけではない。しかし、《ヘタイロイ》と呼ばれた、宗教的と同時に市民的性格をもった組織のいずれかには全員が属していた。《ヘタイロイ》は、クレタやテラ、キュレネでも見られるが、これをペロポネソス戦争のときにアテナイで一つの役割を演じた同名の政治結社と混同してはならない。

《フラトリア》はもっと全般的に広まっていた組合で、すでに見たように、アテナイでは市民権について監視した。子供が生まれると、父親は、その子が正嫡の子か養子かを《フラトリア》が管理する帳簿に記入してもらった。また、若者は、結婚すると、妻を組合のメンバーに紹介した。

クレイステネスの国制改革は、《フラトリア》のそうした特権はそのままにして、居住区を基盤にした細分単位を別に作ったことにある。いわゆる《デーモス》がそれで、都市の場合は「街区」、農村の場合は「小郡」というべきもので、これが市民組織の基礎的要素になっていく。これ以後、都市に属している旨の証明は、《デーモス》の帳簿に記載されているかどうかで決まる。いわば、市民の戸籍簿となるのである。

手続きは、若者が一八歳になったときに行われ、《デーモス》を構成している市民〔デーモテス〕の投票によって承認される。帳簿に記入されると、この若者は《エフェボス》〔壮丁〕になる。これ以後、彼の正式の名前は、個人名のあと、属格で父親の名、そして属する《デーモス》の名を形容辞で連ねて呼ばれる。これによって、彼が市民としての資格を持っていることが保証されるのである。

たとえばペリクレスは、クサンティッポスの息子であり、コラルゴス〔訳注・アテナイの東の郊外〕の《デーモス》に属していた。デモステネスの場合は、パイアニア〔訳注・今のメソゲアのリオパイシ〕の《デーモス》に属していた。

ギリシアの大部分の都市では、《フラトリア》とか《デーモス》とかの単位の上に、市民全体を幾つかに分ける《部族》（ギリシア語で《ヒュレ》）があった。この《部族》は、種族的起源から来たもので、エーゲ海盆の周辺にやってくる以前のギリシア人の古い区分けを表している。

たとえばドリス人の都市にあっては、《ヒュレアイ》《デュマネス》《パンフュロイ》という伝統的な呼称が見られる。ときとしては、ドリス人ではない他の部族も加わることがある。シキュオンでは、《エギアロイ》という第四の部族がその例である。ヘロドトスによると、前六世紀初めのシキュオンの僭主、クレイステネスは、《パンフュリア》部族に属していたが、「支配族」という意味の《アルケラオイ》に呼称を改め、ほかの三つには侮蔑的な名前を付けた。そのうちの二つには「豚」を表す《ヒュアタイ》と《コイラタイ》、もう一つの部族には「ロバ」を表す《オネアタイ》と付けた（ギリシア語では、豚を「ヒュス」、子豚を「コイロス」、ロバを「オノス」ということによる）。元の呼称に戻ったのは、僭主の死後、約六〇年経ってからであった。

イオニア諸都市で最も頻繁に出てくるのは《ガエレオンタイ》《アルガライア》《アイギコライ》《ホプライタイ》の四つのイオニア部族名で、ミレトスなどでは、ときどき、それ以外の部族名が見られる。アテナイでは、前六世紀の終わりにいたるまでイオニアの四部族の名前しかなかった。しかし、ペイシストラトスの一族が没落したあと、シキュオンの僭主の末裔であるアルクマイオン家のクレイステネスが、この四部族制を廃して居住区の原理に立った一〇部族制にした。これが《デーモス》の制度である。

デルフォイの神託は、これらの新しい一〇部族の名祖となる英雄を指示することによって、この改革を後押しした。この改革の政治的効果は大きく、古い枠組と伝統的な連帯は壊され、アッティカの民衆全体が新しい組織体のなかに融合されることとなった。

同じ手法は、ほかの改革者たちによっても、すでに使われていた。前六世紀中ごろ、マンティネイアのデモナクスがキュレネに法律を制定するために招かれたとき、この植民都市の創設以来のドリス人部族に代わって新しく三つの部族を設け、このアフリカの大都市を構成していた多様な人々をこれに配分している。

《部族》がアルカイック期と古典期の都市で果たした役割は、きわめて重要である。メンバー各自が部族共同の祭祀（とくに名祖の英雄の祭典）によって結合されていただけでなく、ポリス挙げての公的事業、司法・軍事・納税などにかかわる負担の割り当ても部族の枠組のなかで行われた。

こうした国家のなかでの仕組が今日最もよく把握されているのがアテナイのケースである。司法と行政の官職の大部分は合議制で、部族数と同数あるいはその倍数のメンバーによって構成されていた。兵士の徴募も、太古の昔から、この原則によって行われ、歩兵隊、騎兵隊とも、その区分けには、この原則が注意深く守られた。大隊が部族ごとに編成されたことから、大隊は《部族》という意味の「ヒュレ」、その指揮官は「ヒュラルコス」と呼ばれた。

このような軍の構成は、すでにホメロスの『イリアス』において、総大将のアガメムノンに戦いを勧めるネストールの言葉に窺うことができる。

「武士たちを、その部族ごと、仲間組ごとに分列させなさい、アガメムノンよ、それで仲間の組は組を助けられるよう、部族は部族を助けられるようにだ。」

（2-362　呉茂一訳）

傭兵を使っている場合は別にして、ギリシア軍の作戦行動における強い連帯は、このように、市民を構成している枠組が軍隊の編成に生かされていたことと結びついていたようである。

納税に関しては、直接の負担の大部分は部族に割り振られ、それから各個人のうえにかかった。これを《リテュルギア》〔訳注・課役という意味〕といった。公的出費は富裕な市民が順番に分担したが、体育団長や合唱舞踊団長の人選と結びついていただけに、部族はこれに面目をかけた。

こうして、市民は日常的に、自分の属する集団ごとに団結せざるをえなかった。この意味で、アゴラの一画で一〇部族の守護者たちの像が肩を並べて立っている「名祖の英雄たち」の境内は、まさに、アテナイ国家の象徴であった。軍事的任務に関わる召喚状も、市民としての義務を告知する文書も、ここに掲示された。最後に、戦死者は都市が荘厳な儀式をもって称えたが、その遺骸は部族がその部族メンバーのそれを集め、糸杉で作った柩に一纏めにして納め、その名前は部族における秩序に従って大理石に刻まれた。

こうして、市民たちは、中間的共同体の枠にしっかりと塡め込まれ、そこから国政に参加したのであるが、その参画の度合いは、都市によってさまざまであった。

ホメロス時代の古来の王政は、古典期になると、ほとんどが貴族政か民主政に取って代わられていた。王政が続いていたのは、マケドニアとかエペイロスといった、ギリシア世界でも周縁部に位置する発展途上地域だけであった。

前五世紀中頃まで続いたキュレネのバットス王朝は特殊なケースで、その延命は、この王朝最後の三人の王のもとでの僭主政的性格の統治によるもので、彼らは、同時代の僭主たちのやり方を採り入れることによって、すでに完全に時代遅れになっていた体制の寿命を四分の三世紀ほど延ばしたのだった。

スパルタのような非常に特殊なケースは別にして、大多数の都市国家では、古代の王政の思い出は、幾つかの執政官の称号のなかにしか残っていない。たとえばアテナイの《アルコン・バシレウス》(アルコンは、この《王》を意味するもののほか、アテナイ市の監督官でもある《アルコン・エポニュモス》、軍を統率する《アルコン・ポレマコス》など全部で九人いた)がそれである。しかし、《アルコン・バシレウス》は、機能としては行政よりは宗教に関わるもので、一つの尊称に過ぎなくなっていた。

権力の執行は、一人あるいは複数の《補佐官》と、何人かの《行政官》、そして《民会》によって分担された。ギリシアの国政のこの三つの基本的要素は、いずれが優位かの違いはあっても、貴族政とか寡頭政とか民主政とかの相異に関わりなく、大部分の都市に見られる。国によって異なるこの制度の性格を決めていたのは、これらの各要素への人材の配分と政治参加を規定している原則である。

《エクレーシア》(民会)には、本来は市民権をもつ全市民が参加したが、稀にしか開催されず、通常の問題は《ブーレイア》と呼ばれたもっと少人数の評議会が対処した。それが都市の長老によって構成されている場合は《ゲルシア》(長老会)と呼ばれたが、《ブーレイア》と《ゲルシア》が並存している場合もあった。

《行政官》についていえば、彼らの任務は、市民への種々のサーヴィスを行うこと、民会や評議会が決議したことを実行すること、である。すでに見たように、年毎に部族持ち回りで、選ばれた代表によって構成されることが多かった。このシステムは、理論的には民会での決議という直接民主主義と、評議会という半ば代議制的政治とを結合したもので、行政官たちは、常時的には評議会により、間欠的には民会によるコントロールを受けた。

古典期のギリシア世界において、人民から委託された代議員が全権をもって行動する本来の意味での代議制システムが稼動することができたのは、ボイオティア同盟のような例外的な連合国家だけである。大部分の都市では、権力の主体は、一人あるいは複数の評議員（この場合は貴族政や寡頭政的性格の体制になる）であるか、または評議会がリードする民会（アテナイ民主政の場合）であった。

このように多様に異なるギリシア都市国家の国制については、アリストテレス以後、さまざまな理論家が類別しようと努力したが、これらの制度のいずれであれ純粋な状態で表している都市は一つとしてなかった。それらの無限の多様性を通じて確定できるのは、むしろ政治的傾向と政治哲学の問題である。

アリストテレスとその逍遙学派の弟子たちが、一五八にのぼるギリシアとバルバロイの諸国家の制度を挙げて比較したことは周知のとおりである。一冊のパピルス本のおかげで伝えられた『アテナイの国制』によって判断すると、これらの論説それぞれに、それ以前の時代の国制の歴史と現状についての記述が含まれていた。したがって、極度に細分されたギリシア世界で何世紀にもわたった諸制度の運用を捉えようとすると、いかに複雑になるかはいうまでもない。

私たちは、アテナイのそれについてはかなり正確に、他方、スパルタのそれについては少々不明確にだが、知ることができる。それ以外の都市はとかく無視されがちだが、あらゆる都市がそれぞれに独自性をもち、固有の進展を辿ったことを忘れてはならない。それを一つの全般的傾向のなかに括ろうとすることは誤りであり、おそらく知識が進めば進むほど、そのような希望は消えてしまうであろう。

ただ、貴族政は貴族の家系の代表者に種々の評議会への道を用意していたし、これらの評議会のメンバーは終身任期であった。ソロンによる改革以前のアテナイの《アレオパゴス評議会》もそうであった。《民会》の役割は、この《評議会》が採択した決議を承認するだけで、しかも、それは、自発的であることもあったが、そうでないことのほうが多かった。そのうえ、《民会》も参加できる人は限定されており、たとえばテーバイの場合は、アゴラで作物を売っていた田舎の小地主の人々はすべて除外され、市民として訓練をきちんと受けた人々に限られていた。

寡頭政が貴族政や民主政と制度的に違っていたのは、権力を掌握する少数者を市民共同体のなかから選ぶための方法だけで、そこで物を言ったのは、社会的身分などでなく《富》であった。というのは、評議員や行政官になれるかどうか、また民会に参加できるかどうかの条件になったのは納税額だったからである。

寡頭政は、提起される社会的問題の鋭さ如何によって、暴力的性格を帯びたり穏やかになったりし、特権的市民の数も、厳しく限定されたり緩やかになったりした。アリストテレスは、彼らが民衆の心を公的問題からそらさせるために用いた種々の術策を列挙している。そこには、寡頭政という実質を覆い隠そうとして疑似民主政を考案した政治家たちの想像力が偲ばれる。

ほんものの民主制であっても、仕組としては、貴族政や寡頭政にかなりよく似ていることがある。しかし、その仕組を機能させるうえでの精神が異なっているのである。民主制にあっては、《民会》は定期的に開かれ、全市民が出席して自由に発言できたし、この《民会》が《評議会》や行政官の活動をしっかりとコントロールした。あらゆる重要議題は、公開討論ののち挙手による採択によって議決されたから、《民会》が直接に政治を行うことになった。それをリードするものがあったとすれば、それは弁論家たちであった。フェヌロンの「ギリシア人にあっては、すべては人民に依拠し、人民は言葉に依存する」という言葉が当てはまるのは、このシステムの場合だけである。

私たちが最もよく知っているアテナイのケースでは、一年のうち三五ないし三六日ずつを一〇部族が交互に分担し、その期間は当番の部族から選出された五〇人の評議員が《ブーレイア》に常時詰めて問題に対処した。彼らを《プリュタネス》といい、この各任期を《プリュタネイア》といった。

古典期には、《民会》は一つの任期中に四回、開催されている。つまり九日か一〇日ごとに開かれていた計算で、祭祀が開催されている期間とか悪天候に見舞われたとき以外、このリズムが乱されることはなかった。このように頻繁に開催されたことから、かなり具体的な問題もこの集会で論議されたこと、ほかの会議に出るために《民会》を欠席するという例が少なかったことが納得できる。

《オストラキスモス》いわゆる「陶片追放」の手続きのためといった例外的なケース以外は、議決定数といったものはなかった。オストラキスモスの場合だけは、市民約四万のうち六千以上の賛成を必要とした。しかし、《民会》の参加数自体、通常はそれほど多くはなく、そこに古代の《デモクラシー》なるもののフィクション性を見ることもできる。

市民たちを民会に参加させるために、仕事を休むことによる収入減を埋め合わせる日当（これを「ミストース・エクレシアスティコス」といった）を支給したり、スキュタイの弓兵から採用した警察隊を配置して、通行人を《民会》の行われるプニュックスの丘〔訳注・アクロポリスの西〕へ誘導させたりもした。

本来、理論的にいって、国政に参加すること以上に市民として素晴らしい仕事はないはずであったうえに、公共の利益への関心とか雄弁家の威信だの日当の誘惑によって民心を引き寄せる努力が行われたにもかかわらず、現実には少数の暇人しか集まってこないというのが実態であった。

それでも《民会》は、民主主義制度が人民に認めている最優先権を守り、すべての司法権とともにすべての主権は人民に存し、この主権を行使して正義を配分するのは人民の意志でなくてはならない、という原則を維持しようとした。この人民の意志を行使するためにクレイステネスとその後継者が考案したのが《オストラキスモス》で、これが初めて使われたのは前四八七年のことである。

毎年、第六プリュタネイアに、《民会》で、このシステムを発動させるべきか否かが諮問され、肯定的な答えが返ってきたときに人民による投票が実施された。投票には陶器のかけら（オストラーカostraca）が使われたことから《オストラキスモス》と呼ばれたのである。投票人は、排除されるべきだと考える政治家の名前を陶器の破片に書いて投じ、その結果、過半数から指名を受けた人物は、一〇年間、アテナイから追放され、政治の場を敵対する人々に明け渡さなければならなかった。

こうして、一時期は影響力をもちながら少数派に陥った多くの政治的指導者がアテナイから追放された。前五世紀にこの制度を適用された人々として、アリステイデス、テミストクレス、キモンなどがおり、またメレシアスの子のトゥキュディデスも、四四三年に追放され、アテナイが政敵のペリクレスによって思うままにされるのを我慢しなければならなかった。

投票に使われた陶器の破片が、主としてアゴラの跡地から、六千個以上見つかっている。書かれている名前も六〇人以上確認されており、オストラキスモスで追放されたことが分かっている人物の名前はすべて、このなかに含まれている。筆や尖った金属で書かれたこれらの粗末な文書は、前五世紀のアテナイにおける熾烈な政争の生々しい証人である。それとともに、ほとんどが正しい綴りで書かれていることは、当時の平均的アテナイ人の識字率の高さを示している。

とはいえ、この《オストラキスモス》の制度は、党派的策謀のために正しい運用から大きく外れ、民主主義を麻痺させることが明白になって、前四一七年以後は、用いられなくなった。

《ヘリアイア》（民衆裁判）が果たした役割も、《エクレシア》（民会）に劣らず注目すべきものがある。

アリストテレスが『アテナイ人の国制』の第九章で指摘しているように、民衆が都市の生活すべてにおいて主役であったことから、法廷でも民衆の投票が決定権をもった。

「人民に好きなようにさせまいとするのは恥ずべきことだ」——アルギヌサイで勝利をもたらした将軍たちを「同胞を見殺しにした」との理由で有罪にした悲しい事件の際に大多数の人々があげたこの叫びには、民主派の一般的感情が表れている。ここで、正直なクセノフォンは、このときの民衆指導者（デマゴーゴス）の声を忠実に反映している（『ヘレニカ（ギリシア史）』1-7, 12）。

このとき《プリュタネイア》の一人として市政を担当したソクラテスは、ただ一人、民衆の憤激に対し法の権威をもって反対したが、この抵抗は空しかった。やがてアテナイ人たちは、感情に任せた残酷な決定の報いを受け、そのときになって後悔するが、すでに手遅れである。

いうまでもなく、このシステムの危険性は、人間の感情に便乗して狡猾な弁舌家が繰り広げる短絡的で粗雑な議論に簡単に操られてしまう群衆の軽薄さと移り気のなかにある。筋の通った一貫性のある政策であっても、多数の人々を惹きつけるだけの魅力ある一人の人間のなかに体現されないかぎり、民会の支持を得ることはむずかしい。

ペリクレスは、そうした資質をもった例外的人物であった。三〇年近く権力の座を維持し、軍事力の点でも繁栄の面でも、アテナイを絶頂に導くことができたのは、彼なればこそであった。だが、こうした奇跡は二度あるものではない。ギリシア世界随一の豊かさを誇ったこの国も、その後は、確固たる政治路線を採用し維持することができなかったため、惨めな敗北を喫して、従属的地位への転落という悲運の道を歩むこととなる。

アテナイ民主制は、前四世紀には、マケドニアのフィリッポスとの戦いに直面し、外からの重大危機に対応するうえでの無能ぶりを残酷なまでに露呈する。フィリッポスが二〇年間にわたって、あるときは策略を用い、あるときは実力を行使し、状況に応じては譲歩し交渉しながら、執拗に自分の計画を追求し目的に向かって前進を継続したのに対し、アテナイ民衆は、内部の相い矛盾する意見に振り回されて、対応に失敗し、民衆の気持ちは無関心から不安へ、不安から失意へと移っていった。

アテナイ人たちは、迫ってくる危機を半ば信じたくない気持ちと、半ばは自分たちの力をもってすれば防備できるとの夢想との狭間で、フィリッポスの疑わしい友情と露骨な敵意とのいずれに対応すべきか決断できず、中途半端なやり方でしか対応できなかった。その間に敵は巨大化していき、最終的に自分たちの利益と独立とがすっかり蝕まれていることを悟って、ようやく戦うことを決意したのであったが、このときはすでに手遅れで、戦いは災厄をもたらしただけだった。

ペロポネソス戦争のときもそうだったが、フィリッポスとの戦いのときも、アテナイが有していた手持ちの駒で判断するなら、そして、もしも、自分たちの制度の操縦を誤って自らを無能に陥れていなければ、理論的には勝利を収めていたはずであった。

アテナイにおいてさえ、多くの弁論家や哲学者たちは、民主制のもつ不都合な点に気づいていて、この自国市民の脆さと軽薄さと対比して、前九世紀末あるいは同七世紀の伝説的なリュクルゴスが国の基本法として『レートラ』を編纂し確定した制度を、忠実に守ってきているスパルタ人の謹厳ぶりと愛国心を称揚していた。

スパルタの制度は、実際には伝説が語っているほど迅速に確立されたわけではなかったが、少なくとも古典期には、ラケダイモン人の諸制度の永続性は既定の真理と認識されていた。このスパルタの国家制度が目指したのは、かんたんにいうと、あらゆる変化を排除することであり、事実、スパルタ人はそれをやり遂げたのであった。

スパルタの政治機構は、戦士階級である本来の《スパルタ人》が周辺民である《ペリオイコイ》と隷農民である《ヘイロタイ》を全面的かつ専断的に支配することの上に成り立っていた。特権的スパルタ人たちは、互いを《同等の仲間》と称し、自分たちだけをスパルタ市民とし、ラコニアとメッセニアの最も肥沃な土地を隷従民たち《ヘイロタイ》に耕させて生活の資を得た。

そしてスパルタ市民自身は、幼児期から厳しい集団的訓練を施され、成人してのちも、種々の厳格な義務を課せられた。三〇歳になるまで同年齢の仲間と共同で生活し、それまでに結婚しても、最小限の権利しか認められなかった。三〇歳を過ぎて、やっと自由になり自分の家庭で生活できたが、それでも一日に一回は所属する兵団の仲間と共同で食事し、六〇歳になるまでは、集中的に行われる軍事訓練に参加しなければならなかった。このように恒常的に維持された社会的支配力が、あのように賛嘆され、しばしば勝利をもたらしたラケダイモン人の戦いの仕方、戦術的・道義的結束の強さをもたらしたと考えられる。

このスパルタの機構は、王制と貴族制、民主制など、ギリシア人たちが知っていた種々の制度からさまざまな要素を借り入れ、それらを組み合わせたものであった。市民を統率する要になったのは二人の王で、これはアギアダイ家とエウリュポンティダイ家が世襲した。しかし、その権力が及んだのは軍事的分野だけで、作戦中の軍隊は、普通、二人の王のうちの一人の指揮下に置かれ、もう一人は祖国に残った。

重要な政治的決定については、二八人の老人から成る《ゲルシア》（長老会議）が権力を分担し、高等法院の役目を果たした。長老会議を構成するメンバーは民会から指名された六〇歳以上の人々で、

《ゲロンティア》と呼ばれ、終身制であった。指名は各候補ごとに推薦する群衆が喚声を上げ、それによって審査委員が決定した。

行政官の指名も、スパルタ市民の集会《アペラ》によってこうした素朴なやり方で行われ、指名された行政官たちは国政に関する事項をこの《アペラ》に諮って決定し、また結果について報告することを義務づけられていた。《アペラ》では論議は行われず、賛否が問われただけだったが、この集会で得られた市民の支持は国の首長たちにとって力の源泉となった。

したがって、世襲的な二重王制を別にすると、ほかのギリシア諸都市の「評議会」や「民会」と同じものが、このスパルタの制度にあっても採用されていたわけで、ラケダイモンの独自性はその応用の仕方にあったということができる。

《アペラ》は実際には行政官たちの意志を変えさせることはできなかった。本来は二人の王が一切の権限をもち、リュクルゴス以後、長老会議がこれに参画するようになったのであって、すべては、その権力の行使を確固たるものにするために設けられたにすぎない。

ただ、国政において重要な役割を果たした機関として、「監督官」と訳される《エフォロス》がある。これは五人のメンバーによる合議制で、任期は一年間、リュクルゴスの後に創設された。メンバーは《アペラ》によって選出され、王の行動が適法か否かを判定するとともに、市民たちについても、公私にわたり、伝統に忠実に従っているかどうかを、全市民の名において監視することをその任務とした。

根本的には、彼らは国の安全についての責任をもち、その観点から行政官たちに承認を与えたり制裁を加えたり譴責したり、独自の判断であらゆる力を行使することを認められていた。結果については、任期満了時に、あとを引き継ぐ人々に釈明する義務を負うだけで、誰人にも釈明する必要はなかった。

それだけに、あらゆる市民が彼の前に膝を屈した。その峻厳さがいかほどのものであったにせよ、それらは、同国人たちの心の奥にあった願望に添うものであったようである。

このように誇り高いが決定的に保守的なスパルタ社会は、閉鎖的で狭量であり、外部からのさまざまな伝染から、なんとしても身を守ろうとした。前六世紀以後は、芸術と建築に関しても、外部世界からの誘惑をいっさい拒絶している。自立を守るため通商も最少限にとどめ、銀貨の使用をさえ排斥している。

スパルタは、その戦士階級の食料供給源であるメッセニアを権力のもとに維持すること、ペロポネソス半島全体、とくにアルゴスやアルカディア諸都市には絶えず軍事力を差し向け、その支配を盤石にすること、最後に、ペルシア軍の侵入やアテナイの帝国主義的野望を挫いたように、ギリシア本土における覇権を狙ったあらゆる試みを挫くことに自らの野心を限定した。もっとも、テーバイのエパメイノンダスに関しては、ついに力を使い果たしたのだったが。

この断固とした、しかし奇妙に思えるほど限定された企図は、長い間、成功を収めた。しかし、彼らは、この成功をけっして経済的繁栄にも文化的威光を増すことにも結びつけようとはしなかった。そのうえ、スパルタ国家の基盤自体、ゆっくりと沈み込んでいく一つの地盤低下によって、たえず腐食し、狭まっていった。各人が等価値をもつ配分地（クレーロス）を所有することを基礎に実現された市民平等の原則も、スパルタがさまざまな戦いで勝利を収め、異常な富の流入を招いたことによって毀損を蒙った。プラトンの対話篇『アルキビアデス』のなかで、ソクラテスは若きアルキビアデスにこう語っている。

「全くアイソポスの、狐が獅子に向かって言った寓話通りなのだ、そしてラケダイモンへ入っていく金の足跡は、それらへ向かったほうのは明らかだが、出てきたほうのは何処にも見ることはできない。」

(123 a 山本光雄訳)

伝統の教えの厳しさにもかかわらず、その見かけの厳格さの下に隠された所有欲は、多くのスパルタ人を堕落させていった。前五世紀初め、ミレトス人のアリスタゴラスが、イオニアの抵抗戦争に関してスパルタの支援を得ようとして贈り物をし、さらに予想される戦利品の豪華さでクレオメネス(一世)の関心を買おうとしたとき、クレオメネスがこの誘惑を打ち払うには、神々のしるし(この場合は、彼の娘に漏らされた子供の一言)が必要であった。

法律に定められている平等性は、個人資産を増やしたいという人々の欲望の増大によって損なわれ、富はますます少数の人間の手に集中していった。多数のスパルタ人たちが、共同の食事のための分担金をすら払えなくなり、《同等者》の身分から下層民へと落ちぶれていった。

ちゃんとした市民の数は、前五世紀から四世紀にかけて絶えず減少していき、V・エレンベルクの計算によると、ペルシア戦争直後は約五〇〇〇人だったのが、レウクトラの戦いの時代、前三七一年には三〇〇〇人を切っている。市民共同体の実質のこの緩やかだが止まることのない衰退は、古代史を観察する人間の眼には《死に至る病》と映る。

まさにスパルタは「オリガントロピア」(人間欠乏症)に陥っていたのであり、仮りにラケダイモン伝統の狭い視野のなかでなにか有効な政策を考え出したとしても、この「死にいたる病」が、その思い切った実行を許さなかったのであった。

5　法律と経済

寡頭制にせよ民主制にせよ、ギリシア都市が試みた政治体制は、狭い限られた共同体のために考えられたもので、歴史が明白に示しているように、それを広大な規模に広げて大規模国家の形成へ発展させていくことはできなかったが、反対に、これらの体制の極端な多様性は、あらゆる近代的政治システムの基盤自体を樹立することによって、国家と市民との間の関わりを初めて明確に確定した。

それらの国家と市民との関係は《法》に基づいているが、この《法》は、文書に記されたものであることもあれば口承によるものであることもあり、また、伝承によって神に結びつけられていることもあれば人間の発意によるものであることもあり様々である。

この《法》を無視したのが古典期に用いられた意味での《僭主たち》で、僭主制を特徴づけたものは、権力の粗暴さや残忍さよりも、伝統的な法に照らし合わせようとしないことであった。開化した都市は、その逆に、どのような制度であれ、よき法によって規制された共同生活の理想を実現しようとした。この理想とは《エウノミア》すなわち「法にかなった調和」であり「英知に導かれたよき秩序」である。

ギリシア人たちは滅多にこの理想に現実を近づけることができなかったが、だからといって、彼らがそれに憧れも真摯な努力もしなかったわけではない。彼らは皆、市民一人一人を都市の本質的原理に近づけることこそ、基本的に必要であることを理解していた。この本質的原理は都市をあげての祭儀と《ノモイ》すなわち法律のなかに表れる。法律は、人々が都市の祭儀に対して抱く宗教的崇敬の念を反映していた。

たしかに、元来は神的なものに捧げられた《法》の概念は、次第に俗化の傾向を辿っていった。しかし、古典期のギリシア人にあっては、相変わらず「法に背くこと」と「神への不敬」の間には密接なつながりがあった。プラトンが『クリトン』のなかで法を擬人化して述べている有名なエピソードから、前四世紀初めのアテナイの最も厳格な人々にあっては、まだ《法》を神的本質をもつものとして尊ぶ気風が保たれていたことが分かる。

法律の目的は、人間関係を暴力と勝手気ままから守ることにある。国家にあっては《融和（ホモノイア）》と《正義（ディケ）》が支配し、各市民はそれらの権勢に従わなければならない。ある種のソフィストたちは、《正義》や《法》を、《自然》や《慣習》に対峙させて、これらの概念自体を疑問に付し、ピンダロスの「法は万物（人間と神を含めて）に君臨する」との格言を様々な意味に利用して、慣習が生み出した合法性は《自然》の力の働きを妨げると主張した。

しかし、こうした瑣末な論議は、哲学者たちには様々な思考の素材を提供したが、大多数の人々にとっては無関係で、前四世紀になっても弁論家たちは、法廷での論争でも政治的演説においても、良風美俗と市民の安全の守り手たる法への敬意を言明している。

もとより、その法律もきわめて多様で、アルカイック期と古典期についていうと、「公法」と「私法」の区別はほとんど感知できない。都市は市民のあらゆる行為に関心を寄せ、立法者たちの名においてすべてに干渉した。都市の関心は、原則を定めることよりは、具体的問題を解決するためにいかなる実践的手段を整えるかに向けられた。

しかし、そうした手段の結合も、必ずしも完璧ではない。ギリシア人たちは「法典」として編纂することを知らなかったわけではない。私たちは、前五世紀前半に組み積みされた石壁に大きな文字で刻まれたクレタ島のゴルテュネの記念碑的碑文のおかげで、ほぼ完璧な法典の一つを知ることができるし、ほかにも種々の法典集のあったことがさまざまな文献に記述されている。たとえばソロンの法典やニコマコスのものといわれている前五世紀末に刻まれたものがそうで、アテナイの法典は、古文書のなかだけでなくいろいろな記述によって知ることができる。

新しく定められた法律は原則として石柱に刻まれ、民衆に周知徹底が図られた。しかし、のちのローマ人のように法律家ではなかった古典期のギリシア人は、これらのバラバラな法律を全体として体系的に統合しようとはしなかった。裁判官の前で読み上げる訴状を作成したり、友人のために演説文を書いた修辞家、民会などで提議を行った演説家などは、自分の立論を裏づけるために、法典のテキストを巧みに使った。しかし、プラトンの『法律』の場合のように、その時代の現実に照らし合わせて体系を組み立てる仕事は、哲学者たちに任された。

そこでもまた、ギリシア世界が多くの独立した政治単位に細分化していたことが決定的役割を演じた。各都市が法律については自主独立主義をとっていたため、一つの大きな国家なら当然実現したような法律の統一化は、あまり必要とされなかったのである。

これらの法的規範のなかで大きい部分を占めたのが人権と財産に関する規約であったが、それらが保障しているのは、あくまで訓練課程を修了した市民の特権的地位であり、常に弱者である女性や身分の低い市民や住民（スパルタのように、そうした人々がいる場合）、外国人や奴隷といった人々は対象外である。そのうえで、市民共同体との関係における個人の権利と義務、また、国家に背く罪と、個人間の争いを調停するための罰則および訴訟手続きといったことが定められていた。

都市は、市民的・政治的・法律的秩序に関する条項以外に、国家の特権の一つとしての貨幣鋳造に関する法律など経済的領域についての法律も定めていた。各都市独自の通貨の発行は都市の独立性の証であり、その表面に打刻された図柄が、その都市の紋章となった。このため、ギリシアの古銭はきわめて多様性に富み、ここから、各都市の紋章についての研究が注目されている。

暦も都市によって異なっていて、その都市で崇められている神の祭儀の日が、一年のなかの重要な区切りになっていた。各月の呼称も、普通、神々の名や重要な祭祀から借用された。ギリシア人たちは、天文現象に強い関心をもっていたにもかかわらず、太陽暦と陰暦のずれがもたらす難題を解決することはできなかった。たしかに、この二つの間に整合性を確立するための方法は絶えず問題にされたものの、有効な結論は出なかった。アリストファネスは、日付を正常化するどころか滅茶苦茶にしてしまう「メテオロロゴス」〔訳注・気象学者と訳されるが、むしろ天文観測者〕たちのことを嘲っている（『雲』615）。天文現象や祭儀をもとにしたこの暦に、アテナイの《プリュタネイア》〔当番評議員制度〕のように、さらに行政上のカレンダーを定めようとしたときには、事態は一層混乱した。

重さと長さの単位も、きわめて複雑であった。都市の権力者たちそれぞれが、物資の交換の便利さや商売の公正さを確保するために基準の確定にこだわったためで、発掘物のなかから錘や桝なども発見されているが、その体系はよく分からないのが多い。

たとえば、ギリシア人たちが考えた長さの尺度には、多様なシステムがあり、通常は十進法と六進法が組み合わされていた。六〇を単位とするのはオリエントの度量衡から借用したもので、たとえば距離の単位の「スタディオン」は六〇〇プースに相当する。しかし、一プースの実質の長さは、二七センチから三五センチまでさまざまだから、一スタディオンは一六二メートルのこともあれば二一〇メートルのこともあるわけである。

長さのもう一つの単位「ペキュス」は一プース半に相当する。そして、一プースは一六ダクテュロスに分けられる。ヘロドトスやクセノフォンが好んで用いている長さの単位にペルシアの「パラサンゲス」があるが、これは三〇スタディオンすなわち約六キロに当たる。もともと計算がむずかしいシステムであるのに、そうした外国起源の度量衡が加わっているのであるから厄介である。

重さと容積の尺度もこれに劣らず複雑で、都市によって様々である。しかしながら、通商上の必要性から、《アイギナ式》とか、あとになると《アッティカ式》といった、とくに通貨の点で優勢を占めた幾つかの国のシステムが優位を占めるようになる。個数による「タラントン」や「ミナ」と重さの単位から来た「ドラクマ」や「オボロス」が実際の通貨単位になっていったことがその表れである。〔訳注・一ミナは一〇〇ドラクマあるいは六〇分の一タレント。一オボロスは六分の一ドラクマとされる。〕

こうした度量衡の調整のため、都市は特別の役人を任命した。たとえばアテナイには、「メトロノモス」と呼ばれる役人がいて、重さと長さを検査した。しかも、これは経済生活に対する国家の介入の一側面でしかなかった。幾つかの文献によると、アテナイの国家では、「アゴラノモス」と呼ばれる市場の監視人や「シトヒュラコス」という穀物についての監視官、「エピメレテス」なる港湾役人などがいて、かなり厳しい介入が行われていたことが知られている。

それ以外の都市については、ワインの交易についてのタソス島の資料など、散在する記録資料の断片から、税のシステムとか貿易を保護するためのやり方とかが垣間見られるだけである。

ところで、ギリシア世界は真の交換経済を知っていたといえるだろうか？そうは考えられない。ここで何よりも指摘しておくべきことは、ギリシア古代の経済の実態について、私たちが入手できる情報がいかに不備であるか、である。アテナイの人口集中地域への穀物の供給といった特殊なケースでさえ、資料は稀で、しかも毀損がひどく、解釈に難儀する。この研究に取り組む歴史家は、そうした幻滅させるほど不充分な情報しかないので、どうしても拡大解釈しがちである。したがって、あくまでも、アルカイック期と古典期のギリシアにおける通商関係にテーマを絞るのが適切である。

いずれの場合にも強調しておくべき点がある。それは、こうした通商は本質的に海洋交易であったことである。ギリシアでは、車の通行できる道路がなかったため、船乗りたちによる小型の貨物船だけが必需物資の交易にとって有効な輸送手段であった。しかも、それらのトン数は僅かなもので、全般的にいうと、その積載量は八〇トンからせいぜい二五〇トンどまりであった。

そのうえ、航海に適した季節は、四月からようやく始まり、一〇月には終わった。遭難した船乗りのために作られた葬送のエピグラムには、冬至（「子山羊が眠りにつくとき」）の嵐や春分（「アルクテュルス、いわゆる大熊座が夕暮れに昇るとき」）の嵐の危険性がしばしば述べられている。ヘシオドスは前七世紀、海に出られるのは盛夏の五〇日間だけだとしている。

三段櫂船と違って、荷船は櫂を使わず四角の帆で動くのが普通で、自在に操縦するなどということはできなかった。ヘレニズム時代以前は、灯台もなく、海図もきわめて簡単なもので、役に立ったのは、水先案内人が持っていた沿岸航路図（ペリプレス）ぐらいであった。〔訳注・中世からルネサンス期の西欧でも、一般に使われたのは港や沿岸の様子を描いたポルトラーノ海図であった。〕

以上のことから、商品の輸送量も、多くはなかったことが明らかである。ギリシアの大きな都市で消費される穀物は、エジプトやキュレナイカ、南ロシアの肥沃な穀倉地帯から運ばれたが、たとえばアテナイの年間輸入量は、五〇万ヘクトリットル〔訳注・ヘクトリットルは一〇〇リットル〕と計算されている。

重量のある商品の代表格は、木材と大理石、銅や鉛の鋳塊であったが、もっと高値で取引された商品として、加工農産物とギリシアの手工業製品があった。カルキディケやタソス、キオスなどで生産された高級ワイン、アッティカのオリーヴ油や香水、ミレトスやサモス、あるいはオリエントの布、コリントスやアテナイの陶工の手になる絵の描かれた甕、そして、それに詰められた中身、コリントスのブロンズ、キュレナイカのシルフィウム〔訳注・菊科の植物〕、銀貨、銀のインゴット、象牙、金銀加工品などである。

これらは、嵩張らないでしかも高価だったから、船主と出資者に大きい富をもたらし、ギリシアの職人の名声を遠方にまで轟かせた。フランスのコート・ドール〔訳注・ブルゴーニュ地方〕のヴィクスで、ハルシュタット期〔前八〇〇年から同四五〇年ごろまで〕の墓から発見された大きな青銅のクラテルは、前六世紀末に南イタリアかペロポネソス半島のギリシア人の工房からやってきたものである。

クリミア半島のケルチの近く、クル・オバでは、フェイディアスの傑作であるパルテノン神殿の主神、アテナ・パルテノス神の像を表した黄金のメダルが発見された。これは、前五世紀末から前四世紀初めのアテナイの金銀細工師が作った物と考えられている。ナイルの上流、メロエのピラミッドで発見された《馬を駆るアマゾネス》を描いた前五世紀のアッティカの陶器は、エジプトを仲介にしてギリシアとヌビアとの間に交流があったことを証明している。

これらは、好奇心をそそる示唆的な資料であるが、けっして目を楽しませるためだけのものではなかった。そうした交易品で実際に何人かの貿易商と船乗りたちの生活が維持されていたのである。その重要な取引の場が、アテナイやコリントス、タラス、シュラクサイ、キュレネ、ナウパクトスといった幾つかの特権的な都市であった。

他方、大部分のギリシア都市は、そうした交易活動には加わらなかった。彼らは、その土地の産物に基盤を置き、立法者たちが教えた自給自足を理想とし、商業はローカルなものに限定していた。

「陸に近く住んでいる海は……貿易商や小売商の金稼ぎでそこを充たし、変わり易い信用のならない性格を魂のなかに生みつけて、国を自分が自分に対して信用のならないもの、あるいは親しさのないものにするのみならず、他の人間たちに対しても、同じように自分をそのようにするのですから。」

（『法律』705a　山本光雄訳）

プラトンが海洋都市に対して浴びせた、この厳しい非難は、よく知られている。事実、ギリシア人にあっては、海からの誘惑よりも農民的伝統のほうがずっと強力であった。かりに彼らが海を好んだとしても、それは、岸から見ることとであり、彼らの賛嘆の念を呼び起こしたのは、勇敢な船乗りよりも重装歩兵すなわち《ホプリテス》であった。

植民活動が盛んに行われた時代も、彼らが堅固な大地を離れたのは、必要に迫られてそうしたのであって、けっして趣味や冒険心からではなかった。彼らが海の彼方へ求めていったのは、商売ではなく、新しい土地であった。

6　都市の枠を超えて

ギリシア人が生き、働き、市民権を行使し、その神々を礼拝したのは、この都市という狭い枠組のなかにおいてであり、戦い、死ぬのも、この都市のためであって、それが、彼らの欲求や好みに見事に合致していた。

フィリッポスやアレクサンドロスの天才が、この都市という古い概念を消滅はさせないまでも、別の国家概念をギリシア世界に押しつける以前は、ギリシア人たちは自らの視野を広げようともしなかったし、多くの都市を組織的で永続性のある一つの形のもとに糾合しようとも望まなかった。彼らがこの方向で行った幾つかの稀な試みも、一過性に過ぎないか、あるいは効き目の薄いものでしかなかった。

たしかに宗教は、一つの統一原理を示しており、そのおかげで、大きな神域を中心とする幾つかの宗教的グループが形成されていた。たとえば、小アジアへの植民の少しあと、《パン・イオニオン》という名のイオニア都市同盟が作られた。これは、ミレトスに近いミュカレ岬のポセイドン・ヘリコニオス神殿を中心とする崇拝によって結びついたものであった。この同盟は、当初は一二都市が参加し、前四九九年から四九四年にかけ、ペルシアのダレイオス王に対するイオニア人の抵抗力を結合することにある程度は成功した。しかし、彼らを結びつけた絆はそれほど強くなく、この統合は本当の意味での効果を発揮せず、参加都市も九都市に減少し、抵抗は失敗し同盟も解体した。

同じ種類の同盟に《ヘキサポリス》がある。これは、クニドス半島〔訳注・ロードス島に近い小アジアの半島〕のアポロン・トリオピアン神殿を中心にカリアのドリス人都市が集まったものである。キュクラデス諸島でも《アンフィクティオニア》すなわち「隣保同盟」という名称をもつ宗教的連合が作られた。これは、すでに見たように、デロス島のアポロン神殿を中心にイオニア人たちが集まったものだが、ペルシア戦争のあとはアテナイの利益のためにすっかり歪められてしまった。

こうした宗教的集合体のなかで最も有名で、私たちもその歴史をよく知っているのが、デルフォイの神域を中心とする《アンフィクティオニア》である。その組織は、知名度では同等ではないが二つの崇拝の中心をもっていた。一つは、いうまでもなくデルフォイであるが、もう一つはテルモピュライのそれで、こちらは単に「ピュライ」（門）と呼ばれた。

いずれにせよ、この《アンフィクティオニア》には、テッサリア、フォキス、ボイオティア、ロクリスなど、ギリシア中央部に住んでいた人々の代表だけでなく、残りのギリシア世界の代表としてドリス人とイオニア人も加わり、それぞれがこの《アンフィクティオニア評議会》に、「ヒエロムネモノス」と呼ばれる二人の使節を送った。

イオニア人の二票のうちの一票は定期的にアテナイが行使したが、スパルタがドリス人の票を行使したのは、ときたまでしかなかった。このことからも、この「隣保同盟」がアルカイックな性格のものであったこと、あくまで地方的なものであって、ギリシア世界全体を代表したものではなかったことが分かる。

その役割は、派遣した使節を仲介にしてデルフォイの神域の財政を管理し、伝統的に行われる祭祀と競技を企画・運営することであり、なによりも、神の利益をあらゆる侵害から守ることであった。《アンフィクティオニア》が種々の神聖戦争を布告したのは、この最後の任務からであった。

ただ、そうした例外的な場合以外は、アンフィクティオニアの同盟都市を結びあわせていた精神的絆は、かなり緩やかなもので、彼らが誓約した義務は、互いに戦争になったとしても、デルフォイの神を辱めた者に懲罰を加えるだけにとどめ、徹底的に破壊しあうことは避ける、ということであった。したがって、同盟都市の間にはなんらの堅固な絆も存在せず、《アンフィクティオニア》は国際政治の分野でギリシア国家間の統一原理となるより、個々の野望の道具となった。

しかしながら、幾つかの地域では、隣接する都市同士の連帯構築のために、恒久的な政治機構を備えた地方的連盟を形成する努力も行われた。たとえばテッサリアやアルカディアでは、前四世紀、連盟会議が開かれ、《テッサリア連盟》とか《アルカディア同盟》といってよいものが成立していた。ボイオティアでも、この地方全体に覇権を行使していたテーバイの主導のもと、かなり強力な連合が、一度目は前四四七年に、二度目は前三七九年に組織されている。カルキディケでも、前四三二年、オリュントスを中心に都市連盟が形成されている。

これらの試みは、その寿命も成果もさまざまであるが、人々がある種の統合の必要性を感じていたことの表れである。しかし、そのどれ一つとして、真の国家を形成するまでには至らなかった。ギリシア人たちが自分の小さな祖国に対して抱いていた愛着が、これらの同盟や連盟に参加した都市にあって、遠心分離的な感情を維持させたのであった。

これは、ある国が主導権を発揮して（もっといえば覇権を振るって）中央集権的な同盟を結成しようとしたときも、同様であった。たとえば《ペロポネソス同盟》の場合がそうで、これは、「ラケダイモン人とその同盟者」と名乗っていたが、実体はペロポネソス半島でのスパルタの軍事的覇権を容認したものであった。参加都市は、内政面では自治が認められていたが、外交面では、個別に条約や誓約でスパルタに結びつけられ、軍事面では攻撃についても防衛についても束縛を受けていた。

ペルシア戦争のあとで組織された《デロス同盟》に対するアテナイの専横ぶりは、ずっと大胆であった。アテナイは同盟国に対し納税義務を課し、しかも、同盟の金庫をアテナイへ移して自国のために利用したばかりでなく、同盟諸国の領地に「屯田兵」といってよい《クレルコイ》を駐屯させ、さらにアテナイ人の役人《エピスコポイ》を置いて監視させて、アッティカの商人に有利な経済的制度を押しつけた。《同盟》といっても、実体は一つの《帝国》であり、国々に耐え難い軛を課したのである。脱会したり抵抗しようとした諸都市の試みは、結局はペリクレスが考案した帝国主義的仕組の前に挫折した。

前三七七年に設立された《第二次海上同盟》は、こうした不都合な点を避けようとしたが、完全には成功せず、前三五七年から同三五五年にかけて、アテナイとその同盟国の間に戦争が起きるのを避けられなかった。こうして、都市同士を有機的な絆で結びつけ統合体として作り上げようとする努力は、つぎつぎと挫折した。《コリントス同盟》がどうにか真の連盟的性格を示したがそれを実現したのは、マケドニアのフィリッポスの腕力であった。

このような狭い都市の枠組を超えての結合に対する根強い嫌悪感にもかかわらず、ギリシア人たちに自分たちは同じ一つの民族に属しているのだと宣言させたものは、いったい何だったのかが問われて当然である。なぜなら、この連帯は、内輪の敵対関係にもかかわらず、全ギリシア的な大祭のときとか、ギリシア世界の存続そのものを脅かす外敵が現れたときとかには、明確な形で現実化しているからである。このことは、東方ではペルシアに対する戦い、西方ではエトルリア人との戦いやカルタゴ人との戦争に見ることができる。

この連帯感の基盤にあったのが、共通の言葉と宗教をもつ共同体であるとの自覚であり、伝承と伝達を可能にするさまざまな作品、すなわち悲劇作家や芸術家の創作したものに対する感動の一致である。

ギリシア人は、他のいかなる民族にもまして、自己認識のために独自の文学と芸術とを必要とした。この二つの創造物は、いずれも並外れた豊かさを示しており、そこには、ギリシア人の比類のない才能とともに、生の必然性に突き動かされたかのようにその手と精神をもって注いだ情熱的関心が反映されている。

第八章　思想家と詩人たち

1　ギリシア文学の豊かさ

古代ギリシアの著作家としては、約二〇〇〇人の名前が知られている。キリスト教の勝利より遥か昔からのホメロスの持続性もさることながら、この数は、ギリシア文学の並外れた豊かさを際立たせている。しかし、これらの作品の多くは、古代遺産が蒙った三つの大きな試練のなかで消滅した。一つは、アレクサンドリア図書館の焼失、第二は、パピルスの巻子本から羊などの皮紙の冊子本への変転、そして第三は、西暦七、八世紀のビザンティン帝国に起きた偶像破壊運動時代の危機である。

しかしながら、偶然の賜にせよ、碩学や学校教師たちによる選択の結果にせよ、多くの場合は保存の悪さから断片しか伝わっていないにしても、それを生き延びた著作は、あらゆるジャンルにわたっており、数も膨大で、西欧世界の学者たちも未だに汲み尽くすには至っていない。

それらの著作家や思想家のなかで最も偉大な人々はアルカイック期と古典期に遡り、その豊かさは肩を並べるものがないほどで、ここで、その文学の歴史全体を概観するなどということは、主要な著作に限定したとしても問題外である。これは、芸術に関しても同じである。せいぜい出来ることといえば、文明の偉業であったものを簡潔に示し、今の私たちも恩恵を蒙っているギリシア人たちの発案になる主要な文学ジャンルが、どのように生み出されたかを示すことぐらいである。

この文学は、今日まで保存されている最初の記念碑的著作を筆頭に、すべて文字で書かれたことは、ホメロスを研究すると明らかであり、『イリアス』と『オデュッセイア』も、最初から今私たちが知っているような形をしていた。このような複雑で洗練された構成を明確に固定することは、アルファベット文字の助けなくしては、とうていできることではないからである。

この詩人は、その作品を羊か山羊の皮紙の上に書き写したにちがいない。こうした皮紙は《ディフテラ》と呼ばれたが、ヘロドトスが言っている（『歴史』5-58）ように、比喩的転用によってパピルスの巻子本を指す名称になったのであった。

パピルスがギリシア世界で使用されるようになったのは、ホメロスから約一世紀あとの前七世紀中頃、エジプトのサイス朝の初代ファラオ、プサメティコスがギリシア人商人にナイル・デルタの入り口を開放したころのようである。それ以後、ギリシア人たちもその著作家たちの作品をパピルスの巻子本で読むようになったのであった。

これは、二枚のパピルスを、一枚は繊維が横の方向に、一枚は縦方向になるよう重ねたのを繋ぎ、木の軸に巻いて、端を紐で留めるようにした巻物である。テキストは、巻いたパピルスの縦の方向に走るよう三〇行ずつ、横書きで書かれている。文字はすべて大文字で、単語ごとの区切りもなければ句読点もない。これを六〇段並べたものが一巻（ギリシア語で「トモス tomos」という）である。

読むときは、まず一段分を広げて、そこに出てくる三〇行を読み終わると、左手で巻き取り、右手でまだ広げてない部分を広げ、次の段を出して読むのである。このような巻子本（ラテン語で「ウォルーメン volumen」といった）に代わって、今日のノートのように、裏表に文字が書かれたページを綴じた冊子本（ラテン語で「コデクスcodex」という）が登場するのは、ローマ時代になってからである。

エジプトから借用したパピルスの巻子本がギリシア世界に広まったのは、アルカイック初期の《ディフテラ》に較べるとそれなりに進歩したものだったからであるが、巻子本は使用上、幾つかの不便があった。各巻がかなり場所を塞いだので、図書館の建設が追いつかないという事態が生じた。しかも、ある文を探すとき、巻物では、その箇所に行き着くまで全てを広げていかなければならない。また、両手で持たなければならないので、ノートを取ることが容易ではない。

このことを考えると、古代ギリシアの教育で、暗誦があのように重視された理由と、著作家たちがよく調べないで記憶のなかから不正確に引用しているのはなぜか、という問題が部分的に説明できる。人々は今日ほど、表現の細部にこだわらなかったし、全体的な意味さえ歪めていなければ、言い換えも平気で許されていた。

他方からいうと、ギリシア人にあって読書とは、一般的に、大きな声に出して読み上げることであったことも、考慮する必要がある。とくに文学作品は、大部分が耳で聞くものと考えられていた。それらは、本来、独りで静かに読書に耽る快楽や省察のためよりも、一群の聴衆を前にしての朗読や合唱、劇の上演など、声に出して耳に聞かせることを前提にしていた。

ギリシア文学のもっている多くの特徴のなかでも、詩と雄弁術が大きな比重を占めていた理由、散文体の作品も、参照や講義のためと同時に教訓的色彩を帯びていること、現代語なら句読点が打たれるところを口頭の指示によって区切りが示されていたこと、最後に、ギリシア人の天分が独自に生み出したジャンルである対話形式がなぜ偉大な成功を収めたか、などが、ここから明確になる。

この時代の思想家と著作家たちは、語彙の点でも、構文の点でも、並外れて豊かな言葉によって支えられており、その文学的効果や調子を多彩なものにするため、たくさんの方言を自在に駆使した。そして、伝統に屈服するのでなく、これを支えとして、重要な文学ジャンルを幾つも創造し発展させる一方、論理的思考が参画できる種々の方向性を、それまで誰もやったことのない大胆さをもって開発した。

この思考の進め方とその諸原理をはじめて確定したのも彼らである。彼らは、思考は言葉を媒介にしなければ確固たるものにはなりえず、自らを把握することもできないことを理解していたので、自分たちの言語手段を完璧なものにすべく絶えず努力し、考えられるかぎり最も見事な、繊細で鋭敏な表現法を練りあげていった。

こうして、この時期、ギリシア人たちは、順番でいうと叙事詩、抒情詩、劇作、歴史と地理、哲学、雄弁……といったさまざまな分野を開拓するとともに、それぞれにおいて見事な技法を編み出した。以下に、それらを順次、検討していくこととしよう。

2　叙事詩と讃歌

すでに見たように、ホメロス叙事詩は、突如として、その完成された姿で歴史のうえに現れ、その二つの傑作は、並み居る競争者たちが、とても及ばないと絶望に囚われるほどの見事な手本を示したのであった。この完成度の高さ自体、『イリアス』と『オデュッセイア』が、いまではすっかり忘れられてしまった多くの先行する詩人の試みによって準備がなされた末の結果であったことを想像させる。

前者の《アキレウスの怒り》は、トロイ戦争のなかの一つのエピソードに過ぎなかったし、後者の《ユリッシーズの帰還》が語っているものも、トロイ陥落後の一英雄の冒険談である。本質的に言えば、

『オデュッセイア』では、パイエケス人の王アルキノオスの宮殿の場面でデモドコスが登場するが、彼のような放浪の歌人たちによって、口承による長大な叙事詩の伝統が次第に成立していたのに違いない。

ホメロスが、この豊かな素材の一つを取り上げ、厳密に構成するとともに、読み上げるのに何日もかかる長編作品に仕上げることができたのは、アルファベットの助けがあったからではないだろうか？

断定はできないが、これより古い叙事詩群について述べられたものが全くないこと、逆に、これよりあとの時代を見ると、ホメロスを模倣した詩人の名がかなりたくさん伝えられていることが、この仮説をかなり信じられるものにしている。彼らの作品はおそらくホメロスのそれに劣るため今日まで遺されていないが、そのタイトルと作者名、扱われているテーマの梗概は知られている。

たとえば『イリアス』を中心として、いわゆる《トロイ詩群》が発展していった。これは通常、ただ《詩群》と呼ばれ、《アキレウスの怒り》に先立つエピソードが語られている。西暦二世紀から五世紀に（作成時期はまだ確定されていない）プロクロスのような人によって作られ、今も部分的に残っている『クレストマティア』（文学便覧）は、簡潔ながらそうした作品についての情報を伝えてくれる。

ホメロス像。ヘレニズム時代から最も広く定着していた容貌を伝えている（ナポリ博物館蔵）

『キュプリア人の歌』は『イリアス』以前の、たとえば、テティスとペレアの結婚、パリスの審判からヘレネの掠奪、トロイ攻囲の最初のエピソードの幾つかにいたる種々の出来事を述べていた。『アイティオピス』は、多分、ミレトスのアルクティノスによって前七世紀末に作られたもので、『イリアス』に直接つながっていく内容が述べられていた。そこには、曙の女王エオスとティトノス（トロイ王プリアモスの兄弟）の息子であるアイティオピス王メムノンが叔父のプリアモスの助勢にやってきたがアキレウスによって倒されることが語られていた。

アキレウスは、トロイ人のもう一つの同盟者であるアマゾネスの女王ペンテシレイアも殺している。しかし、そのアキレウス自身も、アポロン神の助力を得たパリスの矢に当たって亡くなるのである。

アルクティノスのもう一つの叙事詩『イリオンの陥落』は、このトロイに対する掠奪を謳っている。レスケスが作ったとされるものに『小イリアス』がある。これも『イリアス』を補う内容になっており、アルクティノスと同じ題材を彼なりに扱っている。

つぎに『オデュッセイア』に連なるものとして、トロイゼンのヘゲシアスが作った『帰国譚 Nostoi』がある。これは、トロイ陥落後の、ユリッシーズ以外のアカイア軍首長たちの帰国途上の冒険を物語ったものである。『オデュッセイア』と同じくユリッシーズの悲劇的運命を謳ったものとしては、キュレネでバットス二世とアルケシラオス二世の宮廷に仕えていたエウガモンが作ったと伝えられる『テレゴネイア』（前五七〇―五六〇年ごろ）がある。

この作品では、イタケに帰国後、ユリッシーズがエペイロスの山岳地帯へ冒険に行き、帰ってきたところを、魔女のキルケとの間に生まれ、父親探しに来ていた息子テレゴネスの手にかかって殺される。テレゴノスはそれと知らないで父を槍の一撃で殺したのであった。（訳注・テレゴノスはこのあと、ユリッシーズの妻ペネロペイアと結婚し、他方、ユリッシーズとペネロペイアとの息子テレマコスはテレゴノスの母キルケと結婚する。)

以上の《トロイ物語群》と並んで、オイディプスとその末裔たちの伝説を謳った《テーバイ物語群》がある。ラケダイモン人のキナイトスが『オイディプス譚』の作者とされ、そのあと、『テーバイ物語』が来る。後者は、しばしばホメロス自身の作とされてきたが、作者は不明。内容は、七人の将軍たちによるテーバイの無益な攻囲と、エテオクレス、ポリュニコス兄弟の争いを語っている。

第三の叙事詩は『エピゴノイ』(「後裔」の意で、テーバイを攻囲した七将の後裔)で、七将の息子たちによって一〇年後に行われたテーバイ攻囲戦を扱ったものである。

さらに、ロードス島のカメイロスのペイサンドロスは『ヘラクレス物語』を作っている。サモスのクレオフュロスは、ヘラクレスの別の仕事を題材に『オイカリアーの攻略』を作った。カリマコスの短詩にもあるが、クレオフュロスがホメロスと同時代の人であったことから、この詩は、しばしばホメロスの作と考えられていた。エウメロスはコリントスの英雄たちの伝説を謳い、カルキノスはナウパクトスのために同様の作品を作っている。前五世紀になっても、ヘロドトスの叔父、ハリカルナソスのパニュアシスは『ヘラクレイア』を作っており、これは、古代の批評家たちの間では高く評価されていた。

ホメロスと同様、ヘシオドスの作品も、多くの模倣を生んだ。『神統記』は、神々の系譜を辿りながら、この神々と愛で結ばれた女性たちから優れた血族が生じたことを示し、結局は人間を謳歌することで結ばれている。近代になってからは疑問視されるようになったが、こうした神々と人間の女との愛を謳った多くの詩が、古代においてはヘシオドス自身の作とされて『名婦伝』のなかに収められ、伝えられている。こうした作品は、共通してその冒頭に置かれている「エーホイアイ」（訳注・「あるいは、かくの如き女……」の意）の言葉から『エーホイア』とも呼ばれ、ピンダロスをはじめ後世の著作者の多くが、そこから素材を得る豊かな伝承の源泉となった。

ホメロス、ヘシオドス、そして彼らのライバルたちによって叙事詩のジャンルの規範が確立されるとともに、彼らの言葉の使い方が、その後の文章作法のスタイルを決定していくこととなる。たしかに、その後のギリシア文学にあっては、本来の意味での叙事詩の偉大な傑作は現れていない。前五世紀末のサモスのコイリロスの『ペルシア戦争物語』も、前四世紀前半のコロフォンのアンティマコスの『テーバイ物語』も、名前だけは伝えられているが、生き残るだけの価値はもっていなかった。

しかし、《ホメロス讃歌》と呼ばれる讃歌のジャンル、とりわけアポロン、ヘルメス、デメテルといった神々を謳ったそれは、叙事詩体の宗教詩のよい手本となり、アレクサンドリア派詩人たちの十二綴音の句格詩に大きな影響を及ぼした。ホメロス以来の叙事詩の伝統は、このアレクサンドリア派およびウェルギリウスを仲介にして、西欧の文学へ引き継がれていく。

3　抒情詩

しかし、アルカイック期の文学で際立っているのは、《ホメロス讃歌》の直接の後裔たちよりも、抒情詩の開花である。これは、メロディーを付けて歌われた詩で、古代人たちは、この文学ジャンルに関して、一つは《合唱》、もう一つはソロで歌う《モノディア》という二つの形式を編み出した。

こうして作られた詩は、残念ながら今日では、僅かな痕跡しか残っていないが、当時は大いに流行したものであった。ギリシア人たちは音楽を教育の基本要素として重視し、事実、音楽に対して生き生きした嗜好をもっていた。そうした嗜好性に応えたのが、このジャンルだったのである。

この種の詩は、普通、リラ（竪琴）を伴奏しながら歌われた。この楽器は七絃で、亀の甲羅で作った音響箱を備えていた。ヘルメス神がこれを創り出したとされ、このことは、この神に捧げる頌歌でも謳われている。その後、音量を増大するために種々の改良が加えられ、音響部分を木製にして亀の甲羅によるものより性能をよくしたのが《キタラ》である。フルート（ギリシア語では「アウロス」）も使われた。ただし、近代の横笛式のフルートではなく、二本の管を口元で結合した縦笛で、《銀笛》の一種である。

歌と音楽とは、緊密に結びついていた。詩のリズムについては、西暦一世紀末から二世紀初めにかけてのヘファイスティオンなどの韻律学者が教えてくれていることのおかげで、私たちにも分析することができるが、その価値を発揮するのを助けた伴奏音楽は、今日では知る術もない。

抒情詩は、きわめて多彩であった。叙事詩のように一つの特別の言語によってでなく、詩人の出身地や聴衆によって、あらゆる方言が用いられた。人々の関心の多様性に応じて、扱われるテーマも様々であった。

典礼の頌歌の《ノモス》、アポロンへの讃歌の《パイエアーン》やディオニュソスの讃歌である《ディテュランボス》、行進の歌やダンス用の合唱歌、戦士のための《エレゲイオン》、競技の勝者を称える《エピニキア》、愛の歌、葬送歌、宴席での酒の歌、市民としての教訓歌、というように、ありとあらゆる人間的感情が抒情詩として謳われた。

たしかに、予想されるように、これらの感情の大部分は、都市およびその神々に関わるものである。

しかし、憎しみや愛といった個人的情念も、人格に最も強く結びついた形で、詩人たちにインスピレーションを吹き込んだ。私たちが抒情詩に投影している私的で内面的な意味を、ギリシア人たちも、ある程度、すでに与えていたのである。

こうした著作の大部分は、ひどく毀損した断片によって伝わっているだけである。前七世紀のレスボス島生まれのテルパンドロスは、詩人としてより音楽家として有名で、《典礼讃歌》(ノモス)の作詞・作曲とリラの妙技で傑出していた。サルディス出身のリュディア人、アルクマンは、スパルタの祭典の合唱用に高雅さに満ちた頌歌を作り、絶賛を博した。他方、テュルタイオスは、ラケダイモンの重装歩兵を鼓舞する勇壮な《エレゲイオン》を作った。

イオニア人でコロフォンのミムネルノスはフルートの演奏に優れていたが、愛と生の喜びを詩に謳い、のちの《エピキュリアン》のような特徴を示している。パロスのアルキロコスは、近年になって発見されたものによってその実像が分かってきた人であるが、貴族の父と女奴隷の間に生まれたため、傭兵として各地を転々としながら、その烈しい情念を《エレゲイア調》や《イアンボス調》(訳注・風刺と嘲罵の調子を帯びた詩)の種々の詩法によって洗練された韻律で謳っている。

プラトンの言によると、ソクラテスはこのアルキロコスを、ホメロスと同等とはいかないまでも、ヘシオドスと同じレベルにあると評価していた。彼の作品は無惨な断片によってしか遺っていないが、それでも、そこに読み取れる激しい調子は、私たちを感動させるものがある。

もう少しくだって、前七世紀から六世紀にまたがる時代、コリントスの僭主、ペリアンドロスの宮廷に出入りしていた人々のなかに、レスボス島のメテュムナ出身のアリオンがいる。彼については、船が難破してイルカに救われたという伝説のため曖昧なものになっているが、ディオニュソス崇拝に結びついた《ディテュランボス》のジャンルを変革し、より豊かなものにしたことが知られている。

アテナイでは、立法者ソロンの時代、アテナイ市民のために市民的感情を謳い上げた《エレゲイオン》が多く作られている。その同じ時代、シチリアでは、ヒメラのステシコロス〔訳注・「合唱隊の創設者」の意。本名はテイシアス〕が、ピンダロスの抒情性を引き継いで、神話的伝説を謳った讃歌を発展させている。彼は、ある詩でヘレネを誹謗して盲目になり、その後、『パリノディア』（悔悟の歌）を作って、このヒロインに対する非礼を詫びたところ、眼が治った、といわれている。

これらと同じ世代に属する抒情詩人として、アルカイオスとサッフォーがいる。どちらもレスボス島の人で、とくにサッフォーの作品は、多くの断片によって私たちも知ることができる。アルカイオスが愛や食卓の歌に、ミュティレネの僭主ピッタコスを嘲罵した文句に見られるような政治的関心を交えているのに対し、サッフォーは専ら、その年若い友が掻き立てた情念を謳った。そこには、私たちの眼に浮かぶような絵画的感興が溢れている。

抒情詩人のアルカイオス（左）とサッフォー（右）を描いた赤絵の甕（前480−470年ごろ、ミュンヘン博物館蔵）

くだって前六世紀に活躍した人として、まずエフェソスのヒッポナクスがいる。彼は、きわめて風刺的なイアンボス調の詩を作った。次に、マグナ・グレキアのレギオンのイビュコス。彼は前記ステシコロスの弟子で、師の合唱詩に個人的関心事を導入しており、サモス島の僭主ポリュクラテスとも交遊があった。

ポリュクラテスの宮廷には、テオス島出身のイオニア人、アナクレオンも来ていた。アナクレオンは、のちにアテナイの僭主ペイシストラトス一族からも寵愛を受けている。彼のエロティックで耽美的な詩は、後の優美な抒情主義の手本となった。

ドリス人の国では、メガラのテオグニスがいる。彼の作とされるエレゲイオン調の詩が千四百ほど今日に伝わっているが、疑わしいものも少なくない。彼は、党派争いに明け暮れる貴族たちの不安な気持ちを辛口の言葉で表現している。

逆に、ケオスのシモニデスは、ペイシストラトス一族、ついでテッサリアの貴顕、さらにシチリアやマグナ・グレキアの僭主たちから寵愛を受け、ピンダロスに先駆けて戦勝歌に一つの完成された形を与えるとともに、《エピグラム》（短詩）の作成技法において範を示した。彼の《エピグラム》は墓碑や記念碑に刻まれたが、その多くはペルシア戦争に着想を得たとされている。

こうしたすべての詩人のなかで、確実な証拠に基づいて判断できるほとんど唯一の人物がピンダロスである。彼は前五世紀前半の人で、作品の大部分は失われてしまっているものの、競技の勝者を称えた『エピニキア』四巻が遺っており、彼の天分のすばらしさを充分に窺い知ることができる。

ギリシア人にとって、体育競技での優勝がいかに偉大な栄光であったかは、すでに見たとおりであるが、そうした勝利に関して、このテーバイの偉大な抒情詩人は、神話のような高邁で宗教的・道徳的内容をもって心を打つものを、短詩のなかに凝縮する術を知っていた。彼の作品以上に、濃い密度をもち光輝を放つ詩句は、いまだかつてない。

ピンダロスは、語彙の選択や文の構成よりも思考の布地の緊密さから来る晦渋さにもかかわらず、幾つかの閃光を放つ純粋な寸言を永遠化した。たとえば「人間は夢のなかの一つの影である」。そして、自身に当てはめた悲痛な願いを、こう謳っている。

「おお、わが魂よ、不死を願うのでなく、可能なものを畑から汲み尽くせ。」

抒情詩のジャンルは、これらの人々を頂点として、あとは衰退の一途を辿る。ケオス島のバッキュリデスはピンダロスと同時代の人であるが、遺っている幾篇かの《オード》〔訳注・抒情詩の一種で、ギリシア劇のなかで合唱隊によって歌われた〕を見ても、はるかに劣っている。

前五世紀末のミレトスのティモテオスについては、『ペルシア人』と題した《ノモス》が遺っている。かつてテルパンドロスによって全盛期を画した《ノモス》を蘇生させたのである。他方、キュテラのフィロクセノスは《ディテュランボス》を作っている。この二人は、ともに、この時代における唯一の生きた詩の形であったアッティカ劇の強い影響を受けている。

前四世紀に入ると、記憶に残る名前はわずかしかない。『テーバイ物語』という叙事詩を書いたコロフォンのアンティマコスは、『リュデア』と題するエレゲイオン調の長詩によって不幸な愛の物語を謳っている。彼は、博学の詩人としてヘレニズム文学への道を拓いた。

ただし、ヘレニズムの文学者たちが彼に対して示した感情は両極に分かれる。カリマコスが手厳しく批判しているのに対し、彼を高く評価した人も少なくない。とはいえ、彼の作品は、今日では遺っていない。

それと反対に、ロードス島の女流詩人、エリンナは、若くして逝ったが、六脚律の詩『糸巻き棒』で、サッフォーの調べを自分なりのやり方で再現している。この詩はパピルスで不完全ながら遺ったもの（一九二八年発見）で、形式ではなく、その詩想が抒情詩の名前に値する作品である。

以上、やや冗長で無味乾燥に詩人たちの名前を列挙した嫌いがあるが、これは、アルカイック期および古典期ギリシアの抒情詩の比類のない豊かさを感じ取っていただくために不可欠であると思われたからである。叙事詩の場合と同じくこの分野でも、その規範が最も多彩な様相のもとに確定されたのは、まさにギリシア人の天分による。

こうした個人的な詩の源泉は、その後のアレクサンドリア世界とローマにおいて、さらに豊かなものになるが、そこでは、インスピレーションの分野は拡大しても、初期ギリシア人が創始した形は忠実に受け継がれていった。

4　悲劇と喜劇

悲劇と喜劇が生まれるのは、年代的には、ほかのジャンルの詩よりあとのことである。すでに見たように、これらはペイシストラトス治下のアテナイにおいて、悲劇は《ディテュランボス》から、喜劇のほうは《男根崇拝の歌》から、という違いはあるにせよ、いずれもディオニュソス神の祭儀の枠内で生まれ、祭の一環として上演された。最も傑出した悲劇詩人たちがアテナイ人であった理由も、ここにある。

悲劇作家として最初に挙げられるのはプリュニコスである。彼の作品は失われてしまったが、前五世紀末になっても、その高名は伝えられていた。しかし、彼の段階では、役者はまだ、合唱隊と対話する形でしか使われていない。ということは、彼の作品は、まだ本当の意味での劇ではなく、むしろ《オラトリオ》（叙事詩的楽曲）というべきものだった、ということである。

彼が称賛に値するのは、当時の歴史のなかに着想を求めていったことで、前四九四年のイオニアの反抗が鎮圧された事件に題材を得て『ミレトスの陥落』、サラミス海戦の様々な結果をテーマに『フェニキアの女たち』（前四七六年から四七五年に上演）を書いている。アイスキュロスが『ペルシア人』を書いたのはその四年後で、このプリュニコスの作品が土台になっている。しかしながら、プリュニコスは、普通、叙事詩の豊かなレパートリーからその主題を引き出したのであり、彼の継承者たちも、一つのドグマのように自らがそれに束縛されているとは感じないで、同じようにした。

ソフォクレス像。ローマ時代の模刻（ローマ・ラテラノ美術館蔵）

私たちにとって《ギリシア悲劇》といえば、前五世紀のアッティカの三大詩人の作品である。このうちの最年長はアイスキュロス（B. C. 525?-456?）で、この世紀前半に活躍したのに対し、最も若いエウリピデス（B. C. 485?-407?）は、同じ世紀の後半の人といってよい。ソフォクレス（B. C. 496?-406?）は九〇歳という長寿を保ち、その生涯は、ペルシア戦争直後からこの世紀のほとんど全体をカバーしている。

彼らの作品で今日に残っているのは、後世の《読み書き教師たち》によって教育的配慮から選ばれた幾編かに過ぎないが、それらを通して私たちは、悲劇の概念が、どのように発展していったかを辿ることができる。

最初のころは、合唱が主役であったが、それが次第に重要度を減じ、それとともに抒情的要素も、その優位を失い、代わって、会話のやりとりが生き生きとした発展を示すようになる。当初は、会話といっても合唱隊と一人の役者とのやりとりだったが、第二の役者がアイスキュロスによって導入され、ソフォクレスに引き継がれた。第三の役者を加えたのはエウリピデスである。

これらの役者は、衣装と仮面を取り換えることによってさまざまな人物を次々と演じた。舞台装置も次第に大がかりになっていき、所作も、はじめは簡単だったのが、次第に複雑になっていった。これと反比例して、合唱隊の役割は小さくなっていき、エウリピデスにあっては、ほとんど控えめな証人のそれでしかない。

やがて、合唱はドラマの展開とは完全に切り離され、舞台の前面の半円形のオルケストラ席にあって、今でいえば、幕間のあいだ、観客の注意を惹きつけておくだけの役目となる。それとは反対に、ドラマの展開と山場、人物たちの感情の動きの描写、主役たちの弁舌の撃ち合いが、作者の詩人と観衆の関心を占めるようになる。

作者は、私たちに一つの物語を語りかけ、感動を呼び起こし、恐れや敬神の念を喚起するなど、真の悲劇詩人として振る舞う。この点でも、ギリシアの作家たちは一つのジャンルの規範を確立してそれをヨーロッパ文学に遺贈したのであり、近代の悲劇作品がギリシアの悲劇作家に負っているものは、文学的技法よりもむしろ、その内容の高貴さと偉大さである。

その中心になったのは《運命》という今も胸を締め付けるテーマである。アイスキュロスにおいても、ソフォクレス、エウリピデスにおいても、取り上げられているのは人間の運命であり、この《運命》を決定するものは超自然的な力である。

アイスキュロスは、神話伝説を源泉として育まれた宗教的信仰を基盤に、《ネメシス》〔懲罰と復讐の女神〕によって屈従させられる人間、あらゆる傲慢と祭儀の法への侵害を罰する嫉妬深い神々に翻弄される人間存在を描いた。しかしながら、『オレスティア』の終幕では、こうした懲罰の苛酷さも、アテナイ人がアレオパゴス法廷の声を手段として高めた正義の感情によって和らげられる。〔訳注・『オレスティア』は、『アガメムノン』『供養する女たち』『慈しみの女神たち』の三部作から成る。〕

ソフォクレスは、好んで残酷な運命の犠牲者たちに関心を向ける。この運命の女神の報復の苛酷さは、人間の計算と推定を裏切るものをもっている。胸を刺すようなオイディプス王の悲壮感は、運命に翻弄される人間の無力さから生じている。しかし『アンティゴネ』におけるように、一つの理想に定められた運命の犠牲者も、その道徳性の高さによって偉大さを示す。

アイスキュロス像。ローマ時代の模刻
（ローマ・カピトリウム美術館蔵）

三人のなかで最も複雑なエウリピデスは、慣用語法のなかで、ときには気ままに、好んで神々を介入させ、劇的な急展開や思いがけない逆転を設定して、運命に攻められている人物の不幸に対する私

エウリピデス像。ローマ時代の模刻
（コペンハーゲン・ニューカールスベア美術館蔵）

たちの同情を呼び起こす。彼の悲劇の多くは共通して、次のような意味深いセリフで終わっている。

「天から私たちのところにやってくるものは、さまざまな形をとる。神々の振舞いは、多様で、私たちの眼を欺く。人々が予測したことは、そのとおりにはならない。神の意志は思いがけない道を辿る、ということを、この劇は教えてくれる。」

こうして哀れな人間は、自分を超えた力によって振り回され無数の不幸に苦しめられるが、ときにはそうした不幸に立ち向かい、魂の偉大さによって乗り越えることができる。いつまでも私たちの称賛と共感を掻き立ててやまないのが、この主題である。

私たち近代人の考え方からもっと離れているのが古典期ギリシアの喜劇である。前六世紀の末には、シチリア人のエピカルモスが幾つかの喜劇をドリス方言で作っている。その内容は今日では分からないが、真実を捉える鋭い観察と、そこに鏤められた格言の素晴らしさによって、古代の人々、とくにプラトンから高く評価されていた。

また、見かけは粗雑だが、スケッチ（寸劇）的な喜劇の伝統が、アテナイに近い、メガラという、これまたドリス人の都市において確立されている。

これらの先駆的試みが、アッティカのディニュソス祭で行列行進に付随して行われた自由な歌や無言劇（ラッツィ）と結びついてほんとうの意味での古代喜劇を生み出し、それがディオニュソス祭の公式コンクールでも悲劇と並ぶ位置を与えられるようになっていった。

《古代喜劇》の作家としては約四〇人が知られており、この典型的にアテナイ的文学ジャンルが前五世紀のあいだに収めた成功ぶりを示している。クラティノスが喜劇を作り始めたのは前四五五年ごろであるが、この世紀の終わりごろには、数多くの喜劇作家が輩出した。そのなかで最も傑出していたのがエウポリスとアリストファネスであるが、作品の幾つかが完全な形で遺っていて、当時のアテナイの民衆がいかなるものに価値を認めたかについて明確に知る手がかりを与えてくれるのは後者のアリストファネスだけである。

《古代喜劇》は、本当らしさを気にしない状況設定と、もっぱら人を笑わせることをめざした現実への当てこすりと道化た所作による役者同士の撃ち合いを特徴とする。テーマは、通常、空想的であるかグロテスクなもので、役者は、仮装した合唱隊（仮装は、人間のこともあれば動物や抽象概念を人格化したものであることもある）の前で役を演じる。

英雄たちが、さまざまな障碍にもかかわらず、どのようにして目的を成就したか、といったエピソードが語られ、ついで幕間で、劇の筋とは無関係だが、ある問題についての作者の感情が合唱隊によって表明されたあと、一連の寸劇によって、このようにして作り出された状況の結末が明らかにされ、最後に、合唱隊はディオニュソスを称えながら行列行進によって劇場から退いていく。

基本的図式は以上のとおりだが、そのなかで詩人たちは、公衆を楽しませるために、その好みに合わせて、どのようなやり方も許されていた。くだらない地口から洗練された文学的パロディにいたるまで、糞尿やセックスにかかわる下品な話から最も繊細な詩にいたるまで、個人的誹謗から鋭い観察による性格描写にいたるまで、すべてが許され、評価された。

そうした調子の多様性は、アリストファネスにおいては極端で、最も野卑な調子から最もデリケートな調子へいとも容易く移り変わり、その自在さは私たち現代人を当惑させるほどである。たしかに、私たちは、あまりにもひどい嘲りに衝撃を受けたり、意味がよく分からない政治的当てこすりに当惑を覚えるが、それでも、そこに表現されているありのままの感情は、時の流れによって萎れることのない新鮮さと魅惑的な力を保っていることを実感せざるを得ない。

しかも、彼の作品以上に、ソクラテスやアルキビアデス、トゥキュディデスの時代のアテナイ市民とじかに接触させてくれるものはないし、作者とその時代の証人という印象を与えるものとして、これに勝る作品はない。

晩年の作品が書かれるのは前四世紀の初めになるが、それらは、明らかに初期の作品とは違ってきている。この詩人が、いわゆる《古喜劇》から《中期喜劇》と呼ばれる新形式の喜劇へ向かっていくのが『女の議会』と『福の神』からである。そこでは、合唱隊の役割は後退し、空想性もその度合いを減少している。個人に対する嘲罵は、社会的風刺に優先権を譲り、個人攻撃は姿を消して人間タイプの描写が前面に出てくる。道化じみた所作は神話のパロディに席を譲っている。

アリストファネスのあとも、アンティファネスやトゥリオイのアレクシスといった人々によってたく

仮装した合唱隊を描いた黒絵（ボストン美術館蔵）

さんの喜劇作品が生み出されたようであるが、今では、一つとして遺ってはいいない。悲劇と同様、喜劇も、前四世紀にはもはや傑作は生まれていない。かろうじてメナンドロス（B. C. 342?-293?）が《新喜劇》を復興させるが、それは、すでにヘレニズム時代に入ってからのことである。

5　散文文学——歴史家たち

ギリシア文学において、最初の散文家の出現が最初の詩人のそれより、明らかに時代が遅れたからといって、驚くにはあたらない。これは、ごく一般的な現象で、古代人たち自身、意識していたことである。プルタルコスは『ピュティアの託宣について』という対話篇の有名な一節で、この点を見事に示している。

詩のスタイルを採ったのは記憶しやすくするためであったが、そのための装飾性を取り払って、なによりも真理の探究と解明のために簡潔な散文体を用いるようになったことは、合理的思考の駆使という点で進歩を示している。この真理の探究をギリシア語で「ヒストリア」といい、それは、まず最初に、人間的事象とその人間ドラマが展開された自然環境に対して適用された。初期の時代に、歴史と地理との一体化したものを「ヒストリア」と呼んだのは、このためである。

ギリシア人たちにとって、ホメロスは最初の歴史家であり、そこでは歴史と叙事詩は区別されていない。歴史的秩序への関心が透けて見える最初の著作が、前六世紀に哲学者のクセノファネスによって書かれた『コロフォンの建設』〔訳注・クセノファネス自身、イオニアのコロフォン生まれで、この都市が前五四五年にペルシア軍によって攻め落とされたあと、彼は各地を放浪した〕のような叙事詩であったことは、このことを表している。

この伝統は、次の世紀、ヘロドトスの叔父で詩人のパニュアシスによって引き継がれた。パニュアシスは『イオニカ』を書き、イオニアの最初の諸都市が遙かな昔にコドロスとネレウスによって創設されたことを謳った。

イオニア人たちは万事について生き生きした好奇心をもっていたが、とくに黒海北岸の幻想的な未知の世界への旅を謳った『アリマスポイ物語』は、彼らを熱狂させた。これは、前七世紀中頃に生きた半ば伝説的人物であるプロコネソスのアリステアスの作とされていた。

この好奇心の伝統を《空想》から《真理の探求》へ発展させる動きが、前六世紀末、イオニア諸都市のペルシアに対する反抗において重要な政治的役割を演じたミレトス諸都市で起きる。ヘカタイオスは神話伝承に合理主義の光を当てて解釈した『系図学』を著し、さらに『ペリエゲシス』〔世界周遊記〕と題して、当時のギリシア人に知られていた全地域について記述している。これは、ヘロドトスもしばしば引用しており、今日遺っている断片からも、彼が多様な民族に非常に生き生きした関心を寄せ、すでに批判精神といってよいものをもっていたことが看取される。彼は言っている。

「私はここに、自分が真実だと信じることを書く。なぜなら、ギリシア人たちはいろいろなことを言っているが、私からすると、馬鹿げていることが多いからである。」

《世界地図を描こうとした最初の人》とされるのは前六世紀中頃のアナクシマンドロスであるが、ヘカタイオスは、この仕事も引き継いだ。前五世紀には、彼に倣う人がたくさん出た。たとえばアルゴスのアクシラオス、ランプサコスのカロン、ミュティレネのヘラニコス、そしてアテナイ人のフェレキュデスなどである。

しかし、彼らの誰一人として、ハリカルナソスのヘロドトスの名声に匹敵できる人はいない。ヘロドトスこそ、その著作が完全な形で遺されている最初の散文著作家であり、キケロが《歴史の父》と呼んだように、「ヒストリア」という文学ジャンルを生み出し確立した第一人者である。

ヘロドトスの像。ローマ時代の模刻
（ナポリ美術館蔵）

歴史家に課された仕事は、人々の偉大な行動を抽出し、報告することによって、忘却から救うことである。しかし、客観的に語ることが鉄則であるから、著者の意図は暗黙のうちにある。資料によって異説があったり、伝承が明らかに真実でないと思われるときは、著者は、自分にとって承伏できる基準に従って批判し選択を行う。

もちろん、これらの基準は、必ずしも

トゥキュディデスの像（ナポリ美術館蔵）

今日の私たちにとって最良とは見えない。しかし、大事なのは、彼らが原則として合理主義的資質をもっていたことである。真実を丹念に解明し、原因と結果の関係を抽出すること、諸国民の風俗を描写し、顕著な人物の特徴を確定し、美しい情景を生き生きと再現すること、記憶されるに値する事実を記述し、有益と考えられることを暗示し、時に応じて不思議なことや驚くべきことによって好奇心を掻き立てること――ヘロドトスが自らの任務としたのがこれであり、彼は、膨大な情報によって見事にこれを達成している。

彼の著作に含まれている情報は、広範な書を閲覧するとともに、自身でさらに深めて探究したことによるもので、それを助けているのが、人種に由来する偏見や文明に関わる先入観を超えて多彩な民族や人々に対して抱いた共感であり、それとともに、道徳の法と神々を尊重しつつも、寓話的フィクションに縛られない強靱な知性である。

彼はその『歴史』にあって、関心と想像力の赴くまま、努力の傾け方も時に応じて、あるときは長々と、あるときは簡略に、ときには長い道草を喰って些末なことで読む人の心を喜ばせたかと思うと、突如、本題に戻る、というふうにしながら、しかし、誰にも真似のできない技量をもってギリシア人とバルバロイの古代世界を再現し、私たちに知識と喜びを与えてくれる。

しかも、このギリシア語最初の散文の見本は、ビザンティンの碩学が「このハリカルナソスのナイチンゲールは、イオニア語のあらゆる美しい花で身を装う術を知っている」と言っているように、言語的にもすばらしい新鮮さを保っている。

ヘロドトスがアテナイでペリクレスをその眼で見ていたのに対し、トゥキュディデスは、同じアテナイにあって、ペロポネソス戦争を体験した次の世代に属している。彼は、タソス島で将軍（ストラテゴス）を務め、アンフィポリスがスパルタの将軍ブラシダスによって攻め落とされた戦いに立ち合っている。したがって、この戦争では俳優の一人だったわけだが、この敗北のあとは、実務から離れて、ひとりの観客であることに甘んじつつ、戦争の推移を遅滞なく、注意深く辿り、その忠実な語り部となった。

彼の著作は、ヘロドトスのそれとは多分、著述の意図や、それを達成するための方法によってよりもむしろ、人間的気質と思考の傾向性によって対照的である。二つの民族の軍事的対決を語っていることでは《歴史の父》と同じであるが、その語り方において、トゥキュディデスはいっさい道草は喰わない。脱線して逸話を語ることも、ほとんどしない。

当時の暦は、都市によってさまざま異なっていたので、彼は暦による日付は使わないで、季節の移り変わりを記している。年代については厳密で、そこには、出来事の真相を理解し、その論理的脈絡と、個人・社会・自然・経済に由来する諸原因を明らかにしようとする強い意志に貫かれた絶え間ない緊張感が張っている。好き嫌いの感情や、絵画的描写による味付けなどはいっさい排除し、ひたすら事実を正確に記述したこの書は、まさに戦術家ないし将軍の冷徹な眼から見た観戦記となっている。

きわめて稀にだが、この無味乾燥の叙述から、ときとして情念が顔を覗かせることがある。たとえばアテナイのペスト禍の描写や、シチリアの災厄のあとのアテナイ人捕虜たちについて書かれている段である。そこでは、明敏な知性によって均整を保った文体をわざと避け、破格構文もあえて拒まず、僅かな語で多くを暗示する手法を用いている。それにより、この著述は、アテナイ方言がとくに話法においていかに素晴らしい知的道具であるかを示した最初の記念碑的アッティカ散文文学作品となっている。トゥキュディデスは前四一一年の事件をもって記述を終えているが、そのあとを引き継いで前三六二年のマンティネイアの戦いまでを書いたのが、アテナイ人でソクラテスの弟子のひとりであるクセノフォンの『ヘレニカ』である。しかしながら、クセノフォンは、ある面では役に立つこの著作でも、また自身が主役を演じた《一万人の遠征》について書いた『アナバシス』や、さらに、『キュロペディア』の名で知られる、ペルシア王キュロスの受けた教育についての歴史小説においても、その先輩たちに遙かに及ばない。

たしかに、彼は愛想がよく陽気で明敏、そして、かなり情報通である。だが、彼の精神は物事の原因を深くは追求しない。彼の心理構造は単純で、自分を楽しませてくれる人物を好んで理想化する。要するに、彼が私たちに届けてくれる歴史は、濃密さと深さに欠けるのである。

ここで、何よりはっきり分かるのは、ヘロドトスとトゥキュディデスによって暗黙のうちに提示された一般的原理がいかに有効と認められていたか、である。というのは、クセノフォンが《歴史家》の称号に値するのは、質のうえでは劣るとはいえ、彼らを忠実になぞったからにほかならないからだ。

以上に挙げた、前五世紀から同四世紀のギリシア歴史地理学の三人とは別に、かなりの数の著述家と著作が知られている。もっとも、簡単に言及されているだけのこともあれば、ある程度長い引用がなされていることもあるが……。たとえば前四世紀初めには、クニドスのクテシアスが『ペルシカ』（ペルシア史）を書き、これは、コロフォンのディノンによって完成を見ている。また前三七七年ごろに生まれたキオス島のテオポンポスは、ヘロドトスの著作の要約版を作ったほか、マケドニアのフィリッポス王の歴史を書いている。

パピルスの断片しか今日に伝わっていないが、ある無名の著者による『オクシュリンコスのヘレニカ』と呼ばれている本は、前三九六年から同三九五年の諸事件を扱っており、おそらく前四世紀前半に書かれたと考えられる。

キュメのエフォロスが著述活動に打ち込んだのは前三五〇年以後であるが、彼の著作は膨大な資料を集めて書かれており、《世界史》ともいうべき最初の著述になっている。同じ系譜に属するものとして、時代は約三〇〇年後の西暦一世紀になるが、シチリアのディオドロスは、『ビブリオティケ』（歴史図書館）という題で、それまでに知られていたあらゆる歴史書から抜粋して《世界史》を構成しようとした。

最後に、かつてのヘラニコスのようにアッティカの歴史を著すことに労力を注ぎ《アッティドグラフス》（アッティカ史家）との集団的名称で知られている歴史家たちがいる。

6　科学的・哲学的思弁

歴史書の誕生と発展は、アルカイック期と古典期のギリシア人が切り開いた合理的思考と科学的考察の始まりの一側面にすぎない。イオニアでは、人間社会とその進展についての探究と並行して、科学と哲学の探究が現れる。

前六世紀の初めにはミレトスのタレスが哲学的探究を、同後半にはサモス（あとでイタリア半島南端のクロトンに逐われた）のピュタゴラスが、数学と天文学の最初の探究を開始している。ピュタゴラスにあっては、この二つが結びついて神秘的禁欲主義の形をとり、彼の影響は深く長く続く。

タレスと同時代に同じミレトスで生きたアナクシマンドロスと、その弟子のアナクシメネスは、同じように自然とその本質について考察する。この世紀の終わり頃、コロフォンのクセノファネスは、神人同型論的多神教を批判し、非人格的な唯一神の神学へ一歩を踏み出した。

エレアのパルメニデスは、その生まれた町で弟子のゼノンを育て、アクラガスのエンペドクレスは、同じころ、クセノファネスより明確に、詩の形を用いて存在論的概念を提示している。彼らの同時代人であるエフェソスのヘラクレイトスは、全ては永劫に続く戦いであり、運動しつづけながら成りゆくものであることを述べている。

これらの初期思想家たちの著作は、さまざまな著述家たちの引用による断片しか伝わっていないが、それらによっても、彼らの思考の力強さと独創性を充分に感じ取ることができる。

前五世紀、アテナイでペリクレスと親交のあったクラゾメナイのアナクサゴラスは、原初の《カオス》に秩序をもたらした《精神》こそ世界の本質的原理であると主張する。そのうえ彼は、たとえば各星座の神とか占いのように、当時広まっていた多くの偏見に対し、合理的立場から批判を加えた。彼が不敬罪に問われてアテナイから追放されたのは、こうした《自由検証》〔訳注・自分の理性が認めたもののみを真理とすること〕の志向性のためであった。

アナクサゴラスより少し若いアブデラのデモクリトスは《アトム》（原子）の概念を考え出し、それによって、神も含めた全てが説明できるとした。

コス島のヒポクラテスは、アスクレピオスを崇拝する医者の家系の生まれで、合理的観察の原理を医術に適用した。彼は治療の仕事を通して臨床医学を打ち立てるとともに、今日も医師の《黄金律》となっている諸義務をその有名な誓いのなかに定めた。

アテナイ市民たちは、これらと同時に、ソフィストたちの教育法を熱狂的に受け入れた。ソフィストたちは金銭と引き換えに、雄弁と会話を教授したのであるが、アテナイは彼らを不敬罪で提訴するだけで済ませた。私たちは、プラトンの対話篇を通して、相い矛盾するさまざまな考え方を取り上げて疑問を提起したレオンティノイのゴルギアスとか、アブデラのプロタゴラスといった人々の技量の巧みさに触れることができる。

宇宙論的思弁から合理主義的懐疑論へ――大雑把にいえば、これこそ、ギリシアの哲学思想がその初期の時代から前四三〇年ごろのソクラテスの教えが実を結びはじめる時代まで辿った道筋である。このモラリストが、その語らいと我が身をもって起こした波紋は決定的だったので、今日でも、彼以前の全ての哲学者をまとめて《プレソクラティック》(ソクラテス以前)と呼んでいるほどである。

ソクラテスは、「人間が万物の尺度である」と唱えたプロタゴラスの思考を継承して、人間の魂の研究を関心の中心に置き、各人にまず自分自身を知るよう努めるべきであると説いた。これは、デルフォイ神殿に書かれていた有名な格言に与えた解釈に基づいている。自らを観察することと道徳的反省――これが、彼の常に心がけたことであった。

ソフィストの口舌の巧みさも知り抜いていた彼は、日常生活のありふれた例から始めて、徳と真理の認識のためにこそ知性を用いるよう教えた。キケロは『トゥスクルム荘対談集』(5-10)で、こういっている。

「ソクラテスは、哲学を天上から下ろして、われわれの町に住まわせ、われわれの家のなかにまで導き入れて、実践的道徳、善悪の問題に取り組ませた最初の人である。」

このように、市民としても思想家としても優れた資質をもっていたにもかかわらず、それが彼を死刑から守ることができなかった理由については、別のところですでに考察した。しかし彼は、このときには先導者としての使命を果たし、プラトンの哲学的天分に推進力を与えていた。ソクラテスは、自身ではいっさい著述しなかったが、弟子のプラトンがたくさんの見事な著作によって後世に伝えた。

このプラトンの多量の著作は、古代の著作が遭った幾つもの大きな災厄にもかかわらず、完全な形で生き残った。この事実は極めて意味深い。この例外的特恵は、たんに幸運な偶然によるのではなく、ホメロスの詩と並んでプラトンの著作こそ、ギリシア世界のすばらしい精華であるとの感情が広く人々に行き渡っていたためにほかならない。

プラトンの数多い対話篇は、偽作は別にして、近代の学者たちにより、文体論的基準にしたがってほぼ年代順に整理されている。幾つか論議はあるが、概していえば、この分類は実際と合致していると考えられ、これによって『ラケス』から『法律』にいたるまで、幾つかの有為転変を経験した彼の長い生涯に沿って精神的発展の跡を辿ることができる。

初期の対話篇は、ソクラテスの方法に忠実で、彼の教えの正確なイメージを私たちに伝えてくれるように思われる。その後、プラトンの個性が確固たるものになっていくなかで、彼自身のテーゼが師ソクラテスの口を通して提示されるようになる。とはいえ、ソクラテスが対話の主役であることは、その後も変わっていない。

初期においては、勇気、敬神、貞節、正義といった道徳上の概念について、言葉と共同体的行動をもとに探究しているが、次第に、それに加えて、より広範な追求へと移る。つまり《イデア》理論によって宇宙と世界のシステムを理解すること（ここでプラトンは、ソクラテス以前の哲学者たちの存在論的思弁に立ち帰っている）、不死なる魂の本質とその身体との関わりを把握すること、最後に、理想の都市を治める法律を作ること（なぜなら、プラトンにとって、形而上学や心理学は政治学に到達するための過程であり、思想は行動化されることによって正しさが証明されなければならないから）である。

このように絶えず更新された考察は、汲めども尽きない豊かさをもっている。彼が提起している問題の多彩さとともに、それぞれの論議のなかでさまざまなテーゼを展開させるために驚くべき迫真性をもって登場させている人物たちの多彩さは、この著者が読書や旅行、

プラトンの像。生前の前365年ごろに作られた像によって2世紀に模刻されたもの（コペンハーゲン・ニューカールルスベア美術館蔵）

公的人物や学者・著述家・他の哲学者といった人々との接触から得た経験に由来している。

この多彩さを助けつつ、しかも、プラトンが結論を出すうえで効果的な働きをしているのが《対話》という形式である。彼の天分の生み出したものに生気を与えているのがこの技法であり、彼の著述がアイロニーで色づけするのにも、抽象概念を展開するのにも、ある情景や神話を喚起するのにも、さらには、ソフィストを模写することにも見事に成功しているのは、この柔軟性のおかげである。

プラトンが駆使している言葉は、アッティカ散文文学の比類のない手本である。おそらく、人間の思考のために用いられた言語的手段として、その洗練度においてこれ以上のものは、いまだかつてない。

プラトンが放っている光輝は、著作によるだけではなく、実際に行った教育の実践が、その輝きを一層強めている。彼は、アテナイ近郊、ディピュロン門の北西にあったギュムナシオンで、前三八七年から青年の訓育を始めた。このギュムナシオンが英雄アカデモスに捧げられたものであったことから、彼の学校も「アカデメイア」と名付けられたのであった。

ソクラテスの弟子で、プラトンとは別の方向で活躍した人たちのことも忘れられるべきではない。アテナイ人のアンティステネスは、残念ながら今日ではすべて失われてしまったが、多くの対話篇や概論書を著した。彼もアテナイのキュノサルゴスのギュムナシオンで教育活動を行った。ここから発展したのが《キュニコス派》である。他方、キュレネ生まれのアリスティッポスは、快楽について論じ、《エピキュロス主義》に通じる道を開いた。

プラトン自身の弟子たちについていえば、《西洋思想の立法者》ともいうべきアリストテレスの圧倒的な存在感によって、ほかの人々は全て光を失ってしまった。しかし、デモステネスと文字通りの同時代人であるこの哲学者（両者とも、前三八四―三二二年）は、その指示のもとで仕事をしたチームと一体化して見られた。師の行動によって方向づけられたこのチームの集団的な仕事が成果を現すのは、ヘレニズム世界においてである。

7 雄弁家

プラトンの意図したことも、アリストテレスがめざしたことも、政治学として完成する。これは、ギリシア人にとって、すべては《都市》に帰着するということである。同じ都市民である場合、人々が働きかけることができたのは言葉によってであったから、ギリシア人たちが修辞学を集成することによって雄弁術の草分けとなったのも、驚くにあたらない。

あらゆる文学ジャンルのなかで、修辞学は政治や司法における民主主義の発展と緊密に結びついていた。だからこそ、古典期の文学史では最後に、デモクラシーに伴って現れたのだった。

ヘロドトスの証言によると、前六世紀の末にアジアのイオニア人たちのなかから、たとえばミレトスのアリスタゴラスのように、弁舌の才をもって名を成した人が出ている。ついでアテナイで、党派争いのなかでテミストクレスやペリクレスのように弁舌に秀でた人物が頭角を表す。

トゥキュディデスがペリクレスの演説として記しているもの（『歴史』I-140-144）が厳密にその通りではなかったとしても、少なくとも全体的には実際に話されたことに即した内容であったと考えられる。したがって、私たちがこのペリクレスの演説を読んで嘆賞している着想の高尚さと論理の厳密さは、けっしてトゥキュディデスの勝手な創作ではなく、この弁舌家自身のものであると考えてよい。

しかも、この雄弁は、意識的に培われたものではなく、自然に身に付いたものであった。ペリクレスは、その学習期にソフィストたちの授業を受けることができなかった。ソフィストがアテナイに現れたときには、ペリクレスは生涯の終幕に達していたからである。

前五世紀初めにシチリアで生まれた《ソフィスト術》は本来、功利的な結論に向けて理屈を組み立てる学問で、相手を説得するため尤もらしい理屈をつけ、口舌を駆使するうちに、いわゆる《詭弁術》に堕してしまった。にもかかわらず、ソフィストが哲学において演じた役割については、すでに見たとおりであるが、もっと重要なのは、修辞学の発展に果たした役割である。

この点で、話し方や文体についての必要条件をはじめて厳密かつ簡潔に確定したのが、ゴルギアス、プロタゴラス、プロディコスといった人々およびその門弟たちであるが、その彼らが、自分たちの授業から利益を引き出す術を知っている選り抜きの聴講生を見出したのがアテナイにおいてであった。

そうしたソフィストのひとり、アンティフォンは、政治的党派の指導者でもあり、《四百人会議》が凋落したあと、前四一一年に市民たちによって死刑に処されたが、教育上の手本として架空の演説草稿や法廷弁論の原稿を残している。

シュラクサイ出身で、アテナイでは居留外国人（メトイコス）であったリュシアスは《三十人僭主》の政府によって財産没収の憂き目にあい、その後は、人のための演説草稿や法廷弁論の原稿を書き、その報酬で生計を立てた。伝存する演説文は三五篇、そのうち二三篇が完全な形で遺っており、それらは、言葉の使い方の正確さ、立論の巧みさ、申し分のない真摯さで際立っている。

修辞家のイソクラテスは前三三八年に百歳近い年齢で亡くなったが、あらゆる弁舌家のなかでも弁論の技術を最も見事に練り上げた人である。彼自身は健康に恵まれず声が細かったので自分で演説することはできなかったが、リュシアスと同じように他人のために原稿を書いた。しかし、とりわけ彼は修辞学の教育に貢献し、彼の修辞学の学校は、プラトンのアカデメイアに匹敵するアテナイの若者たちを惹きつけた。

読み上げる形ではなかったが、彼が公にした幾つかの演説、たとえば前三八〇年のオリュンピア祭に全ギリシアから集った《パネギュリア》（民族祭典）に宛てた演説『パネギュリコス』は、調子のよい韻律を備えた言葉を見事に駆使し、ギリシア語の魅力のすべてを示している。その祖国アテナイに捧げた讃辞のすばらしさから、「パネギュリコス」という言葉そのものが「讃辞」という意味をもつようになったほどである。

それに加え、イソクラテスは、確固たる政治思想をもっていた。彼はギリシアが内輪争いによって疲弊することを憂え、抗争をやめて一つのリーダーシップのもとに結束し、アジアのペルシア征服に取り組むべきだと考えていた。その主役としては、当初はアテナイを想定していたが、のちにはアテナイがその任に耐えられないことを認め、マケドニアのフィリッポスに期待を寄せた。やがて、アレクサンドロスによって実現される雄図を、このように心に描くことができたのは、一種の予言的透視力をさえ感じさせる。

イソクラテスとデモステネスほど対照的な人たちは考えられないくらいである。一方は書斎の人であり、他方は行動の人である。一方は洗練された《ペリオドス文体》〔訳注・各分節を従属節としてほかの句を修飾させたり、対句として並べたり、脚韻を踏むなどの方法でまとめて一つのセンテンスを構成するようにしたもの〕を時間をかけて彫琢し、他方は、燃え上がる炎のような雄弁を展開する。一方は、マケドニア王がギリシア世界を凋落から救ってくれると信じたのに対し、他方は、野性的なエネルギーをもってフィリッポスの政策に反対した。

しかし、そうした相異にもかかわらず、双方とも共通して、祖国の偉大さに限りない愛着を抱いた。歴史は結局のところ、後者の政治家より前者の教授のほうの正しさを認める。とはいえ、イソクラテスがカイロネイアの敗北の報によるショックで死んだといわれているのに対し、デモステネスはこの敗北に毅然たる態度で立ち向かい、戦いで亡くなった兵士たちの葬送の演説を述べる栄誉を引き受けている。

このアテナイの独立に固執した沈鬱で高慢な伝令使は、祖国愛と公的善が一人の男を鼓吹しうる最も美しい歌声の幾つかを戦いのなかに求めた。敗者の野営地で見出されるようなものは何の栄誉でもない。彼が同胞たちの臆病と柔弱、享楽主義と軽薄な盲目ぶりを鞭打つ烈しい言葉を吐いたのは、これによって未来の諸国民に常に省察に値する手本を遺すためであった。

一つの技法を完璧に習得し、直接的で、ときに雷撃のような激しさをもったデモステネスの雄弁に較べると、この時代の他の政治的弁舌家の作品は、すべて色褪せてしまう。彼と張り合ったアイスキネスや、今も幾つかの著作が残っているヒュペレイデス、リュクルゴスは、ときには巧みさと情熱を窺わせるが、デモステネスのように琴線に触れるものに欠ける。

いま、ギリシア文学についてのこの簡単な概説をデモステネスをもって締めくくるのは、それ自体、意義深い。ギリシア文学の偉大さは、都市の自治と結びついていたのであって、デモステネスは、この自治が消滅していくなかで、まさに都市の自治を守るために戦い、最後の炎を燃え上がらせた人だったからである。〔訳注・デモステネスは、最後はマケドニア軍優勢のなかで毒を仰いで死ぬ。〕

第九章　人間的尺度の芸術

1　ギリシア人における芸術

　古代ギリシアが生んだ文学と思想の傑作は、私たち現代人の大部分にとっては、非常に不完全にしか近づくことができない。それは、言葉の壁があるからである。これに対し、芸術に関しては、美術館にしばしば驚くような洗練ぶりをもって展示されている多くの傑作のおかげで、そうした作品を構想し実現したギリシアの天才とじかに接することができる。

　J・ヴィンケルマン（1717-1768）とそのライバルたちによって惹き起こされた最初の熱狂以来、ギリシアの彫刻、陶器、メダルあるいは貨幣は、つねに好事家たちの垂涎の的となってきた。それは、そうした品が競売にかけられたときの高額ぶりに表れており、ごく素朴なミュケナイの甕、幾何学様式期の小さな彫像、銀貨、陰刻の彫石が、ロンドンやバーゼル、ニューヨークの市場で、金と同じ値で取引きされている。もっと大きなアルカイック期や古典期の大理石やブロンズの彫像、赤絵の甕ともなると、今日では、値のつけようさえない。

　このような熱狂ぶりは、ギリシア芸術が今も私たちの好みや感受性にいかに強く訴えかけてくるかを示している。だが、だからといって、それらを見れば、それを生み出した文明を簡単に読み解くことができるなどと思ってはならない。それらは私たちにとって親しみやすい形を見せているとしても、そうした近づき易さは、表面に現れた見せかけだけのことである。

何世紀にもわたった古典期の伝統によって、私たちの眼は、ギリシアの作品に馴染み深さを覚え、それを入手できることに純粋な喜びを禁じ得ないわけだが、それと、こうした作品に込められている

「メランコリックな」アテナ神
（アテネ・アクロポリス美術館蔵）

知的メッセージを見抜く力とは別の次元に属する。なぜなら、この芸術作品は一つの意味をもっており、たんに審美的満足のためでなく、まず第一義的には、宗教的目的に捧げられたものだからである。したがって、この製作の本来の意図を捉えなくては、まるで反対の意味に解釈してしまう恐れがある。このことは、よく知られた記念建造物に関わる二つの事例を挙げれば充分であろう。

前五世紀中頃に作られた、有名な『メランコリックなアテナ神』と呼ばれている浅浮彫がある。これは、一八八八年にアテネのアクロポリスで発見されて以来、多くの学者の論議の的になってきた。その図柄にはさまざまな解釈を呼び起こさないではおかないものがあったからである。

——女神は頭に兜をかぶり、身体を少し前に傾けて槍に寄りかかっている。その前には、小さな長方形の柱石があって、彼女は、それに注意を集中して考え込んでいるようである。——

ある人々は、女神が神殿財産の出納係りの報告書か、それとも戦場で名誉の死を遂げた兵士の名簿か、

いずれにせよ碑板の文字を読んでいるところだろうと想像した。また、ある人々は、女神は、柱石の上で誰かが休んでいるのを見ているのだが、ほかの部分でも分かるように、これは、滑らかな大理石に絵の具で描かれていたので、時の経過とともに消えてしまったのだと想像した。さらにある人々は、この柱石とおぼしき物は、キモンが部分的に再建したばかりのアクロポリスの城壁の単純化したイメージではないか、と考え、別のある人々は、これは、女神の聖域の境界標で、女神は槍をもって聖域の境目を指し示しているところだろうと考えた。

これらの説明がすべて間違いであったことは、最近になって、このモニュメントを、これと似ていて、同じことを表していると認められた一連の資料のなかに移し変えるという唯一確かな方法を用いることによって明らかになった。つまり、浅浮彫を施したこの時代の多くの甕の図柄を調べることにより、この柱石が間違いなく、競走用スタディアムのスタート兼ゴール・ラインだということが分かったのである。

このアテナ神の栄誉を称えて全ギリシア的競技大会が行われたのだが、アテナ女神は競技の勝敗が決まるラインに関心をもち、伝説によると、彼女自身、このコースを走ったとされる。したがって、この女神の絵は、けっしてメランコリックな様子を描いたものではなく、スタディアム競走のある勝者が、自分の勝利を証明するシンボルであるこの《テルマ》を見守る守護女神を描かせた《奉納額》に他ならないのである。

この平凡とも思える解釈は、この浅浮彫に対する私たちの精神的態度をすっかり変えてしまった。もはや、《メランコリックなアテナ神》などという題名が呼び覚ます神秘的な何かへの夢想は破られてしまった。しかし、まやかしの想像によって心を慰めるよりも、一つの作品の真実の意味を理解すること

マラトンの少年
（アテネ・国立考古学博物館蔵）

のほうが、価値あることではないだろうか？

もう一つの例も、これに劣らず興味深い。『マラトンの少年』と呼ばれているアテネ美術館の有名なブロンズ像は、第一次世界大戦の数年後（一九二五年）にアッティカ北東の近海で漁師の網にかかって引き揚げられて以来、鑑識家たちの関心と賞嘆の的となってきた。

これは、まだ少年といってよい若い青年が、肘のところから水平に伸ばし、上に向けた左手の掌を見つめ、高く揚げた右手の親指と人差し指を交差させている像である。プラクシテレスを思わせるしなやかな優雅さを湛えたこの前四世紀の彫像の傑作は、誰を表しているのだろうか？

すでに古代人も知っていたいわゆるヨーヨーを右手で操って楽しんでいる少年なのだろうか？　それとも、競技に勝った若者が、一方の手で勝利の象徴である細帯をもち、他方の掌の上には、その箱を載せている像なのだろうか？　それとも、左手の上で独楽を回しており、右手には、その紐があったのだろうか？　それとも、果物を摘んでいるとか飲み物を注いでいるところだろうか？

正しい答えは、この像の発見から間もなく出され、決定的な理論で裏付けられた。これは、若いヘルメスの像で、この神を称えた《ホメロス讃歌》のテキストによると、路上で一匹の亀を見つけ、それを左手にのせ、右手は、いまもギリシア人たちが喜びを表すときにするように、指を弾いているところである。すなわち、この神が楽器のリラ（七絃琴）を作ろうとしたとき、その音響箱として亀の甲羅を使うことを思いつき、その創造的イマジネーションの喜びで有頂天になっている場面なのである。

この解釈は、それと符合するたくさんの観察によって確証されており、この像を明快に説明してくれるし、そのように想像しながら見ると、この像が考え出された詩的で宗教的な雰囲気が甦ってくる。つまり、この作品は、ただ私たちの眼を魅了するばかりでなく、それ以上に、当時の宗教思想についての一つの証言でもあるわけである。

『メランコリックなアテナ神』と『マラトンの少年』の例は、アルカイック期および古典期のギリシア芸術が、単にその美を味わうべきものでなく、正しく理解されるべきものであることをよく示している。それは、洗練された民族の、単なる精神と感覚の快楽を目的としたものや、気晴らし以外に見返りのない芸術作品などではなく、その一つ一つに、さまざまな欲求と明確な意図に応える意味が込められているのだ。芸術家がまずめざしたのは美の創造であったと考えるのは近代人の重大な錯覚であり、審美的資質は付け足しに過ぎないのである。

制作者は、予定されている目的にかなうように一つの品を作ったのであり、神殿は記念建造物であるより以前に《神の家》であり、彫像は、美の造形物である以前に《奉納物》であった。盃は、まず飲むための容器であり、使われている素材と施されている装飾は、たんに付加価値にすぎない。その意味で、スタンダールが「アテナイ人にあっては、美は有効性の突起物でしかない」といっているのは、的を射ている。「芸術のための芸術」というのは、ギリシア人の意識においては、無縁の理論なのである。

2　芸術家とその技術の完成

このことは、ギリシア社会で芸術家たちが占めていた位置を調べてみると、明確になる。たとえば、フェイディアスとかイクティノス、ゼウクシス、プラクシテレスといった人々の名声がどうであれ、私たちは、それに眩惑されないようにしよう。後世の人々が付した評価を、当時の同時代人に負わせることをしてはならない。

私たちが古典期の巨匠たちを知っているのは、本質的には大プリニウスとかパウサニアスといったローマ時代の著述家や編纂者による書物を通してであり、その彼らは、ヘレニズム時代の碩学から先入見を吹きこまれていたのである。こうした芸術批評（もっとも、このような呼び方が許されるとしてだが）は、一つの長い伝統に培われた芸術作品への嗜好がアカデミックな性格をもち、過去のものほど優れるとしがちだった時代の感覚を反映している。

この点で注目されるのは、西暦二世紀、パウサニアスが『ギリシア案内記』のなかで多くの芸術家の名前を挙げているが、西暦前二世紀以後の芸術家の名前は一人として記していないことである。この古物研究家の関心の持ちよう自体が、アルカイック期や古典期のギリシア人たちの同時代の芸術家たちに対する心情を推測させてくれる。

私たちは、ヘロドトスとかプラトン、クセノフォンなど前五世紀ないし四世紀の著述家たちが遺しているごく僅かな証言から、確かな結論を何点か引き出すことができる。

まず第一に、アポロンの娘で高雅な人々の余暇を支配するとされた九人のムーサイ（ミューズ）の合唱隊のなかに、造形美術を分担する者はひとりもいないことである。これは、ギリシア人にとって建築師とか画家、彫刻家といった仕事は、詩人や天文学者、音楽家の仕事と同じジャンルに入るとは考えられていなかったことを意味する。

これらの《芸術家》は、音や言葉を扱う人々と同じジャンルに置かれるためには、物質的存在にあまりにも依存しすぎていた。人々は、彼が作り出した物に対して、なんらかの称賛の念は抱いたとしても、ムーサイ女神の気に入るであろう神聖な霊感の特恵をそれに付すことはしなかった。《アルティスト artiste》（芸術家）は当初は《アルティザン artisan》（職人）と考えられていたのである。

このことを示す証拠が、もう一つある。それは、造形美術自体が提示しているもので、周知のように、ローマ時代には裕福な好事家たち（キケロとかプリニウスがその手本であった）は、好んで大哲学者や詩人、雄弁家の肖像を身の回りに集め、蔵書室や庭園を飾った。そして、ホメロスやプラトン、ソクラテス、エウリピデス、デモステネス、エピキュロスなどの胸像が、前四世紀のギリシアやヘレニズム時代の彫刻家の作品を原型として大量に模造された。

こうした「傑出した人々」のギャラリーを形成していた多くの人物肖像のなかに、画家と彫刻家の肖像は一つとしてない。フェイディアスについては、アテナ・パルテノスの持つ楯の表面のレリーフに、ペリクレスをモデルにしたテーセウスと並べて、伝説的な彫刻家、ダイダロスとして自分の肖像を入れたと言われている。そこで、この楯の模造品によってフェイディアスの肖像を発見しようとの努力が払われたが、ついに実を結ばなかった。おそらく、この逸話自体、後世の作り話だったのであろう。そもそも、アテナイ人からすれば、そのような行為は破廉恥であり、不敬罪にも問われかねない越権行為であったはずだ。

事実、私たちは古代ギリシアの大芸術家たちの顔はまったく知らない。誰一人として自らの肖像を作らなかったし、それは、彼らのライバルたちも同様である。そうした制作を命じた人はいなかったし、彼らの栄誉を称えるために、公共の場所に彼らの像を立てようなどと考えた人もいなかった。彼らの作品に対する称賛は、かなり早い時期から聞かれたが、それが彼らの人物像を具体化するところにまで進むにはいたらなかった。

名だたる大芸術家に対する人々のこうした態度は、驚くべきことのようであるが、ギリシア人が抱いていた社会的ヒエラルキーにおける位置づけを知れば、当然のことであった。彼らにすると《芸術家》とは本質的には《労働者》（ギリシア語でいう「バナウソス」）であって、《労働者》が利益に関わりのない思弁に与えられた尊敬心を要求することはできないのである。

プラトンの対話篇で、ソクラテスがフェイディアスのことを語るとき、《職人》とか《仕事をする人》という意味の語彙「デミウルゴス」を使っているし、画家や彫刻師についても、種々の手仕事をする人、技能に巧みな人として言及している。そのうえ、プラトンは、ソフィストのプロタゴラスがフェイディアスなどの彫刻師一〇人分くらいの報酬を一人で得ていたことを教えてくれる。

そのソフィストたち自身、名声の如何にかかわらず、ある種の軽蔑をもって見られていたのは、彼らが利益を目的に教育活動を行っていたからである。このことからも、芸術家たちがギリシア社会において第一級の位置を占めるには程遠いところにあったことが明白である。

しかしながら、彼らが低い身分に位置づけられていたことは、芸術的質を損なうどころか、逆に、助ける働きをした。というのは、芸術が本質的に一つの技術である以上、芸術家はそれに通暁していなければならなかった。彼にとって、インスピレーションと手の熟練を切り離すことなど想像もできないことであったし、技能の習熟のためにインスピレーションが損なわれることも考えられないことであった。こうして、今日、芸術のさまざまな危機を招いている《プリミティヴィズム》すなわち素朴さを良しとする行き方への誘惑が、古代ギリシアでは、芸術家の地位の低さゆえに、食い止められていた、といえるのである。

3　アッティカ陶器と黄金の彫像

このように、まず何よりも「仕事」であるとする考え方が、芸術家たちにも一般人にも広く行きわたっていたところに、いわゆる《よき時代》のギリシア人の作品の全般的な質の高さの原因があった、と見るべきである。

たしかに、当時のギリシアの芸術家たちが第一級の巨匠ばかりだったわけではない。現在の美術館や博物館にあるギリシア美術の倉庫には、凡庸な作品もたくさん収められており、それは、彫刻についても陶器についても、同様である。しかし、こうした凡作といえども、ある種の出来の良さで際立っており、そこには、職人のまじめさと腕の確かさが反映している。

ギリシア人たちが遺した装飾的彫像全体の質の高さは、ここに由来しているし、それは、最盛期の作品の数の多さにも表れている。デルフォイに捧げられたシフノスの宝物庫の軒蛇腹の帯状装飾（フリーズ）と破風の装飾、アテナイ人の宝物庫のメトープ（小間壁）、オリュンピアのゼウス神殿のメトープと破風、パルテノンのメトープと軒蛇腹、破風、バッサイ〔訳注・アルカディア地方。アポロン神殿があった〕の軒蛇腹、ハリカルナソスの霊廟の装飾などがそれである。

同じくらい重要性をもっているのが、一群の制作者による集団的作品である。たとえばパルテノンの彫刻は、前四四七年から同四三二年まで一五年の歳月をかけて完成された。その間に、九二のメトープ、延べ百六〇メートルのフリーズ（これには、三六〇人が取り組んだ）、そして、四〇にのぼる破風の彫刻が制作された。

この作業の責任者は、今日では間違いなくフェイディアスとされているが、こうした多くの人間を使って仕事を成し遂げるために、どのように種々の組織上の問題が彼の肩にかかったことであろうか？

この仕事には、大理石工、石工、画家、金銀細工師と、その徒弟と奴隷たちが携わった。年齢も能力もまちまちであったが、一つの共通の規律に従い、フェイディアスの作風にかなり忠実に合わせて仕事をした。少なくとも、軒蛇腹のフリーズなどは、調和を乱すものなどほとんど認められないばかりか、むしろ、見事な統一性を示している。

私たちを当惑させるこの成功は、それぞれの芸術家が自分の独自性の追求を放棄しなかったならば達成できるものではない。彼らが自分らしさや独自性をもっていなかったなどと考えるのは大きな間違いである。そうしたものを充分にもちながら、各人が隣の人を犠牲にしてまで自分独自の才能をひけらかそうとするのでなく、自分の受け持ち分を、責任者の指示どおりにやりきることが自らの任務であると考えたからこそできたのであろう。

同様の見事な成功事例は、これより二〇年早いオリュンピアのゼウス神殿にも見られる。その素晴らしいメトープと破風を考案し、仕事の達成に必要な結束を作業班に課すことに成功した芸術家の名は不明である。だが、アイスキュロスの反響音がこだましているこの驚嘆すべき大理石の建造物は、これによって生まれたのであり、その栄誉は、のちにメッセニア人たちがオリュンピアに奉納した勝利の女神像を彫刻したトラキアのメンデ出身のパイオニオスに恐らく帰されなければならない。

多分、もっと顕著な例が、前四世紀半ばのハリカルナソスの霊廟の場合である。資料によると、スコパス、レオカレス、ティモテオス、ブリュアクシスという四人の著名な彫刻家が、それぞれ自分のアトリエを伴って、この霊廟の装飾の仕事に参画するためにやってきたのであった。

考古学者たちは、この建造物の廃墟で見つかった断片を分類し、そのいずれが四人のうちの誰の手になるものかを特定しようと、すでに一世紀以上も英知を傾けて奮闘しているが、まだ成功していない。これらの芸術家たちは、高名であるだけでなく、それぞれにきわめて個性的な手法を身につけた人たちであったにもかかわらず、そのように自分固有の才能を折り曲げても、必要とされた協同作業に献身したのである。協同作業の精神と仕事への尊敬心こそ、ギリシアの彫刻師にとって最優先の資質であった。仕事を尊重することと《速い仕事》とは相容れない。《いい仕事》をすることが大事であるときは、時間は問題ではない。当時の生まの資料を調べると、ギリシアの芸術家たちが、仕事について、どれほど配慮し丹念に作業をしたかが分かる。

私たちは、前五世紀末のアテナイのアクロポリスにあるエレクテイオンの軒蛇腹に彫刻を施した人たちに支払われた費用の記録の一部を見ることができる。たとえば、群像のなかの一つで、しゃがんでいる若い男と立っている男を二体、高浮彫で制作した芸術家は、一二〇ドラクマを受け取っている。これは、一日当たり一ドラクマであった。当時の腕のよい労働者の平均賃金でいえば、四か月分に相当する。この群像は高さがたった五八センチで、しかも、材料の大理石は支給品であった。仕事のペースは遅々たるものであったが、綿密になされた。

大きなブロンズ像の制作も同じように丹念に行われた。デルフォイの『御者像』を細かく調べてみると、鋳造のあと、空気の泡や鉱滓でできた表面の欠陥を消すために鎚で打つ作業や、肉の盛り上がりを際立たせるために金属彫刻用の鏨で如何に丹念に手直しが加えられたかが推測できる。

建築においても、完璧をめざして細かい心遣いがなされた。ドリス式円柱に刻まれている溝は、柱が台石に設置されてのちにつけられた。そのようにすることによってはじめて、円柱の稜線を上から下まで歪みなく整えることができたのであった。

前五世紀末に建造されたシチリアのセゲステの神殿は、途中、予期しない事件のために作業は難渋したが、出来映えはすばらしく、今もその円柱は滑らかなフォルムを保っている。壁も、とりわけ丁寧に造られ、石を積み上げたあと、上から下まで磨きをかけて仕上げられた。

そこでは、きわめて洗練された技法が用いられており、それぞれの石塊は金属の大きな釘で繋ぎ合わされ、石同士の接合面は、少しの隙もないほどにピッタリと合っている。これは、石塊のすべての面に鏨で丁寧に縁が付けられているおかげである。今日では崩壊している部分も、それぞれの石の元の位置を確実に指定できるほどである。

丹念な仕事ぶりは、最初の石の切り出し作業の段階でも見られる。この点では、アルカイック期と古典期のギリシアは、傑出していた。彫刻師たちも、硬い石に凹彫りを施す場合も、貨幣に彫りを入れる場合も、彫る技術を完璧といえる水準に押し進めた。その眼の鋭さと腕の確かさが、これらの小品にも真の傑作としての特質を付与したのであり、それらは、今日、写真に撮った場合、どんなに拡大しても、プロポーションの正確さと盛り上がりのトーンを失わないほどである。

最近の幾つかの研究によって、前六世紀から五世紀のギリシア芸術作品のなかでも最も魅力的な作品である絵付け陶器の技術の複雑さが解明された。ドイツと英国の化学者と考古学者の協力により、アッティカの甕に独特の質をもたらしている有名な《黒絵》と《赤絵》の釉薬の謎が解かれたのである。

それは釉薬の種類によったのではなく、粘土を水に溶かしコロイド状溶液にしたもので、これを土で作った壺の表面に筆で延ばして焼くのであるが、焼かれる間の連続的工程によって黒色になったり赤色になったりするのだということである。

窯のなかの温度をまず八〇〇度ほどにすると、酸化作用によって酸化鉄が生じ、これが粘土を赤色にする。これがさらに、第二段階として、換気用の煙突を開けて調節することにより温度を約九四五度に上げると、炭の酸化の影響で赤い酸化鉄が黒色の酸化第一鉄ないし磁気鉄の酸化物に変わる。この反応は、窯のなかの生ま木とか、液体を入れた鉢で生じさせた蒸気によって進行する。

この段階で作業をやめた場合は、エトルリアの《ブッケロ》のように、全体が黒一色の陶器になる。しかし、ギリシアの陶器の場合は、第三段階があり、この九四五度を約八七五度に下げると、部分的に再度の酸化が起きる。それには、窯の出口を開けて、中のガスを出して新しい空気を入れる。すると、粘土が空気と触れている部分で、酸化磁気鉄ないし酸化第一鉄が酸素を吸着して、赤色の酸化鉄に逆戻りするのである。

しかし、釉薬で覆われている部分では、釉薬を構成している粒子が極度に細かく緻密に集まっているため、新しい酸素が入ることができないから、このプロセスは起きず、釉薬は黒色のまま残る。こうして、焼成が完了すると、甕の地の色は赤色になり、釉薬がかかっている部分は美しい艶のある黒色となるのである。

この作業は、非常に細心の注意を要するので、陶工は経験を積み重ねながら、腕を磨く必要がある。しかも、この仕事は、たとえ完璧にこなせるようになったとしても、つねに神秘的な何かが残る。間違って《テセイオン》と呼ばれているが、当時は一つの神殿内の礼拝によって結びつけられていた、この地域一帯を支配していたヘファイストスとアテナ神との庇護を、この仕事の職人たちが求めた所以が理解される。

〔訳注・テセイオンはアテネのアゴラの西端にあるドリス式神殿の間違った呼び名。ヘファイストスとアテナが合祀されているので、近年は《ヘファイスティオン》と呼ばれている。〕

高度な技法に対するギリシア人の嗜好を最もよく示しているのが《クリュセレファンティノス chryselephantine》すなわち黄金（chrysos）と象牙（elephas）による像である。この形の芸術は今日では消滅してしまっているが、アルカイック期にはすでに完成されていた。その頂点を示したのが、フェイディアスによるオリュンピアのゼウス像とアテナイのアクロポリスのアテナ像である。

いずれも、高さ一二メートルという巨大な像で、中は空洞になっており、組み立てられた骨組によって支えられていた。アテナ・パルテノスの場合、この骨組を支えていた土台の厚板の受け溝が、今もパルテノンの床の石畳に見られる。像の本体は、骨組の上に被せて作られ、細部にいたるまで彫刻された木製の像に、黄金板と象牙板を塡め込んだものである。肌の部分は薄い板状にそいだ象牙が膠で張り付けられ、着衣や毛髪、アクセサリーの部分は、黄金板に打ち出して表現し、これが木製の像本体に釘で留められた。輝く眼や豪華な装身具のためには、宝石と貴石が用いられた。

このように、彫刻だけでなく、黄金細工や宝石細工を組み合わせた複雑な作品であるから、この作業は、工程の進行につれて、それに携わる芸術家が集められたわけで、彼らを協力させる困難さは想像に余るものがある。そのうえ、いったんは完成しても、年月が経つうちに骨組の緩みや素材の劣化と汚れ、さらには白蟻やネズミによる毀損が生じたから、保全と修理にかけなければならなかった注意と労力、経費は並大抵ではなかったはずである。

当然、そうした損傷を最小にとどめるための種々の工夫もなされていた。木製部分の乾燥を防ぐために床に水や油が撒かれた。オリュンピアでは、フェイディアスの子孫と称する一家がゼウス像の保守の責任を担っていたが、それでも、前二世紀には修復が必要となり、メッセニアのダモフォンという彫刻家が象牙部分の補修を行っている。

こうしたあらゆる分野での技術的手腕の素晴らしさが人々の称賛を惹き起したのであるが、ギリシア絵画の場合、とくに評価されたのは、筆遣いの巧みさを示す《騙し絵》ないし手品師的な効果によってであった。たとえば、前四世紀にパウシアスが描いた『酩酊』のアレゴリックな絵は、酒を飲んでいる女性の顔を、大きなガラスの盃を透かして描いたものである。同じ時代、キュレネの彫刻家たちも、葬儀に関わる群像のなかで、ヴェールで覆われた婦人の顔を好んで表現している。

以上に述べてきたように、ギリシアの芸術家たちが私たちの前に現す姿は、まず何よりも、美しい作品を愛し、仕事場で実地に鍛えられて一人前になった職人としてのそれである。彼は、革新を起こそうなどとは考えず、一人の師をもったことを誇りとし、師のやり方を再現することで満足した。

オリュンピアの神域で発見された台石には、おそらく、そのうえに載っていた彫像を刻んだ前六世紀末のアルゴスの二人の彫刻師の名が刻まれているが、同時に、自分たちにこの技を教えてくれたのは師匠であることを印象的に述べた文を添えている。

古代の歴史地理学者たちは、ある芸術家に言及するとき、彼が誰の生徒であったかを必ず言い添えている。近代の考古学がときに過度に重視する《学派》、《学校》の概念も、部分的には、そこから来ている。過去に忠実であることによってこそ、その芸術家は、社会的環境のなかにしっかりと足場を築くことができたのである。

自由労働者である芸術家は、しばしば都市の活力の源泉となった職人や小資産家などの中流階級のメンバーであった。だからこそ、自分が生まれながらに属している社会の諸感情と憧憬をぴったり表現することができたのであった。

4 神人同型の宗教と芸術

古代ギリシア社会は、芸術家にも聖なる分野でのさまざまな要請に応えるよう求めた。神人同型の宗教においては、崇拝は神がどのような姿をとるかということと密接に結びついており、そこから、芸術家に対しても、注文がつけられた。つまり、同国人たちがその神について作り上げている想像上のイメージに具体的な形態を与えることが彼の仕事だったのである。

こうして彼は、神は人間に似ているのであるから人間をモデルとして研究せざるをえないし、自分の芸術を媒介にして、これこそ神にふさわしいと思われる完璧な美しさを、その像に付与しなければならない。したがって、ギリシアの芸術にあっては、自然主義的探求と理想化とが、互いに拮抗するのでなく相補う二つの志向性となっている。

前者は、初期アルカイック期以来つねに維持された、真実と解剖学的厳密さに向かう努力に表れている。たとえば甕に描かれた絵や彫像において、眼の描き方、腹部の筋肉、膝の関節の起伏などに、その進歩の跡を明確に辿ることができる。

しかし同時に、芸術家は自分が研究する身体の種々の秘密を、知的手法で明らかにしようとした結果、身体の美しさは数学的比率にあるとの結論に到達する。この法則性は、私たち現代人も認めるところで、そこから出てきた重要な概念が《リズム》であり《シュンメトリア》（均整）であった。

明確に定義したものがないので、今日では、本当の内容は分からなくなっているものの、これらの概念と観念こそが人々の審美基準となっており、芸術家たち自身の関心をより高い水準に引き上げる働きをしていたことが、さまざまな文献から明らかである。そして、これらの関心と結びついて、人間の身体の理想的プロポーションの体系を確定しようとする種々の試みが行われた。

彫刻家のポリュクレイトス〔訳注・フェイディアスの同時代人〕は、『規範』と呼ばれる著作にこの体系を示し、それを具体化してみせるために、今日もその模造が遺されている有名な《ドリュフォロス》（槍を持つ人）の像を作ったとされている。

この運動競技者の裸像は、完璧な比率をもつ人間の肉体を表そうという情熱をこめて制作されたもので、この種の研究に、一つのすばらしい展望を与えてくれている。これによってポリュクレイトスは、肉体の力強さと自律の心とが一つに結合した男性美に対しギリシア人たちを突き動かした衝動と称賛の感情を表現することに成功している。

このようにして確定された造形上の理想は、人間的尺度が万物の基準であるとする社会の熱望に応えたものであり、人間は競技場での知的鍛錬によってこそ完成されるとしたギリシア人の眼に適ったものであった。知的にとらえられたこの理想は、現実と緊密に結びついていたのであって、彼はそれを数学的法則に従わせることによって美化し昇華したのであった。

これは、こうした形式的な完璧さがギリシア人を満足させたということであろうか？　たしかに彼らは、これを全面的に賛美しているが、だからといって、限界があることを知らないわけではなかった。ギリシアの先人たちから多くの示唆を受けた西暦一世紀のラテン人修辞家、クィンティリアヌスは、この点について「ポリュクレイトスは人間の姿形に超自然的な美しさを付与したが、だからといって、神の荘厳さを完璧に表現したとは思えない」と言っている。

この判定は、同じクィンティリアヌスがフェイディアスについて「彼は伝統的宗教を、ある意味で豊かにした」と評しているのと対比したときに、意味がはっきりする。つまり、これら二人の芸術家は、どちらも人間のモデルを出発点としているが、一方が到達したのが形の上での厳格な完璧さであるが少々冷たく人間離れして見えるのに対し、他方が実現しているのは、超自然的な偉大さの直接的把握をもたらすことによって人間の立場を高めることなのである。

こうして神人同型の外見が、一方では人間主義的理想を、他方では神の超越性を表わす働きをし、それが全体として、ギリシア思想の豊かさを生み出していった。神殿が建築家の主たる作品であるのと同じく、崇拝する神の像が彫刻家の主要な作品であったにしても、芸術家たちは、それ以外のさまざまな仕事によっても創作意欲を刺激され、情熱と知性を傾けて取り組んでいった。

たとえば神殿や霊廟の装飾、祭儀にかかわる調度品の制作などに競って取り組む場合、芸術家たちは事業の責任者である権力者が立てたプログラムに合わせて想像力を繰り広げた。そのための豊富なイメージの素材を彼らに提供したのが先祖伝来の神話の宝庫であるが彼らはこれを、世俗的な作品にも活用した。

それらの神話は、人々にとって馴染みであったから、芸術家たちは多くを語る必要はなかった。ある人物を示すには、その個性を表す幾つかの特徴点を描き入れるか、そうしたものがない場合は、短い言葉を書き添えるだけで充分であった。こうして、人々との間に暗黙の了解が前提としてあったので、芸術家は、直接に本質的テーマへ進むことができたのであって、ギリシアの芸術作品がもっている簡潔さは、そこに由来している。

そこでは、各細部が重要な意味をもっていて、その訴えかける力は、その節度から出てくる。二人の戦士は、トロイの城壁前での戦いを暗示し、リンゴを手にしているヘラクレスはヘスペリアの姉妹〔訳注・ヘラがゼウスに与えた黄金のリンゴの番をしている〕のエピソードを示している。枝打ちされた木の幹は森を表している。

この知的な民族は、ほんのちょっとした仄めかしで理解することができた。彼らは暗示と象徴の豊かな技法を充分に理解しており、それによって演劇においても見物人たちは積極的に参画できた。そこでは、短いセリフや小道具で多くのことが伝えられ、換喩法や緩叙法〔訳注・「彼は頭がよい」という代わりに「彼は馬鹿じゃない」というような言い換え〕も盛んに使われた。

この技法は日常的な出来事の観察によって豊かになっていったが、それを通じて彼が表現しようとしたのは不変の真実であった。彼は暴力を容認するが、暴力的な身振りは嫌う。彼は歴史を物語るが、それ以上に、存在の不変の本質を捉えることに喜びを感じる。

古典期のギリシアを示すものとして、坐っているにせよ立っているにせよ、裸であれ着衣姿であれ、男であれ女であれ、瞑想しているにせよ夢を見ているにせよ、単体の人物像に勝るものはない。それは、特定の思考や行動によってなんら束縛されず、自分の思うままの崇高な生を静かに永遠に生きている。

古典期ギリシアの芸術は、甕の絵を描いた人々がその素晴らしい活用法を知っていた《逸話》も軽視はしないが、普通は、もっと高いものをめざしている。それは、おそらく、色彩豊かな、沸騰している芸術である。私たちは、大理石の彫像が、もともとは鮮やかに彩色されていたことを忘れないようにしよう。それは、神々の臨在の印象を強めるためで、芸術家は、五感を刺激することによって精神に訴えかけたのであり、感覚の享楽を超えて、精神を満足させることをめざしたのである。

5　芸術家の個人性とギリシア世界の一体性

ギリシアの職人は、個人と人間的尺度の都市とに奉仕することによって、自身の個人性の感覚を勝ち取り、強化していった。ギリシア芸術は、芸術家の個人性を明るみに出した最初の芸術といえる。

原初以来、ギリシアの伝説は、彫刻家たちの先祖であり守護者で、ソクラテスもその末裔であることを誇りにしているダイダロスという特権的な名前に愛着を示してきた。もう一人の伝説的芸術家は、トロイの木馬を作ったとされるエペイオスである。このいずれについても、古典期になってなお、さまざまな物に関して、彼らの作ったものという伝説が言い伝えられた。

彫刻師たちの系譜は、このような顕著な先祖から始まって、途切れることなく続いてきたとされる。前七世紀末には、クレタ人、ディポイノスとスキュリスが《ダイダロス族》を名乗り、その弟子でデロス島の巨大なアポロン像を作ったテクタイオスとアンゲリオンも同様に自称している。（このアポロン像については、カリマコスも実物を見て、詩に謳っている。）

彫刻家が自分の作品にサインを入れる習慣は、古代においてはギリシアだけのものである。今日も残っているサインは多数にのぼり、特別な収集本に集められていて、芸術史にとって大事な資料となっている。パウサニアスは、自分が見たあらゆる像について、その作者とされる芸術家たちの名前を丹念に記しているが、上記のサイン収集本は、それを裏付けるとともに、超えている。

サインの慣習は彫刻師たちから陶工たちにも広がった。前六世紀じゅうには、アッティカの製陶関係者たちが、その最もできのよい甕などに、絵づけ師として、陶工として、サインするようになる。この分野でも、資料はきわめて多く、考古学者が陶器を年代別・様式別に分類する場合に、重要な基準を提供してくれている。

主要な芸術家たちの《作風》を明確に確定することは、つねに碩学たちの野心であった。絵付け陶器の場合、絵付け師は単に職人でしかなかったが、この努力が豊かな成果を実らせたことは、ギリシア社会が、いかに個人の才能の開花を促進したかを示している。

だからといって、あらゆる分野で、才能ある個人の存在が簡単に見分けられるわけではない。たとえば彫刻についていえば、作品は普通は無署名であるし、仮にサインが見つかっても、彫刻の本体は無くなって、空き家になった台座に刻まれているだけである。一般的にはむしろ、偉大な芸術家については、文献資料にある情報で判断しなければならないが、この作業は、ジグソー・パズルを組み合わせるような根気を要する。しかも、脱漏している断片が多く、結果がどうなるかは不確実である。

画家たちについては、前五世紀ではポリュグノトス、パラシオス、前四世紀に入ると、アレクサンドロス以前はゼウクシス、エウフラノル、パウシアスといった名が知られているが、彼らの実像については、よく分かっていない。彼らの絵は、ローマ時代のフレスコ画やモザイク画による模写が伝わっているだけで、古代人が異口同音に賛嘆している実物は、残念ながら一つとして残っていない。

それに対して、凹彫りで刻印された貨幣はたくさん遺されている。陶器の絵付け師と同様に、この彫刻を施した人々も、自分の腕前を誇りとし、ときには、作者としての名を遺そうとした。事実、前五世紀末から同四世紀初めにかけてのシュラクサイの美しい貨幣を作ったとされるエヴェナイトスやキモン、エウクレイダスは、技量において、当時の最も勝れた彫刻師に引けを取っていない。

名声の高い芸術家は、住んでいる都市や地域の枠を超えて、遠く離れた都市からも仕事を依頼された。そうした事例は、アルカイック期からすでに見られる。前六世紀、スパルタは、自国を荘厳するため、サモス島の建築師テオドロス、マグネシアの彫刻師バテュクレスといったイオニア人を呼び寄せている。それより少しあとになるが、逆に、ミレトスは、アポロン神像の制作をスキュオネのカナコスに依頼している。

ドリス人の植民都市であるキュレネは、アッティカの芸術を高く評価していた。シュラクサイの僭主たちは、デルフォイなどの神域への奉納物をさまざまな芸術家たちに作らせている。このため、デルフォイ、オリュンピアなどの全ギリシア的聖域には、あらゆる地方から彫刻師たちが有利な仕事を求めて集まってきており、つねに芸術作品の常設展示場の様相を呈していた。

ブロンズや金銀細工、焼き物、甕、タペストリーといった小型の作品は、ギリシア世界の一方の端から別の端へと行き交い、さまざまな様式の伝播を促進するとともに、相互作用を惹き起した。このため、地方的な芸術流派にとって、その独自性を守ることが如何に難しかったかが理解される。

たまたま偉大な師匠の影響によって、ある様式がギリシア世界全体に広がると、地方的なものは消え失せ、どこもかしこも同じになる。結局、私たちに強い印象を与えてくる芸術は、ある都市固有の嗜好から出たものではなく、ギリシア世界全体に関心を喚起したものである。

幾つかの中心地が放った光、とくにアテナイのそれが、共通の美的感覚を決定的に形成した。しかも、その拡散のスピードはきわめて速く、強力であった。キュレネ、セリノンテ、ポセイドニア（パエストゥム）といった遙か遠い土地にギリシア本土の最も優れた作品と肩を並べうる傑作が見つかっているのは注目に値する。ギリシア世界は、政治的には細分化されていたが、芸術と文学の領域では、早くから、一体性を意識していた。

結び

　これまで述べたことによって、通常、私たちの記憶のなかで過度に簡略化されがちな一つの文明のもっていたさまざまな特徴の豊かさと複雑さを感じ取っていただければ幸いである。

　ギリシア世界がアテナイという一都市に還元されえないと同じく、古代ギリシア文明も、《ペリクレスの世紀》に還元できるものではない。しかも、この場合、《世紀》といっても、実際は三〇年間しか続いていないのである。

　ホメロスの先輩であるミュケナイ時代の詩人たちから、プラトン、デモステネスにいたるまで、また、彫刻家の神話的始祖であるダイダロスからプラクシテレスやスコパスまで、さらに、前一四世紀のアッティカの陶工から《ケルチ様式》の陶工にいたるまで、この道程は長く変化に富んでいる。その一千年間は、さまざまな努力と試み、探求と挑戦、対立と競争の歴史であった。

　この一千年間に、一つであると同時に多様なこの小民族は、数々の内訌と外敵の脅威にもかかわらず、独創的で斬新、完璧な一つの文化を粘り強く練り上げることができた。そこでは、人間的条件の基本的なもろもろの様相が確定された。すなわち、宗教的信仰と人間への信頼、宇宙的神秘への感覚と自然を理解しようとする意志、ヒエラルキーの観念と平等性の理念、社会的集団性の尊重と個人に向けられる関心がそれである。

　これらの相い矛盾する要求が国家同士とともに人間精神同士の絶え間ない抗争を生じたことは、驚くに当たらない。しかし、こうした抗争自体が進歩の生成源となったことも一度や二度ではない。

私たちは、ここで再び、「戦いが万物の母である」というヘラクレイトスの思想を見出す。アルカイック期および古典期のギリシアは人間精神の秩序のなかにも、人間関係の秩序のなかにも、「生きているものとは戦っているもの」とのある詩人の言葉が当てはまることを例証している。

事実、ギリシア人から見ると、人間（とくに男）の最も重要な資質は、多くの人にあっては、知性ではなく勇気であり、彼らの言葉でいう「アレテー」、ラテン語の「ウィルトゥス」が《徳》一般をさした。彼らが称えた英雄とは最も勇敢で雄々しいアキレスであり、術策に長け、何事にもひるまない精神をもったユリッシーズである。

ギリシア人は、フィクションにおいても、現実生活においても、魂の強靱さを最上位に置いた。それを証明しているのがアイスキュロスのプロメテウス、ソフォクレスのアンティゴネであり、フォキオン、レオニダス、ソクラテス、あるいはデモステネスである。この意味では、プルタルコスのギリシアは、その道徳家的な調子にもかかわらず、信じられているより以上に歴史的真実を射ているのである。

ヘロドトスが『歴史』のプロローグで書いていることは、当時の人々がみな同じように考えていたことである。いわく「ギリシア人とバルバロイの人々によって成し遂げられた偉業は、忘れ去られることはないだろう」。

おそらく彼は、芸術と技術における傑作の数々も、この《偉業》のなかに含めていた。しかし、彼が、より高く位置づけていたのは、物質を対象とした偉業ではなく、戦士や政治的指導者の《徳》、すなわち人間を対象とした偉業であった。

ルナンは『アクロポリスに祈る』のなかで「ついで彼は、スパルタへ向かい、この支配者のひどい過ちを呪い、それがもはや存在しない故にののしりに行くだろう」と書いているが、このとき彼は、古代人の魂について深刻な誤解をしていたといわざるをえない。

昔のギリシア人たちにとって、手本となる高貴な思い出は、生き残るためにモニュメントとして固定される必要はなかった。シモニデスとかテュルタイオスとかの詩句によって世代から世代へと伝えられた高徳の誉れは何世紀もの時代を容易に耐えた。戦う乙女たるアテナ神は、ラケダイモンに青銅の神殿をもっていた。彼女は、スパルタとその兵士たちが人々から軽蔑されるなどとは思いもしなかったであろう。

したがって私たちは、自分の偏見と妄想を、この遙かな過去へ移し換えないようにしよう！　フランスの学者たちはペロポネソス戦争について語るとき、アテナイを近代民主国家と同一視するという誤りを犯し、アテナイへの同情心に動かされるくせに、第三帝国のドイツ人学者たちがスパルタにファシズムを予示するものを見て崇めた、些末な過ちには容赦しない。

時代も別なら慣習も異なる。ルナンは、ここで正当にも「真の称賛とは歴史に基づいてのそれである」と述べている。しかしながら、社会は変わっても、人間はいつまでも人間自身である。このため、ギリシアが遺した教訓は、政治的教訓というよりは、むしろ道徳上の教訓であり、人間を正してくれるのは謙譲と明敏だという教訓である。それは、多くの人が理解できることでありながら、忘れがちなことでもある。

――人生を愛しながら、それが一時的なものであると知ること、未来は神々に属することを忘れないようにしながら、知性を無上の喜びをもって活用すること、これらの神は人間の姿で捉えられ、人間的尺度こそが、その理想的な形をもって、万物に至高の保証を与えること——。

このギリシアは、人間をさまざまな情念の試練にかける。彼は、戦いなくしては何事も成就されないことを知っている。しかし、自らの弱さにも気づいていて、敵を侮ることはしない。オリエントの王たちが、その勝利を記念して、屈服し怯えている敵軍を戦車で押し潰している場面を浮彫に描かせたのに対し、ギリシア人の芸術は、歴史上あるいは叙事詩での偉大な勲功を、両者が対等に戦っている場面によって示している。

たとえばケンタウロスとラピタイ人の戦い、ギリシア人とトロイ人の戦い、アテナイ人とアマゾネスの戦いの情景が、そうである。敵は必ずしも組み敷かれたり敗れたりしていないし、敗れたとしても憐れみをかけられる権利を失っていない。ホメロスの『イリアス』において最も感動的な姿で描かれているのが、プリアモスやヘクトル、アンドロマケといったトロイの人々であることも、けっして偶然ではない。

アキレスは戦場で、女戦士のペンテシレアに最後の止めの一撃を加える瞬間にさえ、彼女に対する愛に心を奪われていた。この逸話は、あるアッティカの盃に赤色の釉薬で描かれている。これは、深い意味を秘めている。誰よりも勇敢なアキレスも、運命の女神に弄ばれる玩具でしかないということである。ギリシア思想を定義づけるのに、よく《ヒューマニズム》の言葉が使われる。そして、ソフォクレスの『アンティゴネ』のなかのテーバイの老人たちの有名な合唱の文句が引用される。

「世界は、なんとすばらしいもので満ちていることだろう！　しかし、人間以上にすばらしいものはない！」

とはいえ、この《ヒューマニズム》において、人間はあくまで出発点であり、欠かせない一つの物差しではあっても、境界線でもなければゴールでもないことを忘れないようにしよう。

だが、全般的過ぎる思考は、空虚さを免れない。アルカイック期と古典期のギリシアが後世に遺してくれたものは、作品にじかに接してこそ、いっそうの価値が分かる。そうした作品は充分に豊かで、充分にすばらしいので、私たち一人一人がそれらに近づくことによって、人間の永遠的な特徴のほかに、それにふさわしい遺産の分け前を、そこに見出すことができるのである。

訳者あとがき

個人的回想になって恐縮であるが、私にとって最初のギリシアとの出会いは、戦後まもない小学校低学年のころ、戦前に子供向きに愛国心を鼓舞するために幾つかのエピソードを集めて書かれたらしい本の中のテーベの名将エパミノンダスの話である。戦争はすでに小学校二年の夏に終わっていたから、この本は六歳年長の兄に買い与えられていたのが、戦後、ようやく本に親しみはじめた私の目にとまったのである。内容はテーベの将軍、エパミノンダスが四面楚歌の祖国を、迫る外敵からいかに守ったかを書いたものということしか記憶にはない。ギリシアの一都市国家であるテーベはまわりを山々にかこまれていて、その山々に敵軍のたいまつの火が闇の中を列なりうごめきながら迫ってくる場面があり、わたしのふるさとの地形と似ていて、強く印象に刻まれた。ちなみに「テーベ」はエジプトにも同名の都市があって紛らわしいこともあり、また、本来の発音に合わせて、ギリシアの「テーベ」は「テーバイ」と呼ばれることが多い。本訳書でも「テーバイ」とし、「エパミノンダス」も「エパメイノンダス」とした。

その後、戦後日本の民主化につれて、民主主義を欧米語では「デモクラシー」ということに関連して、その語源が民衆をさす「デモス」と、権力をさす「クラシー」の合体した言葉で、デモクラシーの発祥がギリシアにあることを学んだり、オリンピック競技の起源が古代ギリシアにあり、フランスのクーベルタン男爵がこれを復活して近代オリンピックになったことを知ったり、さらに、ルーヴル美術館の秘宝である「ミロのヴィーナス」が日本で公開され、熱狂を呼んだことで、古代ギリシアが西洋美術の淵源であることを知ったりと、ギリシア文明との接触の機会があった。法隆寺の柱のふくらみがギリシア建築の《エンタシス》の影響によるものであることも、小学校で教わった。少女時代から文学に深い関心をもっていた母がサッフォーの詩集やギリシア神話の本を愛読していて、夜空に輝く星座を指しては神話の話をしてくれていたことも忘れられない。

しかし、そうしたさまざまな断片的知識でなく、世界の歴史の大きな流れのなかで「ギリシア文明」を位置づけて学んだのは、小学校も高学年のころ、小遣いをはたいて買ったコフマンの『人類史物語』を読んだことと、高校時代に履修した「世界史」によってであった。そのなかでタレスなどから始まる自然哲学や、哲学の基礎を打ち立てたソクラテスのこと、その教えを記して遺したプラトンの著作などを知った。ホメロスの作品は、子供向きにリライトされたものはかなり早い時期に読んでいたが、原典を忠実に訳したものを読んだのは高校時代で、大学の教養課程で「第三外国語」として一年間、ギリシア語を履修したのは、この世界文学の最初の巨峰というべき『イリアス』と『オデュッセイア』を原書で読めるようになれれば、という野望からであった。しかし、ギリシア語の変化形の多さと複雑さに辟易し、モノにすることはできなかった。

ちなみに、三〇歳代の後半ごろ、編集に携わっていた月刊誌の企画で西欧知識人と対話することになり、少しばかり関係のあった田中美知太郎先生のご推薦でアテネ大学の哲学教授、テオドラコポラス氏をアテネ市内のご自宅に訪ね会談したことがある。このギリシア訪問のとき、アクロポリスの丘に登り、パルテノン神殿のなかにも入ることができた。

ギリシアが人類文明の進歩のために寄与したものは、きわめて多岐にわたる。上記の民主主義などの政治システム、哲学、種々の科学、美術、体育競技のほかにも、音楽、演劇、建築、文学、航海術、医術、宗教と、数え出すと際限がないくらいである。それだけに、一言で「ギリシア文明」といっても、思い浮かべるイメージは人それぞれによって異なるということであろう。

私がここに訳出したシャムーの『ギリシア文明』は、著者自身が「はじめに」で断っておられるように、氏の目に今映っているままに、ゆったりした形で示されたものである。おそらく、とくに現代日本人が「ギリシア文明」について抱いてきたイメージは、パルテノンに象徴される神殿建築や大理石彫刻に代表される美術であったり、ソクラテス、プラトンなどの哲学であったり、アルキメデスなどに代表される科学などの学問のふるさとという平和的イメージが主であろう。その意味で、本書を読まれた方は、この本はギリシア人について好戦的民族という歪んだイメージを与えるとお感じになるかもしれない。

しかし、「エパミノンダス」が最初のギリシア人知己であった私にしてみると、これは、けっして予想を裏切るものではない。シャムー氏が、アルカイックおよび古典期のギリシアは三年のうち二年が戦時であったと指摘しておられるように、ギリシア人の歴史は、ペルシアなど外敵の侵略に対する防衛戦だけでなく、同じギリシア人同士の血で血を洗う覇権争いの歴史であった。オリンピックについて論じられる際にしばしば言われる「オリンピック大会が開催されている間は休戦になった」というのも、それだけ、戦争が多かったということの裏返しであろう。

私は、戦争が占めていた重みを無視してギリシアの歴史と文明を知ったつもりでいることは、レオナルド・ダ・ヴィンチを芸術家という側面だけで捉えようとするのと同じであると思う。ダ・ヴィンチがある君主に自分を売り込むために書いた書面には、敵の城壁を壊す技術に通じていることや、矢の雨をくぐって敵の陣地に迫り、陥落させるための戦車の作り方を知っていることなど三〇項目ほど挙げた最後に、「絵もかける」と付記していることは、よく知られている。

もちろん、古代ギリシア人が、そのように好戦的で、戦争に明け暮れていたことは、けっして素晴らしいことではないし、まして、それを手本にすべきだなどとは思わない。贔屓目でみれば、才能豊かなギリシア人たちは、自主独立の精神が強すぎたのかもしれない。著者も指摘しているように、縦横に走る山脈と入り組んだ海岸線による自然環境が、そうした分裂主義的気風に輪をかけたという事情もあるかもしれない。しかし、それにしても彼らは、厳しい分析的精神から、たえず、他を排除しようとするためか、勝敗が決したあとの措置も、あまりに寛大さに欠けることが多かったようである。

そうしたギリシア人における敗者に対する苛烈さは、シャムー氏も指摘しているとおりである。あれほど才能に恵まれたギリシア人が、アレクサンドロス大王によって一つに纏め上げられる以前は、ペルシア戦争を別にすると、一つの力を形成することができなかった原因は、そこにあるのではないだろうか？

ギリシア人とローマ人は民族的には親戚であり、文化的にも共通しているが、この一点では対極にある。ギリシア人が、狭い国土のなかで、アテナイとスパルタ、スパルタとテーバイというように覇権をめぐって争い続けたのに対し、ローマ人は、戦っても、そのあとは敗者を受けいれ、その代表を自分たちと同じ資格で元老院に列せしめたばかりか、やがては、かつて敵として戦った民族の出身者を皇帝に戴くことさえ厭わず、《パックス・ロマーナ》を実現したのであった。これも、ギリシア文明を理解するうえで忘れてならない点であろう。

なお、本書を出版することができたのは、論創社社長森下紀夫氏、実務にあたってくださった同社の平塚健太郎氏と、その跡を引き継がれた松永裕衣子氏のご努力の賜物である。厚く謝意を表したい。友人の安田理夫氏にも並々ならないご苦労をおかけした。

二〇一〇年二月

桐村泰次

B. C. 429	ペリクレス死去
B. C. 427	アリストファネス、喜劇第一作発表
B. C. 427-347	プラトン
B. C. 413-404	ペロポネソス戦争の第二局面
B. C. 411-410	アテナイで《四百人会議》体制
B. C. 399	アテナイでソクラテス死す
B. C. 394	スパルタがコロネイアで勝利
B. C. 387-386	ギリシア諸都市とペルシア帝国の間で《大王の和約》成る
B. C. 387	プラトン、アカデメイアを設立
B. C. 384	アリストテレス誕生
B. C. 377	第二次海上同盟
B. C. 373	デルフォイのアポロン神殿破壊される
B. C. 366	デルフォイのアポロン神殿再建始まる
B. C. 359	マケドニアでフィリッポス、摂政となる
B. C. 356	マケドニアでアレクサンドロス誕生 第三次神聖戦争始まる
B. C. 352	テッサリア、フィリッポスに屈従
B. C. 346	第三次神聖戦争終わる
B. C. 340	第四次神聖戦争
B. C. 338	（8月2日）カイロネアの戦いでギリシア諸都市軍マケドニアに敗れる
B. C. 336	フィリッポス二世が暗殺され、アレクサンドロスがマケドニア王に即位

B. C. 526-456	アイスキュロス
B. C. 518-438	ピンダロス
B. C. 511	トラキアがペルシア帝国の勢力下に服従
B. C. 499	イオニア諸都市、ペルシアに抵抗
B. C. 496-406	ソフォクレス
B. C. 491-490	第一次ペルシア戦争
B. C. 490	マラトンでギリシア軍勝利
B. C. 488	アテナイで最初の《オストラキスモス》
B. C. 485頃	アテナイで第一回喜劇コンクール
B. C. 484	アイスキュロス、悲劇コンクールで優勝
B. C. 483	テミストクレス、アテナイ海軍を創設
B. C. 481-478	第二次ペルシア戦争
B. C. 480	サラミス海戦でギリシア勝利
B. C. 480-406	エウリピデス
B. C. 478-477	デロス同盟設立
B. C. 489-399	ソクラテス
B. C. 468-456	オリュンピアのゼウス神殿建設
B. C. 464	スパルタ大地震
B. C. 449-447	デルフォイで第二次神聖戦争
B. C. 447-438	アテナイのパルテノン神殿建設
B. C. 443-429	アテナイでペリクレスが、毎年、将軍に選ばれ、行政を主導
B. C. 438-432	パルテノン神殿の切り妻壁が作製される
B. C. 437-432	アクロポリスのプロピュライア（大門）建設
B. C. 432	フェイディアス死去
B. C. 431-421	ペロポネソス戦争の第一局面
B. C. 430	アテナイでペスト流行

ギリシア史略年表

B. C. 2700-2100	クレタの古青銅器文明
B. C. 2500頃	エジプトで最初のピラミッド建設
B. C. 1450頃	ミュケナイ人がクレタ島のクノッソスを占拠。最初の線文字Ｂの文書
B. C. 1400-1200	ミュケナイ人の盛期
B. C. 1350頃	ミュケナイの『獅子門』『アトレウスの宝庫』
B. C. 1183頃	トロイ陥落（エラトステネスの年代記による）
B. C. 1150-950頃	ドリス人侵入
B. C. 900-700頃	幾何学模様の陶器
B. C. 800頃	ギリシアのアルファベットが仕上げられる
B. C. 776	第一回オリュンピア競技会
B. C. 750-700頃	ホメロス『イリアス』『オデュッセイア』完成
B. C. 733	コリントスがシチリアに植民都市シュラクサイを建設
B. C. 708	ラコニア人が南イタリアに植民都市タラスを建設
B. C. 700	エウボイア人がカルキディケに植民
B. C. 660	メガラがビュザンティオンに植民
B. C. 650頃	アイギナ、アテナイ、コリントスで通貨鋳造
B. C. 621頃	アテナイでドラコンによる改革
B. C. 600頃	フォカイア人たちが南仏に植民都市マッシリアを建設
B. C. 594頃	アテナイでソロンによる改革
B. C. 582	デルフォイで第一回ピュティア祭
B. C. 545	小アジアでペルシアの進出。フォカイアの住民、コルシカに移住
B. C. 534	アテナイで第一回悲劇コンクール

リピデス、アリストファネスが筑摩書房の「世界古典文学全集」に収められており、ヘシオドスの作品は岩波文庫に「仕事と日」などが収められている。

哲学については、概説書としては、B. ラッセルの『西洋哲学史』をはじめとして数え切れないほどある。作者別の著作では、筑摩書房の「世界古典文学全集」にプラトンとアリストテレスの主要著述が収められているし、この二人については、全集も幾つか出ている。

8.「芸術」に関しては

R. Huyghe "L'art et l'homme" I, Paris, 1957
P. Demargne "Naissance de l'art grec" Paris, 1964
R. Martin "Manuel d'architecture grecque, I, Matériaux et techniques" Paris, 1965
J. Charbonneaux "La sculpture grecque archaïque et La sculpture greque classique" 3 vol., Paris, 1945-1946

芸術については、たくさんの世界美術史が出ている。

9.「ギリシア」全般に関しては

J. et G. Roux "La Grèce, Coll. Les Beaux Pays" Paris et Grenoble, 1964
P. Lévêque "Nous partons pour la Grèce" Paris, 1961
E. Kirsten, W. Kraiker "Griechenlandkunde" Heidelberg, 1962
M. Cary "The Geographic Background of Greek and Roman History" Oxford, 1949

以上に挙げたのは原著で挙げられている参考文献のなかから、フランス語で書かれたものを主に、ごく一部を抜き出したリストである。本書自体が高度な内容であるとはいえ、一般読者を対象に書かれた概説であるので、専門の研究者にしか読めない原書を並べても余り意味がないと考え、多くは割愛させていただいた。

なお、日本語で読めるギリシア文明史としては、アンドレ・ボナール『ギリシア文明史』3巻（人文書院）とヤコブ・ブルックハルト『ギリシア文化史』5巻（筑摩書房）がある。

1960

C. Roebuck "Ionian Trade and Colonization" New York, 1959

Th. J. Dunbabin "The Greeks and their Eastern Neighbours" Londres, 1957

4.「戦争」に関しては

J. P. Vernant "Problèmes de la guerre en Grèce ancienne" Paris, 1968

A. M. Snodgrass "Arms and Armours of the Greeks" London, 1967

L. Casson "The Ancient Mariners"

5.「宗教」に関しては、パウサニアスの『ギリシア案内記』(岩波文庫で抄訳が出ている。)

ギリシア宗教の概説書としては、

E. des Places "Histoire des religions III" Paris, 1955

L. Gernet et A. Boulanger "Le génie grec dans la religion" Paris, 1932

J. Harrison "Prolegomena to the Study of Greek Religion" London, 1903

ギリシア神話に関しては日本語でも岩波『ギリシア・ローマ神話辞典』(高津春繁著)、新潮社『ギリシア神話』(呉茂一著)、大修館『ギリシア・ローマ神話事典』(マイケル・グラント、ジョン・ヘイゼル共著)そのほか多数ある。

6.「都市」「教育」に関しては

G. Glotz "La Cité grecque" Paris, 1953

Ch. Picard "La vie privée dans la Grèce classique" Paris, 1930

V. Martin "La vie internationale dans la Grèce des cités (VIe-IVe siècle)" Genève, 1940

H. I. Marrou "Histoire de l'éducation dans l'Antiquité" Paris, 1965

W. Jaeger "Paideia, The Ideals of Greek Culture" I-III, Oxford, 1936-1945

7.「哲学」と「文学」に関しては

R. Flacelière "Histoire littéraire de la Grèce" Paris, 1962

ギリシア文学についての日本語で読める参考書としては、岩波全書『ギリシア文学史』(高津春繁著)、クセジュ『ギリシア文学史』(フェルナン・ロベール)がある。作者別の著作では、ホメロス、アイスキュロス、ソフォクレス、エウ

参考文献

1．ミュケナイ文明に関して

A. J. B. Wace "Mycenae" Princeton, 1949

H. Van Effenterre "La seconde fin du monde, Mycènes et la mort d'une civilisation" Toulouse, 1974

ミュケナイ陶器に関しては

A. Furumark "The Mycenean Pottery: Analysis and Classification"

2．幾何学様式文明に関しては

A. Severyns "Homère" I-III, Bruxelles, 1943-1948

F. Robert "Homère" Paris, 1950

幾何学様式の陶器に関しては

A. Desborough "Protogeometric Pottery" Oxford, 1952

J. N. Coldstream "Greek Geometric Pottery" London, 1968

3．アルカイック期および古典期

これに関しては、ヘロドトス、トゥキュディデス、クセノフォンらの著述を参照していただきたい。(とくにヘロドトスとトゥキュディデスについては、筑摩書房の「世界古典文学全集」がある。岩波文庫にも収録されている。)

フランス語で書かれた概説書としては

G. Glotz et R. Cohen "Histoire grecque" (I. Des origines aux guerres médiques. II. La Grèce au Ve siècle. III. La Grèce au IVe siècle; la lutte pour l'hégémonie) Paris, 1925-1936

英語による概説書としては

"Cambridge Ancient History" vol. IV, V, VI.

N. G. L. Hammond "A History of Greece to 322 B. C." Oxford, 1967

植民活動に関しては

J. Bérard "L'éxpansion et la colonisation grecques jusqu'aux guerres médiques" Paris,

ポリュクレイトス Polyclète　315, 441-442
ポリュニコス Polynice　395
ポレマルコス Polémarque　344

【マ】

マウソロス Mausole　152, 161
マルドニオス Mardonios　105, 114-115, 178
マンティクロス Manticlos　228
マンドロクレス Mandroclès　240-241
ミダス Midas　100, 293
ミケランジェロ Michel-Ange　296
ミムネルノス Mimnerne　398
ミュロン Myron　231
ミルティアデス Miltiade　107, 109-110, 118
ムネシクレース Mnésiclès　42
メガクレス Mégaclès　96
メトン Méton　318
メナンドロス Ménandre　409
メネラオス Ménélaos　212
メムノン Mémnon　394
メレシアス Mélésias　369
メレトス Mélétos　138, 326, 331

【ヤ・ラ】

ユリッシーズ（オデュッセイ）Ulysse　203, 225, 231, 246, 267, 281, 295, 298, 345, 392, 394, 449
ラマコス Lamachos　185, 208
ランポン Lampon　297
リボン Libon　258
リュキオス Lykios　231
リュグダミス Lygdamis　86, 89
リュクルゴス（アッティカの）Lycurgue　360, 424
リュクルゴス（スパルタの）Lycurgue　89, 371, 373
リュコン Lycon　331
リュサンドロス Lysandre　134-137, 140, 178, 187, 202, 205, 244
リュシアス Lysias　326, 344, 350, 422
ルキアノス Lucien　274, 279
ルコント・ド・リール Leconte de Lisle　215
ルナン E. Renan　449-450
レオカレス Léocharès　435
レオニダス Léonidas（詩人）　237-238, 449
レオニダス Léonidas（スパルタ王）　111-112, 114
レスケス Léschès　394

ヒッポダモス Hippodamos　340
ヒッポナクス Hipponax　399
ヒッポメネス Hippomène　234
ヒポクラテス Hippocrate　315, 417
ピュタゴラス Pythagore　246, 286, 325, 416
ヒュペルボロス Hyperbolos　131, 199, 208
ヒュペレイデス Hypéride　424
ピンダロス Pindare　85, 216, 268-270, 272-273, 276-277, 286, 306, 311, 315, 377, 396, 399-401
ファラントス Phalantos　61, 90, 302
ファルナバゾス Pharnabase　134
フィリッポス二世 Philippe II　151-158, 167, 172, 180, 184, 304, 341, 370-371, 384, 387, 415, 423
フィロクセノス Philoxénos　401
フィロクラテス Philocrate　154
フィロクレオン Philocléon　327
フィロメロス Philomélos　153
フィロン Philon　197
フェイディアス Phidias　125, 164, 229, 254, 272, 382, 430-432, 434, 438-439, 441-442
フェイドン Phidon　95
フェヌロン Fénelon　367
フェレキュデス Phérécyde　411
フォキオン Phocion　155, 449
フォルミオン Phormion　129, 201
プサメティコス Psammétique　74, 210
プラクシテレス Praxitère　310, 428, 430, 448
ブラシダス Brassidas　130, 186, 319, 413
プラトン Platon　3, 82, 137, 139, 143, 149, 161, 206, 244, 249, 273, 286, 297, 305, 320, 325, 327-329, 332, 341, 343-345, 349, 354-357, 374, 377-378, 383, 398, 406, 417-422, 430-432, 448
プリアモス Priame　394, 451
プリニウス（大）Pline l'ancien　27, 430-431
ブリュアクシス Bryaxis　435
プリュニコス Phrynichos（詩人）　402-103
プリュニコス Phrynichos（政治家）　350
フリュネ Phryné　310
プルタルコス Plutarque　218, 260, 278, 285, 288, 293, 306, 319, 409, 449
ブレーゲン Carl Blegen　14
プロクロス Proclos　393
プロタゴラス Protagoras　326, 329-330, 343, 417, 422, 432
プロディコス Prodicos　422
プロティス Protis　72
ペイサンドロス Pisandre　395
ペイシストラトス Pisistrate　83-87, 89, 92, 98-99, 106, 108, 132, 168, 233, 262, 285, 291, 296, 335, 360, 362, 400, 402
ヘカタイオス Hécatée　410-411
ヘカベ Hécube　206, 231, 238
ヘクトル Hector　231, 451
ヘシオドス Hésiode　54-55, 57, 81, 196, 226-227, 231, 233, 235, 238, 275, 320, 322-323, 354, 381, 395-396, 398
ペネロペ Pénélope　231, 236, 295, 345, 394
ヘファイスティオン Héphaistion　397
ヘファイストス Héphaïstos　438
ヘラクレイトス Héraclite　109, 159, 232, 416, 449
ヘラニコス Héllanicos　411, 415
ベラール V. Bérard　189
ペリアス Pélias　267
ペリアンドロス Périandre　80, 83, 85, 87, 93, 398
ペリクレス Périclès　96, 116-117, 120-122, 124-131, 136, 160, 181, 194, 215, 291, 297, 325-326, 335, 346, 350-351, 360-361, 369-370, 387, 413, 416, 421-422, 431, 448
ペルセフォネ Pérséphone　289
ペルディッカス Perdiccas　151
ヘロドトス Hérodote　8, 56, 59, 66, 72, 82, 84-85, 88, 107, 111, 125, 168, 178, 211, 218, 226, 233, 240-241, 274, 286, 293, 298, 321-322, 333, 345, 351, 358, 362, 380, 390, 395, 410-415, 421, 430, 449
ペロピダス Pélopidas　144, 147, 151
ペロプス Pélops　216
ペンテシレイア Penthésilée　394, 451
ポセイディッポス Posidippe　278
ホメロス Homère　3, 11-12, 23, 29, 49-55, 58, 76-77, 85, 164, 167, 169-170, 177, 188-190, 196, 217-218, 226-227, 230-231, 246, 268, 275, 280-281, 294, 299, 301-302, 311, 320, 323, 333, 335, 345, 348, 354, 363-364, 389-390, 392-393, 395-396, 398, 409, 418, 431, 448, 451
ポリュグノトス Polygnote　281, 312, 445
ポリュクラテス Polycrate　84-86, 89, 196, 211, 399

ディポイノス Dipoinos　444
ティマイオス Timée　270
ティマルコス Timarque　357
ティモテオス（詩人）Timothéos　150, 401
ティモテオス（将軍）Timothéos　145, 148, 210, 212
ティモテオス（彫刻家）Timothéos　435
ティモレオン Timoléon　149-150
テオグニス Théognis　400
テオゲネス Théogénès　225, 277-279, 305
テオドロス Théodore　85, 446
テオフラストス Théophraste　236
テオプロポス Théopropos　241
テオポンポス Théopompe　415
テクタイオス Tectaios　444
テスピス Thespis　262
テーセウス Thésée　333, 431
テーヌ H. Taine　5
テミストクレス Thémistocle　110, 113, 118-119, 182, 273, 340, 351, 359, 369, 421
デメトリオス Démétrius　285
デモクリトス Démocrite　416
デモステネス（将軍）Démosthène　129, 133, 168, 187
デモステネス（雄弁家）Démosthène　153-156, 161, 213, 262, 323, 357, 361, 420, 423-424, 431, 448-449
デモドコス Démodocos　392
デモナクス Démonax　363
テュルタイオス Tyrtée　91, 179, 354, 398, 450
テラメネス Théramène　134-135, 137-138
テルパンドロス Terpandre　91, 354, 398, 401
テレゴノス Télégonos　394
テレマコス Télémaque　230, 236, 295-296, 394
テロン Théron　131
トゥキュディデス Thucydide　56, 82, 89, 92, 94, 116, 128, 130, 176, 182, 199, 276, 292-293, 318, 338, 346, 369, 408, 413-414, 421
ドラコン Dracon　80, 82, 97, 278, 360
トラシュブロス Thrasybule　83, 134-135, 138, 141
ドリエウス Dorieus　86

【ナ】

ニキアス Nicias　130-133, 178, 291
ニコマコス Nicomaque　378
ニルソン M. P. Nilsson　221
ネオプトレモス Néoptolème　312
ネストル Nestor　23, 51, 363
ネブカドネザル Nabuchonosor　211
ネレウス Néleus　410
ノストラダムス Nostradamus　296

【ハ】

パイオニオス Paeonios　243, 434
パウサニアス（フィリッポス二世の暗殺者）Pausanias　158
パウサニアス（旅行家）Pausanias　61, 84, 204, 218-220, 229, 231-232, 238, 240-243, 248-249, 255, 259-260, 268, 271, 274, 278-279, 288, 293, 296-297, 303, 307-308, 312-313, 316, 334, 430, 445
パウサニアス（レオニダスの甥）Pausanias　114-115, 118, 178
パウシアス Pausias　439, 445
パケス Pachès　204
バッキュリデス Bacchylide　85, 401
バットス Battos　60, 74, 190
バットス二世 Battos II　394
バットス四世 Battos IV　84, 86
バテュクレス Bathyclès　91, 446
パニュアシス Panyassis　395, 410
パノペウス Panopéens　334
パラシオス Parrhasios　445
パリス Pâris　393-394
ハルパゴス Harpage　358
ハルパロス Harpale　111
パルメニデス Parménide　325, 416
ハルモニディオス Harmonidios　98-99
パンドラ Pandore　108, 198
ビアス Bias　80
ヒエロン Hiéron　85, 87, 131-132, 310
ヒエロン二世 Hiéron II　257
ピッタコス Pittacos　80-81, 399
ヒッパルコス Hipparque　87, 98, 357
ヒッピアス Hippias　87, 98-99, 104, 106, 109

キュロス（小）Cyrus le jeune　134-135, 139, 212
キュロン Cylon　96-97
キルケ Circé　394-395
キロン Chiron　81
クインティリアヌス Quintilien　442
クサンティッポス Xanthippe　116, 360-361
クセノファネス Xénophane　325, 410, 416
クセノフォン Xénophon　139-140, 168, 171, 173, 203, 205, 212, 247, 293, 295, 328, 333, 335, 370, 380, 414, 430
クセルクセス Xerxès　108, 110-111, 113-114, 116, 119, 177, 206
クテシアス Ctésias　415
クラティノス Cratinos　407
クリティアス Critias　138, 327
クリニアス Clinias　161
クリュセイス Chryséis　246
クレイステネス Clisthène　83, 85, 99, 304, 360-362, 368
クレオフォン Cléophon　208
クレオフュロス Cléophylos　395
クレオブロス Cléobule　81
クレオメネス Cléomenes　375
クレオン Cléon　129-130, 173, 204, 208, 319
クレオンブロトス Cléombrote（スパルタ王）　146
クレメンス Clément　289
クロイソス Crésus　101, 104, 298, 303
ケクロプス Cécrops　108
ケファロス Céphalos　344
ゲロン Gélon　85, 87, 111, 131, 142, 310
コイリロス Choirilos　396
コドロス Codros　410
コノン Conon　134-136, 140, 145, 212
コライオス Colaios　240
ゴルギアス Gorgias　146, 274, 329, 417, 422
コロテス Colotès　272

【サ】

サッフォー Sapho　80, 303, 399, 401
ザレウコス Zaleucos　80
ジプティス Gyptis　72
シモニデス Simonide　85, 112, 207, 355, 400, 450
シャンポリオン Champolion　14
シュリーマン Schliemann　19
スキュリス Scullis　444
スコパス Scopas　435, 448
スタシノス Stasinos　76
スタンダール Stendhal　429
ステシコロス Stésichore　399
ストラボン Strabon　196, 299-300
ゼウクシス Zeuxis　150, 430, 445
ゼノン Zénon　325, 416
ソクラテス Socrate　131, 137-139, 144, 203, 245, 249, 305, 326-331, 343, 345, 357, 370, 374, 398, 408, 414, 417-420, 431-432, 444, 449
ソフォクレス Sophocle　3, 314, 403-405, 449, 451
ソロン Solon　80-81, 84, 92, 97-99, 101, 335, 345, 354-355, 366, 378, 399

【タ】

ダイダロス Dédale　431, 444, 448
タシエノス Thasien　225
ダティス Datis　105-107, 109
ダモフォン Damophon　439
タルクィニウス Tarquinius　296
ダレイオス Darius　66, 104-105, 107-108, 110, 113, 177, 240-241, 384
ダレイオス二世 Darius II　134, 139
ターレス Thalès　81, 102, 340, 416
タンタロス Tantale　216
チャドウィック J. Chadwick　11-12, 14
テアゲネス Théagénès　83
ディアゴラス Diagoras（拳闘家）　272-273
ディアゴラス Diagoras（抒情詩人）　326
ディオニュシオス（小）Denys le jeune　149, 210
ディオニュシオス（大）Denys l'ancien　142-144, 146, 149, 181, 183, 210
ディオドロス Diodore　293, 415
ディオペイテス Diopeithès　297, 325
ディオメデス Diomède　225
ディオン・クリュソストモス Dion Crysostomos　278
ディカイオポリス Dicéopolis　208, 264-265, 294
テイサメノス Teisaménos　178, 351
ティッサフェルネス Tissapherne　134, 140
ディノン Dinon　415

アルタフェルネス Artapherne　105-107, 109
アレクサンドロス Alexandre　106, 140, 156, 158, 172, 175, 214, 303, 384, 423, 445
アレクシス Alexis　408
アンゲリオン Angélion　444
アンタルキダス Antalcidas　141
アンティステネス Antisthène　420
アンティマコス Antimachos　396, 401
アンティファネス Antiphanès　408
アンティフォン Antiphon　135, 422
アンドロマケ Andromaque　207, 348, 451
アンドロマコス Andromachos　150
アンニケリス Annikéris　349
イアソン Jason　146-147
イクティノス Ictinos　291, 430
イスコマコス Ischomaque　335
イソクラテス Isocrate　144, 154, 213, 274, 288, 422-424
イピゲネイア Iphigéneie　234
イビュコス Ibycos　85, 399
イフィクラテス Iphicrate　141, 145, 169, 176, 187, 212
ヴィンケルマン Winckelmann　425
ウェース A. J. B. Wace　14
ウェルギリウス Virgile　226, 396
ヴェントリス M. Ventris　11-12, 14-16
エイマール A. Aymard　210
エウアゴラス Evagoras　140
エヴァンス Evans　13
エヴェナイトス Evainétos　446
エウガモン Eugammon　394
エウクレイダス Eucleidas　446
エウクレイデス（執政官）Euclide　138
エウテュミダス Euthymidas　293
エウテュプロン Euthyphron　245, 297
エウパリノス Eupalinos　84
エウフラノル Euphranor　445
エウブロス Eubule　152
エウポリス Eupolis　407
エウリディケ Eurydice　286
エウリピデス Euripide　8, 150, 164, 206, 234, 250, 263, 286, 294, 312, 314, 322, 352, 403-405, 431
エウリュビアデス Eurybiade　113, 359
エウメロス Eumélos　56, 395
エグレア Eglé　299
エテオクレス Etéocle　395
エパメイノンダス Epaminondas　146-148, 151, 171, 176, 179-180, 183, 244, 356, 374
エピカルモス Epicharme　406
エピキュロス Epicure　431
エピメニデス Epiménide　96
エフィアルテス Ephialte　120
エペイオス Epeios　334, 444
エリンナ Erinna　401
エレンベルク V. Ehrenberg　349, 375
エンペドクレス Empédocle　416
オイディプス OEdipe　395, 405
オウィディウス Ovide　215, 234, 246
オデュッセウス（ユリッシーズ）Odyssée　203
オノマクリトス Onomacrite　297
オノマルコス Onomarchos　153
オルタゴラス Orthagoras　83
オルフェウス Orphée　286
オレステス Oreste　232, 294

【カ】

カッサンドラ Cassandre　207, 348
カナコス Canachos　446
カブリアス Chabrias　145
カリアス Callias　123, 343
カリクレス Calliclès　345
カリストラトス Callistratos　145
カリマコス Callimaque　27, 107, 256, 299, 395, 401, 444
カリュストス Carystos　106, 242
カルキノス Carcinos　395
カロートス Carrhôtos　211
カロン Charon　411
カンビュセス Cambyse　75, 86, 104, 211
キケロ Cicéron　272, 302, 411, 418, 431
キナイトス Cinétos　395
キモン Cimon　118-120, 122-123, 335, 369, 427, 446
ギュゲス Gygès　100
キュプセロス Cypsélos　83-85, 87, 93, 267
ギュリッポス Gylippos　133
キュロス Cyrus　101, 104, 114, 182, 358, 414

人名索引

索引の各項目には原著に用いられている綴りを付記した。

【ア】

アイアース Ajax　2
アイギストス Egisthe　294
アイスキネス Eschine　154-156, 205, 323, 357, 424
アイスキュロス Eschyle　114, 120, 164-165, 235, 305, 403-405, 434, 449
アイソポス Esope　375
アイネイアス Enée　182
アカデモス Académos　420
アガトン Agathon　150
アガメムノン Agamemnon　19, 181, 202, 363
アガリステ Agaristé　360
アギアス（占い師）Agias　178
アキレウス Achille　162, 164, 230, 267, 280-282, 312, 392-394
アクシラオス Acousilaos　411
アゲシラオス Agesilas　140, 146-147, 212, 319-320
アゴラクリトス Agoracrite　323
アゴラトス Agoratos　350-351
アスパシア Aspasia　351
アタランタ Atalante　234
アテナイオス Athénée　260
アトレウス Atrée　21-22
アナクサゴラス Anaxagore　297, 325-326, 330, 416
アナクシマンドロス Anaximandre　102, 340, 411, 416
アナクシメネス Anaximène　340, 416
アナクシラス Anaxilas　131
アナクレオン Anacréon　85, 400
アニュトス Anytos　138, 327, 331
アプリエス Apriés　74
アマシス Amasis　75, 86, 210, 303
アミュンタス Amyntas　151
アリオン Arion　85, 398
アリスタゴラス Aristagoras　375, 421
アリストゲイトン Aristogiton　87, 98-99, 357
アリスタルコス Aristarque　50
アリステアス Aristéas　410
アリスティッポス Aristippe　144, 420
アリストクレス Aristclès　162
アリストテレス Aristote　51, 65, 98, 121, 175, 222, 250, 261, 263, 285, 291, 326, 332-333, 340, 348, 350, 355-356, 366-367, 370, 378, 420-421
アリストファネス Aristophane　42, 130, 163, 173, 185, 193, 195, 198, 208-209, 218, 251, 259, 263-264, 286, 290, 294, 297, 315, 318, 320, 323, 327-328, 336-337, 348, 356-357, 379, 407-408
アリストン Ariston　162, 283
アリュアッテス Alyatte　2, 101
アルカイオス Alcée　80, 399
アルカメネス Alcamène　322
アルキアス Archias　69
アルキダモス Archidamos　119, 128
アルキノオス Alcinoüs　267, 393
アルキビアデス Alcibiade　131-135, 138, 178, 273, 326-327, 343, 374, 408
アルキロコス Archiloque　65, 398
アルクティノス Arctinos　394
アルクマイオン Alcméon　83, 96, 98-99, 121, 303, 311, 360, 362
アルクマン Alcman　91, 354, 398
アルケシラオス三世 Arcesilaos Ⅲ　83-84, 86-87, 211
アルケシラオス二世 Arcesilaos Ⅱ　394
アルケシラオス四世 Arcesilaos Ⅳ　85, 87, 211
アルケラオス Archélaos　150
アルタクセルクセス（一世）Artaxerxès　119
アルタクセルクセス二世 Artaxerxès Ⅱ　134, 139, 141, 212

フランソワ・シャムー（François Chamoux）
1915年ヴォージュ県ミルクールで生まれ、1938年高等師範学校卒業。ランス、シャルトル、ソルボンヌ等で講義。考古学的調査にも携わり、1976年から1981年には北アフリカのギリシア植民地、キュレナイカの発掘調査を指揮した。1981年にフランス学士院の碑文・文芸アカデミー会員、1991年同アカデミー会長となる。2007年没。

桐村泰次（きりむら・やすじ）
1938年、京都府福知山市生まれ。1960年、東京大学文学部卒（社会学科）。欧米知識人らとの対談をまとめた『西欧との対話』のほか、『仏法と人間の生き方』等の著書、訳書にジャック・ル・ゴフ『中世西欧文明』、ピエール・グリマル『ローマ文明』（論創社）がある。

ギリシア文明
LA CIVILISATION GRECQUE

2010年3月20日　初版第1刷印刷
2010年3月30日　初版第1刷発行

著　者　　フランソワ・シャムー
訳　者　　桐村泰次
発行者　　森下紀夫
発行所　　論 創 社
東京都千代田区神田神保町 2-23　北井ビル
tel. 03（3264）5254　fax. 03（3264）5232
振替口座 00160-1-155266
http://www.ronso.co.jp/
装　幀　　野村　浩
印刷・製本　中央精版印刷

ISBN978-4-8460-0836-9